中国近代慈善义演研究

郭常英 岳鹏星 /著

社会科学文献出版社
SOCIAL SCIENCES ACADEMIC PRESS (CHINA)

本书为国家社科基金一般项目"中国近代慈善义演研究"（15BZS092）结项成果

得到河南大学历史文化学院学术著作出版经费资助

序

　　欣闻郭常英教授与岳鹏星博士新作《中国近代慈善义演研究》出版，中国近代慈善史研究领域又添新葩，值得庆幸和为之点赞！

　　中国近代慈善义演是郭常英教授新开辟的学术研究园地。在她对此用功着力之前，学界对慈善义演的关注甚少。她之所以能见及此，是因为她深刻懂得克罗齐所说的"一切真历史都是当代史"的道理，明白和领会历史与现实相互贯通、相辅相成这一真谛。现实生活中的需求，往往能证之于历史；而历史上发生过的事象，又恰恰能够在现实中得到印证。慈善义演既是现实生活中的现象，也是历史事象发展的延伸。不管是将慈善义演作为慈善史研究的一个"专题"，抑或是一个"部分"，还是一个"侧面"，均有其重要的价值和意义。这是郭常英教授思维敏锐、眼光独特的所在。

　　在和郭常英教授的接触与交往中，深感她学术研究中精神的执着和意志的坚定。据她所言，她开始关注慈善义演是在 2006 年，认识到"人们若投入慈善事业、参与慈善活动，除了被外在环境激发、感染而产生的激情、热情与奉献精神之外，还要具备一些'自身条件'，那就是知识、技术能力、一定财力和社会责任感等"。数年之后的2012 年，她应我邀请参加"中国慈善通史"课题组在湖南师范大学举行的学术论坛，所准备的一篇发言稿题目是《近代演艺传媒与慈善救助》，尝试从传媒角度探讨慈善演艺和社会救助的问题（郭常英编著《中国近代慈善义演文献及其研究》，社会科学文献出版社，2018，编后记）。以此为起点，又经过若干年的思考、浸润和对慈善义演中一系列问题的探索和阐发，她逐渐形成了自身思考和研究的领域，对于慈善义演的问题也有了系统的表达。

我在最近发表的《中国慈善史研究再出发》（《安徽史学》2020年第2期）一文中，简略梳理了中国慈善史研究的基本脉络，并着眼于目前学界在开展研究过程中所遇到的问题，发出了"呼吁之声"并探索"破解之道"；认为欲实现慈善史研究的繁荣，应当在史料文献的搜集整理、研究方法的多元开放、研究路径的优化选择、研究模式的多元构造、研究内容的细化及转移、研究理论的本土构建、研究方向的"人本回归"等多个方面着手跟进。本书对中国近代慈善义演的研究则是在此一方面的尝试。郭常英教授带领团队长期搜集有关中国近代慈善义演的相关文献，并对其进行整理和研究，本书是在搜集史料的过程中进行思索、史论结合的结晶。在研究方法方面，在传统的文献分析的基础上，初步尝试采用"国家与社会"理论进行思考，展示慈善义演的力量支撑；在研究路径与模式方面，纵向上紧紧围绕近代慈善义演的演变轨迹，横向上将慈善义演与时代变革相结合，思索慈善义演的历史意义与价值。其研究契合了近代慈善史发展的历史进程和时代特征。

据我个人的研究经验，开展中国慈善史研究既需要底气更需要勇气。所谓底气，是指中国慈善史研究已经逐渐成为中国史学科新的学术增长点，研究成果数不胜数，后人研究需要掌握前人大量的研究内容，才能够有所作为。所谓勇气，则是指后人要敢于发前人之所未发之语，在空白之处进行擘画。本书做到了这两点。在大量的历史资料之中，在学界对慈善史研究的基础之上，本书于细微之处展现慈善义演的变动面相，分析国家与社会力量的配合，归纳慈善义演的基本类型，触摸慈善义演在不同历史时期的变化，进而思考慈善义演的内涵和外延，将其视为近代社会变迁的助力器。其研究有助于中国近代慈善史研究的深入。

对慈善义演的研究,从"慈善内史"的角度梳理,有其必要。毕竟,近代慈善义演是慈善史发展演变中的一环。如果从"慈善外史"的角度去思考,则更加有意义,毕竟慈善义演牵涉到政府与民间、国家与社会,从行业上说还与多门类娱乐、演艺行业密切关联。不管是社群、组织,还是个人、家族等均与其有关联性。慈善义演并非可以简单地被认为是一种纯粹的活动,其背后还关涉到慈善伦理问题,譬如利己与利他、国际性与民族性等,还会对社会经济和社会文化形成一定的影响。即是说有许许多多的相关问题,都可以在慈善义演中得以管窥。如此面相多样的研究对象,需要有更多的研究者参与和进行探索与研究。郭常英教授带领其研究团队坚持进取,持续发力,久久为功,必将取得更大成绩。

是为序。

周秋光

2020 年 10 月国庆中秋日于长沙

目 录
CONTENTS

绪　论

与许多人文社科概念一样，"慈善"一词古已有之，但时至今日仍然难以准确定义。在中文语境中，"慈"即爱，指由上对下、由长对幼的关爱，"善"主要指人与人之间形成的互助互爱精神，"慈善"即仁慈，富有同情心。英文 philanthropy 和 charity 均具有慈善的意义。Philanthropy 源于古希腊语，具有内化的慈善精神，从 18 世纪开始使用；与前者不同，charity 的历史则可以追溯到公元前，其本义为"爱"。现代慈善通常是指个人或社会组织基于怜悯、同情或不忍之心，自愿采取的扶弱济贫、帮助他人摆脱困境的行为。

慈善行为的主体是民间社会力量和个人，主要功能是扶贫济困、扶老救孤、恤病助残、救助天灾人祸等突发事件造成的损害。2016 年3 月出台的《中华人民共和国慈善法》，将现代意义上的慈善范围进一步扩大，保护环境等活动也被纳入其中，形成了"大慈善"的概念。

慈善是社会文明进步的标志，对于体现社会互助、缓解社会矛盾、促进社会发展具有不可替代的作用，尤其是在社会保障制度不健全的时代，慈善在维护社会稳定、救助弱势群体、体现人性道义等方面发挥着重要作用。慈善事业涉及资源分配问题，著名经济学家厉以宁针对慈善事业提出自己的思考，认为资源创造出来之后，在社会分配过程中包含着以竞争为动力的分配和以公平为原则的分配。但是，这两者均不是慈善行为，慈善事业是以道德为动力的分配，正因为如此，慈善所凝结的人类文明的意义包含物质文明、制度文明与精神文明等诸多方面。

中华人民共和国成立以后，慈善事业曾受极左思想的影响，慈善被当作沽名钓誉的行为，是"伪善"，宣扬慈善是抹黑社会主义。至今仍有学者认为，慈善事业的社会再分配观点，实际上默认了慈善起因于分配不公；良好的社会是公平分配，不需要慈善，即使有慈善，也应该是政府行为的补充；慈善在客观上巩固了社会分配不公，破坏了人格平等，造成了新的社会不公，它没有解决根本性问题，反而给问题披上了暧昧的外衣。这种观点是对慈善本质认识不到位的表现。

慈善本质上是社会群体之间互帮互助的行为。在任何时代，人们都必然会面对由于自然或人为原因造成的困境或危险，解决途径有三种：靠自己、靠政府和靠他人。很多情况下，靠自己并不能解决所有问题，尤其是在面对洪灾、旱灾、地震等自然灾害的时候，个人的力量太过单薄，无力抵抗大环境。政府的社会保障体系，只能保证社会的整体公平。对个体而言，凡事都依靠政府去解决也是不现实的，即使在福利制度发达的国家也很难实现。在社会保障制度不健全的情况下，更难解决所有个体的问题。所以，社会群体之间的互帮互助，能够更加灵活地解决生活困境，这是人类文明进步的表现，是社会发展不可或缺的推动因素。

人们从事慈善事业的方式有很多，慈善义演是比较常见的一种类型。在中文语境中，"义谓天下合宜之理"，其基本意思是合宜的事情、正道、正理，如《论语·为政》之"见义不为，无勇也"；其引申义有死节、殉难等，如《礼记·礼运》之"故国有患，君死社稷谓之义"。意义虽然有所不同，但是相通：合宜的事情是正道、正理，是应该做的事情，是职责所在。慈善义演，是指组织者、表演者以演艺形式募捐，将募捐所得用于慈善公益事业，相关义演人士少取或不取演出报酬的慈善形式。

　　本书研究的慈善义演源于近代义赈，是近代中国出现的以娱乐为号召的一种筹款赈灾手段，因筹得资金直接用于赈灾救难而成为一种具有积极意义和慈善内涵的社会活动，特别在早期，其社会意义较为凸显。在此之前，中国的传统慈善方式主要是善会善堂募集资金直接施舍，如助学和养老等。之所以在近代出现慈善义演的筹款方式，是因为近代中国经历长期动荡，战乱频仍，天灾不断，民众生活在水深火热之中，而政府力量薄弱，无力承担起社会救助的职能，慈善事业成为社会必需。与此同时，西方入侵导致现代都市在中国出现，人们的生活方式不断发生转变，促使都市娱乐进入民众日常生活，逐渐成为普通大众的生活需求。这种时代背景促成慈善与娱乐的结合，为慈善义演提供了生长的土壤。晚清时期，中国近代慈善义演逐渐兴起，民国时期一度非常繁盛甚至辉煌，但其间曲折很多，这种社会现象应引起社会史和慈善史研究者的关注和深入研究。中国近代慈善义演究竟何时发生，为何发生，演变过程如何，发展背后涉及哪些力量，主要包括哪些类型，如何助推近代慈善事业的进步，等等，这些均为本书的关注点和着重解决的问题。

一　学术史回顾

　　"近代中国慈善义演是在晚清灾荒救助背景下兴起的一种社会活动，是中国社会–政治变迁的产物。"① "主要因组织者不取收益、表演者不取或仅取少量劳务报酬、所得收益主要用于某种指定用途而得名。"② 近代中国曾经出现过较为频繁的慈善义演活动，甚至可以说慈善义演是近代中国社会城市文化与慈善风尚嬗变的重要载体。学界相关研究起步较晚，目前正处于发展阶段，有关中国近代慈善义演的资

---

① 郭常英：《慈善义演参与主体与中国近代都市文化》，《史学月刊》2018 年第 6 期。
② 郭常英：《慈善义演与近代中国研究》，《中国社会科学报》2018 年 12 月 24 日，第 5 版。

料整理工作也在积极进行中。义演作为中国近代慈善史的重要构成，在以往的学术研究中略有涉及。现梳理如下。

1. 慈善史、灾荒史理论研究

法国学者魏丕信《18 世纪中国的官僚制度与荒政》（*Bureaucratize et Famine en Chine au 18e Siècle*）集中探讨 18 世纪中国官僚制度与荒政的关系，提出国家在赈灾活动中占主要地位，社会力量则处于从属地位。该著有助于理解中国国家与社会在荒政中的作用和地位。夫马进《中国善会善堂史研究》揭示中国善会善堂产生的历史背景和情状，考察善会善堂的形式结构、内涵以及行善的范围和运作实态，围绕善会善堂阐述了国家与社会之间相互影响和渗透的过程。黎安友《中国华洋义赈会简史》（*A History of the China International Famine Relief Commission*），在近代化理论范式下探讨华洋义赈会的历史脉络、组织构成和慈善实践等。博尔《李提摩太之救荒事业与变法思想（1876—1884）》（*Famine in China and the Missionary：Timothy Richard as Relief Administrator and Advocate of National Reform，1876 – 1884*），在"冲击－反应"理论框架下对以李提摩太为代表的外来传教士对华救灾事业进行梳理，强调外来势力对于中国慈善事业嬗变的重要意义。兰金《中国的精英能动主义与政治转型：浙江省（1865—1911）》则注重在"中国中心观"的学理分析中关注浙江省地方精英的能动性与政治变迁，并引入"公共领域"的概念，认为近代浙江地区的社会力量在慈善事业中构成了"市民社会"形态。上述研究对本书均有理论启发意义。

2. 中国近代慈善史、灾荒史研究

中国近代慈善史研究成果较多，其中涉及慈善义演的代表性成果有周秋光等《中国慈善简史》《中国近代慈善事业研究》两书，系统探讨中国慈善事业的演进，认为义演是近代慈善事业中重要的募捐手段。

近代最早的慈善义演伴随义赈的产生而出现。学界对于晚清义赈的研究，最早要数李文海先生的探讨。其《晚清义赈的兴起与发展》一文认为，清代由朝廷和各级政府主持的"官赈"在很长时期内是灾荒救济的主要和基本形式，直到光绪初年才逐渐兴起"民捐民办"的"义赈"活动，这在中国救荒史上是一个值得研究的问题。①　夏明方认为，近代义赈的产生受到西方传教士的影响，正是传教士的活动为中国传统绅士阶层的筹款活动提供了启发。②

　　朱浒是义赈研究的代表人物，其论著从晚清社会变局的大背景着眼，深入分析晚清义赈与社会变迁的关系，认为慈善义演是晚清时期义赈筹款的重要手段。他指出，晚清义赈中出现的慈善义演活动，很可能是西方影响下的产物，属于"舶来品"，且在清末成为北方地区开展灾害救助的先声，具有重要的历史地位。③　《江南人在华北——从晚清义赈的兴起看地方史路径的空间局限》一文，通过勾勒晚清义赈的兴起状况，指出江南绅商的行动意识保持了对江南地方性的高度认同。④　《名实之境："义赈"名称源起及其实践内容之演变》一文指出，"义赈"一词在 16 世纪已经产生。"起初该词主要被作为捐赈活动的一个褒称，使用频率十分有限。到 19 世纪前半期，该词开始被用来指称一种特定的地方性赈灾活动，其名声得到较为广泛的传播。从 19 世纪 70 年代起，该词又成为新兴民间赈灾活动的专名，风行于海内外。这种名称不变而实践内容发生剧烈转换的状况，体现的正是一种既传承又超越的新陈代谢进程。结合社会史和文化史理解这一进程，也可以为考察中国民间赈灾事业的演变提供一条有益线索。"⑤

---

① 李文海：《晚清义赈的兴起与发展》，《清史研究》1993 年第 3 期。
② 夏明方：《清季"丁戊奇荒"的赈济及善后问题初探》，《近代史研究》1993 年第 2 期。
③ 朱浒：《地方性流动及其超越——晚清义赈与近代中国的新陈代谢》（中国人民大学出版社，2006）、《民胞物与：中国近代义赈（1876—1912）》（人民出版社，2012）等。
④ 朱浒：《江南人在华北——从晚清义赈的兴起看地方史路径的空间局限》，《近代史研究》2005 年第 5 期。
⑤ 朱浒：《名实之境："义赈"名称源起及其实践内容之演变》，《清史研究》2015 年第 2 期。

此类成果，研究较为深入，对本书具有较大的启发，也成为笔者之后思考问题和撰写研究成果的有力支撑。

3. 慈善义演研究

中国近代慈善义演涉及面非常广，包括慈善义演的组织者，所要救助的社会人群以及社会灾难背景；参与慈善义演的各类商会组织，如中外慈善组织、宗教组织，不同类型的艺人组织、票友票社等业余音乐组织和个人，社会知名人士，等等；义演活动的多元组织形式和艺术表演，如传统义务戏、西洋慈善音乐会，各类型传统说书、杂耍，西式游艺和多类型的体育赛事，等等；慈善义演的表演场所，政府对娱乐活动、慈善义演活动的管理规定及其具体实施，等等。

郭常英《中国近代社会文化史语境中文献传播若干思考》一文指出，加强中国近代慈善义演文献整理十分必要，这不仅有助于拓展和促进中国慈善史研究，也有助于中国近代社会文化史研究的发展。[①]郭常英《近代演艺传媒与慈善救助》一文对近代演艺传媒与慈善救助有详尽论述，揭示了慈善义演的"实体传播"性质与功能、义演参与方在义利关系上的社会心理作用等，为拓展义演研究开辟了新的路径。[②] 郭常英、岳鹏星《寓善于乐：清末都市中的慈善义演》一文认为，清末时期，慈善义演作为一种新型筹款方式，历经了酝酿、出现与初兴的变化历程。慈善文化的现代性在慈善义演中得以彰显，义演蕴含的"寓善于乐"慈善理念，通过清末娱乐观演及慈善"场域"效应，对城市民众的思想认识产生影响，有助于改变旧有行为习惯和思维方式，促进近代慈善事业的转型。[③] 岳鹏星、郭常英《晚清都市空间中的慈善、娱乐和社群认同——以慈善义演为视点》一文认为，晚清时期慈善义演活动因其寓善于乐的特性，逐渐风行于都市，得到

---

① 郭常英：《中国近代社会文化史语境中文献传播若干思考》，《史学月刊》2017 年第 1 期。

② 郭常英：《近代演艺传媒与慈善救助》，《史学月刊》2013 年第 3 期。

③ 郭常英、岳鹏星：《寓善于乐：清末都市中的慈善义演》，《史学月刊》2015 年第 12 期。

了都市民众的称许，呈现出初兴的新气象。① 郭常英《慈善文化与社会文明——20 世纪 20 年代〈北洋画报〉的慈善音乐艺术传播》一文，从《北洋画报》支持慈善事业、褒扬慈善演艺和关心义务戏的发展方面展开论述，指出慈善音乐艺术传播活动有助于促进慈善文化与社会文明风尚的形成。②

刘怡然《慈善表演/表演慈善：清末民初上海剧场义演与主流性实践》一文，对上海剧场义演进行了考察，认为上海剧场义演初现于 19 世纪后期，至 20 世纪初曾盛行一时，慈善目的多样，参与群体广泛，并指出推动义演兴盛的根本原因是清末民初国家 - 社会关系的转型。③ 黄爱华《20 世纪初期报刊传媒与新剧的传播——以〈申报〉学生演剧、文明新戏演出消息和广告为例》一文，借助《申报》中学生演剧、文明新戏演出的消息和广告，从传播学的角度研究戏剧与媒介的关系，指出 20 世纪初期《申报》对"演剧助赈"的宣传使新剧借"慈善"之名走上历史舞台。④ 张秀丽、岳鹏星《剧资兴学：清末京津地区慈善义演的发源》一文指出，"在报纸媒体与京师梨园界的通力合作下，以惠兴的事迹排演的新戏《惠兴女士传》在京津地区接连上演，以演戏所得资助惠兴创办贞文女学堂。此次义务演剧还配合'国民捐运动'引发了许多演出筹捐活动。在多种因素的作用下，京津地区以义务戏为主要形式的义演活动在近代报刊等传播媒介的作用下，逐渐登上历史舞台，引领人们积极投身于社会慈善公益事业"。⑤

① 岳鹏星、郭常英：《晚清都市空间中的慈善、娱乐和社群认同——以慈善义演为视点》，《广东社会科学》2017 年第 5 期。

② 郭常英：《慈善文化与社会文明——20 世纪 20 年代〈北洋画报〉的慈善音乐艺术传播》，《音乐传播》2013 年第 4 期。

③ 刘怡然：《慈善表演/表演慈善：清末民初上海剧场义演与主流性实践》，《开放时代》2014 年第 4 期。

④ 黄爱华：《20 世纪初期报刊传媒与新剧的传播——以〈申报〉学生演剧、文明新戏演出消息和广告为例》，《南京大学学报》（哲学·人文科学·社会科学版）2016 年第 2 期。

⑤ 张秀丽、岳鹏星：《剧资兴学：清末京津地区慈善义演的发源》，《音乐传播》2017 年第 1 期。

李爱勇、岳鹏星《演戏助赈：上海地区慈善义演的出现》一文，记述了晚清时期慈善义演在上海地区的发生发展过程，此文对探讨慈善义演的早期情况具有重要参考价值。①

　　慈善音乐会是早期慈善义演的方式之一。关心《民国时期的学校赈灾义演探析》一文指出，民国时期以募捐助贫为主题的赈灾音乐演出在各类学校中日益增多，在当时曾引起报刊与社会各界的关注和参与。此类募捐义演因"寓善于乐"的特点，受到社会民众的广泛喜爱。② 关心《近代中国学校音乐会的功能》一文指出，在社会遭遇灾害、民众受到灾难的时候，学校赈灾募捐音乐演出体现了师生的慈善公益意识，反映了学校音乐会所具有的社会功能。③

　　义务戏是慈善义演的早期表现形式，也指慈善义演。对义务戏的早期研究，代表性成果有日本学者吉川良和「光绪卅三年の北京における娼妓義務戯の研究」一文，关注 1907 年北京举办的赈灾义务戏，讨论了民间力量如何围绕义演从事慈善公益事业。④ 另有日本学者关注 1923 年日本关东大地震时，梅兰芳、杨小楼、马连良等中国艺术名家演义务戏筹款，救助日本被灾民众的事迹。⑤ 岳鹏星《清末民初义务戏的属性》一文，对清末民初义务戏的属性进行了剖析。⑥ 岳鹏星《清末民国天津义务戏考察（1906—1937）》一文，从义务戏的缘起、善举和意义三个方面，考察了清末民国天津地区的义务戏。⑦ 杨原在《近代北京梨园行的义务戏》一文中指出，义务戏是清末民国时

① 李爱勇、岳鹏星：《演戏助赈：上海地区慈善义演的出现》，《音乐传播》2017 年第 2 期。
② 关心：《民国时期的学校赈灾义演探析》，《历史教学》（下半月刊）2016 年第 2 期。
③ 关心：《近代中国学校音乐会的功能》，《史学月刊》2012 年第 6 期。
④ 吉川良和「光绪卅三年の北京における娼妓義務戯の研究」『一橋論叢』第 135 卷第 3 号、2006 年 3 月。
⑤ 吉田登志子：《梅兰芳先生的艺术特征——从慈善公演到〈霸王别姬〉和舞剑的联想》，《中国京剧》1995 年第 1 期。
⑥ 岳鹏星：《清末民初义务戏的属性》，《史学月刊》2014 年第 11 期。
⑦ 岳鹏星：《清末民国天津义务戏考察（1906—1937）》，《安阳师范学院学报》2014 年第 1 期。

期一种重要的慈善形式，它以义演的方式筹措善款，帮助公益事业，涉及范围广，社会影响大。[①] 其他个案探讨，如 1908 年甘肃旱荒赈灾义演、民国时期为救济上海伶界举行的慈善义演、蒋经国夫人蒋方良为募捐演戏、张学良为日本赈灾举行义演等，均有相关文章问世，但此类文章多属回忆或记述性质，学术讨论的意义不强。

4. 都市娱乐业及相关群体研究

近年来，有关中国近代娱乐史与大众文化史的研究日渐兴起。姜进探讨了越剧如何由农村小戏变成广受民众欢迎的具有全国性影响的重要剧种，其中以 20 世纪 30 年代上海的"大型慈善义演"为例，从"名""利""义"的视角对女性观众和表演者予以剖析。[②] 另有学者从"理论视点""历史视域""当代视野"三个层面，对中国历史上的电影明星进行研究，在理论视野和史学研究方法上有所拓展和创新。[③] 何一民对城市娱乐中的票友群体进行考察，涉及票友的演剧目的、年龄构成、职业身份、经济状况、组织类别等，分析细微，探讨深入。尤其是利用档案文献考证票社票友的性别构成和职业构成，分析其在当时社会不同阶层中的占比情况，[④] 这类研究尚不多见。还有学者关注近代化进程中的汉口文化娱乐业，并以中国近代城市娱乐业作为研究对象，分析晚清民国政府对娱乐业管理的探索、试验、修正和逐步定型的过程，指出政府对文化娱乐业的管理，经历了由"以禁为管"的封堵型向以"内容审查"为特点的转变。[⑤] 这些早期的相关探索，为本书提供了重要参考，且有一定借鉴意义。

5. 当前相关研究成果不断拓展

慈善义演问题逐渐得到学界关注。正因近代较多义演是为赈灾、

① 杨原：《近代北京梨园行的义务戏》，《北京社会科学》2011 年第 6 期。
② 姜进：《诗与政治：20 世纪上海公共文化中的女子越剧》，社会科学文献出版社，2015。
③ 陈晓云主编《中国电影明星研究》，中国电影出版社，2012。
④ 何一民：《成都通史·民国时期》，四川人民出版社，2011。
⑤ 傅才武：《近代化进程中的汉口文化娱乐业——以汉口为主体的中国娱乐业近代化道路的历史考察（1861—1949）》，湖北教育出版社，2005。

助学、助医或者救助同行等筹集资金，目的是施善、救灾和助贫，故称慈善义演，应属于慈善史的组成部分。随着慈善史研究的深入开展，慈善义演问题逐渐得到学界关注，如周秋光较早注意到，慈善义演是近代中国慈善事业募集资金的重要手段；朱英从事晚清商会研究，触及慈善义演在当时的社会境遇及其他相关问题；朱浒对义演在近代中国兴起的背景有深入的思考和分析；姜进专注于女性研究，对上海越剧大型慈善义演中相关社会角色的分析，可谓入木三分；郭辉从思想史角度进行相关研究，认为慈善义演可以作为社会化的"思想载体"进行定位和思考，慈善义演的思想资源、思想蕴涵、思想影响等有深入解析的巨大空间。① 专家学者不同角度的关注、思考与引导，无疑激励着后学前进，成果也日渐增多。

　　针对中国近代慈善义演的研究已初步开展。从已有文献可见，慈善义演属于慈善事业的转型与发展，也有助于慈善事业的进一步发展。慈善义演在整合社会力量参与慈善公益事业、谋求社会良性发展、推动社会慈善文化普及、促进民众慈善意识提升等方面作用显著。慈善义演形式多元，目前学界已经运用相关理论对中国近代慈善义演进行研究。如日本学者吉川良和对"清末义务戏"的研究，关心对"中国近代学校慈善音乐会"的早期探讨，岳鹏星对"清末民国义务戏"问题的深入思考，张秀丽对"义演与民国前期京津地区的助学募款"问题的考察，李爱勇对"娱乐救国与近代游艺会'公共空间'形塑"问题的探讨，高俊聪对"《大公报》与清末民初天津慈善文化"的探讨，等等。从学术成果所涉及的研究领域来看，不仅有历史学界和新闻传播学界的学者在关注，还有艺术学界的学者从戏曲、音乐艺术的创作与表演，以及艺人或相关群体的社会价值体现等方面进行研究。同时，对于报刊在慈善义演中的传播与宣传作用的研究也日渐深入。

---

① 郭辉：《近代中国慈善义演的思想史省思》，《湖北大学学报》（哲学社会科学版）2019 年第 4 期。

　　新理论、新方法的运用。在中国近代慈善史研究成果中，（区域）社会史路径不断被运用，还有学者着手引入"现代性""公共空间""国家与社会"等理论与方法。有学者尝试通过社会文化史的视角开展研究，突出中国近代慈善义演背后的社会文化因素，提出开展慈善文化研究的必要性，引起学界的广泛关注。例如，钟欣志透过剧场中的"演剧助赈"现象，探讨晚清时期剧场的现代性转型问题，认为慈善义演活动是中国剧场向现代转型的动力和基础。慈善义演的现代性因素成为新的学术增长点。

　　6. 已有研究的不足

　　研究力量缺乏系统整合。慈善义演活动是通过多种类型的艺术表演带给人们愉悦，并由此获得慈善捐款。近代慈善义演形式多样，涉及的艺术门类有很多，因此对于慈善义演的研究，也需要研究者具有多学科的学术背景和学养。历史学者大多注重研究性，史学专业基础扎实、积累丰厚，但对音乐艺术知识难以准确把握，而艺术学者缺乏深入的史学训练和素养，对慈善义演文献整合不足。一般研究注重艺术表演文献，对慈善义演缺乏社会文化史层面的关注。因此，从跨学科的角度对近代慈善义演文献进行完整、系统的梳理，加强多学科协同研究，尚有大量的工作要做。

　　"义演"特色未得彰显。中国近代慈善义演活动与慈善公益事业密切相关。慈善义演的主要捐助对象是遭受水旱灾害和战争灾害的难民，也有缺少经费的学校、医院及贫困民众。慈善史研究虽然重视救助对象的受益情况、肯定慈善义演是慈善筹款的重要方式，但对慈善义演本身及其体系中的诸多问题甚少关注，更缺乏对慈善义演的公益性、参与群体"名""利""义"的需求、社会慈善文明风尚的形成等方面的深入探讨。慈善义演所涉范围较广，如何认识近代慈善义演的社会影响，还需做进一步探讨。如果单纯将其当作一种慈善筹款的方式来思考，应该说还远远不够。

　　虽然学界关注到慈善义演的多个面相，也对参与者、社会效用与个案有初步研究，但对慈善义演的纵向发展、横向扩展所涉及的总体起始、流变、特征、影响的关注不够，特别是对慈善义演的内涵与外延、社会价值等方面的分析和考察，还有待进一步深入。结合近代社会转型的时代特点，立足慈善义演集会的媒介功能、传统艺术的变革、社会阶层的流动、近代城市的发展、社会风尚的变迁等展开考察，通过对更多史料的分析，剖析慈善义演众多面相背后所体现出来的社会价值与历史意义，显得尤为重要和必要。

二　学术价值和现实意义

1. 学术价值

历史学研究价值。慈善义演的研究，为中国慈善史乃至社会史的研究提供了新视角，促进了社会史研究的纵深发展。近代慈善史的研究成果较多，但对慈善义演的专题研究，目前仍处于较为薄弱的状态。慈善义演作为近代慈善事业的重要组成部分，在扶贫济困、改善民生、支援抗敌等方面发挥着重要作用，而且在满足人民精神需求、凝聚民族精神、促进文明进步等方面的间接作用同样不可估量。近代慈善义演的出现与演变，处于中国社会从传统向现代转型的剧变期，具有鲜明的时代特色，因此对这一问题进行探究，可从侧面佐证和还原近代中国社会、政治、经济和文化变迁的整体风貌，丰富并完善中国近代社会史研究。

文化学研究价值。从文化研究的角度来看，自 1450 年谷登堡发明铅活字印刷以来，文化产品进入大量复制阶段，这促进了文化在普通大众中的传播以及欧洲文艺复兴的发展。在中国，慈善义演能够产生，一方面得益于新型文化业态如电影、音乐会、话剧以及体育赛事等的出现，它们为义演提供了更为丰富的产品；另一方面，报纸、期刊等媒体的宣传及民众文化意识和文化需求的觉醒，促进了中国文化从上层精英文化向普通大众文化的转型，促进了近代中国城市文化空间和文化生态的出现和发展。而慈善与娱乐业的结合，在中国文化史上也是非常独特的新事物、新现象。因此，对慈善义演的研究，有助于理解近代以来中国的社会文化变迁。

政治学研究价值。中国近代慈善义演的组织机构，如中国红十字会、各地各级商会、同乡会，专业慈善组织，实际上是现代中国社会组织的雏形，对其规章制度、组织结构、运营模式及其与政府关系的研究，有助于深化对中国社会组织的认知。特别是慈善组织作为社会组织，在国家面对大的灾难和全民施救之时，是弥补市场失灵和政府力度不足的有效手段，在提供公共产品和公共服务方面，对政府和市场均能起到有益的补充作用，而且在参与国际事务、促进国际交流方面，也可以发挥重大作用。因此，对慈善组织的研究，可以为完善中国社会治理结构、促进社会发展提供有益的理论借鉴。

2. 现实意义

慈善义演有助于培养民众慈善意识。慈善是一个社会文明进步的体现，民众慈善意识的增强是社会发展的反映。慈善事业由于关注弱势群体利益，予弱势群体以一定帮助，有助于维护社会稳定。然而，中国慈善事业仍处于精英人士捐助阶段，普通民众的慈善意识较为薄弱，与发达国家相比仍有一定差距。北京华夏经济社会发展研究中心的饶锦兴在《美国慈善事业发展印象》一文中提到，在美国 2008 年的慈善捐赠构成中，来自个人捐赠占 75%，来自遗产捐赠占 7%，两项合计达 82%。[①] 中国慈善捐赠大部分来自企业及企业家个人，来自社会民众的自愿捐赠仅占很小比例。2020 年 6 月，美国施惠基金会（Giving USA Foundation）发布了《2020 美国慈善捐赠报告》，这个报告由印第安纳大学礼来慈善学院研究和撰写，是美国同类报告中持续时间最长、最全面的报告。根据这个报告，2019 年，美国慈善捐赠总额约为 4496.4 亿美元，约合人民币 31513.5 亿元，是有史以来慈善捐赠最多的年份。按照美国经济分析局发布的信息，2019 年美国的 GDP

---

① 转引自张丹《中国慈善事业的现状及公民慈善意识的培养》，硕士学位论文，辽宁师范大学，2011，第 14 页。

约为 21.22 万亿美元，慈善捐赠约占 GDP 的 2.1%，人均捐赠金额为 1370.85 美元。① 《慈善蓝皮书：中国慈善发展报告（2019）》显示，2018 年中国捐赠总额预估为 1128 亿元，以当年国家统计局公布的中国 GDP 约 900309 亿元计算，慈善捐赠约占 GDP 的 0.12%，人均捐赠金额为 80.86 元。② 中国的慈善行为往往只在遇到重大灾难或突发事件时才会"井喷"，这说明慈善意识还没有真正融入人们的日常生活中，还需要进一步培养国人的慈善意识、挖掘慈善精神，而慈善义演作为寓善于乐的社会活动，能将慈善与当下流行的娱乐类型结合起来，这或可作为培养普通大众慈善意识的一个途径。

慈善义演有助于营造良好的社会文化生态。在泛娱乐时代，娱乐现象和娱乐热点引导着大众文化的发展方向。娱乐界的资讯是大众感兴趣也是乐意消费的信息，娱乐公众人物在社交媒体中占据着重要位置，有着较大的社会影响力，对社会文化生态的营造起着重要作用。近代如程砚秋、梅兰芳等京剧大师，他们通过义演，在战火纷飞的时代承担起救灾扶困、救济民生的公共责任，其慈善意识和社会责任意识在当代社会中仍是需要发扬光大的宝贵精神财富。因此，对中国近代慈善义演的研究，有助于培养娱乐公众人物的自律意识，营造积极健康的社会文化空间，有助于中华民族优良传统美德的传承和弘扬。

三　文献资料来源

本书所用文献资料，主要为民国时期京津沪等地的档案材料，以及一些重要的报刊和资料汇编等。

① 《美国施惠基金会发布 2019 年美国捐赠总额：4496.4 亿美元》，http://m.chinadevelopmentbrief.org.cn/News/detail/?id=24389，2020/8/24，最后访问日期：2020 年 10 月 15 日。
② 《美国施惠基金会发布 2019 年美国捐赠总额：4496.4 亿美元》，http://m.chinadevelopmentbrief.org.cn/News/detail/?id=23042，2020/8/24，最后访问日期：2020 年 10 月 15 日。又见杨团主编《慈善蓝皮书：中国慈善发展报告（2019）》，社会科学文献出版社，2019，第 42—45 页。

1. 档案

京津沪等地档案馆收藏了较多有关中国近代慈善义演的档案文献。这些档案记载了不同历史时期政府各部门对慈善义演申报的审批、娱乐捐税的征收、入场门券票价、义演收支和用途以及观众情况等。政府档案的记载相对客观，内容宽泛，为本书研究提供了有力支撑。

2. 报刊

近代报纸、期刊是本书研究的另一主体资料，所反映的慈善义演内容极其丰富，几乎涉及本书研究的所有层面。这些报纸、期刊可分为以下几种类型：一是发行量较大，具有权威性也较为严肃的综合性大报，如《申报》、《大公报》（天津版）、《益世报》（天津版、北京版）、《京报》（北京版）、《晨报》（北京版）、《顺天时报》等；二是综合性画报，如《北洋画报》《良友》《三六九画报》《一四七画报》等；三是学校主办的刊物，如《北京大学日刊》《南开周刊》《南京高等师范日刊》等。这些报刊载有不少与慈善义演有关的新闻、广告、批评，以及民众观看慈善义演的感想，阐发与慈善义演相关的价值理念、心理状态等，反映了近代慈善义演的历史风貌。报纸、期刊是主体资料，但内容烦琐、零碎，反映问题的客观性不如档案文献，笔者在使用时，也尽力寻找其与其他资料的关联，与档案资料相结合，力求准确合理。

3. 文献汇编等

慈善史文献。目前已出版的中国近代慈善史文献，有华中师范大学历史研究所/中国近代史研究所、苏州市档案馆合编《苏州商会档案丛编》（自 1991 年陆续由华中师范大学出版社出版，共 6 辑 10 册，收录苏州商会慈善公益类档案，涉及商会的组织活动），厦门市档案馆、厦门总商会编《厦门商会档案史料选编》（鹭江出版社 1993 年出版，选录的档案有"地方事务"类"民生救济"部分，涉及慈善义演），天津市档案馆、天津社会科学院历史研究所、天津市工商业联合会合编《天津商会档案汇编》（自 1989 年陆续由天津人民出版社出版，共 5 辑 10 册，收录有"社会公益"类档案），池子华等主编多卷本《中国红十字运动史料选编》（自 2014 年陆续由合肥工业大学出版社出版，共 10 辑，收集中国红十字会 1904 年至 1949 年的史料，可供参考），马强、池子华主编《红十字在上海资料长编（1904—1949）》（东方出版中心 2015 年出版，侧重于中国红十字会在上海地区的活动），江庆柏主编《江苏近现代社会救济与慈善文献丛刊》（共 48 册，凤凰出版社 2015 年出版，汇集晚清民国时期江苏 13 个地区社会救济与慈善活动文献），长沙市档案馆主编《湖南慈善档案》（湖南人民出版社 2015 年出版，汇集大量图片，包括影印扫描件 290 幅、老照片 310 幅；文字资料分为清代善堂档案、清代积储档案、清代义行档案、民国民间慈善档案、民国公办慈善档案等）。这些慈善史文献材料，虽然涉及慈善义演的内容不多，但对本书有一定启发和帮助。

娱乐史文献。张次溪等编《清代燕都梨园史料》（台湾学生书局，1986），辑录自清代乾隆朝至民国初年 200 多年间有关北京戏曲活动的文献，对戏曲演出、班社沿革、名优传略、梨园逸闻等搜罗备细。傅谨主编《京剧历史文献汇编》（凤凰出版社，2011），收录有《同光梨园纪略》，其中有慈善义演方面的史料。姜进主编《二十世纪上海报刊娱乐版广告资料长编（1907—1966）》（上海文化出版社，2014），内容包括演出场所、剧种、演员以及宣传广告等，信息覆盖面广，虽涉及的慈善义演广告数量不多，但对本书有借鉴意义。

另外，政府自行编撰的有关文献，涉及慈善、教育、公共娱乐、戏园影院、税收等方面的管理，如北京市档案馆编《民国时期北平市工商税收》（中国档案出版社，1998），涉及娱乐（乐户）的税收管理规则，较有参考价值。

以上已出版的各类文献，涉及的慈善义演材料相对较少，也不集中，有待深入挖掘；但这些文献，仍可弥补其他相关材料之不足，对本书有一定的参考价值。

第一章　晚清时期的慈善义演

晚清时期，慈善义演在多种因素的综合作用下产生发展，表现出丰富的现代性内涵，形成中国近代慈善义演的最初形态。该时期的历史背景为慈善义演的产生提供了条件；慈善义演在上海、京津地区以及口岸城市产生，并随着历史的变迁不断变化；"寓善于乐"成为慈善义演持续推进的动力，多阶层人士通过慈善义演形成有机的社会网络和社群内部的身份认同，体现出慈善义演的社会基础和行业动力。该时期的慈善义演为民国时期慈善义演的发展繁荣奠定了基础。

第一节　晚清时期慈善义演产生的历史背景

慈善义演在古代中国是否普遍存在，由于缺乏更多史料佐证，①目前很难认定。中国近代慈善义演出现于晚清时期，该时期慈善义演的产生发展是多种社会因素综合作用的结果。口岸经济环境的发展给

---

① 冯俊杰等在《山西戏曲碑刻辑考》（中华书局，2002）中收录有一则史料，即《太和寨鸣凤班修路碑记》（第450—452页），内容记载清嘉庆二十二年（1817）在山西晋城的太和寨，一个戏班（鸣凤班）倡议修路募款的善举。从碑记中发现，该戏班可能通过演出募款。但即使通过演出募款修桥铺路，按照对善举的认识，此举也不能完全上升到现代意义上的慈善范畴，当属于公益之举。此类记载目前属于孤例，不能说明慈善义演已经出现。

工商业带来繁荣局面，进而促进了市场资源的流动，打破了传统经济生活，出现了新的经济基础。经济基础促使都市娱乐生活逐渐发生变化，传统戏曲演出生态在改变，新的境遇开始出现，同时，新式娱乐也在不断涌现。在晚清官方荒政衰落与西方慈善文化影响的生态环境下，传统慈善事业发生转变，伴随"丁戊奇荒"的发生，新式近代义赈开始兴起。这些变化为慈善义演的产生奠定了社会基础。

一　都市环境与社会文化生态

历史事象依存于一定的空间与环境，中国近代慈善事业主要集中于都市。近代以降，都市在慈善事业近代化进程中作用凸显，这是中国慈善事业近代化的重要表现之一。正如周秋光等人所言："近代城市的兴起，既催生了近代慈善事业，也推动了传统慈善事业的近代转型。新兴的近代慈善事业实际上是近代城市慈善事业，是以近代城市的兴起为依托、为载体的。"① 由于外来影响的不断冲击，近代都市处于发展变化之中。慈善事业成为近代都市变化的重要方面。近代都市的变动为慈善事业的变化提供了空间场景。

北京②是一座有着三千多年历史的古都，晚清时期北京的上层人士受到的外来影响更为直接。作为发展中的皇城都市，无论在政治、经济、文化、教育等各个方面，北京均在潜移默化地发生着变化，并因有政治人物的直接参与而地位显著、影响巨大。北京与天津两者互相作用，在文化教育以及娱乐业方面的发展更有起色，这些均对慈善义演的产生以及后期在社会上产生巨大影响具有直接意义，其他城市无可代替。

近代慈善义演在城市诞生，是多种因素综合作用的结果。晚清都

---

① 周秋光、曾桂林：《中国近代城市与慈善事业》，李长莉、左玉河主编《近代中国的城市与乡村》，社会科学文献出版社，2006，第 503 页。
② 1928 年，北京改称北平。1937 年，日伪政府将北平改为北京，1945 年日本投降后，北京改回北平。为行文方便，本书正文叙述中凡作地名者，一律称北京。惟对日伪统治时期之机构，称"伪北平"。

市的发展特别是口岸城市的变化为慈善义演提供了产生环境，使慈善义演开始出现。近代商业城市的发展，在某种程度上成为慈善义演酝酿与兴起的空间背景。正是新事物、新知识和新思想与旧观念和传统相互交织，本土文化与外来文化相互融合的口岸城市生态，成为中国近代慈善义演出现的催生因素。

口岸城市的发展成为近代城市慈善事业兴起的契机，也直接带来了社会文化和市民生活的改变。有学者指出，鸦片战争后半个多世纪中国社会文化总的变化趋势是："由以往的闭关自守，转而为面向世界；由过去的封建传统天下，变而为近代化的趋进。"① 此种情况，在上海、天津这种异质文化交织最为集中的口岸城市表现得尤为明显。

近代中国看上海。上海原本是一个附属于苏州的小县城，中英《南京条约》签订之后，清政府被迫开放口岸，这里成为近代中国第一批开埠城市之一。1843 年开埠以后，上海很快成为中国对外贸易中心，成为中国与外国进行文化交流和经济贸易的重要基地，外贸型经济增长成为近代上海的显著特征。伴随着对外贸易的增长，各类洋行、商行、货栈、船坞码头等工商事业不断涌现。人口的增加、商人阶层的壮大、近代化城市管理方式的引进等共同推动着上海发展。上海之所以能够逐步由一个传统的小县城跃居为全国多功能的经济中心，商业贸易是基本的动力，正如西方学者所言："这个城市不靠皇帝，也不靠官吏，而只是靠它的商业力量而逐渐发展起来。"② 截止到1876 年，上海开设有德丰银行、汇中洋行等 104 家洋行，祥泰、永达仁等 17 家丝栈，顾寿泰、邢恒顺等 61 家丝号。③ 此时，上海的商业贸易呈现出行业门类齐全、分工明细、品种多样等特点。因为窗口的示范效应，上海也在影响全国商业的发展，推动民众社会生活及思想

---

① 李长莉：《近代中国社会文化变迁录》第 1 卷，浙江人民出版社，1998，第 1 页。

② 〔美〕霍塞（E. O. Hauser）：《出卖的上海滩》，纪明译，商务印书馆，1962，第 4 页。

③ 葛元煦、黄式权、池志澂：《沪游杂记·淞南梦影录·沪游梦影》，上海古籍出版社，1989，第 79—81 页。

观念的变革。在对外通商的背景之下，商人逐步成为上海市民的主体，并显示出自身话语权，群体意识增强，积极参与包括慈善救济在内的社会公共事务。同时，繁荣的商业贸易也在冲击中国传统义利观，社会舆论转向"重商崇利"，经济活动被纳入商业轨道之内，商业贸易将传统社会的资源、财富重新配置，城市空间形态发生全新变化。随着城市经济的发展变化，政治、人口、城市管理等也随之发生变化。口岸城市特殊的社会管理结构以及繁荣的经济影响着该地区的公共空间，透过租界不断向外扩展，公园、公用私园、咖啡馆、茶馆、图书馆、博物馆、戏园、剧场等场所的公共性逐渐增强，特别是中西合璧的公园和公用私园逐渐成为现代意义上的休闲娱乐场所。戏园和剧场也逐渐成为慈善活动的重要组成部分。上海逐渐转化为中国的贸易中心、金融中心和工业中心。上海的变化不仅在于社会经济，还有民众思想以及社会力量的变动。在慈善领域，上海地区经济逐渐丰盈，实力逐渐雄厚，这既为发展慈善事业奠定了基础，也成为慈善事业的保障。因为有不少社会财富是由民众掌握，所以社会力量主导下的慈善事业成为近代中国慈善事业转型的重要支撑和基础。

同样，天津作为北方重要航运中心，在第二次鸦片战争以后，工商贸易发展迅速，先后有九个国家在这里设立了租界和领事馆，天津成为近代中国设立租界最多的城市，紫竹林租界一带很快形成了一个新兴的商业区。天津是京师的重要屏障，虽然处于开风气之先的地位，但又在传统保守风气的辐射范围内。这样的特点，使天津的城市生态略显不同。在经济领域内，天津商贸经济逐渐繁荣，部分近代工业、交通运输业和服务业逐渐发展，城市吸引了大量外来人口，增强了城市活力和人口流动性。同上海一样，天津的都市特点比较明显，城市发展的动力机制与之基本一致。

与上海、天津一样，汉口、广州等城市，随着商贸经济的繁荣，城市环境和社会文化生态也在不断发生变化。特别是汉口，处于长江中游的中心地位，历来是中国重要的商业区域，依托长江航运优势和陆路交通区位优势，既与长江上游保持密切联系，又与上海进行频繁的经济贸易往来。同时，中西贸易往来和交融也促进了汉口城市的发展。自 1861 年开埠之后，先后有 20 多个国家来汉口通商，外国侨民大量聚集。因为工商企业的兴办，汉口成为仅次于上海地区和天津地区的近代工商业密集区，号称"东洋芝加哥"。① 以汉口为中转城市，上海、天津、成都乃至广州的联系更加紧密，不断发挥"口岸—腹地"经济模式的效应。这一时期，广州作为中外通商的区域大都会，城市发展较为迅速。其他类似口岸城市也有不少。

总体而言，华洋杂居、中西交融的口岸城市，是晚清时期西方商品的集散地与文化的输入地。随着中外交流的频繁，西方人的生活方式对国人的社会生活产生了重要影响，特别是给市民的文化生活带来不小的冲击。中西文化碰撞与交融是口岸城市生态环境发展的动力。由于城市生态环境的变动，特别是工商业的繁荣，都市逐渐聚集起拥有巨额财富的商人群体和绅商人士，他们是慈善组织募集善款的重要渠道和来源，同时，也为慈善义演的善款筹集营造了氛围，奠定了社会基础。晚清时期，在这种都市环境和社会文化生态下，传统经济和文化资源都发生了一定程度的变化，慈善义演作为综合性的文化产物，是中国近代慈善事业的重要组成部分，甚至成为近代都市转型的一道亮丽风景线。

二　都市娱乐与戏曲演出生态

近代城市随着时间的推移逐步发生变迁，都市经济环境的发展引起城市社会功能的变化，也带动娱乐行业的进步。晚清时期，口岸城市的经济发展是商品贸易持续发展的结果，商品贸易的发展需要更多劳动力的参与，而人口的增加、城市人口的不断扩容，有助于近代都市娱乐业的繁荣。

---

① 李卫东、彭学斌：《论晚清武汉社会经济的变迁》，《江汉大学学报》2000 年第 4 期。

　　晚清时期都市的发展，带动市民娱乐生活的转变。频繁的商业活动和西人的生活习俗，逐步影响着口岸城市民众的生活方式，特别是在休闲和娱乐方面，人们的生活开始发生重大变化。上海市民的娱乐生活呈现出逐渐兴盛的局面，时人记载："第一开心逢礼拜，家家车马候临门。娘姨寻客司空惯，不向书场向戏园。"① 从西人"礼拜"观念的渗入到普通市民休闲"向戏园"的情景，可见上海民众日常生活的趋向，西方人的生活方式对口岸城市民众的生活产生了潜移默化的影响，市民娱乐时间增多，活动形式呈现出更加社会化、商业化和多样化的特征，市民生活的灵活性、活动性和自由度也在不断增加。

　　近代都市娱乐业的繁盛，集中表现为戏曲演出生态的多样化。清代是中国戏曲发展史上的重要阶段，各地的戏曲娱乐呈现繁荣发展的景象，且随着晚清时期城市的发展，城市传统戏曲演出愈加频繁。"士绅宴会，非音不樽。而郡邑城乡，岁时祭赛，亦无不有剧。"② 戏曲演出方式显现多样化态势。当时，最高端的戏曲娱乐消费是"堂会"，少数富贵人家会请艺人或戏班到家里演戏，普通民众观戏形式则多样化。重要的是，都市发展促使新型营业性戏园大量出现。戏园为追求盈利，注重延请名角、重视戏园布置，使传统戏曲演出成为城市人娱乐消费的主要方式。以上海为例，上海的营业性戏园最早出现于 1851 年，截至 1912 年，已经有大小戏园 120 多家，③ 足见上海娱乐业的发展之速。其实早在 19 世纪 80 年代，上海已经有"梨园之盛，甲于天下"之誉。④ 有学者认为，近代上海"戏园的戏曲生活超出了一般民间文艺的意义，而同整个城市的社会生活联系在了一起，成为市民生活的一种体现和重要组成部分"。⑤ 在清代咸丰、同治年

---

①　《洋场竹枝词》，《申报》1872 年 7 月 12 日，第 2 页。

②　熊月之主编《稀见上海史志资料丛书》第 1 册，上海书店出版社，2012，第 516 页。

③　中国戏曲志编辑委员会等编《中国戏曲志·上海卷》，中国 ISBN 中心出版社，1996，第 665—675 页。

④　葛元煦、黄式权、池志澂：《沪游杂记·淞南梦影录·沪游梦影》，第 101 页。

⑤　许敏：《近代上海的戏曲和市民生活》，《上海文化》1996 年第 2 期。

间，城乡民众看戏之风已较为繁盛。史料记载，凡是民间演戏之处，大多是"人山人海，万头攒动"。① 从"风俗鄙陋"② 的小县城到"不夜之芳城，鞠部之大观"③ 的大都市，观赏戏剧是人们的一种生活方式，娱乐活动已成为市民休闲生活的重要内容。

外国演艺的引进成为西艺东渐大潮的最初形式，也在一定程度上刺激着城市娱乐业的繁荣。外国的戏剧、马戏、影戏、西洋魔术乃至钢琴音乐等纷纷涌入，日渐兴旺。在上海，甚至还出现了中外艺术样式同台演出的事例。如 1874 年上海丹桂戏园戏班与西人剧团在兰心大戏院同台演出，"西商皆拟届期以闺阁偕往，想华人之带巾帼类以去者亦必甚多，果然则中外男女一时之大快乐场也"。④ 同样，"近代京、津、沪大城市中，市民嗜剧成癖"，⑤ 中国民众对传统戏曲的热爱，使剧场娱乐表演活动更加频繁。市民对于娱乐生活的需求，反过来也在刺激娱乐业的繁荣。在一些大都市，中外商人开办的娱乐场所逐渐增多，如茶园、戏园、舞厅等。

娱乐生活的转变，是晚清时期戏剧演出生态的重要变化。在以上海为代表的通商口岸，戏曲娱乐发展很快，最受民众欢迎的还是传统戏曲演出。随着经济的发展和环境的改变，中西文化艺术的交流还出现了一些新的娱乐项目。这些娱乐活动或由外国人影响，或由缺少顾忌的国人参与，均为多元融会的结果，促进了戏剧演出生态的变化。

三　传统慈善转变与近代义赈兴起

中国传统慈善事业有着悠久的历史。在商汤时期即有赈恤饥寒之举，此后历代虽然有盛衰变化，但从未中止这一项事业。宋代的社会

---

① 杨恩寿：《坦园日记》卷 1，上海古籍出版社，1983，第 4 页。
② 王韬：《瀛壖杂志》，上海古籍出版社，1989，第 10 页。
③ 葛元煦、黄式权、池志澂：《沪游杂记·淞南梦影录·沪游梦影》，第 157 页。
④ 《西国戏园合演中西新戏》，《申报》1874 年 3 月 16 日，第 2 页。
⑤ 乔志强：《中国近代社会史》，台北，南天书局，1998，第 320 页。

救济制度更为完善，影响深远。① 明末清初，慈善事业逐渐发生变化，"民间社会主持的慈善活动趋于兴盛，善会善堂的数量迅速增加，慈善机构种类繁多，慈善活动的内容丰富"，② 中国传统慈善事业在此时达到鼎盛。清代前期，以立足"收养"为宗旨，官方社会保障事业逐渐兴盛，这是民间慈善事业的必要补充。但是，由于晚清时期鸦片战争、太平天国运动等一系列重大社会变动，再加上天灾人祸不断，清政府的社会保障体系所发挥的作用非常有限。中国传统慈善事业的衰微，为慈善事业的转型提供了契机。其中，针对"丁戊奇荒"赈灾而诞生的"近代义赈"，③ 标志着中国慈善事业近代转型的开始。

中国传统社会保障与慈善事业历史悠久、相对完备，这与历史上"灾荒之多，世罕其匹"④ 有重要的关联。据不完全统计，晚清时期发生的水旱自然灾害，其中 224 次为水灾，135 次为旱灾。⑤ 再加上列强入侵，内忧外患频繁，社会上有大量的难民、流民，中国传统慈善难以发挥作用。虽然"清代救荒措施集历代之大成，最为全面完备。凡古代赈饥济贫之术，靡不毕举"，⑥ 但是实际上，晚清时期中国传统的荒政体系已无法完全承担应有的社会责任。

慈善义演的出现与晚清慈善事业的发展变化有着密不可分的关系。周秋光等人认为："中国近代慈善事业的兴起，是从晚清光绪初年民间大规模兴起的义赈开始的，尔后又有戊戌时期各地的慈善公益事业以及清末新政期间地方自治中的慈善活动。"⑦ 朱英则认为，晚清

① 张文：《宋朝社会救济研究》，西南师范大学出版社，2001。
② 王卫平、黄鸿山：《中国古代传统社会保障与慈善事业——以明清时期为重点的考察》，群言出版社，2004，第 299 页。又见王卫平《论中国传统慈善事业的近代转型》，《江苏社会科学》2005 年第 1 期。
③ 朱浒：《名实之境："义赈"名称源起及其实践内容之演变》，《清史研究》2015 年第 2 期。
④ 邓云特：《中国救荒史》，上海书店出版社，1984，第 1 页。
⑤ 陈高傭等编《中国历代天灾人祸表》卷 10，国立暨南大学，1939。
⑥ 李向军：《清代荒政研究》，中国农业出版社，1995，第 28 页。
⑦ 周秋光、徐美辉：《晚清时期中国近代慈善事业的兴起》，《西南交通大学学报》（社会科学版）2006 年第 4 期。

慈善观念以及民间慈善公益事业的出现是该时期慈善事业发展的最重要表现。① 西方外来势力在中国实施的救助和慈善活动也是国人慈善事业的激发因素。其中，慈善义演作为募集善款的一种方式，成为华洋杂居口岸城市的典型案例。实际上，慈善义演随着近代义赈的兴起而产生。

近代义赈是传统慈善事业发生转变的起点。义赈，是由民间自由劝赈、募集费用并自行发放物资或赈款的"民捐民办赈灾活动"。② 晚清"丁戊奇荒"之时，义赈活动持续了很长一段时间。在义赈过程中，民间力量散发赈银上百万两，同时广泛动员，赈济了上百万民众。在当时条件下，由于义赈不受官方约束，全由民间办理，苏州士绅李金庸"首倡义赈"，③ 突破苏北的地方界线，跨区域对华北深受灾荒折磨的民众实施救济。值得注意的是，学者研究发现，近代义赈之所以能够形成跨区域、深层次的慈善义举，与西方传教士势力的影响有密不可分的关系。④ 可见在大灾之时，外国势力成为赈济受难灾民的重要群体，是义赈兴起的重要外在因素。外国势力的慈善方式确实对国人从事慈善事业产生了影响。由于口岸城市的华洋杂居特点，国人通过西方传教士的慈善活动和西学书报的传播等认识了西方慈善。近代国人到海外留学、游学的人数日益增多，这些漂洋过海的华人，通过海外见闻了解并能够接受西方的一些慈善方式。当时慈善募捐出现一些新手段，除了传统善堂、善会依靠田租和民众自愿捐款，还有发行彩票、购买股票生息、义卖和书画助赈等新型集资渠道。这些新的筹款手段逐渐为国人所了解和吸纳，拓展了募集善款的渠道。

---

① 朱英：《经元善与晚清慈善公益事业的发展》，《华中师范大学学报》（人文社会科学版）2001 年第 1 期。

② 王卫平、黄鸿山：《江南绅商与光绪初年山东义赈》，李长莉、左玉河主编《近代中国的城市与乡村》，第 496 页。

③ 李文海：《晚清义赈的兴起与发展》，《清史研究》1993 年第 3 期。

④ 具体参见朱浒《地方性流动及其超越——晚清义赈与近代中国的新陈代谢》第一章"华北的灾荒与西方传教士——义赈兴起的坐标"的详细论述。

慈善义演即为类似的筹款方式。

四　西方慈善方式的注入和影响

　　慈善义演在西方出现相对较早。随着工业革命的进行、财富的积累，西方都市慈善事业也逐渐兴盛，随后各种慈善筹款方式不断涌现，慈善义演活动也十分普遍。至少在 18、19 世纪的英国伦敦，慈善义演活动已十分常见。"英国人善于将行善与欢乐结合起来，将富人灌醉使其在欢愉中捐出善款。"① 当时，慈善机构将传统庆典、宗教仪式和新式休闲娱乐活动结合起来，以商业化的方式组织起来，形成集慈善和休闲于一体的欢娱慈善活动。英国伦敦的娱乐慈善活动经历了多个不同的阶段，在不同历史时期，呈现形式各有不同。"18 世纪初，以周年庆典为主。在 18 世纪中后期，发展为慈善晚宴、早餐会、音乐会和戏剧演出等多种形式。到了 19 世纪，传统的欢娱慈善活动仍然延续，但增加了一些新形式，如慈善集市义卖、游艇舞会等。"② 值得注意的是，工业革命时期，西方国家通过娱乐活动开展慈善事业的不少，慈善义演只是其中的一个重要方式。慈善义演活动具有展示慈善机构的形象、作为筹款工具、作为中上层绅士的休闲方式、增强社交与阶层身份的认同等功能。无论如何，"寓善于乐"理念能够为人所接受，慈善义演活动成为西方都市生活中不可或缺的重要部分。

　　与西方欢娱慈善活动相比，在同时期的中国很少见到类似的文化现象。国人对戏曲娱乐活动的认识，重在发掘其教化功能与自我消遣，较少将娱乐与慈善结合起来。中国不乏丰富多彩的娱乐活动，也不乏深厚的慈善思想，譬如，儒家讲"仁爱"，佛家讲"慈悲"，道家讲"积德"，墨家讲"兼爱"，其中都蕴含着救人济困的理念，但

---

①　David Owen, *English Philanthropy*, *1660 – 1960*, Cambridge, M. A.：Harvard University Press, 2013, p. 166.

②　陈恒、王刘纯主编《新史学》第 13 辑《艺术史与历史学》，大象出版社，2014，第 248 页。

是未与欢娱慈善相联系。与西方慈善公益的理念相比，中国传统的慈善理念有着很大的不同。以"寓善于乐"慈善思想为例，1877 年随郭嵩焘、刘锡鸿出使英国的张德彝在日记中曾提及英国慈善医院的"各项经费，率为绅富集款。间有不足，或辟地种花养鱼，或借地演剧歌曲，纵人往观，收取其费，以资善举"。就连张德彝也说，"诚义举也"。① "寓善于乐"在西方似早已司空见惯，而国人却视为新奇。对于演戏，"华人借之以利己，西人借之以济人。故自华人视之则以为无益之行为，而自西人视之则以为有益之举动"。② 可见，国人与西人在慈善义演认知方面差异不小。当然，时人也曾乐观表达过观看戏曲演出的益处，"大则可以尽孝养，中则可以寓劝惩，小则可以破忧愁"。③ 可以说，国人对戏曲娱乐的认识，重在发掘它的教化功能与自我消遣，很少有人将娱乐与慈善并举、结合。

　　西方慈善理念和方式对国人传统的慈善思想产生了影响。晚清时期，一方面是国人走出国门，了解西方更多的慈善活动；另一方面，在口岸城市华洋杂居状态下，国人耳濡目染西方人的慈善行为，使其成为非常有影响力的参照系。在某种程度上可以说，租界是外国人生活方式、慈善活动及慈善理念"展示的窗口"。因此"丁戊奇荒"期间，上海出现了"在外国戏院，串作音乐会，所收银则以供济中国饥民"④ 的情况。"本埠冯道宪闻亦到会倾听，西人亦咸集以观，或一男一女独唱或男女十余人互唱，丝竹杂陈不一其式。观者皆闻之忘倦。"⑤ 最终，"西商及其女眷前作音乐会即将听客之资汇齐作为赈款……是日所收之银约及一千元"。⑥ 从表演内容与演出方式来看，确实中外有别，这对国人来说，反而比较新鲜。这种新的慈善实践，在

① 张德彝：《随使英俄记》，岳麓书社，1986，第 427 页。
② 《论演戏救灾事》，《申报》1877 年 2 月 8 日，第 1 页。
③ 《论戏园》，《申报》1874 年 11 月 3 日，第 1 页。
④ 《醵资施赈》，《申报》1877 年 2 月 26 日，第 2 页。
⑤ 《音乐会醵资》，《申报》1877 年 3 月 5 日，第 3 页。
⑥ 《签银施赈》，《申报》1877 年 3 月 10 日，第 2 页。

一定程度上对中国民众产生了积极影响。在中国慈善义演活动出现之后，租界的展示效用仍然存在。同样，"租界展示"在清末的天津也有体现。如1906年"日本助善乐团等来津演出"，开办"慈善会"。①接着，天津"河东奥界诸戏园近拟公助国民捐"，非租界戏园"兴隆、德来、立华等茶园亦均按日乐助"。② 一连串的慈善义演活动形成一种助善与公益的社会风气。可见，当时租界内一些外国人办理慈善的方式对国人产生了影响。

综上所述，慈善义演在晚清时期发生，有着深厚的历史背景和复杂的环境因素。比较关键的是，上海、天津、汉口等口岸城市崛起，成为带有浓厚商业气息的近代城市文化与市民文化的发源地，并逐渐辐射到周围地区。中外交往的扩大，通商口岸商品经济的繁荣，西方慈善观念和慈善方式的影响等，催生出中国新的慈善募捐方式——义演活动。慈善义演是近代义赈的组成部分，推动了中国慈善公益事业的近代转型。

第二节　晚清时期慈善义演的产生

晚清时期，伴随着中国的近代变迁以及慈善事业的近代转型，中国的慈善义演逐渐萌芽。慈善义演最初在江南地区出现，尤以近代义赈的助推作用较为明显。上海地区慈善义演，顺应近代义赈的兴起而出现；京津地区剧资兴学，促发慈善义演在该地区产生；为赈济江皖水灾，南北各地均有慈善义演活动，慈善义演已发展成为民众喜闻乐见的募款方式。

一　上海地区慈善义演的出现

上海地区的慈善义演，朱浒研究认为，"在义赈活动中的最初出

---

① 《日本开办慈善会》，《大公报》（天津）1906年3月23日，第3版。
② 《梨园义务》，《大公报》（天津）1906年3月30日，第3版。

现，极有可能是对西方义演形式的一种效仿"，[1] 即受西方人士影响而产生。在出现重大自然灾害之时，由于清政府无力助赈，民间人士通过演戏筹资助赈，这是最基本也较有效的募款方式。演戏筹资是配合近代义赈开展的主要救灾方式。也有学者对此持有异议，认为中国慈善义演的出现不应该过多强调西方人士的影响，应更多关注演戏群体即伶人群体[2]自身的主动性，才更有意义。这里主要指伶人群体内部一些相互扶持、彼此协济的募捐表演，同时，还有一些针对群体外的义演活动。实际上，慈善义演的发生是两个因素共同促进的结果。

《申报》的一篇文章——《论演戏救灾事》成为了解慈善义演发源的重要文献。该文首先指出中国传统文化与西方文化对于演艺的不同观念和认识，指出："华人借之以利己，西人借之以济人。故自华人视之则以为无益之行为，而自西人视之则以为有益之举动。"由此介绍香港报纸《近世编录》[3] 中的一篇文章，详述英国人和法国人面对困境和灾难，是如何以"演戏"的方式来"筹款"，向受灾家庭施以援手。其中列举英人的事例："日前有英国战船猝遭沉溺，兵丁水手死于是役者，殊堪悲悯。复有家属零丁孤寡无所倚靠，更觉可怜。有心者即于十九晚相集演剧，于赴观者皆税其资，即以是夕所税之资尽为周济沉沦家属之用。"法国人也有同样的事例："去冬上海租界寄居之法人，缘法国有一地方饥荒，法人之在沪者，欲集资以赈之，亦用此法演戏。两日所得之资尽行寄往，以助赈务。"该文作者由此大赞："其法亦可谓良矣。出资者不费大力而集腋成裘，众擎易举。既得多资，有益正事。""其立心不减于仁人施济，且使来观者既得娱目亦足以写其好行"，真可谓"一举两得，诚为甚便，使世之演戏皆如

---

① 朱浒：《地方性流动及其超越——晚清义赈与近代中国的新陈代谢》，第363—364页。

② 中国古代称唱戏、作乐的人为伶人。伶人，即艺人；伶人群体，即指艺人群体。

③ 此为影响较为广泛的香港英文报纸，据说"不仅影响着华南，而且影响着上海乃至英属海峡殖民地华人社区的现代报纸的发展"（〔美〕白瑞华：《中国报纸（1800—1912）》，王海译，暨南大学出版社，2011，第47页）。

此用心，则谓之有益亦无不可"。①

由此可见，国人通过对书报知识的阅读和学习，从中受到启发，对演剧筹款这种积极有效且"一举两得"的募款方式极为赞赏。其后，有识之士通过撰写和发表文章向国人介绍此种筹款方式，以引起人们的仿效。在义赈活动风起云涌之时，这种演戏助赈方式极易被社会民众接受。

此后，《申报》曾接连刊载类似文章，如《书本报戏资助赈告白后》一文指出："吾见西人设法筹捐之时，聚集能演戏者在西人戏园演戏一宵，邀请中外之人，素悉西戏者往观，按人纳资。"② 如此看来，《申报》文章的启发、推荐与呼吁，应是募捐义演在上海最早出现的直接推力。

非常巧合的是，就在《申报》文章为筹赈呼吁之时，鹤鸣戏院发起了演戏助赈，③ 以募得的资金支援华北地区的赈灾。

鹤鸣戏院是上海一家著名戏园，该戏院率先发起慈善义演活动，具有重要的社会影响和意义。自此开始，上海本土戏园的"演戏助赈"开始付诸实践。对于这一事例，钟欣志认为，1877年鹤鸣戏院以戏资助赈一事，可看作一个社会底层行业响应新兴报刊言论的实例。《申报》文章"不遗余力地鼓吹和宣传一条助赈新法"，对于新的助赈方式的推介，表现出很高的热情。通过媒体参与和宣传推动"演戏助赈"，无疑会引发一系列社会效应。报纸宣传得到剧场和职业艺人响应，呈现出"舆论"和"剧场"两种公共空间，产生了积极的社会效果，形成一定的社会影响。当然，这也是双方互动的结果。试想，如果没有鹤鸣戏院的响应，《申报》文章的所有用心，只能沦为空谈。可见，《申报》作为当时上海无可匹敌的中文商业报纸，所提供的言论空间对义演的出现起到了积极的推动作用，否则，"鹤鸣

---

① 《论演戏救灾事》，《申报》1877年2月8日，第1页。

② 《书本报戏资助赈告白后》，《申报》1877年4月30日，第1页。

③ 《戏资赈饥》，《申报》1877年4月26日，第2页。

戏院即便可从其它管道学习戏资助赈之法，也将孤掌难鸣，缺乏推动的诱因"。① 笔者认同此种说法。

由上可见，鹤鸣戏院作为娱乐场所，积极举办义演筹款活动，促发慈善义演的出现，成为开风气之先的典范。与此同时，梨园艺人的配合无疑对成功举办义演活动起到了重要的支撑作用。随着时间的渐进，"演戏筹赈"的做法引起越来越多人的注意，更多梨园人士加入义演活动，风气渐开。如 1877 年 5 月，上海的久乐园，"不揣薄绵，拟分所得戏金寄襄赈务"，并将"所得票金支发园租工食之外，其余全数禀缴"。② 又如，1878 年 5 月，办理义赈的"经募司董向各戏园熟商助赈。丹桂园许于本月二十六日即礼拜一起，每逢礼拜一、四日演，共一月计八期。大观园于本月二十六日夜即礼拜一，又本月三十日夜即礼拜五，又五月初三夜即礼拜一，又五月初七夜即礼拜五，共四期。天仙园于本月二十九夜起即礼拜四，共一月计四期"。还提及："三园每逢是期邀集名优排演新戏，所集戏资除茶点开销之外，余洋尽数送交果育堂助赈。"③

随着演戏助赈活动日益增多，人们逐渐认识到，梨园界蕴藏的慈善公益价值不可小觑。有人提出，应将梨园伶人之名列入《申报》的捐献清单中。报人的呼吁合情合理，也取得了成效，后来《申报》对伶人捐赠的消息也予以报道，如"天仙戏园诸伶及后台共五十九户，合助豫皖赈洋一百八元"，④ 以此更为广泛地鼓励参与者，调动民众观赏义演、支持赈灾活动的积极性，增加筹款收入。1878 年 5 月 25 日，《申报》刊登《戏园助赈》一文，呼吁："凡诸君欲及时行乐者，皆宜届期往观，既畅游兴，借助赈资，真一举而两得也。"⑤

---

① 钟欣志：《走向现代：晚清中国剧场新变》，博士学位论文，台北艺术大学，2012，第 17 页。

② 《久乐园顺天乐班谨启》，《申报》1877 年 5 月 11 日，第 5 页。

③ 《戏园助赈》，《申报》1878 年 5 月 25 日，第 3、4 页。

④ 《梨园助赈》，《申报》1888 年 1 月 16 日，第 3 页。

⑤ 《戏园助赈》，《申报》1878 年 5 月 25 日，第 4 页。

　　值得注意的是，前期的演戏助赈活动均由单个戏园自行举办，清末时期情况发生明显变化。面对 1905 年当地水灾，上海多个园主开始谋划举行联合义演，形成多个戏园在相对集中的时间共同举办慈善义演活动的局面。如丹桂茶园是梨园界一贯"乐善"的代表，上海初创救济善会以及红十字会之时，该戏园便积极参与捐助。"兹因崇宝一带水灾死者以数万计。园主恻然动念，爰于本月二十六日礼拜日戏通园名角一律登台，看资悉数助振，所有案目、扣头等项，亦复涓滴归公，丝毫不取。"① 义演活动由丹桂茶园率先发起，随后其他戏园如天仙茶园和春仙茶园先后举办。"天仙茶园，九月初三礼拜日名角答演好戏，戏资全数充公以赈济崇宝一带。""春仙茶园，礼拜日名角一齐登台助赈济。王福全《匡下河东》，孩儿红《日锁五龙》……汪笑侬《目连救目》……九月初三夜准演，王福全《夺取东川》，孩儿红《单鞭救主》，小桂枝《说亲回话》……周春奎《捉曹放操》……。天仙茶园，九月初三礼拜日请看助赈好戏，朱炳林《三气周瑜》，左月春《十二太保》……小桂芬《四郎探母》……"② 此时的赈灾筹款，上海地区已不是零星出现，而是各个戏园联合演出，且这种情况越来越普遍，在社会上逐渐形成了慈善氛围。

二　京津地区慈善义演的诞生

　　据目前所见材料，京津地区慈善义演的出现，要晚于上海地区将近 30 年，且以"义务戏"为名逐步发展起来。

　　清末新政时期，兴女学、兴女权成为政府倡导并鼓励的新事物，民间有为之士积极推进。恰在此时，杭州惠兴女士殉身办学一事在京津地区传播开来，以"惠兴殉学"事件为契机，京津地区掀起了兴女学的舆论热潮。要办女学，就需要有充足的经费支持，在舆论热潮和社会响应之外，如何筹集学费成了大家关注的关键问题。此时，以北

---

　　① 《梨园乐善》，《申报》1905 年 9 月 23 日，第 2 张第 9 版。
　　② 《天仙茶园》《春仙茶园》，《申报》1905 年 10 月 1 日，第 2 张第 7 版。

京知名艺人田际云为首的梨园界，举办义务戏为办女学筹款。这场规模空前的义务戏成了京津地区慈善义演形成的标志和典型，并由此"开创了北方地区社会募捐的新形式"。[①]

惠兴女士是满族人，自幼在杭州生活，较早接受新学教育，立志兴女学、造福女界。她不仅有思想上的觉醒，且付诸实际行动。1904年，惠兴依靠家族的资助，在杭州创办了一所新式女子学校，专门招收杭州地区的女孩。此事在当地起到了开风气之先的作用。办学伊始，惠兴便立志尽全力做好此事。然而，理想与现实之间有很大的差距，她虽然出于公益之心办起了女学，却因办学经费问题陷于困境。

为了解决经费问题，惠兴四处借贷，期望能解一时之困，可惜无果。最终，她以服毒自尽的方式结束了自己的生命，并留下遗书告知社会，希望用自己的生命换取世人对女学的支持。

"惠兴殉学"事件很快通过报纸在京津地区传播开来。通过媒体的扩散和推动，这一事件引起了社会民众的广泛关注。报界同人积极响应，准备以报纸宣传为途径，筹款助学，但是募捐效果不太明显。随后，报界人士又积极与梨园界人士商议进行义演筹款，《大公报》刊载消息："欲演戏三日，以所得戏价邮寄杭州，以便兴学。"[②]《北京女报》主笔张展云和梨园界名人田际云商议后，组织起民间团体——妇女匡学会，[③]并将惠兴女士的兴学事迹排演为新戏《惠兴女士传》。新剧编排之后，准备于农历三月初五、初九及十二日三天在北京湖广会馆演出，演戏所得经费寄送杭州贞文女学堂，用于办学。关于《惠兴女士传》的演出情况，报界也实时进行跟踪报道。《大公报》一则消息称："京都玉成班田际云，因杭州贞女学堂惠兴女士为创办学堂，筹款殉节，见其意烈可钦，按照前情排演新戏。今春三月初五、初

①　夏晓虹：《旧戏台上的文明戏——田际云与北京"妇女匡学会"》，陈平原主编《现代中国》第5辑，湖北教育出版社，2004，第28页。

②　《名优颇尽义务》，《大公报》（天津）1906年3月6日，第2版。

③　《记妇女匡学会》，《大公报》（天津）1906年3月24日，第2版。

九、十二等日，在北京福寿堂，恭请北京大小名角共办助学会，又请各城票友是日各尽义务，演唱三昼夜，大众不取分文，共筹款五千余元，由日昇昌汇寄杭州将军瑞转寄贞文学堂。"① 当时，有报人评价此举"庶可为士大夫之向导乎？"② 时人还说，"剧资兴学"之事，"为二十世纪中伶人之特色，以增历史之荣光，将来浙中女学之发达，则必以某鞠部为最美最优之一大纪念"。③

在义演活动的准备过程和演出阶段，妇女匡学会还向民众散发传单，进行社会动员，将"剧资兴学"的事情广泛传播，同时还说明一些具体的规则。

一、演戏地方，原订湖广会馆，今改在前门外打磨厂福寿堂。

一、演戏时刻，早以十一点钟开演，夜以两点钟止。

一、所有戏座，分为包箱（厢）、头等、次等三种；每厢包间价洋三十元，头等每卓（桌）六座价洋十八元，单座每位三元，次等每卓（桌）六座，价洋十二元，单座每位二元。小孩自八岁以上至十三岁，均卖半价，仆妇五角。

一、听戏者由本处备便席一餐，不另索价（晚四点钟便席，夜十二点灯果）。

一、本会一概不卖男座。

一、凡听戏诸位，须先期买票，自本月二十六日起，每日早十二点钟至六点钟止，即在福寿堂卖票。早到者得好座，并不得强占他人已座之位。

一、本会为匡学筹款起见，非借此射利营私。听戏诸女士，均因热心助善而来。总祈诸位谅此区区苦心戏，凡所用男丁，如

---

① 《新戏来津》，《大公报》（天津）1906 年 8 月 27 日，第 2 版。
② 《剧资兴学》，《大公报》（天津）1906 年 3 月 13 日，第 2 版。
③ 《记惠兴女杰为学殉身事》，《大公报》（天津）1907 年 3 月 14 日，第 1 版。

车夫、跟班人等，务须自为约束，令其在戏场外静待，不许擅入，以昭慎重，以省口角。如有买物套车等事，可令随带仆妇传言，即本会亦雇有女仆，预备使唤。

一、此三日所演戏文，经工巡总局审定，均系光明正大之戏。凡有伤风化者，一概不演。[①]

《惠兴女士传》一剧，由田际云扮演惠兴，他将惠兴女士对兴办女学的热心和感情，通过戏剧惟妙惟肖地呈现给观众，使观众受到鼓舞和感动。主要演出人员，有俞润仙、谭鑫培、汪桂芬、侯峻山、金秀山、罗寿山、余玉琴、郭宝臣、王楞仙、朱素云、陆华云、路三宝、许荫棠、王瑶卿、孙佩亭、杨筱亭、龚云甫、田桐秋、杨宝珍、德俊如、孙怡云、俞振庭、刘鸿升、白鉴堂、瑞德宝、张福义、马林山、董春山、贾洪林、陈德霖、姜妙香、王凤卿、何桂山、郭凤云、刘春喜、崔德云、于永海、穆长久、黄润甫、张喜华、刘保卿、朗德山、马德成、李连仲、朱文瑛、张麒麟、韩山、孙喜云、刘景然、钱金福、王长林、李顺亭、唐玉喜、高四保、傅小山、纪寿臣、陆杏林、杨永元、高得禄、周长顺、郑长泰、慈瑞泉、李寿山、袁子明、马连登、王月芳、周如奎等。据记载："核之当时在京师之名伶，殆已网罗无遗。"[②]演出之后的效果，报纸文章说，"自惠兴女士一死，北京女学逐渐发达"，"近者设妇女匡学会，虽优伶歌妓亦动热诚"，"提倡女学风气之开，进而愈上不禁，为我中国前途贺也"。[③]

京津两地相邻，知名艺人田际云在北京的义演助学事迹很快传至天津。天津大公报馆对此事非常积极，报纸报道："赵广顺老板到京

---

① 景孤血：《三十年前北京妇女匡学会义务戏传单》，《立言画刊》第16期，1939年，第4—5页。

② 景孤血：《三十年前北京妇女匡学会义务戏传单》，《立言画刊》第16期，1939年，第4—5页。

③ 《女学发达》，《大公报》（天津）1906年4月3日，第2版。

特约田际云，将所有演惠兴女士原戏角色至津演唱，所加洋元均上国民捐，定于七月内在日租界天仙茶园准演。"① 赵广顺（1860—1935），天津人，当地梨园界知名人士，以戏园为家，广结人缘，也是乐善好施之人。他经常在年节之际发起义务戏助赈，深受天津乡里赞誉。② 此次，他专程赴京联系引进《惠兴女士传》一剧，足见该剧在天津梨园界的影响和他对此事的热心。以田际云为首的京津梨园界，通过"剧资兴学"的方式参加社会公益事业，并以义务戏的方式展开筹款助学活动，成为该时期助推公益事业的典型。

此次助学义务戏，恰与"国民捐"运动结合，两者相得益彰。该时期的义演募捐活动较多，筹款目的主要为办女学及国民捐。1906 年 5 月，京师票友在福寿堂演戏，18、19 两日"卖票 1442.15 元，前后共捐 532.5 元，共入 1974.65 元"，"除去开销，净存 1462.25 元"。③ 其后有助学筹款义演，地址"在打磨厂福寿堂，演唱各种改良词曲，并请报界热心志士登台演说，以维持女学"。④ 北京"朝阳门外柳荫居茶社，近日邀请子弟公尽义务演唱各种改良词曲，所收茶资悉数提入国民捐，集腋成裘"。⑤

由上可见，京津地区与上海地区"演戏助赈"的背景、场景有所不同。上海地区慈善义演主要用于赈灾，义演的功能有所扩展；京津地区义务戏以"惠兴殉学"事件为诱因，其演出筹款的目的主要为助学。20 世纪初期，时代变革在继续，义演拓展了伶人群体投身慈善公益的渠道。在多种因素的作用下，戏园园主和众多知名艺人通过慈善义演形成一种社会力量，开始登上历史舞台。

---

① 《新戏来津》，《大公报》（天津）1906 年 8 月 27 日，第 2 版。
② 中国戏曲志编辑委员会编《中国戏曲志·天津卷》，文化艺术出版社，1990，第 400 页。
③ 《乐善义务戏会账目清单》，《京话日报》第 650 号，1906 年 6 月 17 日，第 5 版。
④ 《演戏助女学经费》，《顺天时报》1906 年 10 月 5 日，第 14 版。
⑤ 《茶社提倡国民捐》，《大公报》（天津）1906 年 8 月 15 日，第 4 版。

三　江皖水灾筹赈的南北并举

慈善义演出现之初，主要在本地区展开。各地义演的组织者，彼此缺乏联络与呼应，也未建立起跨区域救灾的联合体，义演活动多表现为各个区域局部的自救行为。而到1906—1907年的"徐海水灾"之时，南方和北方的几个代表城市为救灾筹款表现出共同协赈的一致性，使慈善义演形成了多元并立、南北联动的局面。

1906年，苏北地区持续降雨，形成较大的水灾，其中尤以徐州、海州地区灾情最重，此即"徐海水灾"。与此同时，安徽省也发生罕见的大水灾。江淮地区几成泽国。此次持续的水灾，又称"江皖大水灾"。在筹赈过程中，义演作为筹款方式发挥着重要的作用，且与之前义演主要集中于戏园、参与群体主要是伶界艺人不同，此次义演涉及的群体和地域在逐渐扩大，学生群体、商人群体、伶界和票友团体均展开广泛的募捐义演活动，影响面也在不断扩展。

1906年12月，上海"美租界爱而琴路华童公学各学生，因悯江北水灾甚重"，"在本校登场演剧，入观者每人洋银五角，即以看资移助赈捐"。① 很快，上海培才学堂学生亦"开会演剧，所有入场券，每纸取银五角，悉助淮徐赈捐"。② 1907年2月，上海益友社发起人李殿臣、金应谷、任榆等，"特于本月十二日假沪北张园安垲第洋房演剧……所得看资悉数拨充赈款"。③ 申报馆随后收到了"益友社交来张园演剧助赈洋二百三十九元，小洋一百三十四角"。④

与上海同期募捐义演相比，京津地区的募捐义演也比较兴盛。在天津城内，出现了许多慈善团体，较具规模者，如公益善会、广益善会和艺善会等。这些团体组织的义演筹款活动也纷纷举办。如广益善

① 《华童公学演剧助赈》，《申报》1906年12月22日，第1版。
② 《学堂演剧助赈》，《申报》1907年1月17日，第2张第9版。
③ 《益友社演剧助赈》，《申报》1907年2月21日，第3张第17版。
④ 《本馆经收宁淮皖北水灾各属急振清单》，《申报》1907年3月4日，第2版。

会，曾邀请谭鑫培、王瑶卿、金秀山、王长林等著名伶人，在李公祠共演五天六场。① 艺善会邀请北京名角，从"二月初四日起至初八日止，演戏助赈"。② 此时，各茶园闻风而起。永顺茶园的义演虽仅一天，但氛围相当热烈："数场曲艺后，由英敛之登台演说灾民情状，及激劝座客尽力助捐。次由刘子良演说后，李金柱、徐兰芬两校书随同收捐……众皆鼓掌。"③ 兴盛茶园园主"与后台班主、房东公同商酌"，发起兴益善会，"特请京津名角，准于十二日演戏一天，将早晚所收茶戏资并房东房租、箱价均行助捐"。④ 在兴盛茶园的台柱上，还专有一联："兴起合群，何分南北；益成善举，挽救同胞。"由此"足见社会之进步焉"。⑤ 聚庆茶园则"早晚加演新戏，所入之款全数充江北赈捐"。⑥ 时人还在报纸上发表评论，称这样的演剧助赈热潮为"乞丐倡优各感动，蝼蚁愿将一粟驼"。⑦ 如此，当时天津的义务戏非常热闹，筹款效果也较为可观，其中"公益善会，大洋 13047.98 元；广益善会，大洋 4116.2 元；艺善会，大洋 2958.4 元"，这些捐款连同书画慈善会以及中国妇人会的捐款，共"汇洋 35252.06 元，陆续由天津户部银行汇至南洋大臣散放"。⑧ 由此来看，还是义演筹得的善款总数为多。

此时，北京的演剧助赈活动也较为活跃，为义演南北联动的重要组成部分。1907 年 2 月，乔荩臣⑨等人曾倡办"义务大戏"。⑩ 后来他

① 赵山林：《中国近代戏曲编年 （1840—1919）》，华东师范大学出版社，2008，第 249 页。

② 《六纪艺善会》，《大公报》（天津）1907 年 3 月 12 日，第 3 版。

③ 《纪永顺茶园倡办赈捐》，《大公报》（天津）1907 年 3 月 17 日，第 2 版。

④ 《兴益善会演戏助赈启》，《大公报》（天津）1907 年 3 月 23 日，第 3 版。

⑤ 《纪兴益善会》，《大公报》（天津）1907 年 3 月 26 日，第 2 版。

⑥ 《演戏助赈》，《大公报》（天津）1907 年 3 月 24 日，第 3 版。

⑦ 《书慈善会善举有感》，《大公报》（天津）1907 年 3 月 23 日，第 3 版。

⑧ 《江皖赈捐数单》，《大公报》（天津）1907 年 5 月 12 日，第 3 版。

⑨ 北京名票，善演谭派老生，其演出收入多用于助学；又兼剧评人，曾编时事剧《义烈气缘》等。

⑩ 《举办义赈》，《大公报》（天津）1907 年 2 月 28 日，第 2 版。

还联合田际云和王子贞等，倡办"普仁戏会"，"并有中国妇人会到场出售物品，所得之款全部汇至江北灾区"。① 田际云等人还发起"北京普仁乐善会"，"在福寿堂演戏助赈……所得戏资全济灾区"，并约请"谭鑫培、汪桂芬二名角共襄义举"。② 直至4月，北京伶界还有王凤卿、姜妙香、姚佩秋、王琴侬等人"分布传单，禀请总厅假地演戏，以所收入票价一律汇至江皖助赈"。③

慈善义演只有吸引更多民众的注意和参与，才能取得令人满意的效果。能够吸引观众的必要条件是精彩的演出内容、良好的剧场秩序、可以接受的票价。此外，媒体的宣传与后期款项的使用和征信均非常重要，此时已经显现出组织者对这些方面的注意。

1907年1月，上海"补助义振会"④ 为筹款赈灾，"邀集著名校书二十余人，借南京路小菜场楼上工部局议事厅合演戏剧"，"所得看资、赏封悉数充入江北赈灾之用"。其中"演剧者林凤宝……潘凤春、王桂英、秦美云、翁梅倩、胡翡云……小林黛玉、金莲香"等，均为梨园知名艺人。此次表演的戏目主要有：《纺棉花》《乌盆计》《算粮登殿》《宇宙锋》《卖马》《卖绒花》《探母回令》等。据当时《申报》公布的价目："头等三元，二等一元半，办事员一元（如，会员、警察等是）；值事半元（如，各人所带男女仆从及后场茶房等是）；清客（即各校书）一元。"在演出期间，剧场还有相应的义卖活动，"卖物者（茶、酒、水果、点心等俱全），薛金莲、胡丽春、花如兰"等十余人，设"执事"相对较多，其总管、接待等，均为头面之人，如"总管：虞洽卿。接待：朱葆三、周金箴、李薇永、胡寄梅、施善

---

① 《义务戏会助善》，《大公报》（天津）1907年3月8日，第2版。
② 《京师演戏募捐》，《大公报》（天津）1907年3月5日，第2版。
③ 《伶界演戏救灾》，《大公报》（天津）1907年4月21日，第2版。
④ 1906年12月3日，为补充江皖水灾中官赈之不足，由洋商李德立（Edward S. Little）发起的"华洋义赈会"（Central China Famine Relief Fund Committee）在上海工部局注册成立，意在吸纳中外人士力量，募款赈灾。上海"补助义振会"可认为是"华洋义赈会"的外围组织。

畦、袁恒之、王宪臣、席子佩、李云书、祝兰舫、袁康祺、陆达生、楼心如、严子均"。在此次义演现场，还设置了"指引""售票""收票""管台""管班""警察"等若干服务程序和相关工作人员，同时，媒体也对这次义演活动进行了跟踪报道和持续宣传。①

由上得知，组织者十分重视义演活动的组织程序。由后续可见，此次慈善义演所募集的款项也相当可观。

> 演剧助赈计售头等票洋四千二百十二元，二等票售洋九十四元五角；办事票头等售洋念四元，办事票二等售洋二十九元，办事人票售洋三十三元，值事人票售洋九十一元，赏封计洋四百十七元，捐款计洋二百二十三元，卖物计洋九百七十六元，共计得洋六千另九十九元五角。是日所有工部局议事厅及巴勒洋行之戏台上电光灯，亨达利、谋得利、美华利三洋行之戏单、一品香点心以及各女伶所售花果等，俱以事关赈务，一概捐助。其余费用统由同人按股匀摊。②

可见上海、京津地区为江皖水灾筹赈，义演活动非常频繁，已经从具体地区和单个组织活动走向了跨区域并举和联合的局面。至清末，慈善义演已成为城市民众行善募款的重要渠道。义演的风行，既为仁人善士献身慈善公益事业提供了新的渠道，也有助于社会慈善风尚的形成。

综上所述，1877年上海地区出现的演戏助赈是慈善义演发生的原始形态。上海的演戏筹款，在一定程度上受到传统戏曲演出生态的影响，也有时代变迁的因素，同时还受到了西方人士慈善活动的影响。其中，《申报》作为新媒体的代表，直接推动了演戏筹赈的兴起。从实际效果看，慈善义演开始从单个地区的自救走向跨区域呼应和并举

---

① 《纪上海名妓演剧助赈详情》，《申报》1907年1月14日，第1张第4版。
② 《剧资助赈计数》，《申报》1907年2月1日，第3张第17版。

之状。对"徐海水灾"的赈济，反映了中国近代慈善事业的新发展。此后，南北联合办赈，救助灾黎，梨园艺人不分畛域，共襄盛举，打破地域限制的义演活动在赈济灾黎、救助灾民活动中越来越多，并发挥了越来越大的作用。

第三节　晚清时期慈善义演的初兴

晚清时期，慈善义演开始进入国人视野，并随着社会变迁形成热潮，在大都市中的表现最为明显。"寓善于乐"是慈善义演的内在特点，在忧患氛围之下，慈善义演将慈善、娱乐和社群认同融为一体，表现出鲜明的时代特色。

一　"寓善于乐"：慈善义演的内生本源

晚清时期，慈善义演最初主要表现为伶人的义赈活动，[①] 而"寓善于乐"是慈善义演兴起的内生本源。募捐义演在"丁戊奇荒"义赈活动中出现，最初为零星活动，到了清末，开始呈现出较为兴盛的局面。义演作为一种社会性活动，伴随着社会变迁而发展，上海、天津、北京等城市的慈善事业和娱乐文化相对发达，义演"寓善于乐"的特点日益鲜明，并借助娱乐活动使表演形式向多样化扩展，既有以"义务"为名的戏剧表演，又有西方的电光影戏和慈善音乐会等，[②] 而且多数开明官员以及新兴社会力量，均对慈善义演表现出极大的参与热情。

---

① 朱浒认为，慈善义演是对于西方的模仿和效法（朱浒：《地方性流动及其超越——晚清义赈与近代中国的新陈代谢》，第 363—368 页）。孙玫对此有所质疑，但没有明确证据（孙玫：《清末民初梨园行赈灾义演及其它》，《艺术百家》2010 年第 1 期）。刘兴利《伶人义赈非"舶来品"——与朱浒先生商榷兼答孙玫教授》（《民族艺术》2015 年第 5 期）一文也认为，伶人义赈是中国传统慈善救济事业发展演变的自然产物，并非"舶来品"。

② 郭常英、岳鹏星：《寓善于乐：清末都市中的慈善义演》，《史学月刊》2015 年第 12 期。

　　义务戏是慈善义演的早期称谓，但由于其多以戏曲面目出现，让人以为其是一种独立表现形式。义务戏以"义务"为名，在早期为集资助赈、助学搭台，具有较强的社会感召力。义务戏最初以表演传统京剧剧目为主要标志，成为晚清时期慈善义演的典型表现。民众观赏义务戏，成为慈善捐助者，是慈善活动的重要参与者。义务戏表演往往名角云集，"名角""名段"对观赏者有较强吸引力，人们乐于往观。其中为自然灾害筹款的义务戏，又以"演剧助赈"的形式来表现。如前文所述，上海的演剧助赈开始于 1877 年。

　　口岸城市具有相同的特点，慈善活动受外来影响较早，且影响较深。1887 年，汉口"吴君奇纯善士，因深悉需赈之急、募赈之难"，"邀首人数十位各自下帖接人看戏，每位出钱一千文，竟得集成巨款"。① 《申报》载文指出，"演剧集资助赈"，实为"创举"，"其法由首事邀集数人择日下帖，请各铺户观剧。每会出钱一千文，由一会至百会凑集汇总，以作赈需"。"以汉镇一区得人倡首，集此成数，倘各处仿行，数万金不难立致"，"夫演剧娱心适志也，助赈救灾恤邻也，一转移而妙用"。② 由于此时汉口"演剧助赈"取得比较好的效果，各地纷纷效仿。1893 年，顺直一带发生较大水灾，此时在探讨助赈方法的人们就想到了演剧助赈。有人提出："光绪十三年（1887）汉镇演剧集资助赈为数较巨，宜函请汉号善商援照办理者。"③ 1889年，"鄂省亦水旱交集，报灾请振"，"武汉同人以演剧之资，集款助赈，先后迭来巨款二千余金"。④ 自然，在此之后，武汉演剧助赈的情况渐趋增多。

　　京津地区的慈善义演，在江皖赈灾中显示出巨大的能量。近代中国多灾多难，同期，在顺直地区也发生了严重的水灾，"永定河决口，

---

① 《演剧助赈》，《申报》1887 年 7 月 4 日，第 1 张第 11 页。

② 《文报局内协赈公所琐记二十六》，《申报》1887 年 7 月 5 日，第 3 页。

③ 《上海北市丝业会馆筹办顺直新灾赈捐沪记琐记七》，《申报》1893 年 9 月 1 日，第 9 版。

④ 《上海陈家木桥电总局内豫皖扬镇协办处正月廿一日接湖北牙厘总局江雨棠观察筹解皖北赈款来信照登》，《申报》1889 年 2 月 25 日，第 4 版。

通州、香河、宝坻、永清、文安、霸州、固安、武清、宁河等各属地势低洼之处，都成泽国"。① 此时，天津出现一个名为"小小慈善会"② 的组织。该组织"不揣绵力，惟尽寸心，邀京津名角择期在李公祠演戏四天，日晚所得戏资，悉数助赈"。③ 之后又有报纸消息指出，演戏助赈的演出观者甚众，所定戏券价格不等，"包厢十元，散座五角"，演出的剧目有"麒麟童《凤鸣关》、田雨农《恶虎村》、王雨田《洪洋洞》"等。④ 报纸公布了最终收入情况，称此次义务戏"共收大洋 2712 元，小洋 3885 角，铜元 3393 枚"，钱款"如数于 8 月 16 日送交直隶赈抚总局"，由政府代为转给灾区。⑤ 当时，天津商界人士也有较为明显的助赈活动，"下天仙戏园前后台老板，演戏两天，入款悉数助赈"，人们"各尽义务，担任分售戏票、延请亲友，襄此善举"。⑥ 艺人为了赈灾演出，"各角及全班人等皆不受分文，尽力做戏，毫无怨色"。此次义演，收"大洋共 35 元，小洋共 390 角零 5 分，铜元共 99 吊 5，外募大洋共 34 元，小洋共 98 角，铜元共 2205 枚"。⑦ 举办义务戏是为助赈募捐，此次募捐，既有梨园艺人的积极参与，也有戏园主等多方人士的联合运作，各商家"踊跃担任分票售价，并自捐款极为出力"。报纸发文评价商人此举，使"社会蒙福不浅矣"。⑧ 1907 年江皖水灾之时，北京各界人士"筹议演戏助赈之善举"，9 月"二十六、二十八、三十等日为李毓臣、乔荩臣、田际云

---

① 《慈善会演戏助赈告白》，《大公报》（天津）1907 年 8 月 30 日，第 2 版。
② 发起人有娄翔青、吕幼才、方药雨、魏连舫、英敛之等；赞成员有奥界天仙茶园、日界天仙茶园、日界丹桂茶园。
③ 《慈善会演戏助赈告白》，《大公报》（天津）1907 年 8 月 30 日，第 2 版。
④ 《李公祠慈善会演戏助赈》，《大公报》（天津）1907 年 9 月 15 日，第 7 版。
⑤ 《慈善会演戏助赈入款清数》，《大公报》（天津）1907 年 9 月 25 日，第 7 版。
⑥ 《下天仙戏园演戏助赈广告》，《大公报》（天津）1907 年 9 月 1 日，第 1 版。此次义务戏的赞成人有李吉瑞、赵海亭、余三胜、尚和玉、张丹林、薛凤池等；发起人有宁星普、刘子良、英敛之、孙瑞安等。
⑦ 《纪天仙演戏助赈》，《大公报》（天津）1907 年 9 月 7 日，第 6 版。
⑧ 《商界热心》，《大公报》（天津）1907 年 9 月 12 日，第 6 版。

等在福寿堂演戏之期",并请"汪桂芬按日到园演唱"。① 从中可见,以义务戏为主的助赈义演,"在某种意义上,称为北方义赈之先声,亦不为过"。②

清末,相对于西方的歌剧、音乐会等"高雅艺术",影戏更为普通市民所喜爱,也易于接受,可谓"种种新奇迥非昔比,座上诸客无不击节称赏"。③ 1885 年 11 月,华商颜永京、吴虹玉二人在上海用幻灯机自演影戏,并将此次演出所得"戏资"用于助赈。此乃国人首次自演影戏之始。国人自演影戏,本属新鲜事情,"较之花丛记曲、菊部征歌,实有新奇陈腐之不同",再加上这一演出始开影戏助赈之风气,人们争相往观,"观者云集,后来者至以不得容足为憾"。④ 当时的报纸报道,影戏连演七场方告结束,可知影戏受民众欢迎的程度。时人也评价,此次影戏演出是"于赏玩之中寓赈恤之意",⑤ 实可谓"娱善结合"的义举。此后,特别是在上海、天津等城市,影戏助赈多有举办,逐渐成为市民参与慈善活动的一种重要方式。随着技术的进步,影戏逐步发展为电影,成为非常受欢迎的一种娱乐。同时,慈善义演助赈还包含更多的艺术形式,如中外音乐、新戏、电影等。在 1907 年"江皖水灾"巨大灾情面前,天津城内的绅商、市民自发组成公益善会,决定在李公祠"演电影十日,并邀请中外音乐助兴,及各园名角串演新戏。凡有他项赏心悦目者,一并广为搜罗,务使花样翻新"。⑥ 此时,慈善义演已经融会了多种艺术,并演变为多种演艺形式。各方均显示出善意与能力,通过才艺展示,发挥娱乐助赈的巨大能量。发起人在组织活动时,特意提醒观众"既可遣其雅兴,复得遂

---

① 《演戏助赈》,《大公报》(天津) 1907 年 9 月 7 日,第 3 版。
② 朱浒:《民胞物与:中国近代义赈 (1876—1912)》,第 239 页。
③ 《观演影戏记》,《申报》 1875 年 3 月 26 日,第 4 页。
④ 《重演影戏》,《申报》 1885 年 11 月 28 日,第 3 版。
⑤ 《观影戏续记》,《申报》 1885 年 12 月 7 日,第 2 版。
⑥ 《公益善会李公祠开演电影、新戏助赈启》,《大公报》(天津) 1907 年 2 月 6 日,第 4 版。

其善心"。①

　　上海是华洋杂居最为集中也最为典型的都市，当时影戏助赈已成为民众表达善举的重要方式之一。1908 年 8 月，在上海法租界大马路商品陈列所内，活社电戏馆鉴于"五省水灾，哀鸿遍地……爰于本月十三日始商假法大马路商品陈列所内，特演最新电光影戏。所得看资，除缴外，造具征信，悉数助振"，并呼吁民众"驻足以悦目，而救灾善举即寓于是"。② 同月，鉴于安徽"徽州水灾"，旅居上海的徽州人士"特邀美国大技师在大马路五云日升楼"开演电影，"除正项开销，其余全数助赈"，并称"其影戏片，有声有色，上海从未演过……戏园凉爽并有电扇，有横马路可停车马"，③ 以此吸引民众往观。《申报》从 8 月 17 日开始连续刊载广告，直到 9 月 8 日。通过报纸的大力宣传和广泛介绍，大量观众往观。据报纸消息，上海同善义赈会因"安徽、镇江、扬州等灾区，待振孔亟"，特"于本月二十七日起，开演改良异样电光影戏。每逢礼拜六、礼拜日外，加绝妙中西戏法。入场券每位售洋一元，平日售洋五角，童仆减半……券资悉数移作灾赈，以昭大公"。④ 同时，也有一些电影公司组织助赈演出。如 1909 年 8 月，上海张园源记影戏公司同人，"为念江浙两省水灾，惨不堪言。爰邀同志演集影戏。特请由外洋初到活动电光影戏……于十八、十九、二十夜起，廿一夜止三天，所得看资，悉数助江浙两处赈饥"。为唤起人们的观看热情，以"救灾赏心、一举两得"⑤ 之语，表达其一举双效的用意。

---

①　《公益善会李公祠开演电影、新戏助赈启》，《大公报》（天津）1907 年 2 月 6 日，第 4 版。

②　《活社电光影戏看资助赈》，《申报》1908 年 8 月 9 日，第 1 张第 1 版。

③　《皖南徽州水灾开演影戏助赈》，《申报》1908 年 8 月 17 日，第 3 张第 1 版。

④　《影戏助赈》，《申报》1908 年 9 月 18 日，第 1 张第 2 版。

⑤　《影戏助赈》，《申报》1909 年 8 月 2 日，第 1 张第 7 版。

二　善与人同：慈善义演的社群网络

　　义演是众多阶层（群体）参与的社会活动，不同阶层（群体）的参与者通过义演筹款的完成过程，形成一个相对完整的社群网络。社会上层乃至精英阶层的参与能增强慈善义演的影响力与社会效果。政府官员及都市绅商阶层的赞许与支持，能扩大慈善义演的规模。绅商阶层通过慈善义演的展示，在一定程度上可以树立自身的高大形象，使其身份或地位发生变化。反过来，义演成效对参与者的各种肯定与鼓励，同样能促进义演活动的进一步发展。

　　政府官员参与、支持义演筹款，对义演推广有重要意义。晚清时期西洋乐器已渗入官方领域，一些政府官员十分注意接受外来新器物并积极利用这些器物。李鸿章曾在天津北洋水师学堂设立西乐队，该乐队在军事操练时，用的就是西洋乐器。西乐队除了用于常规军事操练，也用于外界的演出活动。如 1883 年，该乐队经李鸿章允许，到上海进行赈灾募捐演出。当时，这支乐队的赈灾演出消息在《申报》上作为新闻刊登，从报纸消息得知，筹款活动"共奏演乐曲 8 套"。[①]政府官员和地方精英的一些举措，还无法代表清政府对民间义演等慈善活动的态度，但在国家荒政不济的情况下，政府官员对义演筹款表达赞许与支持，等于表达其价值取向，有利于向全社会推广。

　　绅商阶层参与义演活动是筹款取得成效的物质基础。在商业气息逐渐浓厚的近代都市，商人通过购票参与义演，展现该阶层的担当精神，有助于提升其社会地位。如，1907 年顺直地区发生了大水灾，天津商界人士积极行动，特商"下天仙戏园前后台老板，演戏两天，入款悉数助赈"，"各尽义务，担任分售戏票、延请亲友，襄此善举"。[②]此次义演，由艺人和戏园等联合运作，各商家"踊跃担任分票售价，

---

① 《西乐奏技》，《申报》1883 年 10 月 25 日，第 2 页。
② 《下天仙戏园演戏助赈广告》，《大公报》（天津）1907 年 9 月 1 日，第 1 版。

并自捐款极为出力"。对此，报人评价，绅商使社会蒙福不浅。^① 此类事例较为多见。1911 年 5 月，上海"杂粮公会同人悯江皖沉灾，特约同行筹款助赈……假座大舞台演剧，所得券资，悉充赈济"，^② 募款"计洋二千八百零六元五角，悉数充振，并无丝毫开支"。时人评价："该公会及寓沪绅商，热心善举，见义勇为，殊为不可多得。"^③ 以慈善义演为媒介，商人的事迹得以光大，有助于人们改变传统的"贱商"意识。以绅商为代表的社会群体，也通过支持义演善举展示其作为新兴力量的精神面貌。商界，是义演善款的主要来源，以绅商为代表的新兴社会力量作为慈善义演的重要参与者，有助于显示义演的筹款价值，体现义演调动社会力量、发挥社会功用的优势。

学生群体参与慈善义演，突破了原来以伶界演出为主的局限，特别是教会学校与新式学校学生的参与，使义演显示出西方音乐与中国传统戏曲在艺术方面的融合。这是清末慈善义演的一个重要特点。如1907 年 4 月，上海实业学堂及震旦学院学生在徐家汇举行义演，"合演中外古事，集捐赈济淮海饥民"，"来宾颇多，午后二时开会，先由徐家汇法教堂学生演奏西乐，次由马湘伯观察演说演剧助振为淮海饥民请命"。^④ 表演节目为："'洋琴合奏'（高恭、安张谔）；'化学游戏'（实业学生：章祖纯、曹永成、李鸣和、王士杰）；'学生音乐班'（震旦学生）；西剧《璧衣缘》（实业学生：荣大瀛、黄光正、葛吉生、黄国恩、刘元济）；西剧《伪翻译》（震旦学生：胡光复、陈鸿藻、张其铎、翁灏、孙文耀、顾义吉、徐鸿吉、高孟启、陈体信）；'洋琴独奏'（胡鸿猷）；中国戏剧《冬青引》（束奉铭、张同辰、周绢庵、张对良、顾翕钧）。至五时，复由徐家汇教堂学生演奏西乐散会，计来宾当场助捐者约得百数十元。"^⑤ 由于演出效果颇佳，"观者

① 《商界热心》，《大公报》（天津）1907 年 9 月 12 日，第 6 版。
② 《杂粮公会演剧助赈》，《申报》1911 年 5 月 19 日，第 2 张第 4 版。
③ 《演剧助振之踊跃》，《申报》1911 年 5 月 24 日，第 2 张第 4 版。
④ 《学生演剧助赈》，《申报》1907 年 4 月 15 日，第 19 版。
⑤ 《学生演剧助赈》，《申报》1907 年 4 月 15 日，第 19 版。

无不同声赞叹",鉴于"灾区甚广",最终组织者又将"演剧一次以所入看资汇寄赈所"。① 这样的慈善义演在许多学校均有举办,学生募捐赈灾"演剧",既有自我认同的需求,也包含了对社会的认同。"学生演剧之所以能够借着助赈风气迅速发展,便在于参与义赈能够同时满足这两方面的需求。"② 此时期新式学生群体的演剧助赈活动,成为近代学生群体慈善义演的起始。

慈善义演经常表现为不同群体联合举办,而且成为一种常见现象。1907 年 6 月,上海沪北商团在为江北水灾举办演剧拨款解赈时,收到"云南待赈孔殷"的来电。原本赈灾募款之后结束义举,结果当年 10 月,上海绅商与学界、伶界再次联合义演。以知名的新剧演出团体春阳社为主,"爰集沪上学商两界……并邀丹桂菊部诸名伶义务登台助演","假座圆明园路外国戏园开演,并备西式茶点,以助雅兴。每夜八钟启门。入场券头座二元、二座一元","所得看资悉数充赈"。③

普通市民也是慈善义演的呼吁者和响应者。当时兴建的一些新式剧场,提升了戏剧演出的艺术水准和现场感染力,也是举行义演的主要场所,许多资料对此有所记载。如 1909 年,上海"新舞台戏园,因甘肃旱荒","开演新剧,所得看资,悉充灾赈"。④ 报人也在极力宣传义演善举,号召"各界同胞既极视听之娱,复拯灾黎之厄,一举两得,何乐而不往?大家去!大家去!"⑤ 媒体还高度赞扬伶界投身演剧筹赈的义举,认为伶界慈善义演使"伶界文明开化之誉大噪一时,

---

① 《学堂演剧助赈》,《申报》1907 年 4 月 20 日,第 19 版。
② 钟钦志:《晚清新知识空间里的学生演剧与中国现代剧场的缘起》,《戏剧研究》2011 年第 8 期。该文附录《晚清上海学生演剧统计资料(1896—1910)》,其表格中有大量关于新式学堂学生演剧助赈的记载。另,傅瑾《有关早期话剧的几个问题》(《文学评论》2014 年第 5 期)一文,也有关于清末新式学堂学生演剧助赈的梳理,但侧重从演出内容及时间进行探讨。
③ 《春阳社演剧助赈广告》,《申报》1907 年 11 月 1 日,第 1 版。
④ 《(南市)演剧助赈》,《申报》1909 年 6 月 27 日,第 3 张第 3 版。
⑤ 《今日之新舞台——必须去,不可去》,《申报》1909 年 6 月 27 日,第 2 张第 4 版。

各省有灾荒则演剧以助赈，学堂缺经费则演剧以补助，虽曰伶界之热心，亦文明进步之创格也"。①

从清末各阶层包括新兴社会力量在义演活动中的表现，可见以赈灾、助学等慈善公益事业为共同目标，形成了态度鲜明、成效显著的社群网络。虽然各不同社群之间并未有实质性的联合，但作为慈善义演的发起者、参与者，客观上显示出清末新兴社会力量和民间团体力量的增强。他们为解救受难民众勇担责任，为慈善事业做出了贡献，为城市慈善风尚的渐成奠定了基础。

此时，随着慈善义演的初兴，灾情戏登上各大剧场和舞台。灾情戏围绕"灾荒与苦难"编剧，通过抒发悲情，使观众增加悲伤之感，因而产生对灾民的关怀和怜悯之情。如此一来，现场营造的舞台效果和慈善氛围为义演实现较好的募捐效果奠定了基础。慈善义演以演出场所为基地，通过演出内容的调整，催发慈善情怀，民众的慈善意识被表演激发，在一定程度上形成较强的慈善氛围。②例如，1911年5月31日，"由中国青年会同人发起音乐演剧，补助江皖振捐，来宾极多，几无虚座"。此次演剧，既有"独唱西曲，中西女塾女士钢琴合奏，并该塾全体女士四十余人登台合唱"，亦有"琵琶独奏"，以及众人合演"《哀鸿泪》一剧"。③丰富多样的娱乐节目，带给观众不一样的观感：有喜悦，有惊叹，有共鸣，有伤悲，特别是演出的《哀鸿泪》一剧，使不少"座客为之惨然下泪。当场有周芝君女士急取手上真珠手镯一只及金钱一枚掷台助捐，续有来宾纷掷洋蚨、钞票、小洋约百数十元"。同时，为了形成慈善氛围并将人们的热情推向高潮，在每出剧目表演前后，"附以活动电光影戏，并由该会会员说明情节"，让观者有身临其境的感觉，"是晚券资及掷台捐约共千余元，并

---

① 《学界与伶界之消长》，《申报》1909年10月16日，第2张第4版。
② 郭常英、岳鹏星：《寓善于乐：清末都市中的慈善义演》，《史学月刊》2015年第12期。
③ 《青年会演剧助赈志盛》，《申报》1911年6月2日，第1张第2版。

无丝毫开支"，"悉数交由华洋义赈会分解灾区"。①

综上所述，慈善义演既是清末新兴社会力量成长的表现，也体现了不同社会力量对慈善事业的参与。实际上，新兴社会力量通过义演形成的社群网络，显示了慈善义演的民间主体性，筹款产生的积极的社会作用，也为慈善风尚的渐成奠定了基础。作为集娱乐性与慈善公益于一体的社会性活动，慈善义演通过多元艺术方式，依靠社会群体的积极参与发挥作用。广大民众在欣赏艺术的同时参与慈善公益活动，既娱乐自己，也帮助他人，使慈善公益理念逐渐深入人心。义演在吸引观众关注艺术演出的同时，也促成了社会公众对于慈善事业的参与。

实际上，慈善义演也存在一些问题。比如，由于组织不力和管理不够严密，观戏不买票入场的事例也有发生。1911 年 5 月，上海"沪北水炉公所首事俞俊臣等拟办两等小学堂，并夏季施药等各项善举，无款可筹"，于是在"三马路大舞台演剧集资"，出现上海"成都路四百十七号门牌老虎灶主镇江人陈国卿，伪造入场券"进场观看的事件。事情发生之后，当场"被俞等查悉，控奉公堂，押候查办"。② 这种类似"诈捐"的事件，早期记载还比较少见。另外，对于新式学生群体的演剧，当时还存在一些社会认同问题。时人对伶人演剧助赈自然可以接受，因为伶人演剧"不出其位"，但对于学生以演剧方式筹款赈灾，则持有非议："学堂学生而亦纷纷演剧助赈，何也？岂助赈之法舍演剧别无他道乎？"③ 这种质疑和态度表明，在当时并非所有人都能够接受学生以演剧方式筹款助赈，民众对学生演剧助赈持有不同看法。

三　身份认同：慈善义演的行业动力

义演作为赈灾、助学和解救危难的慈善募捐活动，能够聚拢较多

① 《青年会演剧助赈志盛》，《申报》1911 年 6 月 2 日，第 1 张第 2 版。
② 《伪造演剧入场券纪详》，《申报》1911 年 5 月 26 日，第 2 张第 3 版。
③ 《演剧助赈》，《时报》1907 年 1 月 17 日，第 5 版。

的社会群体，并打破阶层之间的隔阂与异见，使不同阶层和群体形成交流，为公共事务创造新的活动场域，显现着张力。若将商人统称为商业，演艺人统称为艺业……如此进行归类，这种张力还可称为行业动力。

自 1877 年上海演剧筹资零星出现，到 1906 年北京义务戏上演，再到 1907 年徐海水灾时"南北并举"联同赈灾，历经 30 年，足见慈善义演逐渐成为都市民众较为认同的慈善募款手法，但也可谓走过了漫长的发展历程。其中参与者身份认同是需要重视的问题。作为一个新事象，慈善义演难免会遭遇不同的认识甚至是争议。不同社会力量均有身份认同问题存在。在义演活动中，伶人群体为重要参与者。从伶人群体在义演中的作用和所得评价，足见民众对伶人传统认识的巨大转变，因此可以说，伶人的身份认同更有代表性。

对于义演参与群体，时人态度不尽一致。早在 1877 年面对"丁戊奇荒"赈灾之时，士绅阶层的义赈同人对梨园子弟通过义演募捐救助难民一事曾用异样的眼光来看待。是年 6 月 11 日，义赈发起人之一的谢家福，在日记中写道："梨园子弟、西国教堂尚且慨然助赈，况我人生同中国，品列士林，容有靳此区区之理？"他甚至用更为直接的语气说，"现在戏子以及外国尚且捐钱源源弗绝，况乎中国上等人物，必须争气"。① 虽然谢家福没有对梨园子弟的义举表达不满，也没有持反对意见，但是，他在话语中不自觉地流露出了对梨园子弟的轻视：在国人传统意识中，将官员和读书人视为"上等人"，将"戏子"视为"贱业"。此种看法并非孤例。1907 年，面对江北水灾的筹赈，"苏州伶界陈世忠等，以江北灾荒奇重，待赈孔殷，特于十四日，邀集沪上各名伶，乘火车来苏，在大观园会演一天，所收戏资，悉数移助赈济"。演出获得了不小的募款成绩，"闻是日观客如堵，共卖五百余元"，同时，"上海妓院，近亦演戏助赈"。时人对此次伶人群体

---

① 谢家福：《齐东日记》，光绪三年四月二十四日，转引自朱浒《地方性流动及其超越——晚清义赈与近代中国的新陈代谢》，第 111 页。

参与慈善义演的事件给予认可，说："我不知那些财主富翁，遇这赈灾事情，偏就一文不舍，岂能和这些倡优同日而语吗?"① 此文话语，看似在批评富人的自私——"一毛不拔"，实则显现出对倡优②阶层的歧视，伶人成为"财主富翁"的对立阶层。在晚清时代，倡优行业就是贱业，而在此行内部，也有互帮互助的"搭桌戏"，此时一些名角参与募捐赈灾义演，相当于投身慈善公益事业，将仁义给予更广泛的社会民众。知名伶人田际云就曾说："我们行业虽微，敬重侠烈的热心，可是跟士大夫没有两样。"③ 伶人参与募捐义演助赈，为该群体树立起新的社会形象。该群体跨出旧剧场，实现了重要的社会价值，对扭转人们的传统观念、塑造时代新形象具有积极意义。因此对于伶人而言，慈善义演具有不可忽视的行业动力。

女伶、妓女等女性，长期处于社会底层，因此该阶层人士参与赈灾筹款义演活动，尽管是行善事，但民众对其行为的评价却很难一致。如1907年，华洋义赈会为补助慈善资金，曾请名妓进行慈善义演。对此事，《时报》刊发《论校书演剧助赈华商团练会各友充当招待巡警事》一文，作者明确表达其反对的态度，认为华洋义赈会请名妓参与慈善义演不妥当。文中指出，华人体操会④是"正经"团体，本不应与妓女有所关联，义演一事，推举了"侑酒卖笑之妓登场演剧"，而让一些体面的华商做服务、搞杂役，简直是"颠倒错乱，宁非怪事?"并表示，这场演出活动让"正经"团体去"招待"服务，甚至"亲当巡警"，实在是"不文明之举"。甚至认为，名妓参与演出，容易鼓励年轻子弟寻花问柳，甚至认为"贫门弱女，亦将腼然卖

---

① 《伶界演剧助赈》，《竞业旬报》第10期，1907年，第35—36页。
② 倡优，中国古代指从事歌舞杂戏等供人娱乐消遣的艺人，与"伶人"之意近似。
③ 田际云：《勖学会给助善诸位道谢》，《京话日报》第581号，1906年4月9日，第1版。
④ 1906年，万国商团"华人体操会"成立，由各商店和洋行、海关的青壮年职员自愿参加，会所设在南京路高阳里四号。操场设于闸北华兴坊，华安坊原址，并邀请各业领袖任会董，以筹集经费。1907年3月，"华人体操会"正式加入万国商团，是为"万国商团中华队"。

娟，不以为耻"，"淫荡之风，必自兹益炽矣"。①

　　针对《时报》的这篇报道，《申报》则表达了不同的态度。其《论今日演剧助振事》一文认为，"天下万事无大无小，莫不有盈虚消息之理"，"咸同以降，士夫奔走于利禄，商民计较于锱铢，家人族党之间，往往以薄物细故，觌面若不相识。而四海之兄弟，若同舟之吴越"。于是"下等社会之人，其急公好义、救灾恤邻之事，反时时有所闻"。同时又称，"淮徐海初告灾荒之时，闻有华工汇巨款助振者"，自己的内心"窃异之，以为百万侨民，飘泊万里之外，而犹能恤同胞之困难，则吾国之民气可用也"。"继又闻有伶人以戏资充振者，心更异之。以为梨园子弟，不惜捐弃名誉以博区区之资，独能为此义侠之举，则吾国之民心未死也。"作者还认为："今日而更有女伶演剧助振之一事。是否闻前二事而兴起，抑发于一点慈善之本心，皆不可知。但其急公好义、救灾恤邻之盛意，固不可淹没也。"可见此文充分肯定了女伶参与慈善义演的善举。接着，文章又论述道："吾初闻之时，亦颇绳其执业之贱，继思西国歌伎与色伎不同，歌妓恃一艺以自活，初不碍其人格之高。色妓借卖淫以敛钱，始不齿于齐民之列。吾中国亦何独不然？云寓者旧时所谓板局也。入其家者，讴一曲以奉客，招之侑酒，亦只歌一曲而去。"此"与西国之歌妓正同，安得以其业贱□卑之？又何怪西人之慨然以议事厅相借也。人之欲善，谁不如我？""风气开于上，则下焉者有所自解而不应。风气开于下，则上焉者必且自愧而益奋。今区区女伶急公好义，救灾恤邻，既如此，彼上等及中等社会之人，宜何如其慷慨乐输焉。况今日泯泯棼棼之世界，有志之士，正欲多设白话报、画图报，为下流社会开通其智识，增进其道德。则既有明白事理之女伶，又安得不提倡之、扶助之？使之日浚其智识而渐进于道德焉。至有疑其以卖淫之技为敛钱之举者，则又不然。彼演者既为一点好善之心而起，观者虽所费区区……非仅仅纵其

---

①　《论校书演剧助赈华商团练会各友充当招待巡警事》，《时报》1907 年 1 月 17 日，第 5 版。

耳目之欲也，所谓仁者见仁知者见知。是则又在观者而不在演者也。"①

在某种程度上，慈善义演具有砥砺社会文明进步、启蒙底层民众的意义。② 一些新式学校出现较多的义演活动，有不少女学生积极参与。例如，在 1907 年江北水灾发生之时，京津两地女学界先后举办慈善演艺会，其中"歌唱"节目在演艺会中居多，占据了重要地位。天津公立女学堂总教习吕碧城，以及北京各女学堂的教员发起"女界慈善会"。慈善会一共举办两天，参与此次会议的学校很多，有日新学堂、蒙古喀拉沁女学、四川女学堂等。演艺会是此次慈善会的重要组成部分，演出共分九个部分，包括"琴歌合奏""跳舞""军乐"等。开会之前，慈善会"请了日新学堂学生，吹打军乐，遍游城内城外各大街，随着散布传单……临开会那天，是佛教小学堂，吹打军乐，打着旗子游街"。第一天，"由日新学堂学生登台奏乐，高唱国歌，作为开会"，之后为"女学生体操唱歌"。第二天，慈善会继续进行，学堂学生的吹打军乐队前来助兴，乐队有"军鼓、风琴，还有别的乐器"，演出活动的社会反响很好。后来，天津女学界亦组织了一场演艺助赈会，"由幼女朱巨才歌唱西洋曲调……后又有刘氏三位女学生，合琴唱歌，所入之款，除去开销，统归直隶赈捐"。③ 通过此类活动，一些新式的知识人便积极参与到慈善义演的行列中，期望可以通过慈善义演来培育文明意识、义务思想和国民精神。

认同的功能不仅在新知识人中得到体现，慈善义演在梨园界内部亦塑造着身份认同。1907 年 4 月 23 日，《顺天时报》刊出《伶界赈济会报告》，开篇便说，此次江皖大灾"北京及各省志士仁人怆然慨此，已先后募款劝捐，集资颇巨。惟兹伶界独忍袖手旁观，而不思设法以救济乎？"梨园艺人意识到自己不能袖手旁观，便说要组织伶界

---

① 哭：《论今日演剧助振事》，《申报》1907 年 1 月 19 日，第 2 版。
② 参见李孝悌《清末的下层社会启蒙运动：1901—1911》，河北教育出版社，2001，第 193—200 页。
③ 《同仁善会演艺助赈》，《北京女报》1907 年 3 月 19 日，第 2 页。

赈济戏会，"用兹集腋成裘，或于江、皖同胞不无稍补"。此后进一步说，"同人倡办此会赈济江、皖灾民，各出演戏卖票集资，以尽同种相恤之义务"。最后还呼吁："本会因为江、皖灾民集资赈济，尽同种之义务，然于我辈名誉上亦大有关系，同人幸勿膜视，裹足不前也。"① 时至此时，"慈善义演由单个的戏园或者艺人演出已经扩展为整个行业的认同。梨园界内部组织伶界赈济会，不仅仅简单地在思想意识层面实现了对于慈善义演的认同，也在实践层面通过组织团体重新塑造着新的外在形象，明显有助于圈外之人改变对于梨园人士的形象观感"。②

伴随着近代化的浪潮，晚清时期的都市特别是口岸城市逐渐得到发展。都市经济环境的发展、娱乐业的繁荣、慈善事业的转型、近代义赈的兴起和西方慈善文化的影响，使慈善义演逐渐产生。慈善义演在一定程度上是中西交往深化的结果，并成为国人的本能善行。1877年在上海出现的演戏助赈，标志着近代国人义演筹款助赈开始出现。京津地区慈善义演的兴起，受益于"惠兴殉学"事件在当地社会的反响。江皖大水灾造成的灾害，成为上海和京津地区共同将慈善义演作为筹款手段的动因，实现了南北方慈善义演不同发生路径，但至此殊途同归的结局。慈善义演涉及众多的社会群体，他们围绕慈善义演构成了一定的社群网络，助推慈善义演兴起和繁盛。"寓善于乐"作为慈善义演的核心理念，也是民众迅速接受并广为赞同的重要原因。对于伶人群体而言，慈善义演成为提升自身人格形象的渠道，也逐渐改变了民众对于艺人的传统认识与评价。对于观众而言，慈善义演"可以资涉历，可以广见闻，更可以资劝诫，一举而数善备焉"。③ 对于社会精英以及绅商富裕阶层而言，慈善义演充当了社会阶层交流的中

---

① 蒋锡武主编《艺坛》第 5 卷，上海书店出版社，2007，第 329 页。
② 岳鹏星、郭常英：《晚清都市空间中的慈善、娱乐和社群认同——以慈善义演为视点》，《广东社会科学》2017 年第 5 期。
③ 《观影戏续记》，《申报》1885 年 12 月 7 日，第 2 页。

介，成为呈现自身社会责任感的通道。晚清时期的慈善义演作为中国近代新兴的助益方式，将献身慈善、推广公益的思想观念依托娱乐的方式进行扩散，起到了开风气之先的作用，也为之后慈善义演的嬗变奠定了基础。

第二章 民国时期的慈善义演（上）

晚清义演的兴起是民国时期慈善义演发展的基础。进入民国之后，慈善义演日益繁荣并逐步走向成熟。鉴于该时期内容较多，将民国时期的慈善义演情况以 1937 年抗战全面爆发为转折点分为两个阶段，本章主要论述 1937 年之前即北京政府时期和南京国民政府时期的慈善义演。该时期成为中国近代慈善义演发展最为关键的历史阶段，慈善义演的社会效用发挥得淋漓尽致，折射出义演在慈善事业转型和社会变迁中的重要意义。

第一节 北京政府时期慈善义演的发展

从清末到北京政府时期，通过演剧活动进行筹款，并非仅用于救灾助贫等慈善事业，其中除了在清末"国民捐运动"中演戏筹款襄助国民捐外，还有在辛亥革命时期的演戏"助饷"，这些也都引人注目。1912 年民国肇建，相对晚清时期，北京政府对社会事务的管控有所放松，各类社团组织纷纷建立，各类报刊的舆论空间也逐渐扩大。同时，慈善义演因为经过清末的酝酿初兴，其组织流程渐趋稳定，整体看来，更多的民众和社团参与其中。慈善义演的表现类型也更加多样，特别是以梅兰芳为代表的新一代艺人逐渐崭露头角。都市娱乐的持续繁荣也为慈善义演的发展奠定了基础。总体而言，北京政府时期的慈善义演处于不断发展的状态。

一　影响慈善义演的外部环境因素

外部环境促发并影响时代事象的演变，北京政府时期的外部环境对慈善义演产生了不小影响。政治与社会领域的变化构成了这一时期慈善义演的外部环境，甚至影响了慈善义演内部力量的构成。各种类型舞台艺术的演变发展，关系到慈善义演的类型和表演形式。都市娱乐业的繁荣也在推动慈善义演的发展。

（一）政治：弱政府与强社会

北京政府时期，中国政局正处于急速转变期。1912—1915 年，时任大总统袁世凯坐镇全局，此期政府内部的党争局面已经逐渐表面化。袁世凯去世之后，北洋军阀内部矛盾重重，政权中枢不断更迭。地方上出现军阀混争的局面，强人特别是拥兵自重者话语权渐重，孙中山领导的政治势力也角逐其中，该时期北京政府明显处于弱势地位。直至 1927 年南京国民政府成立，16 年间更换了 47 届政府。该时期总统的"短命"和政府内部的混乱，导致了中央政府对民间事务控制的弱化，民间社会力量显得较为活跃。正如研究者所言，"民国成立后，国内民气发扬"，[①] 民间社会呈现出另外一番景象。

各类社团组织在这一时期更具生机与活力，商会是当时最为重要的团体之一。社会经济团体之外，大量政党、政治组织的风起云涌值得特别关注。这些政治社团主要集中在一些大中城市，其中尤以上海、北京两地为多。该时期，中国继续保持晚清以来城市化的发展趋势，对内和对外贸易持续增长，教育事业也有很大的发展，报刊传媒等发展迅速，社会各阶层形成了颇具影响的民间力量和市民社会，因此有学者认为，该时期的市民社会，"从本质上说，它已成为制约国

---

①　杨幼炯：《中国政党史》，商务印书馆，1937，第 4 页。

家权力，制衡国家政权的社会实体的胚胎"。① 知识分子通过报刊舆论议政并批评政治人物、揭露政治内幕等，已是司空见惯的事情。以五四运动为标志，青年学生开始登上社会（政治）舞台，成为新生社会力量。工人阶级开始崛起，并举行了多次罢工运动，工会组织的成立进一步增强了地方权力结构的多元化。另外，在口岸城市移民社会中，同乡会作为民间社会力量不断发展，并由同乡绅商代表来领导，日益成为重要的民间团体。由上可见，各种社会力量在迅速成长。

总体来看，该时期呈现为"弱势政府"与"强势社会"的政治局面。这种政治局面，也自然反映在慈善事业领域中。北京政府时期，政府有关"慈善行政"尚处于"初创"期。② 1912 年，南京临时政府成立之后，慈善行政划归内务部管理，1914 年公布的《内务部厅司分科章程》将慈善事业划归民治司管辖。虽然后来民治司的职掌有所变更，但慈善事业依然归其管理。民治司是民国初年中央政府主管慈善事业的行政机构。该时期地方慈善行政机构有所建立和调整。除了慈善行政体制之外，北京政府也尝试在慈善立法领域有所作为。1915 年，北京政府颁布《游民习艺所章程》，对习艺所等慈善机构进行规制。同时，一些地方也开始关注慈善团体的备案问题。在慈善税收减免方面，1914 年 1 月，北京政府公布《所得税条例》，其中涉及民间慈善的管理问题。但由于政局不稳定，该条例并未实行。

北京政府时期，为褒扬慈善捐赠立法，主要有《捐资兴学褒奖条例》和《义赈奖劝章程》两项。慈善公益事业的特点主要是民间社会发展带来的慈善理念深入人心。各省、各地区的慈善活动明显体现出以民间为主导的趋向。正因为社会力量的不断增强，这一时期的慈善义演彰显出民间的主体性。总之，这一时期政府与社会的互动，成为慈善义演发展较强的推动力和关键因素。

---

① 陶鹤山：《市民群体与制度创新——对中国现代主体的研究》，南京大学出版社，2011，第 196 页。

② 曾桂林：《民国政府慈善行政体制的演变与慈善立法》，《安徽史学》2013 年第 1 期。

（二）艺术：新一代艺人应运而生

北京政府时期，伴随着都市经济的发展，除了外来舞台艺术的快速发展之外，中国传统的舞台艺术也在发展。民国初年，许多原来为业余性质的民间艺术团体逐渐朝着职业化的方向演进。但为了维持自身的存在和艺人们的生计，各个剧种之间乃至民间艺术团体之间的竞争逐渐加剧。地方性的行会组织也在逐渐建立，其中以戏曲界最为显著。舞台艺术的生存与发展，较多依存于城市发展。受城市化和商业化的影响，此时的舞台艺术呈现出两方面的特征：一方面，舞台艺术逐渐流向一些经济发达、人气兴旺的口岸城市；另一方面，生存竞争促进了它们之间的联系和切磋，因而提高了舞台艺术的水平，促进了舞台艺术的进步。戏曲舞台艺术在整个民国时期，特别是在北京政府时期具有独特地位。以下就以戏曲为例，分析该时期舞台艺术的变化。

民国成立以来，在传统表演艺术种类中，戏曲艺术受到商业化的冲击最大，同时对民众的影响也最深。特别像京剧、粤剧等比较大的剧种，在五四运动前后就显得与当时的新文化运动不相适应，还曾经引起一部分新文化运动者的批评。新文化运动者之所以对戏剧大发议论，主要在于当时戏剧娱乐是市民生活的重要内容之一。由于商贸经济发展的因素，艺界除京剧之外，还有广东商人喜好的粤剧在南北方也产生着影响，因此这一时期在国内影响比较大的剧种，当为粤剧和京剧。该时期的粤剧艺人为了进一步迎合都市民众的口味，大胆吸收话剧、外国歌剧、电影等的表现手法来改进自身的舞台表演，并积极培养女演员，实行男女同台演出。同时，还编演新的剧目、借鉴国外器乐等。这样，粤剧不仅风行于广州、香港等地，而且在京津沪地区以及其他地区影响也很大。民众逐渐接受并品赏粤剧所带来的艺术美感。京剧在此时已经成为全国最大的剧种。商业化对于京剧的影响自清末便已经成为潮流，该时期更是如此。值得注意的是，在京剧艺术舞台上，老一代京剧名角，如谭鑫培、田际云等，由于年龄和身体的原因，逐渐让位于新一代艺人，如梅兰芳、荀慧生、尚小云、周信芳、程砚秋、余叔岩、马连良、言菊朋等，他们均为该时期的京剧"名角"。他们坚持京剧的优良传统，注意吸收新文化的有益因素，并在艺术上不断谋求进步，逐渐形成了一系列的京剧流派，即梅派、麟派、程派等。京剧能够在该时期红遍全国，除了与从业者对自己的舞台艺术专注、投入和兢兢业业之外，还与迎合了主体受众的审美口味有密切关系。都市民众逐渐受到商业化气息的影响，注重生活中的娱乐性体验。京剧界既为迎合市场，也为培养青年人才，通过创办一系列专业戏剧学校培育新人。当时各地均有一些很有名气的戏剧艺术学校，如"富连成班"、南通伶工学校、中华戏曲专科学校、山东省立艺术学院等。该时期，还有各地特色戏曲舞台艺术的兴盛，如昆曲、评剧、越剧、楚剧等，既有所变化，也有所发展。

与舞台艺术相伴随，该时期中国音乐教育得到初步发展，市民群众对文艺、音乐的偏好与日俱增。各种新型的文艺、音乐社团在都市中非常之多，还有一些归国留学生执着地组织西方音乐传习活动。为了传习各类音乐艺术，许多市民自发组成一些业余音乐团体，除中西乐社逐步兴起之外，还有如京剧、昆曲票房及以演奏器乐为主的艺术社团等。各类学校，特别是一些新式学校和教会学校，组织起大大小小、门类齐全的音乐艺术社团。由于舞台艺术的发展和民众审美的变化，都市中的表演活动十分频繁。这些现象均在一定程度上体现了该时期都市娱乐业的繁荣。

舞台艺术的持续发展，为都市民众的生活营造出较为强烈的娱乐氛围。这种娱乐消费又与开始不久的近代慈善事业联系在一起，使该时期慈善义演多彩炫目。新一代成名艺人以及上升中的艺人群体，他们在经济上比较富足，为了改变自身的社会地位和传统阶层认知，在精神层面有较高的需求：希望通过"慈善活动"与相关社会阶层，特别是具有影响力的阶层展开互动，进而彰显新一代艺人的乐善情怀，同时展示艺术风采。

（三）娱乐：都市文化生活新态

北京政府时期，承继清末都市民众生活中的娱乐文化、市民阶层的兴起为娱乐业带来巨大的利益和发展潜力。传统娱乐、现代娱乐以及相互交融的多种娱乐方式在市民日常生活中较为常见。

北京政府时期是中国近代社会重要的转型时期，同时也是民众社会生活不断趋新的时期。这种趋新的态势表现在诸多方面，而娱乐作为民众日常生活中不可或缺的部分，此时呈现出新的态势。除了京、津、沪等地位显著的大都市，还有杭州、西安、济南、开封等省会城市及苏州、重庆等经济相对发达的区域中心城市，其娱乐业日益发达和繁荣，逐渐成为城市社会中的新行业，也是非常重要的行业。这一时期，市民日常生活与大众娱乐有着极为密切的关系。[①]

北京政府时期娱乐行业中的新生群体也在逐渐增多，女性艺人日益担负起重要责任。在舞台艺术领域，随着女性观众的增加和旦角地位的上升，女演员也逐渐成长起来。受五四运动思想解放的影响，女性习艺并登台表演，也开始走进普通人的视野。女艺人成为一种新的职业女性，她们有独立的经济地位，可以养家糊口，这是女性解放的象征。目前可见的记载中，第一位成功的京剧女艺人是孟小冬，她于1923年第一次正式登上舞台。在20世纪20年代中期，有名的京剧女艺人还有雪艳琴、新艳秋、王玉蓉等。[②] 在都市范围内，女性表演者和消费者越来越多地进入以剧场为主导的娱乐市场，这成为该时期娱乐业的重要景观。女性群体在娱乐行业中的话语权，以及女性表演者建构的自身形象，也促使娱乐行业出现新内容。

北京政府时期，专供戏剧表演的娱乐场所及众多的表演团体，在商业化的运作模式下，成为都市娱乐业繁荣的主要推动力。都市娱乐

---

① 胡俊修：《民国武汉日常生活与大众娱乐》，中国社会科学出版社，2016，第247—252页。

② 姜进：《诗与政治：20世纪上海公共文化中的女子越剧》，社会科学文献出版社，2015，第47页。

业的持续繁荣，使生意兴隆的茶园、剧院、戏园以及其他营业性娱乐机构能够承担起因义演减少的利润损失，从而推动着慈善义演的发展。都市娱乐业的繁荣，构成了促进慈善义演发展的关键因素。

19世纪末，基督教青年会将一些球类活动引入中国，如足球、篮球、乒乓球等。北京政府时期，在天津、上海等口岸城市，球类活动在学校范围内有所体现，并作为娱乐活动开始出现在学校游艺会表演中。这在《申报》所登载的文章中已经有所反映，如上海虹口塘山路澄衷学校的一场筹赈游艺会，其中第十个节目就是"体育游艺（足球、篮球、网球比赛）"。① 尽管当时体育活动并不普及，但足球活动相对活跃，从小学到大学均有。

总而言之，由于北京政府时期政治、艺术以及都市娱乐领域客观条件的发展与变化，慈善义演的发展成为一种必然的历史现象和结果。在连年遭遇灾荒、民众普遍贫困的情况下，开展慈善活动迫切需要有效的筹款方式，此时义演也体现出较好的社会效用并逐渐发展至高潮。

二　慈善义演的社会效用与发展

北京政府时期频繁的慈善义演，主要是针对天灾人祸、学校办学困难以及弱势贫民群体的生活和医疗等问题而展开。艺人、商人、票友和学生等社会力量在其中扮演了重要的角色。赈灾、助学、济困和助医等是该时期慈善义演的主要用途，也是义演的重要社会功能。1920年北方五省旱灾和1922年浙江壬戌水灾后的赈灾义演，将该时期的慈善演艺活动推向了高潮。

（一）赈灾、助学、济贫

慈善义演的基本功用是募捐或筹款。义演通过娱乐表演实现筹款，资金能够及时到账，是一种有效的募捐手段。北京政府时期，义

① 《澄衷学校游艺会预志》，《申报》1920年12月30日，第3张第11版。

演主要为赈灾、助学以及济贫筹款。

1. 赈灾

赈灾义演在北京政府时期效果最为显著，也较为常见。由于全国各地连年灾荒，因赈灾而起的义演几乎每年都有，且各地常见。这里仅以华北地区京津一带的灾荒救助为例。

1917 年 9 月，华北发生水灾。为了赈灾，旅津粤商"发起筹演义务戏助赈，约集唐山、南口、张家口各旅北粤人来津，协同组织"。演出现场十分热闹，"到座者千数百人，津邑人士到场观光者亦不乏人，池子厢房均无空座"。至于演员，则"做工唱情大有可观"。演出现场还举办了义卖，"场内有粤号、北安、西洋点心店报效西饼酒水助赈，南洋兄弟烟草公司报效全场香烟，得款尽行付赈"。① 鉴于京津地区绅商捐赈踊跃，天津同乐会的会员也积极跟上。他们很快在天仙戏园发起义演筹款活动，演唱义务戏。所收戏资，三成用于赈济正乐育化会梨园行内灾民，七成支援其他灾民。为了体现此次赈灾的公开公正，组织者还请红十字会人员协助经手资金款项，并称"共襄义举"，在演出现场"不另募捐"。②

与此期的救助活动几乎同时，保定戏剧改良社的义演活动也在进行。"鉴于冬令在迩"，天津灾民处于寒冷饥饿之中，"似非赶办赈济，恐不免流离失所"，"邀请丽春台秦腔小班"在淮军公所举办慈善义演，"所入戏资，除开销外，余统捐助冬赈之用"。③ 针对天津出现的

---

① 《旅津粤人演戏筹赈详志》，《益世报》1917 年 9 月 3 日，第 6 版。
② 《请看助赈义务戏》，《大公报》（天津）1917 年 10 月 16 日，第 2 张第 7 版。此次慈善义演的发起人有："同乐会全体会员临时会首王筱亭"，及"窦君衡、屠朗初、刘筱泉、陈叔为、吴凤树、杨荫亭、卢小波、杨宝卿、承晓峰、赵玉珊、薛月楼、薛霞臣、郭辅亭、王聘臣。正乐育化会发起人：李吉瑞、薛凤池、尚和玉、刘永奎、訾魁凤、魏连升。赞成人：王庆元、赵善卿、李琴舫、吕幼才、卞月庭、于镜泉、苏蕙卿、陈寿臣、刘鹭洲、孙子文、刘瑞亭、鲁嗣香、杨月舫、李采繁、陈小鹤、黄益如、李燕林、林墨青、董子书、赵聘卿、王虎臣、任焕章、刘春泉、吕镜宇、陈梦九、王君植、王春江"等。
③ 《冬赈义务戏择期开演》，《大公报》（天津）1917 年 10 月 17 日，第 2 张第 6 版。

各种灾害，烟台商会的李森、烟台镇守使参谋长薛保筠等，曾"屡筹款资救赈济灾黎"。1918 年，又在烟台组织了"演剧助捐"，"统收大钱三千三百九十三吊二百文，大洋二十一元"。此次义演，除各项开支外，实存"大钱三千零七十九吊零三十文"，① 所得戏资，通过山东银行汇寄天津商务总会，用于灾民救济。

　　这一时期各地义演活动大多因灾而起，逢灾便有。如 1920 年，在天津日租界，大新舞台园主孙宝山看到当地灾民日多，"流离失所，惨目伤心"，各茶园相继开展唱演义务剧筹款助赈，他便出面邀请梅兰芳来天津献艺，举办募捐义演。② 1920 年，天津同庆茶园也定于 11 月 2 日演唱义务戏，"所得票价均全数助捐，充作赈款，汇缴华北华洋义赈会"，"以襄善举"。③ 1921 年 3 月 19 日，北京慈善组织邀请梅兰芳、金少梅等在第一舞台演唱夜戏，"所得款项，悉助赈济"。④ 1921 年 3 月，维一社鉴于"灾民可悯，思筹资以助赈"，在广东会馆"演剧筹款"。⑤ 1921 年，苏、浙、皖、鲁等地洪水为患，"灾民流离，哀鸿遍野"，惨不忍睹。于是，有天津社会名流张亦湘、方药雨、郭云夫、杨敬林、邓兰卿等筹办赈款，并同票友社团正乐育化会商量，于 10 月 1 日至 3 日"假座大舞台，筹办江苏、浙江、安徽、山东四省义务戏三日。所得戏资，除开销外，尽数汇交四省，充作急赈，以襄善举"。⑥ 1921 年 10 月 1 日至 4 日，天津急赈会为浙苏皖鲁筹募赈捐，在大舞台举办演戏 4 日，共得"戏价洋六千二百余元"，另有当场认捐"万余元，所有戏班男女各角均系义务，房租电费亦皆捐助，并无丝毫费用。故所收戏价得以实惠灾民"。⑦ 1921 年 10 月 16 日，旅津

① 《烟台助赈》，《大公报》（天津）1918 年 1 月 7 日，第 2 张第 6 版。
② 《大新舞台之热心》，《大公报》（天津）1920 年 10 月 13 日，第 3 张第 9 版。
③ 《戏园演艺助赈》，《大公报》（天津）1920 年 11 月 1 日，第 3 张第 9 版。
④ 《北京慈善游艺团启事》，《大公报》（天津）1921 年 3 月 17 日，第 2 张第 7 版。
⑤ 《新剧社演戏助赈》，《大公报》（天津）1921 年 3 月 30 日，第 9 版。
⑥ 《急振会演义务戏助振》，《益世报》1921 年 9 月 28 日，第 3 张第 9 版。
⑦ 《义务戏筹款情形》，《大公报》（天津）1921 年 10 月 7 日，第 2 张第 7 版。

江苏筹赈游园会在中央公园开会，"游人往观者甚多，院内游艺有女子跳舞、电影、新剧、武术、清唱（分昆曲、皮簧两组）、南北名花大鼓、军乐"等，所得款项用于救助灾民。① 1921 年 11 月，由旅津江苏筹赈会发起的义务戏在广和楼举行，"所收戏价全数归为赈济江苏水灾之用，约有王君直、刘子璞、郭振川、王颂臣诸君演奏皮簧、戏曲，并有名伶加演文武戏"，还声言，此为"赈济灾民之善举"。② 由上述记载可知，以赈灾募捐为目的的义演是这一时期较为常见也是收效显著的筹款活动。

2. 助学

自晚清学制改革以来，各地办学热情很高，北京政府时期，各地持续之前的办学热潮，但资金不足的情况较为严重。因此，该时期义演筹款用于施善助学的情况也非常多。

以天津地区为例，义演筹款活动有很多。如 1916 年 2 月，南开学校"近因学款支绌，由本校新剧团扮演天然新戏，在本校内演唱数日，其所得戏资，统归本校，以充经费"。报人对此称赞："该校对于兴学上之苦心孤诣，亦可钦矣。"③ 1920 年 6 月 5—6 日，成美学校暨青年会决定"假法界维斯理堂"举办义演，"以资补助经费"。④ 成立于 1916 年的李公楼模范女学校，由山西人张晓斋创办，办学虽有张的资金支持，但经费远远不足，经营惨淡。为筹集办学资金，1922 年 8 月，张晓斋邀请当地热心公益的慈善家在广东会馆演义务新剧，并举办各种游艺活动，声称所得券资除"购地税契外，余存银行生息，以作建筑校舍之用"。⑤ 这场义演活动前来捧场的观众不少，"剧券售出数百张，并由热心善举诸君当场解囊捐助"。其中"南洋兄弟烟草公司，大洋二十二元七角，小洋二角，铜元五百二十枚。郭砚田先生

① 《江苏筹赈游园会》，《大公报》（天津）1921 年 10 月 18 日，第 2 张第 6 版。
② 《筹办江苏赈捐剧》，《益世报》1921 年 11 月 4 日，第 2 张第 7 版。
③ 《演剧筹款》，《大公报》（天津）1916 年 2 月 12 日，第 2 张第 6 版。
④ 《演剧筹办经费》，《大公报》（天津）1920 年 6 月 5 日，第 3 张第 10 版。
⑤ 《模范女学演剧筹款》，《大公报》（天津）1922 年 8 月 24 日，第 3 张第 2 页。

三元，李唤褖先生五元，李伯辰先生二元"，通过现场记录，可见募捐效果。之后又见该校举办慈善义演的记载，并说当场"购票者已达千数百位之多"，① 看来观众有所增加。据报纸报道，一些学校也有类似演戏筹款自主办学的情况。如 1923 年，天津特别第二区内正义贫民学校，为筹款办学拟举办慈善义演。② 1923 年 2 月 28 日，天津晨钟社为筹募儿童义务学校经费，在广东会馆开游艺会，"借资募款"。游艺会表演魔术、音乐、相声、双簧等，还有社员表演笑剧和新剧。③ 1924 年，北京市民学校因"校址迫窄，不敷应用"，为购地建校舍，于 6 月 28 日在虎坊桥湖广会馆举办一场义务夜戏，"筹补助费"。④ 同年，天津育德初级小学校办学经费不足，欲举办助学义演筹集资金，因此联系了天津同志戏剧社。该社为由当地商、学、报、宗教、教育等各界名流所组成的民间团体，凡加入组织的成员，均"对于新剧素有研究"，具有演艺能力且热心公益，自成立以来参与各类社会活动，"颇为社会所称誉"。经与育德初级小学校约定，天津同志戏剧社于 10 月 8 日晚在广东会馆表演新剧，为办学筹款。其中有黎元洪"购票一百张，以倡新剧，而资兴学"。⑤ 天津毅成学校也有演戏筹款活动。该校因办学经费不足，特邀知名艺人高庆奎等，"假吉祥园演义务戏，以资筹款"。⑥ 由上述材料可见，该时期慈善义演是筹款助学的重要手段之一，发挥了积极有效的社会作用。

3. 济贫

1911 年辛亥革命爆发之后，社会一度动荡，因此各地出现了众多难民。北京政府时期，将义演筹款用于救贫济困，已成为善款最基本的社会用途。

---

① 《演剧筹款兴学之致盛》，《大公报》（天津）1922 年 8 月 29 日，第 3 张第 2 页。
② 《正义贫民学校义务戏展期》，《大公报》（天津）1923 年 6 月 26 日，第 2 张第 2 页。
③ 《晨钟社开游艺会》，《大公报》（天津）1923 年 2 月 23 日，第 3 张第 2 页。
④ 《北京市民学校演剧筹款》，《大公报》（天津）1924 年 6 月 22 日，第 1 张第 3 页。
⑤ 《育德小学演剧筹款》，《大公报》（天津）1924 年 10 月 15 日，第 2 张第 6 版。
⑥ 《记吉祥园毅成学校义务戏》，《大公报》（天津）1924 年 12 月 18 日，第 2 张第 8 版。

　　1912 年初，天津市民生活出现较为严重的困难，于是，一些官绅①暨梨园界②一同发起了"演剧助赈"。此次活动在当时影响很大。据报道，此次义演戏价，定为"包厢八元、池子五角、两廊三角，各加铜子五枚"，天津梨园界名角、坤角很多，均登台演唱，"可谓集一时之胜事，拯困苦之穷黎"。③

　　另外，中国红十字总会也参与其中。该会专门派员赶赴天津组织赈济，还联络天津各报馆，希望媒体与其联合，一起提倡义演筹集善款。消息经报纸发出后，各界反响强烈，"日界天仙园主赵广顺君素以热心公益著名"，"提倡代邀本埠各园名角数十人，在下天仙演唱义务戏"，"定期于旧历二月初一日起至初五日止，全埠名角荟萃一园"。④在此前后，天津红十字会因经费不足，在日界天仙茶园发起义演，由戏曲艺术"精技绝趣者"表演，"以所加剧资尽数发归该会经费"。⑤此次演出内容为"改良新剧"，艺员主要有赵子和、唐肃甫、赵亚锁、倪文斌、高亚铎、杨金明、王维新、卜庆和、周学年、周学熙、冯子仁、何焕文、林瑞峰、吉尽臣、蓝小鹤、张香桥、韩子琳、刘永川、孙丹臣、孙雅樵、秦松年、何桂章、郭举奎等。这些参演人员均为当地知名艺人，由此可见此次义演的规模与阵势之大。

　　1913 年，天津慈善机构普济贫民院经费不足，欲组织义演筹款予以补充。此举拟仿照北京贫儿院的筹款办法，义演在各戏园举办，

---

①　《演剧助赈》，《大公报》（天津）1911 年 12 月 31 日，第 1 张第 4 版。官绅商董发起人主要有李星北、阎俊卿、汪春斋、方药雨、李捷三、顾梦臣、宁星普、王松樵、么蘋洲、张月丹、郑省三、徐少文、彭禹门、张敬元、庞允卿、王竹林、王瀛孙、刘仲誉、杜筱琴、刘丹甫，均是天津的社会名人。

②　梨园界主要有：时惠宝、尚和玉、孙雅樵、刘鸿升、张玉顺、赵广顺、白文奎、九阵风、陈善堂、高福安、刘永奎、张吉林、张黑、陈文起、马长奎、小达子、刘凤樵、赵东升、王德山、吴塱芳、李长山、王芝玉、梅荣斋、薛凤池、吴彩霞、张春荣、姚长海、李吉瑞、王克琴、刘喜奎、张桂林、小香水、小菊芬、小翠喜、金月梅、张凤仙、姜桂喜、小兰英、小荣福、金玉兰。

③　《演剧助赈》，《大公报》（天津）1912 年 1 月 1 日，第 1 张第 3 版。

④　《戏界热心》，《大公报》（天津）1912 年 3 月 18 日，第 1 张第 5—6 版。

⑤　《新剧助款广告》，《大公报》（天津）1912 年 1 月 9 日，第 1 张第 4 版。

"在观剧者，所费有限，而贫民受惠实多"。① 1914 年，为筹办天津城关"救济冬赈"经费，1 月 14—16 日在丹桂茶园，由艺曲改良社与善堂联合会共同发起演唱义务戏，两个团体协同联办，"所得茶资全数交与善堂，合力散放"。② 在此前后，还有天津妇女红十字协济会的义演活动。该会于 1912 年成立，是一个以筹备红十字会所需物品、协济各会为宗旨的慈善组织。在灾患或严冬之时，该会便竭力救助贫民。1914 年 4 月 18 日，该会在天津鼓楼南广东会馆举办义演游艺捐款会，邀请各界热心志士参与演出，③ 以筹集资金救助贫民。1915 年冬季，天津善堂联合会为了救贫济弱，约请"正乐育化会各会员演唱义务戏得资，以助赈抚"。④ 正乐育化会的全体会员，于 12 月 15 日、16 日两天，在下天仙戏园演唱义务剧。演出开始当天就取得了不错的筹款效果："15 日，早上售票得价四百余元，晚售票得价五百余元。"演出结束后，"两日所得票价尽数凑齐即行交付善堂联合会，以资赈抚"。⑤ 1915 年 12 月 3 日，天津善堂救急恤嫠善会在南市丹桂茶园组织募捐筹款活动，特邀天津"新新新剧社"成员献演。⑥ 此外，现场还有商家义卖，以辅助义演进行筹款，"南洋烟草公司在剧场将所得烟价如数交给该社作为善款"。该剧社拟于 1916 年 1 月 1—3 日，仍在广东会馆演剧，以"捐助恤嫠善款"。⑦ 同时，由天津善堂联合会发起组织的慈善义演逐渐风行，还得到了其他剧社的支持。1916 年初，天津南市绘春茶园醒俗社有感于"善堂联合会筹赈维艰，值此冰天雪地，贫民待救孔殷"，约同华乐部、权乐部及大兴里等全班艺员一起举办义演，演唱所得票资，"全数捐助该堂，以襄义举"。⑧

① 《贫民院筹款》，《大公报》（天津）1913 年 6 月 24 日，第 5 版。
② 《演戏助赈》，《大公报》（天津）1914 年 1 月 8 日，第 4 版。
③ 《天津妇女红十字协济会广告》，《大公报》（天津）1914 年 4 月 15 日，第 4 版。
④ 《为贫民筹赈》，《大公报》（天津）1915 年 11 月 30 日，第 1 张第 4 版。
⑤ 《演剧筹款》，《大公报》（天津）1915 年 12 月 17 日，第 2 张第 6 版。
⑥ 《广告》，《大公报》（天津）1915 年 12 月 3 日，第 1 张第 4 版。
⑦ 《演剧募款》，《大公报》（天津）1915 年 12 月 31 日，第 2 张第 6 版。
⑧ 《演艺筹赈》，《大公报》（天津）1916 年 1 月 22 日，第 2 张第 5—6 版。

北方冬季严寒，贫民饥寒交迫、缺衣少食，艺界人士经常发起冬赈筹款义演，以救济寒苦贫民。1917 年，天津红十字会书画慈善会"为筹办冬赈事宜，约请王子实、周子云等，假上权仙茶园，于旧历十五、十六、十七三日演唱义务（戏）"。这场义演募捐效果显著，并得到较高的社会评价。当时报纸评论："是日，客座尤觉拥挤，所得茶资颇巨。诸君提倡冬赈如此热心，贫民感恩，良非浅鲜矣。"① 此次义演"共得票资，大洋六十九元，小洋一百九十四角，铜子三千七百七十二枚"。② 筹款虽不算多，但社会影响却非常大。

以上天津地区出现的不同团体机构接连不断的义演活动，一方面反映出慈善义演逐渐走向常态化，成为人们能够理解和接受的赈灾济贫筹款渠道和方式；另一方面也彰显了慈善义演募款的意义和效用。还有一些事例进一步说明，当时慈善机构组织的义演更具规模。

天津南善堂是当时知名的慈善机构，在当地慈善事业中地位显著。1918 年 3 月，天津善堂联合会及南善堂董事李向辰、杜宝桢、刘渭川、张月丹、王品一等人，为了募款救济贫民，在升平茶园第一台举办义务戏，"筹办恤嫠善款"。③ 南善堂请各艺员演唱义务戏募集恤嫠款项一事，影响了其他剧场戏园，由此形成了一波募捐义演的热潮。当地各茶园、戏园如华乐、权乐、四海、升平、上权仙、上平安各园主事周子云、张润芝、王少臣、张景山、刘静波、李俊卿、孙少山、李恩第、苑子卿等纷纷响应，最后决定实行大联合，"各园男女艺员择期演唱，所得票资，尽数捐助恤款，以济孤嫠"。④ 随后，中华同庆部也拟于 4 月 20—21 日在华乐、权乐两处演唱义务戏，以补筹款。演出当天，南洋兄弟烟草公司还派人前往剧场售烟，以售出资金作为助捐，以资支持并热心慈善活动。⑤ 同年 12 月，梅兰芳、王凤卿

---

① 《演艺筹赈之盛况》，《大公报》（天津）1917 年 1 月 11 日，第 2 张第 7 页。
② 《义务剧得资数目》，《大公报》（天津）1917 年 1 月 13 日，第 2 张第 7 页。
③ 《筹办义剧》，《大公报》（天津）1918 年 3 月 19 日，第 3 张第 10 版。
④ 《热心善举》，《大公报》（天津）1918 年 4 月 11 日，第 3 张第 10 版。
⑤ 《筹办恤嫠之热忱》，《大公报》（天津）1918 年 4 月 20 日，第 3 张第 6 版。

因南善堂的筹款救济活动专程来津，在大舞台连续演唱三天，另外约
集的优等艺员还有李吉瑞、苏春海、王春普等，并且"全班助兴，以
襄善举"。① 1919 年初，天津绅商宁星善、张品一、沈涿如等提议，
筹办南善堂恤嫠善款，拟在南开体育社进行义演。② 4 月，南善堂董
事杨月舫、宋峻岐、赵善卿、杜笑山等，约集警察部门到场，共同商
议"筹办恤嫠"，提倡义务戏售票筹款一事，并议决在大舞台演戏筹
款，"以济恤嫠"。③ 此次义演十分成功，"座客异常踊跃"，当场还有
南洋兄弟烟草公司、广生行中西制药公司捐助款项。④ 11 月，南善堂
筹办恤嫠冬赈，定于 19—21 日晚在升平舞台演唱义务戏，"售票筹
款，借资补助"。⑤ 1920 年 5 月 26—28 日，天津崇善东社、南善堂为
筹款办理恤嫠事宜，约定艺员刘鸿升假南市大舞台演剧募捐筹款，
"所得戏资尽数补助善款，以恤贫黎"。⑥ 1921 年 4 月，南善堂为筹办
恤嫠款项，在升平舞台举办义演，不少捐助者当场助款，同时，还有
一些公司售货助款。款项主要来源有：无名氏二百元，王景杭一百
元，张立山一百元，余庆堂五十元，冯筱舫二十元，何庆成二十元，
李致堂十元，王聘臣八元，高焕章六元，张稚棠六元，叶兰舫五元，
奎德社坤班五十元，英美烟公司售货助款洋四百九十五元一角六分六
厘，南洋公司二百九十九元五角九分，马玉山糖果公司二十九元八角
四分等。⑦ 这些记载，体现了社会民众对于义演活动的肯定和支持，
也显示了观演者对灾贫者的善意与扶助。为了救济贫民，京津地区的
艺人还成立了贫民救济会筹备处。1923 年，在天津开明戏园演出的义
务夜戏，以富连成社作为班底，还约请龚云甫、小翠花和德仁社等参

---

① 《名伶热心善举》，《大公报》（天津）1918 年 12 月 13 日，第 2 张第 7 版。
② 《筹款恤嫠之热心》，《大公报》（天津）1919 年 1 月 23 日，第 2 张第 6 版。
③ 《南善堂演剧筹款》，《大公报》（天津）1919 年 4 月 1 日，第 2 张第 6 版。
④ 《演戏恤嫠之余声》，《大公报》（天津）1919 年 4 月 11 日，第 2 张第 7 版。
⑤ 《南善堂筹办冬赈》，《大公报》（天津）1919 年 11 月 12 日，第 3 张第 10 版。
⑥ 《善堂演剧筹款》，《大公报》（天津）1920 年 5 月 26 日，第 3 张第 10 版。
⑦ 《南善堂启事》，《大公报》（天津）1921 年 4 月 18 日，第 2 张第 7 版。

与义演。天津正乐育化会的梨园济助戏也有筹备。同时，北京的窝窝头会还邀约富连成社，在吉祥园举办义务戏筹款，以救济贫民。① 与天津剧界相似，1923 年初，北京剧界在第一舞台举办窝窝头会义务戏，筹款与演出情况"皆能满人意"。②

这一时期，除了较多为救助城市贫民而举办的义演活动之外，另有不少为救护战地难民而举办的义演。如 1913 年，天津妇女红十字会"以慈善为宗旨"，为救助战争难民，9 月 20 日在李公祠举办义演活动，并请"军乐队以助雅兴"。③ 1918 年，"对于地方公益、人民痛苦无不热心补救、竭力经营"的汉口基督教青年会，因湖南醴陵、攸县一带"水火刀兵，灾民惨不忍言"，发起了针对"兵灾"的筹款义演，"所有售券之资，悉充湖南赈款之用"。④ 1926 年，天津八善堂临时救济战地灾民善会，于旧历十二月二十八、二十九两日，在新明大戏院举办义演，邀请"北京名伶来津演剧，为灾民筹募捐款"。参演艺人主要有梅兰芳、姚玉芙、姜妙香、王凤卿、诸如茹、杨小楼、龚云甫、陈得霖、慈瑞全、谭富英、郝寿臣、侯喜瑞、范宝亭、钱金福、王长林、马福禄等。⑤

（二）慈善义演的发展高潮

北京政府时期，以慈善为目的的筹款义演，风行于一些口岸城市，得到各阶层民众越来越多的关注和积极参与。同时，另有规模更大、影响更为广泛的赈灾活动，如针对 1920 年北方五省旱灾和 1922 年浙江壬戌水灾的筹款义演。因此可以认为，此时以施善助人为目的的义演筹款活动达到了高潮。

1. 为北方五省旱灾筹款义演

1920 年夏季伊始，华北气温较高而降雨稀少，形成严重的旱灾。

---

① 《各种义务戏情形》，《大公报》（天津）1923 年 1 月 19 日，第 3 张第 3 页。
② 《义务戏大满人意》，《大公报》（天津）1923 年 1 月 31 日，第 3 张第 3 页。
③ 《慈善会特告》，《大公报》（天津）1913 年 9 月 13 日，第 4 版。
④ 《湖北青年会演剧筹赈》，《大公报》（天津）1918 年 6 月 19 日，第 2 张第 7 版。
⑤ 《演剧助赈》，《益世报》1926 年 2 月 7 日，第 3 张第 10 版。

社会各界密切关注灾情，一些社会组织开始组织筹赈活动，其中，演戏助赈的声浪此起彼伏。当上海还在酝酿筹款赈灾的时候，北方已出现"华北救灾会于十月三日在第一舞台演唱广东剧戏"的情况，"一日一夜所得戏资，悉充本会振款。日戏为《举狮观图》，与京剧大致相同。夜戏为《孝节奇逢》，其中悲欢离合，情节尤佳"。对此，当时有报人评论："该会票友，均在本京各机关服务，曾因筹办广东公益，在京津广东会馆演唱三次。其出演于剧场者，此为创举。"还呼吁："乐善诸君，何妨以拯灾恤难之心，为游目骋怀之举。"① 类似的义务演出粤剧情况，稍晚在上海也开始出现。据报道，粤帮"群芳影班"的班主陈玉臣，以及全班坤伶李雪芳等，"因念北方哀鸿遍野，时已冬令，惨苦更甚。拟演剧数天，筹款济赈"。② 为筹资充赈，中国红十字会与上海众多剧院、舞台联合举办了更大规模的义演。1920 年 11月 5 日，中国红十字会"延请大舞台、亦舞台、第一台及新舞台艺员，在九亩地新舞台联合演出好戏，所得券资，尽充灾赈"。时人对此事有所评论："四大舞台合演，为近今海上所鲜见，届时既饱眼福，且助善举，顾曲家当勿失之交臂。"③ 此次联合演出的票价和剧目也刊登在报纸上：座位"二等三角，头等六角，特厢二元"。剧目有张展云《卖绒花》，刘汉臣《拾黄金》，倪金利、刘汉森《收关胜》，麒麟童、王玲珠《别窑投军》，毛韵珂《新安驿》，等等。④ 演出当晚，中国红十字会还"特备纪念章，分赠观客。南洋兄弟烟草公司亦有顶上香烟，在场分送"。⑤ 由此可见当时的演出盛况。

　　面对灾情，天津的筹款义演同样繁多。1920 年 9 月 22 日，梅兰芳因旱灾救济事在新明大戏院演义务戏，演戏以外，他还另捐大洋

---

①　《筹赈声中之面面观》，《申报》1920 年 10 月 4 日，第 2 张第 6 版。
②　《群芳影班演剧助赈消息》，《申报》1920 年 11 月 29 日，第 3 张第 11 版。
③　《四大舞台合演助赈》，《申报》1920 年 11 月 4 日，第 3 张第 11 版。
④　《念五夜中国红十字会假座新舞台义务演戏助赈》，《申报》1920 年 11 月 5 日，第 2 张第 8 版。
⑤　《四舞台合演筹赈续闻》，《申报》1920 年 11 月 5 日，第 3 张第 11 版。

1000 元。1920 年，天津又遭旱灾，"荒旱赤地千里，灾民遍野"。权乐茶园园主主张"凡属国民皆应设法救济"，遂定于 10 月 8 日为灾民组织义务演出一天，所得资金全部作为赈款。① 与此同时，在河南开封也有助赈义务戏。报纸文章指出，此次演出与寻常演戏相比"大不相同"，"最可钦者是伶界诸人"。他们每个人都非常投入，募得款项 5000 余元，② 可见效果很不错。

此时，上海各学校及学生也纷纷发起演剧筹款助赈活动。1920 年，"南洋公学、约翰大学、复旦大学等因北方灾情"，共同"商议为赈灾义演筹资"，演出时间"定于阴历十一月初五日"，地点在"夏令配克影戏院"，表演戏剧及各种游艺，"所得剧资拟充赈款"。③ 上海法租界贝勒路民生女学，为"服务社会，极为热心"。"江苏第二师范因哀怜灾民，定于二十八日演剧筹款赈灾"，"于二十八日与爱国、城东两女校"④ 联合演出。同时，留学海外的中国学生也积极献艺助赈，是年 10 月 11 日，"在东京使署义务演剧，助赈北方旱情"。⑤

此时，上海民间群体纷纷加入义务演剧的热潮中。报纸报道了女界义赈会参加演剧助赈的情况：女界义赈会为筹款赈济北方灾黎，"特请九亩地新舞台全体艺员义务演剧三日。昨晚为第一日，先演《九十九岁》《女界大英雄》《铁龙山》《虹霓关》诸剧，继演《男女平权》新剧……最后演《嫦娥下界》旧剧"。"是夕，观剧者约二千余人，由童子军及女界义赈会会员佩章款待，秩序极为静肃，另有南洋兄弟烟草公司等捐洋约二千元。"⑥ 从剧目来看，所演各剧女性角色为多，有利于塑造女性新形象，并体现女界义赈会的社会价值，同时还有更为深刻的意义：有助于表达新女性的内在诉求，易于在社会上营

---

① 《权乐茶园筹款赈灾》，《大公报》（天津）1920 年 10 月 7 日，第 3 张第 9 版。
② 《河南筹赈连演义务戏》，《大公报》（天津）1920 年 9 月 25 日，第 2 张第 7 版。
③ 《各大学演剧助赈》，《申报》1920 年 11 月 20 日，第 3 张第 11 版。
④ 《民生女学又为灾氏奏艺》，《申报》1920 年 11 月 24 日，第 3 张第 11 版。
⑤ 《日本近事记》，《申报》1920 年 10 月 8 日，第 2 张第 6 版。
⑥ 《女界义赈会演剧筹赈纪》，《申报》1920 年 12 月 22 日，第 3 张第 10 版。

造慈善氛围。真可谓一举多得。另外，同时发起慈善义演的还有佛教界。"佛教救苦会为北五省灾黎筹赈，特商假新舞台，于旧历二十八夜演新编之《释迦佛因地舍身救苦》事迹，所售剧资，悉充赈款。"①通过赈灾义演，不同社会群体的救灾善意得到了展现。

　　针对此次灾情，在南、北各地都有类似活动，有些义演活动还是合作举办、多方联动，再次呈现出"南北共举"的态势。1920 年 10 月 27 日，苏州商会为了筹款赈灾，"经公同集议，分别担任募集捐款，兼收棉衣裤等件，并请昆曲客串，择日演剧助赈"。② 1921 年 1 月，鉴于"北方灾情奇重，上海各慈善团体暨各学校演剧助赈者甚多"，"约翰大学特组织义务演剧事项"。③ 9 月，福建莆田一些举办义演筹款助赈的慈善家，如"黄文鸿、王佐材、林玉漳、郑琴德、吴仁民、刘金标、林天和、李文程、蔡德良、林文英、郑竹洲等"，联合发起"华北灾民义赈会"，④ 与赛天仙帮主黄玉祥、林十四老等人一起，联合赛天仙、赛凤楼、双凤楼、仪舞台、尚天仙等五个戏班协同举办义演筹款，所得收入捐作北方难民赈款。⑤ 北京为京剧艺人荟萃之地，他们举办的义务戏募款赈灾活动也一直在持续。《申报》对此有报道，"难民来集于京师之内外城者至众，无衣无食，情尤可哀。乃有陈氏同志数次集议，公推钱能训、江朝宗、陆定三人继主"窝窝头会，"惟以贫民众多，需用窝窝头太多，北京社会筹款又极不易。乃由三君及在会诸君约伶界同人演剧二日，所有捐款悉数移作会用。本月八、九两日即为该会大演义务戏之期，一时如王凤卿、杨小楼、梅兰芳、韩世昌、王瑶卿、尚小云、金友梅之侪，咸集于西珠市第一

① 《佛教会演剧助赈》，《申报》1920 年 12 月 5 日，第 3 张第 11 版。
② 徐秀丽、郑成林主编《中国近代民间组织与国家》，社会科学文献出版社，2014，第 211 页。
③ 《约翰大学演剧助赈预闻》，《申报》1921 年 1 月 23 日，第 3 张第 11 版。
④ 《本地新闻》，《奋兴报》1921 年 9 月 16 日，第 3 版。
⑤ 《慈善家演剧助赈之风》，《奋兴报》1921 年 11 月 25 日，第 3 版。

舞台"，"每日入场人数，约及八千，所收捐款总数当在四万元左右"。①
足见当时慈善义演所掀起的筹款高潮和取得的募捐成效。

2. 浙江壬戌水灾赈灾义演

1922 年，农历纪年为壬戌年。当年夏秋之际，浙江发生特大水
灾，故称"壬戌水灾"。其"灾情之重，为亘古所未有"。② 特大水灾
给民众的生命和财产带来巨大的破坏，"积尸蔽途，哀鸿遍野，其凄
惨状况，实不忍睹。天灾之重，灾区之广，有无过于吾浙此次者"，③
这是当时的真实记录。壬戌水灾发生后，浙江各地政府、社会各界以
及国际友好人士等纷纷发起救灾活动，其动员范围之广、参与阶层之
众、救济力度之大，在浙江灾荒救济历史上实属罕见。在救灾过程
中，政府与各种社会力量均发挥了重要作用。④ 其中，针对水灾在各
地举办的慈善义演活动，作用也较为凸显。

1922 年 12 月 9 日晚，南开学校浙江同乡会在学校大礼堂举办游
艺会，为浙江水灾组织筹款。表演节目有：新剧《一元钱》（南开学
校新剧团）、跳舞（西洋女士）、音乐（南开大学）、国技（浙江公
学）、唱歌（男女学生）、相声、双簧、魔术。游艺会入场券分三种：
特种一元，甲种六角，乙种四角。所得之票资，全数作为浙江水灾赈
款。⑤ 此次义演也是"既观游艺，又救人命"，⑥ 取得了较好的效果。
12 月 30 日，慈善团体旅津浙商水灾急赈会在天津荣业大街广和楼戏
园举办义务戏。据记载，当晚共演九幕戏，分别为茅蓉生、姚承舜的
《鸿鸾禧》，枫林居士的《桑园寄子》，张紫宸的《问樵闹府》，王又
荃、枫林居士和石良枕的《黄鹤楼》，李吉瑞的《独木关》，刘叔度
的《华容道》，王颂臣的《洪羊洞》，卧云居士与王华甫的《钓金

① 静观：《纪北京窝窝头会》，《申报》1921 年 1 月 14 日，第 2 张第 7 版。
② 《国会议员赈灾之提案》，《全浙公报》1922 年 9 月 18 日。
③ 《国会议员赈灾之提案》，《全浙公报》1922 年 9 月 18 日。
④ 陶水木：《浙江壬戌水灾述论》，《杭州师范大学学报》（社会科学版）2010 年第 5 期。
⑤ 《南开学校演剧助赈》，《大公报》（天津）1922 年 12 月 5 日，第 3 张第 2 页。
⑥ 《南开学校将开游艺会》，《大公报》（天津）1922 年 12 月 8 日，第 3 张第 2 页。

龟》、蒋君稼、郭仲衡的《汾河湾》，扮演者多为京津著名"清客串"，因此吸引较多民众前往观赏。著名艺员李吉瑞的代表剧目《独木关》，"尤为筹赈诸公所欢迎"，天津"坤商仕女之往观者"，"车水马龙，极一时之佳趣"。[①] 在灾区宁波，当地各界积极赈灾。江北岸教会慈善机构与教会学校积极开展赈灾工作。[②] 浙江的 12 月是冬季天气最冷的时候，天寒地冻，学界的助赈活动此时进入高潮。江北岸泗塘毓才中学的学生，面对"灾民饥寒之状，有不忍卒言者，爰特发起演剧助赈之举"。[③] 杭州市青年会也通过举办各类慈善义演筹募赈款，救济灾民。

由上可见，该时期筹款义演发展到高潮，表现之一便是筹款游艺会的广泛展开。游艺会与传统戏剧相比，内容包罗万象，娱乐节目内容丰富，涉及面较为宽泛，意义显著，对民众的吸引力更大。此时期的赈灾义演表明，筹款游艺会开始成为慈善义演的主要表现方式，也是北京政府时期慈善义演发展的一个重要标志。由此可以认为，北京政府时期游艺会开始兴盛，并促进了慈善义演的发展。

从北京政府时期的筹款义演来看，义演作为一种筹款手段，已经从初兴和偶发事件逐渐形成一种日常状态。特殊（灾难）情况下的赈灾义演，此时开始出现两个变化：一是由于灾害连年发生和救灾频繁应对，义演筹款逐渐变得日常化；二是由于赈灾义演集中频繁，其高潮期已经临近。尤以 1920 年北方旱灾和 1922 年浙江水灾筹款义演最为明显。

第二节　南京国民政府时期慈善义演的繁荣

南京国民政府时期（1927—1937）的慈善义演，在北京政府时期

---

① 《演戏助赈》，《益世报》1922 年 12 月 29 日，第 3 张第 11 版。
② 陈宏雄主编《潮涌城北：近代宁波外滩研究》，宁波出版社，2008，第 110 页。
③ 《学生演剧助赈之热烈》，《时事公报》1922 年 12 月 9 日。

的发展基础上，受外在多种因素变化的影响，呈现出一些新的样貌。该时期的慈善义演，在演出类型和形式、发挥的社会作用、社会力量的呈现以及政府力量的介入等方面，均呈现繁荣状态，基本反映了整个近代慈善义演的全貌。同时，有关爱国救亡的义演活动，为抗战动员以及义演的形塑奠定了基础。总体而言，繁荣是此时期慈善义演的基本样态。然而，慈善义演在繁荣发展过程中出现一种特殊现象：上海青帮高调介入。此可谓繁荣中的变调。

一 慈善义演中的政府与社会力量

南京国民政府时期，慈善义演呈现出繁荣景象，政府和社会力量作为动力源泉，起到了关键性的作用。社会力量的持续发力，为义演走向繁荣奠定了基础，政府以前所未有的姿态参与义演活动，充当了新的角色。政府与社会力量的共同参与和发力，成为慈善义演持续推进的保障和动力。

（一）社会力量持续发力

慈善义演自晚清出现以来，一直以社会力量为主办主体。北京政府时期，由于各种社会力量的推动，以慈善为目的的义演活动发展迅速。到了南京国民政府时期，慈善义演活动的频次更多，呈现出繁荣的景象，这与社会力量的持续发力有着密不可分的关系。主办慈善义演的社会力量，以各类社会团体和知名人物为主，也有一些民间机构，包括新闻媒体和学校等，这些社会力量出于慈善公益的考虑，举办的义演活动非常频繁。

社群及人物。艺人及艺人组织作为表演者，既可从事现场表演也能组织群体活动，是慈善义演活动的核心群体，也是义演活动的推动力，组织和参与多样的义演活动。如 1927 年 3 月，河北新城县（今高碑店市）旅津同乡鲍祝三和李吉瑞等，为给家乡筹措教育基金而发起义演，约请天津有名望老艺人到场表演，年近 90 岁的老艺人孙菊

仙登台演出，给予支持。此次义务戏自 3 月 25 日开始，共演三日，①
演出地点在新明大戏院。另外参演的有天津正乐育化会的会员、票友
等。其他当地知名人士，有严范荪、丁振芝、杜筱摩、周苏甫、赵幼
梅、郑镜泉、王君直、王玉如、张品题、陈星彩等。② 由此可见，这
场筹募教育基金的义务戏，是绅、商、官、伶各界共同参与的联合
行动。

　　知名艺人出演义务戏的事例有很多。如为了给女子航业传习所筹
款，1929 年 6 月 2—4 日，知名艺人杨小楼、梅兰芳在天津新明戏院
合演义务戏，表演《安天会》《天女散花》《霸王别姬》等剧目，连
续三日。③ 1935 年，知名艺人袁美云，曾赴苏州演剧助赈。④ 1936 年
12 月 23 日，为救济水灾难民，知名艺人雪艳琴在北京出演义务戏筹
款。⑤ 常见的还有票友义演筹款。如 1934 年 11 月 12 日，天津名票苏
啸宇等，为乐育小学校筹款，专门借北洋戏院演义务戏。⑥

　　通过诸多事例，可见艺人及艺人群体在慈善义演中的作用。除了
艺人群体，还有社会名流中的重要人物，他们具有一定号召力，在参
与慈善义演活动中发挥着引领作用。

　　一些女界人物和妇女群体，成为该时期参与义演活动的重要力
量。1935 年，"首都妇女赈灾募捐委员会"在南京成立，为筹集赈灾
资金，皮以书、张维桢、唐国桢、沈慧莲等女界人物定于 10 月 19—
20 日在金陵女子学院举行募捐游艺会。⑦ 1935 年 10 月 25—27 日，南

---

① 《筹款兴学义务戏在新明戏院，二十五日起孙菊仙登台》，《大公报》（天津）1927
　年 3 月 23 日，第 7 版。
② 《绅商官伶各界发起演戏筹款兴学，老龄孙菊仙登台，将在新明大戏院》，《大公
　报》（天津）1927 年 3 月 20 日，第 7 版。
③ 《新明未来之义务戏》，《大公报》（天津）1929 年 5 月 28 日，第 3 张第 9 版。
④ 《苏州赈灾演剧，袁美云父女糜费善款遭烦言》，《电声》（上海）第 4 卷第 45 期，
　1935 年，第 956 页。
⑤ 王子德：《百科画集》，《良友》第 113 期，1936 年，第 47 页。
⑥ 《津票界会串，明晚为乐育小学筹款》，《大公报》（天津）1934 年 11 月 11 日，第
　4 张第 15 版。
⑦ 《妇女赈灾会举行游艺会》，《妇女月报》第 1 卷第 10 期，1935 年，第 29 页。

京国民政府官员熊式辉的夫人顾伯筠，举行妇女赈灾游艺会，并请多名外籍妇女参加表演。① 1935 年，北平各界妇女联合会为成立妇女识字班及补助贫苦妇女，于 2 月 23 日在东单协和医院礼堂举行游艺会募款。游艺活动主要有三项内容：（1）少女表演；（2）中国旅行剧团演出话剧《少奶奶的扇子》；（3）中华戏曲学校表演旧剧《汾河湾》。尽管这场游艺活动的票价贵至三元，但到场观众仍然很多，甚至"拥挤不堪"。时人评论其为北京近来最盛之游艺会。②

媒体有不可忽视的影响力。对于慈善义演的成功举办，媒体特别是报纸，除了积极宣传扩大影响，还直接参与义演活动的组织，成为助推慈善义演发展和繁荣的一支重要力量。如 1929 年，京津一带"灾民遍野，嗷嗷待哺"，《大公报》《北洋画报》纷纷发起演艺会募捐。《北洋画报》刊文指出，演艺会最卖力者为唐宝潮的夫人，她尤善歌舞。③ 1930 年 12 月，《新天津报》经理刘髯公，为赞助河北民兴小学办学，定于 16 日、17 日在春和戏院举办义务戏。参演艺人有庞世奇、李香匀、孟小冬等，角色配搭整齐，义演非常成功。④ 1931 年，因活动经费不足，北平报界公会邀请名角在华乐戏院出演义务戏，知名艺人杨小楼、郝寿臣和小翠花前来表演，还邀请梅兰芳参加演出，同时还要另约角色参加义演以增"势"，地点改在效果更佳的第一舞台。当时间通讯社社长管翼贤、《世界日报》张慎之、《庸报》记者金达智、《京报》黄秋岳等与梅兰芳接洽时，梅兰芳表示"蒙报界赞助，此次当然效劳"。此次义务戏，演唱持续一星期之久。⑤ 此外，还见有 1936 年 12 月 15 日、16 日，新闻记者在华乐戏院演唱赈灾义务戏的记载。⑥ 总体来看，报刊媒体的宣传和组织，对推动慈善

---

① 《熊夫人发起妇女赈灾游艺会》，《妇女月报》第 1 卷第 11 期，1935 年，第 13 页。
② 《平妇联会的募款游艺会》，《妇女月报》第 1 卷第 3 期，1935 年，第 50 页。
③ 《为慈善牺牲色相》，《北洋画报》1929 年 1 月 19 日，第 2 版。
④ 《刘髯公举办义剧》，《北洋画报》1930 年 12 月 13 日，第 2 版。
⑤ 汪侠公：《北平报界公会之义务戏》，《中华画报》第 1 卷第 31 期，1931 年，第 2 版。
⑥ 一挥：《平新闻界义剧排演拾趣》，《北洋画报》1936 年 11 月 19 日，第 2 版。

义演的繁荣与发展具有重要作用。

　　社会团体和机构参与慈善义演的情况十分普遍，尤以慈善团体的组织活动最为突出。如 1927 年 9 月 22 日，万国红十字会在北京北海公园举行慈善游艺会，内有杨小楼、梅兰芳合演京戏，门票售一元五角，观赏者约 2.5 万人，晚到者常因"座满不得入"，只能在棚外听戏。① 此次义演募款效果十分明显。1929 年南京盲哑学校创办，可是自创办以来经费不足，运营与发展受限，学校曾因此呈请教育局设法补助，但是教育局同样因经济困难无法帮助。各校长开会商讨，决议在国民大戏院等处举行游艺大会，以"代为募款"。② 清华大学组建有西乐部，其对社会活动十分热心。1932 年 1 月 9 日，为帮助当地筹集冬赈资金，西乐部在协和医院大礼堂举办了慈善音乐会。③ 1933 年黄河决口，国民政府在南京成立了黄河水灾救济会，但因资金困难无法施救。当年，该会即在南京励志社举办了一场筹款"义务戏"，票价每座 10 元。由名家演奏、演唱名剧，"誉满金陵"。此后又有"建筑南京戏曲音乐院筹备会"的张公权、李石曾等，邀请程砚秋在国民大戏院演剧五日，"筹款建筑剧场及校舍"。④

　　天津市慈善事业联合会历年承办冬赈事业，成绩斐然。1935 年继续"循例办理"，但是苦于经费无着，决定于 1 月 21 日、22 日两晚在北洋戏院举办义务戏。邀请当时的知名艺人若干，"所邀角色有杨小楼、高庆奎、荀慧生、小翠花等，可谓名伶荟萃，佳剧多出"。⑤ 票价售至四元、五元，包厢五十元。当日演出现场盛况空前，非常热闹。⑥

　　由教育机构组织和参与的慈善义演较为多见。上海清心女子中学

---

① 《北京红卍字会的慈善游艺会》，《良友画报》第 19 期，1927 年，影印本，第 8 页。
② 《筹备盲哑学校募费游艺会》，《首都市政公报》第 48 期，1929 年，第 5—6 页。
③ 《明日冬赈音乐会表演内容》，《京报》1932 年 1 月 8 日，第 6 版。
④ 张敬明：《建筑南京戏曲音乐院筹备会演剧筹款纪略》，《剧学月刊》第 2 卷第 10 期，1933 年，第 1 页。
⑤ 菲羽：《慈联会义务戏角色谈》，《北洋画报》1935 年 1 月 19 日，第 3 版。
⑥ 墨农：《慈联会冬赈义剧记》，《北洋画报》1935 年 1 月 26 日，第 3 版。

是一所在教会学校基础上发展起来的新式学校。1932 年，学校拟建造新的校舍，因缺少资金，拟发起游艺会。此次筹款游艺会筹备精细，定期三日，拟演"国剧"与"英文剧"各一日，合演国剧与英文剧又一日。国剧表演《复活》，请戏剧家应云卫先生导演，在该校大礼堂演出，售票有一元、两元两种。① 1933 年，山东民众教育馆鉴于鲁西水灾深重，发起水灾募捐游艺会。此次募捐游艺会举行了两场。第一场，9 月 8 日下午 8 时在民众电影院露天电影场举行。该馆附设书词研究会表演大鼓、琴书、魔术，还邀请京韵大鼓名手张筱轩到场表演，获得票款 117.1 元。第二场，9 月 16 日下午 7 时在民众电影院场内举行。游艺节目有化装讲演《子归》，话剧《关东月上时》，京剧《卖马》《二进宫》《双狮图》《女起解》《捉放曹》等，获得票款 173.8 元，除杂支 50 元，净得收益 123.8 元。两场票款所得，均送交山东省赈务会，由其用于施赈。②

该时期，义演是慈善组织获取慈善资金的重要途径，由此义演活动日益增多。

北京市龙泉孤儿院是由创始于 1906 年的僧俗学校发展而来的。1908 年，该院由京师总商会呈请巡警总厅准予立案创办，后扩充为龙泉孤儿院。再后，由龙泉寺捐出 27 亩土地作为孤儿院院址，由各商号及龙泉寺捐资建筑讲堂、各科工厂、宿舍、大小食堂和浴堂等，共有房舍 200 余间，先后收养孤儿 2000 余名。③ 孤儿院以"收抚孤黎，教养兼施，造就成才，有独立能力"为宗旨。"附设初级小学校及织布科、织染科、刻字科、印刷科、木工科、泥瓦科、鞋科、缝纫科、

————————

① 星：《清心女中游艺会》，《女朋友》第 1 卷第 19 期，1932 年，第 24 页。

② 《举行水灾募捐游艺会》，《山东民众教育月刊》第 4 卷第 7 期，1933 年，第 130—131 页。

③ 《北平龙泉孤儿院关于扩建院址及举行游艺会等问题给社会局的呈文》（1929 年），北京市档案馆馆藏档案，档案号：J002 - 006 - 00001。

纱帘科、织席科、军乐队，以及在大学、中学、高小肄业。"① 孤儿院
管理机构具有一定规模，设有"正副院长各一人，总务、庶务各一
人。教员二人，会计书记各一人，武术教员一人，军乐教习一人，收
捐一人，管理一人，各科工师助教共六人"。② 除正院长一人为"义
务"外，其余员工"半薪半义务"。经费来源则多为募捐，多来自
"北平特别市社会局北宁路局"以及各商号住户的常年捐款。"每月计
三百余元，惟实需八百元左右。不敷者由该院自行筹办。"③ 该孤儿院
自开办以来，"收养孤儿教养兼施，原非临时性质。每年悉赖年节月
捐以及房租补助费等项收入，共计六千余元，经常费用八千元上下。
前北京繁荣，赖以特捐重多，尚可相抵。自国都南迁，影响所及，日
见亏累"。④

由上述情况，可知义演募捐对于龙泉孤儿院的经费保证意义重
大，应该是运营经费的一个重要来源。1923 年，龙泉孤儿院向北京市
警察厅呈文申请补助费用，告知并请示举办游艺会募捐。"该校经费
除各机关补助不敷外，皆赖本校进款。院内常年经费不足，又赖各界
善士之捐助，加以 1922 年火灾，叠欠亏款债务尚未还清，善后尤难
维持。所以前经院长、董事人等设法，商妥拟定于 5 月 12—14 日，
在本院开办游艺会三天，以资筹款。游艺内容有武术、跳舞、昆曲、
魔术……文明大鼓、中西音乐、钢琴独奏等类，票数每天拟备五千
张，三天共一万五入场券。每张售二角，凭券抽彩，所有彩品物件系
各处征求赠品。游艺开幕时间，每日下午一时至六时。"与此同时，

---

① 《北平龙泉孤儿院关于扩建院址及举行游艺会等问题给社会局的呈文》（1929 年），
  北京市档案馆馆藏档案，档案号：J002 – 006 – 00001。
② 《北平龙泉孤儿院关于扩建院址及举行游艺会等问题给社会局的呈文》（1929 年），
  北京市档案馆馆藏档案，档案号：J002 – 006 – 00001。
③ 《北平龙泉孤儿院关于扩建院址及举行游艺会等问题给社会局的呈文》（1929 年），
  北京市档案馆馆藏档案，档案号：J002 – 006 – 00001。
④ 《北平龙泉孤儿院关于扩建院址及举行游艺会等问题给社会局的呈文》（1930 年），
  北京市档案馆馆藏档案，档案号：J002 – 006 – 00001。

孤儿院还将举办游艺会一事向主管部门——京师学务局进行了汇报。①
此期，筹款义演几乎年年举办。1927年之后，南京国民政府成立，国
都南迁，富人及要员相继随去，北京经济失去了往日的繁荣，孤儿院
经费不足问题日益突出。1929年10月14日，龙泉孤儿院"为筹款补
助亏累"，拟定"演唱义务戏一晚以资筹款"，并报请"北平特别市
社会局"备案，但因名艺人"孙菊仙离平，未能照演"。10月15日，
孤儿院再向社会局呈报，定于10月22日、23日两晚，在中和戏院举
办义务戏。申办义演一事，终于得到了社会局的批准。②

　　1932年，龙泉孤儿院又一次呈请社会局申办募捐义演，拟于9月
16—18日，在"先农坛"举办游艺会。孤儿院呈文："孤儿院开办以
来，因经费无着，每年时届春秋，择地举办游艺会售票筹款，以补不
足。历年举行沿为成例。"还称，因"时局不靖未便举办"，结果造成
"院费奇绌，无法维持"，希望"循例举办游艺会，临期遇雨，顺次展
期，以便售票筹款，而备孤儿秋粮冬衣之需"。③游艺内容主要有：少
林棍、秧歌、舞狮子、女子跳舞、国术、中西音乐、五虎棍、耍花
坛、奉天落子、坤书、大鼓、新剧、旧剧《洛阳桥》等。④

　　可见孤儿院将义演筹款作为自养自筹的一种内部机制，义演是补
充孤儿院运营经费、维系运转的主要手段。此时，更凸显出慈善义演
的意义和功效。

　　民众对义演娱乐性的追求，是人们对文化生活有需求的表现。从
广义上说，观赏义演的普通观众是该项慈善活动的基础动力，观众购

① 《湖南公益贫民艺徒学校关于该校以制笔和龙泉孤儿院举办游艺会等形式筹款办学的
函及京师学务局的复函》（1923年），北京市档案馆馆藏档案，档案号：J004 - 001 -
00201。
② 《北平龙泉孤儿院关于扩建院址及举行游艺会等问题给社会局的呈文》（1930年），
北京市档案馆馆藏档案，档案号：J002 - 006 - 00001。
③ 《北平龙泉孤儿院关于扩建院址及举行游艺会等问题给社会局的呈文》（1932年），
北京市档案馆馆藏档案，档案号：J002 - 006 - 00001。
④ 《北平龙泉孤儿院关于扩建院址及举行游艺会等问题给社会局的呈文》（1932年），
北京市档案馆馆藏档案，档案号：J002 - 006 - 00001。

票观演，表明愿意接受组织者的筹款诉求和方式，这是该时期慈善义演发展和繁荣的重要因素。随着义演的增多，报刊有关"剧评"的文章也日益增多。报刊评论是反映民众对义演观感的一种途径。对于1936年北京的一场义务戏，时人评论：

　　　　虽在狂风豪雨之后，开往北平去的火车，每车仍然拥挤着旅客们！……占火车上最多数的旅客——不用说还是中国人，可巧，人人手里同样翻着一张纸。……那可不是什么地图，而是刊登在报上的北平义务戏的戏报！

　　　　…………

　　　　凭了丰富的戏剧经验，眼盯戏报，想象着，比较着，从第一晚的《白水滩》《火牛阵》《武松打店》《樊江关》《拾玉镯》《法门寺》《美人计》《回荆州》到第二晚的《古城会》《八蜡庙》《铁公鸡》《双摇会》《武家坡》《打渔杀家》以至《霸王别姬》，都毫不遗漏地咀嚼一番。于是脑筋里便连接地幻出各种剧情。

　　　　…………

　　　　北平真是可爱的地方呢，有庄严的建筑——何况而今都已油新了！有珍美的食品，知名世界的中国烹调，那精华便在北平。有好戏——现在又有集名伶一起的义务戏，戏的趣味占据了整个的心，得此精神上的"滋养品"，便把现实的一切都忘了。

　　　　可不，旧戏正是他们的"滋养品"，滋养得北平这个地方充满了腐烂的霉味了哩！

　　　　无须凛然，兴之所至，随口且哼着"四海腾腾庆升平"，或者来一段"劝千岁，杀字休出口"，那才真够味儿。

　　　　北平，蹲在那儿，正向人招手，招呼人们上那里听义务戏去！

　　　　自从演戏消息传出后，北平这个垂死的古城忽然又活转来了，不仅活转来，简直快要发疯哪！大街小巷，茶楼酒馆，公园饭店，攒集着人群，唯一的谈话资料便是义务戏——

"听戏去呀，空前的好戏哩！"

"票价不便宜，可是真值啊！"

怎么不值？连梅兰芳也搭乘飞机来了，杨、梅合作，这番怕是最后一回，八块钱不贵。

"四大名旦一起出马啊，太齐全了！"

"可惜就少个余叔岩，但是也就不错了！"

热烈地讨论着、计划着、期待着，尽翻着报纸，却只盯着戏码。广西问题的善后，没谁关心；成都事件的解决，没人过问。至于走私之风又盛，更觉毫不相干——相干的便只有：

"去啊！去听义务戏去啊！"

戏票刚刚开始售卖，戏票就已经卖完，卖票地点的梨园公会门外，成天聚集着三四百人，守候至三四个钟头以上，看来愿望成空，立刻垂头丧气，那种难过的神情，实远甚于遭受国亡家破的苦难！

幸运者得来亦不易呢，除非有阔气的朋友，借用要人的名义，一张戏票，才能买到，否则就只有辗转求托，使出钻营运动的本领，并且不惜提高票价——由八元到十元，到十一二元，到十五六元，到二十元以上……直到头天晚上的戏已开场，第一舞台门外被摒弃的还有一大堆人，望眼欲穿，羡慕着幸运者们昂然而入，满脸现出了一副可怜相。

大街上，广播无线电声入云霄，每处都围上了一圈听众，站到腰酸腿软，也不肯轻易离去，仰着头、张着嘴，凝住眼珠，直立起耳朵，听，听，听那从广播机里传来的歌声。①

文中颇为幽默的语句流露出民众对慈善义演的态度，记录了时人

---

① 王余杞：《北平的义务戏》，《光明》第 1 卷第 8 号，1936 年，第 518—520 页。

对筹款义演的认识和期待。透过这些激动且略带诙谐的文字，可见社会民众对娱乐的追求、对名艺人的追捧、对戏曲的喜爱。在当时，虽然慈善义演还是一种支出较高的娱乐消费，但是，若有机会得以观赏，观众也会感到满足和愉悦——既有快乐也为慈善。

总之，由于艺人、票友、社会名流、女性群体乃至普通民众的参与和支持，以慈善为目的的义演获得了较为广泛的社会民众支持与力量支撑。社会团体以及报刊传媒的积极参与，凸显出慈善义演的社会公共性和社会影响力。

（二）政府的管理及参与

南京国民政府时期对慈善事务的管理，承续北京政府时期的模式。1928 年 3 月，南京国民政府设立内政部，下设秘书处及民政、土地、警政、卫生四个司。后来政府改组，内政部改隶行政院，民政司继续负责赈灾救贫及其他慈善事务。在此后的历次改革中，民政司都设有一科，专门管理慈善事务。对于灾害的赈济，南京国民政府专门成立赈济处，后来还设立赈济委员会，直接领导赈灾事务。各省由民政厅负责管理全省的慈善事务，在与省级行政建置并设的特别市，"一切农、工、商、公益等事项"均归社会局管理。① 1930 年，特别市撤销，改为行政院直辖市，仍由社会局负责各类慈善事务。在县、市一级，则由民政科主管公益慈善事务。这种慈善行政体制甚至向乡镇及区公所等地方基层延伸。②

与北京政府时期对于义演申办与管理的"缺位"有所不同，南京国民政府积极参与——政府力量参与的义演筹款活动明显增多。政府会充当组织者和主动发起者，也成为管理者和规制者，甚至时常扮演消极管控者的角色。总之，政府的角色呈现多元化，说明政府在该时期对义演的参与较为广泛。

---

① 南京国民政府文官处编《国民政府公报》第 5 册，转引自曾桂林《民国政府慈善行政体制的演变与慈善立法》，《安徽史学》2013 年第 1 期，第 65 页。

② 曾桂林：《民国政府慈善行政体制的演变与慈善立法》，《安徽史学》2013 年第 1 期。

政府参与和组织慈善义演，在该时期表现较为典型。一些义演活动以"包办"为特征，包括善款的分配。当然，不是所有政府组织和主导的慈善义演都能取得满意效果。如 1931 年江淮水灾，天津市政府准备在中秋节前成立由政府主导的义务戏委员会，邀余叔岩、梅兰芳等来参加筹备事宜。[①] 后来，天津市政府主办的赈灾义务戏，议决在南市大舞台进行演出，时间为 9 月 21—23 日，连续三夜。为了保证演出的效果，针对大舞台年久失修、座位有所损坏的情况，公安局责成第一区署长亲自负责戏园修葺事宜。为保证演出和观赏条件，公安局指出，在"演唱时该园旧有木凳完全撤去"，并向庆云戏园和权乐戏园等借用较好的漆椅。[②] 由此可见政府作为义务戏主办者所具有的权威与权力。在义务戏筹备过程中，主办方在确定舞台的问题上反复多变，初始觉得在大舞台表演较好，大舞台在华界范围，对"提倡华界繁荣"具有意义。之后，主办方又认为，在"该园诸多不便，且极污秽，实不相宜，故拟变通办理，仍向法租界春和大戏院接洽演唱"。由于其他种种原因，演出时间也发生变更，"拟推展至废历中秋后再为演唱"。[③] 又如，1931 年 9 月 18 日，天津市救灾会在社会局开赈灾演剧筹备会，任命相关负责人解决经费问题，最终确定演剧地点为法租界春和大戏院，并通知天津南洋英美烟公司及茶食店在演剧时到场，捐烟、茶、食以助赈。[④] 然而，最终这场由天津市政府主导的义务戏并没有举办。由于"近来赈灾义务戏，平津各地均已积极进行，各票房、各报馆举办者，亦已不少"，加之该时期九一八事变发生，"东北外交形势突然严重，国难方殷，决计暂停，已售出之票，概行退回票价。此外尚有以私人名义举办之义务戏，亦以时局关系，

---

① 《津市中秋节前举行赈灾大义务，余叔岩、梅兰芳等俱允来津，市府成立委员会从事筹备》，《大公报》（天津）1931 年 9 月 17 日，第 2 张第 7 版。

② 《赈灾大义务戏演期地点决定，本月廿一起在大舞台演唱三晚》，《大公报》（天津）1931 年 9 月 18 日，第 2 张第 7 版。

③ 《义务戏筹备中》，《大公报》（天津）1931 年 9 月 19 日，第 2 张第 7 版。

④ 《救灾会义务戏》，《大公报》（天津）1931 年 9 月 19 日，第 2 张第 7 版。

均有暂行展缓之倾向"，① 可见义演能否成功举办，由多方面因素所决定——主导人的意愿、外在社会环境、具体现实问题，这些均对其产生直接影响。

慈善义演的申报和举办程序较为复杂，涉及政府多个部门，主要是社会局、警察局（公安局）和财政局。其中社会局是主管部门，而警察局和财政局则与慈善义演活动的安全问题和财税问题有一定关联。除上述管理职能外，政府对慈善义演活动持有"审批"权。活动进行时，警员须到场"弹压"，以保证现场秩序与安全。财政部门负责审核义演的税收以及对免税申请的审批。1937 年，广西省政府曾就慈善义演是否免税问题专门向财政部去电，表示："以法团名义筹款之游艺会，其所得是否除提拨法团外始作纯益课税？"财政部则回复说："以法团名义筹款之游艺会，其所得除去必要开支外，所提拨法团之部分，如用于公益或慈善事业者，其应予免税，就其余额照条例第四条税率课税。"② 可见，政府财政部门对能够认定的慈善义演，会准予免税。然而，在各地执行过程中，财政部的规定未能付诸实践。各地政府普遍采用一刀切的办法，凡是演艺，都要抽税。如早在 1931 年 4 月，汕头市"游艺会各社团，以举行游艺系为地方公益慈善筹款起见，纷请准予免纳戏厘捐等情前来，情词各执"。对此，"全潮戏厘捐管理委员会常务委员开会讨论办法，以便执行，业于本月二十八日开会议决，各项游艺会应一律照章征收戏厘捐"，并特别提出"歌舞剧团如属营业性质者，亦应照章纳缴厘捐"。③ 但有些地方政府对慈善义演是酌情减免税额的。

政府职员对慈善义演的态度，常会成为一种隐形力量。有职员积

① 《赈灾戏剧多将展缓》，《大公报》（天津）1931 年 9 月 20 日，第 2 张第 7 版。

② 《电知关于不动产买卖售价以及以法团名义所开之游艺会暨法人团体或个人所开书画展览会售价等三项所得课税办法仰各遵照办理（财政字第一零五八三号）》，《广西省政府公报》第 155 期，1937 年，第 36 页。

③ 《布告全潮戏厘捐委员会议决各项游艺会应一律征收戏厘捐各款舞团如系营业性质者每应照章纳捐由》，《汕头市市政公报》第 68—70 期，1931 年，第 16 页。

极支持慈善义演活动。如，1930 年北京市明伦小学校为补助学校办学经费，准备举办义务戏，此事要向市公安局申报备案。明伦小学校随信附送戏票（戏票价，每张洋八角）五张，并嘱咐由各科长自己留用，而公安局各科室均给予支持：先行出资购买戏券，到发薪水时"再行扣还归垫"。① 职员自己出钱购买戏券用于善款，等于支持义演筹款，这样的事例还有不少。同年，北京商民协会也举办义演，希望市公安局各科帮忙"派销戏券"，公安局各科也购买了戏券。② 这种情况，应当属于职员对慈善事业的道德关怀。

与北平市公安局职员的积极自购戏券不同，同期在河北第一监狱署就发生了不支持有关机构推销慈善义演戏券和派销的情况。1930年，河北第一监狱署收到北京私立北洋平民工读学校来函，表示学校办学经费不足，"蒙教育局批令第 580 号令该校长自行募集，勉为其难"，因此邀请热心提倡义演的著名剧界人士郝寿臣等，于 2 月 8 号在华乐戏院举办义务夜戏，"以资筹款，借维校务"，希望"当局诸公与各界慈善君子赐予援助"，并"函寄甲等赞助入场券五张，计洋五元"。③ 对此，时任监狱长梁锦汉和看守长胡毓麟回复："集资兴学，事属义举，敝监极表赞同。奈近来经费竭蹶，各职员生计维艰，心有余而力不足。承送入场券，碍难购销，抱愧殊深，兹将原券五张送还。"④ 1932 年 10 月 29 日，河北第一监狱署又收到北平市中业贫儿工读团来函，说"近年来因受时局变迁，各方补助停顿，其间虽已募捐维持，亦属难收集腋之效"，当"冬赈筹助，需款尤急，故特举办义务戏售票筹款"，还随信附寄"入场券五张，计洋五元"，"敬祈购留

① 《北平市政府公安局一科关于发送明伦小学校筹款义务戏票的函》（1930 年），北京市档案馆馆藏档案，档案号：J181 - 020 - 04232。
② 《北平特别市公安局第二科关于分发商民协会义务戏券的函》（1930 年），北京市档案馆馆藏档案，档案号：J181 - 020 - 04248。
③ 《河北第一监狱关于义务戏入场券请认购、补发职员欠薪的函》（1930 年），北京市档案馆馆藏档案，档案号：J191 - 002 - 12823。
④ 《河北第一监狱关于义务戏入场券请认购、补发职员欠薪的函》（1930 年），北京市档案馆馆藏档案，档案号：J191 - 002 - 12823。

或予劝销，并请演剧前赐款"。①　河北第一监狱署又表示无法购销，随即退还了入场券。

总之，政府管理和参与筹款义演活动，有助于促进慈善活动的发展和繁荣。南京国民政府时期，政府以前所未有的姿态参与筹款义演活动，使慈善义演显现出不同于以往其他任何时期的繁荣景象。

二　慈善义演的运作与新象

南京国民政府时期，用于慈善事务的筹款义演活动，在社会和政府的合力促动之下呈现出繁荣景象，尤以 1931 年大水灾中的赈济义演最为突出。该时期慈善义演的运作方式已经成熟和稳定。同时，随着日本侵略步伐的加快，爱国筹款义演也成为该时期的新事象，并奠定了全面抗战时期义演的基础。

（一）高潮：1931 年赈济水灾筹款义演

1931 年，江淮流域发生了近代历史上受灾范围最大、洪水最为严重的灾害。②　时人称："自有近代记录以来，1931 年水灾实属空前，已成全国性巨大灾难。"③　关于此次水灾引发的灾情和损失，以及政府和社会开展的救济活动等，学界已有不少探讨，不再赘述。而针对此次水灾大难，京、津、沪等主要城市出现的此起彼伏的慈善义演活动，值得我们关注。

1931 年夏季，在江淮地区发生大水灾之后，社会各界赈济救济的呼声很高。此时，慈善义演已作为赈灾的应急方式得到运用和推广。

在京津地区，慈善义演活动形成一种助赈氛围。1931 年 8 月 31 日夜，天津日租界中原公司在五楼大剧场举行水灾义务戏，所有收入

---

① 《河北第一监狱署关于编制人犯报表、寄送龙泉孤儿院游艺会、义务戏助捐入场券的函》（1932 年），北京市档案馆馆藏档案，档案号：J181 - 033 - 02640。

② 王卫平、赵晓阳主编《近代中国的社会保障与区域社会》，社会科学文献出版社，2013，第 140 页。

③ 海关总署旧中国海关总税务司署通令选编编译委员会编《旧中国海关总税务司署通令选编（第三卷）（1831—1942 年）》，中国海关出版社，2003，第 87 页。

尽数拨作赈灾之用。在义务戏演出中，无论前台后台，上自角色，下至群演，无不一律捐献。时人评价，此次慈善义演"实为剧界之创举"。① 1931 年 8 月，天津南开中学水灾救济会"连日募捐"，效果甚佳，截至 8 月 26 日，"已有五百九十余元"。为扩大影响增加善款，该会要求分队自 8 月 27 日起到大商店、商场劝募，还播放赈灾电影。通过义映筹款，得知"观众极为踊跃，总计学生及来宾，共四百余人"。受娱乐募捐活动的感染，华北电影公司和南开大学旧剧社也于 8 月 30 日晚在南开礼堂组织"演戏赈灾"，特请校友参加表演。演出戏目很有吸引力，如常家麒的《宇宙锋》，梅宝昌、刘友攀合演《打严嵩》，胡光燕的《落马湖》，等等。② 当时还有人呼吁，要举办规模更大的"天津市救济全国水灾游艺大会"，并请《大公报》做义务宣传，"广征会员，共襄善举，捐款所得，悉数助赈"。③

1931 年 8 月 28 日，程砚秋④在《大公报》上发布启文，表示鉴于"江淮流域水灾奇重，闻之惨栗"，而"筹赈处尚未成立"，灾民待赈孔亟，刻不容缓，自己先"捐大洋四百元"，交由《大公报》代收转寄。同时还准备"演唱义务戏"筹款捐募。⑤ 8 月 30 日，鉴于水灾浩劫，天津天祥游艺场全体同人"尽义务一日"，"所得票资，完全助赈"。时人评价，此举可见"该场同人对于慈善事业，素具热忱。此次水灾惨剧，当仁不让，其提倡救灾，足（以）引起游艺界之注意"。⑥ 灾难面前，艺界表现出"有钱出钱，有力出力"的朴素情感与奉献精神。

① 《演戏赈灾——中原剧场定期举行》，《大公报》（天津）1931 年 8 月 26 日，第 2 张第 7 版。

② 《各界热烈筹赈》，《大公报》（天津）1931 年 8 月 27 日，第 2 张第 7 版。

③ 《发起游艺救灾》，《大公报》（天津）1931 年 8 月 28 日，第 2 张第 7 版。

④ 程砚秋，原名程艳秋，1932 年起更名程砚秋。本书正文叙述统一用程砚秋，特此说明。

⑤ 《程艳秋捐赈并演剧》，《大公报》（天津）1931 年 8 月 28 日，第 1 张第 4 版。

⑥ 《天祥游艺场救灾日》，《大公报》（天津）1931 年 8 月 29 日，第 1 张第 4 版。

1931 年 9 月 2 日晚，由北京鸣和社①发起义务戏，并邀请艺员王瑶卿参演，演出地址在中和戏院。此次义演是北平梨园公会为江南水灾筹赈，议定戏目由各名伶轮流演唱，老艺人王瑶卿与程砚秋合演。王瑶卿是京剧界元老，早已不登台演出，长年以教戏为生。因为他在艺界有号召力并能获得受众欢迎，为赈济灾民筹款，特邀请他登台演出。此次义务戏的票价，报载分为几类："池座前十排三元，池座后五排二元，南北边座一元五角，正厅一元二角，后厅八角，头级厢二十四元，特别五座厢二十四元，二级五座厢十五元，大厢十座二十四元，正楼散座一元二角。"②"包厢一座原定二十元，后经程向各要人销售，经各要人之赞许，每座包厢临时增价为一百元。中和戏院总计有四十六座包厢，现已全数售出，共得价洋四千六百元。要人如吴铁城、李石曾、张副司令、周大文、韩复榘、徐永昌、商震等氏，均皆订购包厢多座。"可见，政府人士到场观演对义务戏是极大的支持，也增加了戏院的上座率和筹款数目。中和戏院池座共有 1100 个，票价每座 3 元，完全为各机关团体人员所购去。预计可筹得赈款 8000元，且前后台一切开销，统由程砚秋担负。③"所收戏款，悉数交由北平市政府收寄。"鸣和社的此次演出，名角齐聚，阵容强大，更因为赈灾救济筹款，票价比平时偏高。尽管如此，演出仍有巨大收获。不仅演出卖票获得成功，还有巴黎商行在戏院出售化妆品，得款 146.6元也用于助赈。④

---

① 1925 年，鸣盛社改组为鸣和社。新班社成员，除了头牌程砚秋，还有原鸣盛社成员吴富琴、郝寿臣、侯喜瑞、曹二庚、慈瑞泉、郭仲衡、文亮臣、金仲仁、王又荃、周瑞安、李洪春、张春彦、董俊峰、李多奎等。后来先后邀约过谭小培、王少楼、谭富英、程继先、姜妙香、俞振飞、金少山、芙蓉草等名角儿。鸣和社班底阵容较前更强大。鸣和社活动于 1925 年 8 月 20 日至 1937 年 4 月 21 日，存在将近 12年。参见李伶伶《程砚秋全传》，中国青年出版社，2007，第 283 页。
② 《程艳秋等演戏赈灾》，《大公报》（天津）1931 年 8 月 29 日，第 1 张第 4 版。
③ 《程艳秋今晚演剧助赈——预计可得八千元》，《大公报》（天津）1931 年 9 月 2日，第 1 张第 4 版。
④ 《程艳秋等昨晚义务戏大成功》，《大公报》（天津）1931 年 9 月 3 日，第 1 张第 4 版。

　　几乎同一时间，梅兰芳也在积极助赈。1931 年 8 月 31 日，梅兰芳响应"救灾日"，"助赈一千元"，并发布启文，表示要"演义务戏"筹款赈灾。① 接着，梅兰芳等在北京梨园公会开会，讨论水灾义务戏事。梨园界到者甚众，会议决定，9 月 11—13 日演戏三日。第一日为梅兰芳、余叔岩合演《戏凤》，第二日为梅兰芳、杨小楼的《打渔杀家》，第三日为杨小楼、梅兰芳的《霸王别姬》和程砚秋、尚小云的《双探母》。② 此次演出阵容，实为声势浩大。由"北平市梨园公益总会发起之全国水灾筹赈义务夜戏"活动可谓非常轰动，演出和募捐效果非常明显，③ 共收 33154 元之多。④

　　同期，天津也在举办筹款义演。据当时《大公报》消息，位于大胡同的聚英茶园，"拟于日内演唱义务戏一日"，"所售票价，概交《大公报》馆转汇灾区，赈救灾民"，演出剧目为《亡国惨史》《天灾人祸》。⑤ 当天，茶园还邀请几位热心慈善的杂耍明星荣剑臣、郭荣山、韩永先、小云霞等参加演出。这自然增加了义演活动的现场娱乐效果，广受观众欢迎。当天早场，共售票二百七十九张，晚场共售票四百三十六张（票价每张一角五分），因此两场共售票七百一十五张，共收一百零七元二角五分。善款转汇天津市救济水灾委员会，以资急赈。⑥ 1931 年 9 月 9 日，天津永兴国剧社与《商报》合作，举办水灾义务戏，演出地址在春和大戏院，现场"一切开支均由该社与商报馆担任"，所售票价全数充捐。票价每张一元。⑦ 同月，北平农工银行经

---

① 《梅兰芳响应救灾日》，《大公报》（天津）1931 年 9 月 1 日，第 1 张第 4 版。

② 《赈灾义务戏》，《大公报》（天津）1931 年 9 月 1 日，第 1 张第 3 版。

③ 《北平义务戏主要剧目昨已定妥》，《大公报》（天津）1931 年 9 月 10 日，第 1 张第 4 版。

④ 《救灾热情——张夫人积极筹赈，义务戏收款甚多》，《大公报》（天津）1931 年 9 月 17 日，第 1 张第 3 版。

⑤ 《聚英茶园演戏助赈》，《大公报》（天津）1931 年 9 月 1 日，第 1 张第 4 版。

⑥ 《聚英茶园义戏成绩》，《大公报》（天津）1931 年 9 月 13 日，第 1 张第 4 版。

⑦ 《永兴国剧社与商报合办义务戏，九日晚在春和演唱》，《大公报》（天津）1931 年 9 月 1 日，第 2 张第 7 版。

理与公和祥营造厂经理黄旭东，也因南方水灾奇重，"特约北平名票名伶合演义务戏，以资救济"，定于9月3日晚在开明戏院演唱。[①]

据记载，时在北京的张学良夫人于凤至，特别关注此次南方水灾，热心助赈举办义演筹款。1931年9月17日，于凤至邀请各界人士商讨筹赈事宜，准备举行慈善义演。[②] 对于此次义演活动的组织，媒体十分关注，《大公报》报道更为详细。张夫人于凤至主办江淮水灾筹赈会，召集本地名伶开会。到场知名艺人有梅兰芳、杨小楼、余叔岩、尚小云、程砚秋、荀慧生等30余人，还有市长、财政局长、公安局长等列席听会。会议主要讨论演戏日期及戏目等。议决于9月29日、30日及10月1日、3日为演戏日期，戏目为：《盗宗卷》（余叔岩），《阳平关》（杨小楼、余叔岩），《长坂坡》（杨小楼、梅兰芳），《四五花洞》（程砚秋、梅兰芳、尚小楼、荀慧生），《宝莲灯》（梅兰芳），《回龙阁》（梅兰芳、程砚秋），《晋阳宫》（杨小楼），《坐楼杀惜》（小翠花、谭富英），《双沙河》（小翠花、荀慧生），《御碑亭》（程砚秋、小翠花），《枪挑穆天王》（尚小云），《得意缘》（尚小云），《刺蟒》（尚小云）。演出地点在第一舞台。从所列演员阵容和剧目来看，此次义演可谓盛况空前。[③]

1931年9月，旅津粤人为筹措赈款也组织赈灾义演两日。第一天，在新新戏院演出，楼上楼下共计800余座席全部售空，足见演出受到民众欢迎，也反映了人们的救灾心情。"两夕售票所入，全数发充广东水灾赈款。"[④]《大公报》还报道了这一时期其他一些救灾义演的情况。如同年9月，锦县工人俱乐部与北票煤矿公司协商赈捐办法，

①　《北平又一处义务戏》，《大公报》（天津）1931年9月2日，第1张第4版。

②　《救灾热情——张夫人积极筹赈，义务戏收款甚多》，《大公报》（天津）1931年9月17日，第1张第3版。

③　《水灾义务戏，北平将再演三天，余梅杨程等名伶参加》，《大公报》（天津）1931年9月18日，第1张第4版。

④　《旅津粤人演剧振灾昨第一晚成绩良好》，《大公报》（天津）1931年9月6日，第2张第7版。

认为演剧助捐的方法最有效，"于游艺之中，寓解囊之义，一举两得，善莫于斯"。22 日、23 日两天，在东北交通大学礼堂开演，义演印制普通票 1450 张，每张售 1 元，特别票 50 张，视力之所及，随意捐助。[①] 另外，当年 9 月 11 日，清华大学军乐部在该校大礼堂举办音乐会，除该校军乐队登台演奏外，还有三位教授参加演出，票价定为1.5 元，所有收入通过大公报馆转汇灾区。[②]

该时期，茶园举办募捐义演往往会增加新的节目类型。除原有演员及节目外，还增添了杂耍节目，使义演更为精彩，吸引了许多顾客前往观赏。对此，各娱乐场闻风而起。[③] 在演艺的同时，还举办许多义卖活动，形成了热闹的慈善捐物场面。1931 年 9 月 19 日，天津市青年会举行水灾赈济游艺会。其中，本市各大著名商店形成慈善市场。参加商店有中原公司、盛锡福、商务印书馆、冠生园、利生工厂、百岁公司、国货售品所等，举凡日用物品、布帛、衣物等，均廉价出售，并提出余利充作赈款。与此同时，在该会礼堂举行的游艺会，除演出昆曲旧剧之外，还有一些新奇的娱乐项目，可谓一番盛况。[④]

天津工人群体针对救灾成立工界救灾委员会，并拟演唱义务戏筹款。时间定于 9 月 19 日、20 日夜间，共四场，地点在南市第一台，票价为池子六角、廊子三角。其中，各机关团体担任推销者为数极多。[⑤]

1931 年，天津中山公园董事会发起救济水灾募捐游艺会，时间定于 9 月 25—27 日，地点在河北公园内。9 月 16 日，中山公园董事会召集会议，到会董事 20 余人，讨论游艺种类，拟定中西音乐、高跷、焰火等项，并加各种救灾宣传及有趣游戏。门票每张二角，声明会场

---

① 《锦县路矿演义务戏》，《大公报》（天津）1931 年 9 月 7 日，第 1 张第 4 版。

② 《清华大学热心救灾》，《大公报》（天津）1931 年 9 月 8 日，第 1 张第 4 版。

③ 《各县救灾分会仍旧》，《大公报》（天津）1931 年 9 月 12 日，第 2 张第 7 版。

④ 《各县救灾分会仍旧》，《大公报》（天津）1931 年 9 月 12 日，第 2 张第 7 版。

⑤ 《工界赈灾戏开演期已定》，《大公报》（天津）1931 年 9 月 17 日，第 2 张第 7 版。

内不再募捐，以减轻游乐者的捐款压力。[①]

　　由上可见，面对"江南患水，一片汪洋，筹募赈济，刻不容缓"的灾情，慈善义演常被各社会团体用来筹款救急。艺人群体成为慈善义演不可缺少的角色，甚至成为社会力量的主体，可谓"每遇公益之事，剧票两届，向不后人"。除以上所列之外，还有许多社会团体和力量参与救灾。时人对慈善义演的救灾方式评价较为正面："寓捐募于欣赏，看者无所损失；尽劳力为灾胞，演者已获有代价。感杯水车薪，而集腋成裘。"社会上形成的这股义演风潮，使不少"戏院票社，与夫有一艺之长，能登台为灾民请命者"，便"闻风而起，共成义举"。[②] 此种义演风潮，似乎预示着慈善义演的繁荣将要到来。此时，九一八事变的爆发转移了民众的注意力，赈灾义演也受到一定的影响。如1931年9月，北洋画报馆原本要发起赈济水灾义务戏，与孟小冬、章遏云两女士已达成演出协议，在"戏票业已开始出售之际，忽得藩垣失陷噩耗"，天津市内"人心大感不安，凡有血气之士，莫不悲愤填胸"，因此"当日开演国剧社义剧及青年会义剧，均因之宣布停演"。北洋画报馆见此情景，当即与合办同人紧急会议，"以国难当头，应行暂停，以示哀悼，于是决定登报声明……义剧临时停演"。[③]

　　1931年慈善义演形成风气，在京、津、沪地区均有呈现。仅上海一地的情况，前后对比就差别很大。有学者将1931年赈灾与1933年赈济黄河水灾进行了比较研究，认为1933年上海慈善团体联合会救灾会虽然为筹款耗尽心血，并且采取天蟾舞台演剧助赈、德国海京伯马戏团演剧助赈、大世界游艺会助赈，及先施乐园、天韶楼、新新花园门票助赈等多种方式，但实际筹募款项还不及1931年各省水灾急赈会时的1/10。[④]

---

①　《市中山公园筹办游艺会》，《大公报》（天津）1931年9月18日，第2张第7版。

②　《义剧赈灾》，《北洋画报》1931年8月29日，第3版。

③　《本报义剧筹备经过及其停演理由》，《北洋画报》1931年9月22日，第2版。

④　徐晨阳：《近现代爱国慈善家徐乾麟》，上海社会科学院出版社，2014，第171页。

由上可见，针对 1931 年夏季的江淮水灾，募捐义演使当时社会形成了一股慈善之风。从义演的组织过程到活动成效，基本折射出南京国民政府时期赈灾慈善义演的实态。

（二）运作：以浙江旱灾筹赈义演为例

值得注意的是，南京国民政府时期救灾筹赈义演的运作方式已较为稳定和成熟，尤以赈灾慈善义演最为明显。1934 年，苏、浙、皖等省发生了前所未有的巨大旱灾。面对灾害，旅沪浙江籍人士组建临时性的赈济组织"甲戌全浙救灾会"，统筹组织此时的赈济活动。该救灾会通过主动筹资对家乡灾民实施直接赈济，同时还联合其他慈善团体发起募捐，一些会员利用私人关系向政府施加影响，争取官方施救资源。① 在多种救灾渠道中，募捐义演成为重要筹款方式之一。当年 12 月 16 日、17 日，甲戌全浙救灾会在上海二马路荣记大舞台举办义演筹款活动，由旅沪浙江人中的京剧票友和越声票社出演，共筹得资金"九千三百六十元八角"，均用于赈济灾区灾民。② 文献对此次事件记录较为完整，能够反映出赈灾慈善义演的运作模式。赈灾慈善义演的运作，一般分为四个阶段，分别是：筹办阶段→演出阶段→收尾阶段→散放赈款阶段。

1. 筹办阶段

灾情出现之后，为将危害程度降到最低，政府和社会力量的赈济措施很快就分别出现。为筹赈成立救灾会，积极商议赈济对策，演剧助赈也作为一个重要的救灾手段被运用。1934 年旱灾出现后，甲戌全浙救灾会分部——"绍兴七邑旅沪同乡会"③，积极谋划"演剧筹赈"。④ 该

---

① 张帆：《民间赈济：一九三四年浙江旱灾中的甲戌全浙救灾会》，《绍兴文理学院学报》2015 年第 1 期。
② 《绍兴七县旅沪同乡会关于救济二十三年各县旱灾演义务戏的函》（1934 年），上海市档案馆馆藏档案，档案号：Q117 - 5 - 171。
③ 此时的绍兴七县，特指诸暨县、萧山县、嵊县、绍兴县、余姚县等，本材料涉及以上几个县。
④ 《绍兴七县旅沪同乡会关于救济二十三年各县旱灾演义务戏的函》（1934 年），上海市档案馆馆藏档案，档案号：Q117 - 5 - 171。

同乡会募款所得，"悉拨故乡灾区"。其时，同乡会的其他筹赈方式也在进行中。同人认为，旅沪同乡可以利用上海发达的娱乐业，以同乡票友艺员为资源，降低演出成本，相信"无论同乡非同乡，孰无救苦救难之同情？舞台之前知必多以善为乐，慷慨解囊，共擎此义举"。义演日期定于是年 12 月 16、17 两日晚 6 时，演出地址为二马路大舞台，票价为 5 元、3 元、1 元三种。售票处设在"爱而亚路三百卅号二楼"，即该会事务所。同时，同乡会还致函上海各报馆，请其义务刊登义演消息，联络的报刊有《习时报》《民报》《晨报》《中华日报》《大美晚报》《商报》《申报》等七种。关于报纸的广告费用，该同乡会认为，筹赈启事属于救灾公益，或可免费，并向各报馆发文诉说："今年各处旱灾，灾黎遍地。际此隆冬饥寒交迫，大有非救不活之惨。沪上团体纷纷组织救灾会，或沿途劝募，或演剧集资，胥抱多得一钱多救一命之宏愿。本会同人亦以己饥己溺为怀，假大舞台演剧筹振，决定十六、十七两天券资所得悉充灾需。惟此事全仗宣传，故报纸为唯一之要需。素稔贵报慈善为怀，见义勇为，用特专函奉恳，希将广告刊费据情豁免，加惠灾黎。"[①] 但未知商议结果。同期，类似的报纸广告有不少是得到了外来资金的资助，如《申报》刊载的一则潮州戏班演剧筹款广告，就是由一个商户给予的资助。[②]

由于大部分戏票以派销的方式出售，因此销售主要依靠绍兴七邑旅沪同乡会的私人关系，这么做，等同于"拉款"。同乡会要通过函信"拜启"的形式与亲友进行联络，告知相关人领取戏票。同时，在开办义演活动之前，同乡会还与上海越声票社沟通，就演出事项进行联系，希望票社友人支持慈善义演的举办："关怀桑梓""见义勇为""全体参加"。可见，筹办阶段的工作，还包含举措的决定、各方人员联络、与报刊媒体的沟通等事项。

---

① 《绍兴七县旅沪同乡会关于救济二十三年各县旱灾演义务戏的函》（1934 年），上
　　海市档案馆馆藏档案，档案号：Q117-5-171。

② 《广东潮州老玉梨香班启事》，《申报》1933 年 7 月 16 日，本埠增刊第 10 版。

2. 演出阶段

由于此次义演募捐是联络票友群体出演，活动的组织工作相对容易。票友群体往往乐于表演，多数人希望通过活动"过戏瘾"，并不在意是否有报酬，或报酬多少。正如何一民所说："票友与职业艺人最根本的区别在于演出的目的，票友玩戏完全出自对戏曲由衷的喜爱，纯属自娱，因此与迫于生计而演出的艺人相比，票友的演出不以营利为目的，也就较少受到商业化的影响，其对艺术的追求显示出更多的自觉、主动和坚持。"① 慈善义演与商业性演出不同，是"不以营利为目的"且以扶弱济贫为号召的表演。

此次慈善义演的表演者，主要是京剧同乡票友及公馆、越声两个票社的社员，如王得天、潘守之、沈伯铭、魏梅章、罗绮园、赵时刚、罗曲缘、陈晚劲、徐炜源、魏龙章、何其乐、沈益涛、吴颖、孙梅仰、金来章、宋步宏、裘吉堂、田永源、魏晓天、胡文贤等人。12月16日、17日两天，义演在大舞台演出。当天，大舞台形成一种浓厚的慈善氛围。此时，前台接待是彰显来往善士体面所必需的一个环节，显得十分必要。因此，前台接待员有当时的上海著名人士王晓籁、王延松、裴云仰、徐乾麟、严成德、郑文同、孙吉堂、鲁指南、翁允和、寿孝天、魏启芳、蒋全茂、俞岐山、沈缄三、赵子传、徐侠钧、魏国珍、翁仁庸、王钟灿、钱伯彦、谢慈寿、姚稼夫、罗柏和、邰静波、沈哲民、谢少广、石桐庆、裴星惠、钱台菊等。票友作为演员群体，在演出后台未出场时，也需要友人帮忙照料。此次赈灾演出，后台招待员有罗曲缘、魏梅章、谢贡三、何生尧、孙梅青、陈辉音等人。可见，演出前后场的境况热闹非常。

演出现场凭戏券入内，演员"每人赠五元戏券二帘，刊登义务广告报馆为赠五元戏券一帘"。现场收票员有魏启芳、魏国珍、钱伯彦、姚稼夫、王钟灿、翁仁庸、吴国祥、钱台菊等。戏券销售分为两种：

---

① 何一民：《成都通史·民国时期》，第495页。

一种是认购派销，即由旅沪浙江同乡中有声望、有财产者进行推销，每人销售戏券百元；另一种则是散客，自由购票者。在演出阶段各有分工，招待、收票、服务一应俱全。观赏者则在现场满足喜好——"寓善于乐"。

针对前台和后台，该会还制定了具体的规则：

> a. 大门首设验券处，无券者劝其照购。
>
> b. 收券时尚有无券者照补。
>
> c. 坐位越级者照补。
>
> d. 收券时间与普通演戏一式。
>
> e. 五角券归大舞台销售，俟收券完毕，向该台账房清算。
>
> f. 关照大舞台账房，转令茶房小贩不得强售茶果。
>
> g. 收券人员由本会推定延聘之招待员兼任。
>
> h. 关照大舞台账房，转令案目限止预先定座。[①]

3. 收尾阶段

演出活动结束后，随即进入收尾阶段。在此期间，最重要的工作是结算账款。收款数额，体现义演的成效。此次义演收入为"券银九千零六十元八角，冯养源经募申报馆特捐银二百元，无名氏特捐银一百元，共收银九千三百六十元八角"。各项支出，"除假座费由黄锦镛（即黄金荣）先生全数捐免不计外，实支广告费银五百七十六元五角，印刷费银四十元，杂项银三百二十五元五角八分"。其中，在大舞台演出支出场地费、茶房费、琴师、水火炉子、检场、后台巡捕等，"计洋八十元"。大舞台老板黄金荣将此项支出免除，等于从他这里多出一份捐款。

由于此次慈善义演是通过派销戏券和自由购券两种方式售票，因

---

① 《绍兴七县旅沪同乡会关于救济二十三年各县旱灾演义务戏的函》（1934 年），上海市档案馆馆藏档案，档案号：Q117－5－171。

此收入部分也分为两项。其中"代销售戏券的同乡"得款情况，有如下统计：

王晓籁洋壹千叁百元、孙吉堂洋壹百念元、马尚杰洋壹百元、陶百川洋壹百元、王延松洋壹百元、魏启芳洋壹百元、王伯瀛洋壹百元、钱福林洋壹百元、裴云卿洋壹百元、何五良洋壹百元、沈蕴石洋壹百元、袁履登洋壹百元、沈季宣洋壹百元、戚永庆洋壹百元、裘国良洋壹百元、陈则忠洋壹百元、骆清华洋壹百元、郑文同洋壹百元、黄龙初洋壹百元、李馥孙洋壹百元、戴秀山洋壹百元、翁允和洋壹百元、鲁庭建洋壹百元、谢伯芟洋壹百元、赵子传洋壹百元、谢少庚洋壹百元、徐侠钧洋壹百元、寿孝天洋壹百元、严成德洋壹百元、严大有洋壹百元、鲁正炳洋壹百元、胡纯芗洋壹百元、何晋元洋壹百元、陈济成洋壹百元、李仲选洋壹百元、王文治洋壹百元、楼怀珍洋壹百元、沈久余洋壹百元、童莘伯洋壹百元、公余社洋壹百元、袁滋青洋壹百元、钟觉民洋壹百元、朱尧臣洋捌拾元、赵子峰洋捌拾元、越声社洋柒拾元、沈奎年洋柒拾元、朱殿荣洋陆拾元、陈家泰洋陆拾元、沈晋镛洋陆拾元、夏质均洋五拾四元、沈景樑洋五拾元、季汉同洋五拾元、周芎耕洋五拾元、金鑑清洋五拾元、董荣清洋五拾元、罗坤祥洋五拾元、蒋泉民洋五拾元、周文瑞洋五拾元、陈焕传洋五拾元、何谷声洋五拾元、戚少斋洋五拾元、陈健庵洋五拾元、万永生洋五拾元、沈锦槐洋五拾元、田同春洋五拾元、吴国昌洋五拾元、何允梅洋五拾元、魏善甫洋五拾元、王永昌洋五拾元、鲁指南洋五拾元、邵燕山洋五拾元、俞守正洋五拾元、华霁光洋五拾元、何采臣洋五拾元、吴蓉卿洋五拾元、魏乙青洋五拾元、罗炳铣洋五拾元、丁山桂洋五拾元、裴振镛洋四拾五元、胡涤生洋五拾元、汤礼卿洋肆拾元、俞岐山洋肆拾元、陈国华洋肆拾元、田达夫洋肆拾元、娄凤韶洋叁拾捌元、陶广川洋叁拾六元、陈光照洋叁拾贰元、罗廷辉洋叁拾元、史久缘洋叁拾元、潘久芬洋叁拾元、陈曾瑞、吴锦澄洋叁拾元、顾文朝洋叁拾元、傅裕斋洋叁拾元、陈友箫洋叁拾元、冯子材洋念五元、何衷筱洋念五元、赵镇山洋念五元、俞则人洋念壹元、金能之洋念元、夏杏芳洋念元、陈芝生洋念元、王怀廉洋念元、徐镜明洋念元、袁近初洋念元、王鞠如洋念元、王六泉洋念元、刘祝三洋念元、王百治洋念元、宋汉章洋念元、沈翊笙洋念元、赵槐林洋念元、陆云荪洋念元、沈锦洲洋念元、谢筠寿念元、冯养源洋念元、谢春溥洋念元、丁莲表洋念元、罗桂祥洋念元、谢韬甫洋念元、田我醒洋念元、史久鳌洋念元、何而安洋拾五元、裴德尧洋拾五元、倪大桂洋拾五元、上虞同乡会洋拾贰元、冯仲卿洋拾元、金佐臣洋拾元、孙光远洋拾元、吴幼玉洋拾元、陈静涛洋拾元、陈获洲洋拾元、谢慈寿洋拾元、田相儒洋拾元、陈梅伯洋拾元、沈采生洋拾元、魏晋三洋拾元、胡禹廷洋拾元、张梦周洋拾元、宣新甫洋拾元、经润存洋拾元、胡楚卿洋拾元、金裁庭洋拾元、张文波洋拾元、张澄夫洋拾元、袁舞初洋拾元、戚子泉洋拾元、童育文洋拾元、沈缄三洋拾元、袁纯初洋拾元、韩承溥洋拾元、魏鸿文洋拾元、金少筠洋拾元、潘阴甫洋拾元、姚承昌洋拾元、葛丽斋洋拾元、夏遐龄洋拾元、陈笠珊洋拾元、谢静安洋五元、蒋仁涞洋五元、陈玉堂洋五元、王盈昌洋五元、田子馨洋五元、沈树宝洋五元、陈桂堂洋五元、陶善梓洋五元、徐善吕洋五元、杜凤标洋贰元、童士吉洋贰元。[1]

另外，在演出现场出售戏票所得收入为"一百四十八元八角"。[2]

---

[1]　《绍兴七县旅沪同乡会关于救济二十三年各县旱灾演义务戏的函》（1934 年），上海市档案馆馆藏档案，档案号：Q117 - 5 - 171。

[2]　《绍兴七县旅沪同乡会关于救济二十三年各县旱灾演义务戏的函》（1934 年），上海市档案馆馆藏档案，档案号：Q117 - 5 - 171。

结算余额能显示慈善义演的功效。余额越多，即筹款越多，慈善赈济的成效越大。随后进入最后阶段，即散放赈款阶段。

4. 散放赈款

慈善义演的所得筹款，一般由主办方直接用于慈善用途。若主办方是慈善团体，款项的转移和支付较为简单，程序相对便捷。若主办方非慈善团体，所筹款项就要通过一定的途径，由其他机构转交，然后向灾区或灾民散放赈款。此次慈善义演的款项，是通过绍兴七邑旅沪同乡会同人推销而得，因此款额就由该会进行分配或掌控。档案记录为：通过绍兴交通银行将款项汇至受灾县县政府、赈济机构，再用于赈济。

此次义演，收支相抵之后，共得筹款 8418.72 元。款额分给 7 个县，每县平均约 1200 元。档案记载，诸暨县县政府收到演剧筹赈款，"交通银行汇票银一千二百元正"；萧山"振务分会""领到分给赈款银一千二百元"；嵊县县政府"以演戏收入助振之款，每县应得银一千二百元，除划留钱主任前放冬振振粮运费银叁百五拾元外，尚仗银捌百五拾元"；绍兴县得"洋一千二百元"；余姚县更特别，因为急赈需要资金，救灾如救火，在款项尚未到账之前，已在县政府"演戏分配项下支取银五百元"。

最后，该会将收款情况留有记录——征信录。由于此次义演以派销戏券为主，后期还涉及部分善士没有及时结清账款上缴的情况。对此，该会专门发布启文，在表达谢意的同时，提醒"尚未缴清"的善士"勿延为盼"。启文如下：

> 径启者，本会演剧筹振事宜，业已完竣。蒙台端推销戏券，共襄义举，足征热心桑梓，钦佩莫名。现因严寒已届，被灾各县待振孔亟，本会拟即将售去券价，悉数汇集酌量分拨灾区，借资救济。查尊处券价尚未缴清，即希惠掷，俾便结束而资分配，勿

延为盼，此颂善祉。①

透过此次义演募捐活动的具体运作，可了解类似赈灾义演的筹款以及发放的全过程。透过有序的筹备和计划的实施，可探明该时期义演的实态。从中可见，近代以来慈善义演的运作过程是完整和成熟的。当然，我们也可看到另外一种真实情况的存在：一些同乡民众是被戏票派销所"绑架"的观赏者。义演曾经让娱乐场面异常热闹，呈现一派繁荣景象，然而一些募捐也曾是一些同乡民众无法承受之重。其中或许还有其他原因，确有一些同乡人无法购票、没有销票，最终将"票券退还"。②

（三）新象：爱国救亡慈善义演

与此前慈善义演的受助对象不同，自1931年九一八事变之后，国内各地开始筹款支援爱国抗战运动。此期，义演作为一种筹款手段被用于抗战运动中。随着日本对华侵略的步步紧逼，针对抗战的义演频次和规模也在不断变化。慈善义演的募款收入，主要面向慈善公益事业，此时为正义的卫国抗战募款，不仅用于救助战争难民，也用于支援前线将士。

从九一八事变伊始，劳军义演便开始盛行起来，慈善义演的公益性内涵由此得到了扩展。爱国慈善义演的事例有很多，如1932年10月26日，救济善社在天津北洋戏院内举办义务戏，目的是筹募救国基金。③ 鉴于前线将士终日在枪林弹雨之下与敌相抗，后方爱国人士筹款为其购买相关物品，以表达对爱国将士的关爱和支持。再如1933年，北平艺术学院音乐系学生举办了两场音乐会，3月19日在该学院

---

① 《绍兴七县旅沪同乡会关于救济二十三年各县旱灾演义务戏的函》（1934年），上海市档案馆馆藏档案，档案号：Q117-5-171。
② 《绍兴七县旅沪同乡会关于救济二十三年各县旱灾演义务戏的函》（1934年），上海市档案馆馆藏档案，档案号：Q117-5-171。
③ 《游艺界今晚北洋院之义务戏》，《大公报》（天津）1932年10月26日，第3张第11版。

大礼堂，3 月 20 日在协和医院大礼堂，所得演出票款，悉数拨充前方将士使用。① 1933 年 4 月 29 日，厦门大学救国会在本校大礼堂举行第一次游艺大会，筹款购买钢盔，捐助抗日将士。5 月 4 日夜，在思明电影戏院举行第二次游艺大会，表演节目很丰富，现场非常活跃，"观众之拥挤，为思明戏院少有之盛况"。②

　　具有代表性的抗日义演，是 1936 年援助"绥远抗战"的一次筹款活动。1936 年 11 月至 12 月，绥远省政府主席兼第三十五军军长傅作义率部在绥远发起抗击日军和伪军进攻的作战行动。源于此次抗战行动，中国各地发起的抗日救亡歌咏运动逐渐走向高潮。京津地区处于靠近绥远前线的区位，更能直接感知紧张的抗战氛围，在 1936 年下半年，就有许多筹款义演活动开始。

　　1936 年 11 月底，中国教育音乐促进会天津分会，联络京津两地的音乐家在天津举行音乐大会，以音乐会所售票款慰劳绥远前线抗战将士。③ 1936 年 12 月初，天津《平报》社长刘振风，"发起演剧筹款，慰劳前方将士"。此次义演活动特约当地知名艺人白牡丹、梁一鸣、韩长宝、赵化南、董俊峰等，还邀请马增芬、董桂芝、王佩臣、常连安等出演。此次"演剧筹款"是国剧、杂耍大会串，非常受人欢迎。每日有早晚两场演出，地点在国民戏院。为了筹款和扩大影响力，主办方声称："票价平民化，包厢一元，散座两角、一角，将所得之款，交由大公报（报馆）转汇绥远前方。"同时，由北宁铁路局组建的业余戏剧团体——国剧社，也于同一天在宁园演剧一日，所得票款全数捐助前方，用于支援战事。④

---

① 《平艺院音乐系演奏慰劳将士定十九、二十日分别举行》，《大公报》（天津）1933
年 3 月 17 日，第 4 张第 13 版。
② 《第二次举行筹备钢盔捐助抗日将士游艺会——日夜假思明戏院表演两场成绩可
观》，《厦大周刊》第 12 卷第 25 期，1933 年，第 37 页。
③ 《音促津分会将举办音乐大会为抗敌将士募捐》，《大公报》（天津）1936 年 11 月
29 日，第 4 张第 13 版。
④ 《慰劳将士义务戏，定明日早晚开演，地点在国民戏院》，《大公报》（天津）1936
年 12 月 1 日，第 2 张第 6 版。

　　该时期，青年学生的爱国情绪更为强烈，并形成了学生积极投入募款劳军义演的热潮。南开国剧社知名票友多人，参加慈善义演活动，当月 29 日下午在南开中学瑞婷大礼堂举行。《大公报》记者记录了南开校友的当场呼吁，"百灵庙克复了，真是可喜的消息，这是为民族争光的前线战士们所奋斗的成绩，站在后方的全国国民，都应当努力来援助正在寒天雪地的民族英雄们。我们援助的方法，最好的当然是捐款了。如今全国各地的同胞们都竭力的募款，送往前方。南开校友们当然也要尽一份国民的天职"。并评论说："南开校友举办此种筹款运动，实为我津人士捐款爱国一好机会。"① 文中记录："将所得收入，除必要开支外，余款一部（分）汇前方以慰将士，一部（分）拟交慈善会接济冬赈。"② 1936 年 11 月底，国立北平大学女子文理学院的音乐系师生，"以绥远前方将士努力杀贼，为国守土，正需后方人民作精神上或物质上之援助"，决定举行"慰劳将士"音乐会，以售票所得，全数寄给前方卫国将士。音乐会借协和医院大礼堂举行。该系还与天津女师学院音乐系合作，在平、津两地分别举行音乐会。③ 为救济绥北官兵，天津市女师学院话剧团，定于 11 月 23 日在东马路青年会举行义演募款，表演话剧之外，还有双簧和其他节目。票价三等：一元、五角、三角。④ 1936 年 12 月初，天津市各校学生为筹款援军，在法租界中国戏院举行游艺大会。⑤ 南开校友为援绥与赈济贫民，也举办慈善义演筹款。⑥

　　慰劳绥远前方将士，并赈济当地郊区贫民。1936 年 11 月 22 日，

---

① 《南开校友筹款援绥，国剧节目极精彩》，《大公报》（天津）1936 年 11 月 26 日，第 4 张第 13 版。

② 《慰劳守土将士演剧筹款》，《大公报》（天津）1936 年 11 月 22 日，第 4 张第 13 版。

③ 《女院音乐系慰劳将士音乐会》，《大公报》（天津）1936 年 11 月 25 日，第 4 张第 13 版。

④ 《慰劳守土将士演剧筹款》，《大公报》（天津）1936 年 11 月 22 日，第 4 张第 13 版。

⑤ 《本市学生主办之募款游艺会改期四五两日下午仍在中国举行，天升劳军游艺会为三日夜场》，《大公报》（天津）1936 年 12 月 1 日，第 4 张第 13 版。

⑥ 《南中义剧观后记》，《大公报》（天津）1936 年 12 月 1 日，第 4 张第 13 版。

北平剧团联合各校女同学筹办募捐游艺会。各校女同学参加者为数不少。游艺会一共两场，分日场和夜场。日场节目有（1）歌咏：独唱（表演者：艺专，王荣庭）；（2）音乐：提琴独奏（表演者：艺专，邵晓琴），琵琶独奏（表演者：艺专，郑会祐）；（3）舞蹈：火棒舞（表演者：师范大学学生），单人舞（表演者：光华小学学生），雪花舞（表演者：光华小学学生）；（4）国剧：《武家坡》（表演者：北平剧团艺人），《拾玉镯》，《法门寺·大审》（表演者：北平剧团艺人）。夜场：除上述各项音乐、歌咏、舞蹈之外，还有北平剧团参加表演，演出《洪水》及《伪君子》等剧目。①

1936 年，游艺会作为典型的筹款手段，在不少学校得到运用。慈善游艺会是一项集多种文艺形式同台演出的娱乐活动，以才艺表演吸引人们观赏进行筹款。如果组织得法，筹款效果也较为显著。

位于上海的复旦大学，此期曾经连续举办多次援绥募捐游艺大会，成为当时上海地区援绥义演的典型案例。1936 年 11 月 23 日，复旦援绥募捐游艺大会第三次筹备会议召开，主要商讨如何以复旦大学的力量筹办大型义演活动。② 1936 年 12 月 1 日，在援绥募捐游艺大会最后一次筹备会上，有吴南轩、殷以文、章友三、顾仲彝、程德谐、吴道存等人出席，还有喻培厚、杨郅澄、刘玉莹、陈季瑜等同学参加。议决事项如下：推刘玉莹、方续先两位同学负责接洽临时售票处；请学校当局布告通知，凡同学自顾推销戏券者，可直接与程德谐接洽；请校内外各舍长、室长负责推销戏券；请各校董代为推销戏券；以私人名义向临近各校推销戏券；推陈慧书、韩季贤、赵举之、方续先四位同学负责向各教授推销戏券；全体招待员须着本校制服；请附中童子军到场维持秩序；凡参加此次募捐工作人员，成绩最优者

---

① 《北平剧团游艺会》，《大公报》（天津）1936 年 11 月 22 日，第 4 张第 13 版。
② 《援绥游艺会举行第三次筹备会议》，《复旦大学校刊》1936 年 11 月 30 日，第 2239 期，第 1 版。

请学校予以名誉奖。① 经过严密部署之后，援绥游艺大会于 12 月 11、12 两日，先后在复旦大学体育馆、卡尔登戏院举行。第一日下午，在体育馆观演的观众多为复旦大学的在校学生，现场同学们的爱国爱校之情非常高涨，该场演出售出门票 500 余元。第二日在卡尔登戏院表演，前来观看的观众同样踊跃。第三场表演仍在卡尔登戏院举办，观众"益行踊跃"，估计楼上、楼下共 700 余人。据最后统计，共计收入为 1800 元左右。②

演出的第二天正是周末，也是戏院营业性收益最佳的时间。卡尔登戏院总经理曾焕堂对复旦大学的募捐义演在本院举行"异常热心，终以最低之代价，出让收益最厚之星期六全日"。在游艺会活动现场，副校长吴南轩、教务长章友三、顾仲彝主任、程德谓主任等亲临指挥照料，"至为勤劳，必至每场终了时，始行休息"。③ 正因此次活动做了缜密筹备，义演效果非常明显。

开展电影义映，为援助前方将士筹款。1936 年 12 月，北京天升电影院为援助绥远忠勇将士，于 3 日在电影院举行慰劳游艺会。晚场电影，除特种电影大片外，并有杂耍及口琴队表演，节目新奇，颇受欢迎。门票每张五角，并"以全场收入，不留分毫，完全捐助前方"。④ 受义演风潮的影响，各界人士连日"为守土将士募捐，极为踊跃"。为慰劳前线将士，北京大光明电影院全体职员决定"捐薪一日，聊尽寸心"，并期望"电影界能闻风兴起，集腋成裘"。⑤

除大都市各界踊跃捐款支援前线外，内地一些地区也有不少援助前线将士的筹款义演活动。如 1936 年 11 月，安徽蚌埠各界为援助绥

①　《援绥游艺会举行全体干事会议》，《复旦大学校刊》1936 年 12 月 7 日，第 2240 期，第 1 版。

②　《援绥游艺会成绩圆满》，《复旦大学校刊》1936 年 12 月 14 日，第 1 版。

③　《援绥游艺会成绩圆满》，《复旦大学校刊》1936 年 12 月 14 日，第 1 版。

④　《平迅》，《大公报》（天津）1936 年 12 月 1 日，第 4 张第 13 版。

⑤　《大光明影院捐薪一日慰劳将士》，《大公报》（天津）1936 年 11 月 24 日，第 4 张第 13 版。

远将士杀贼守土，连日纷纷向本埠中央银行捐助，总计七八千元，并由该行汇往绥远劳军。当月 24 日，移风剧社举办的义务戏在蚌埠大戏院举行，分日夜两场进行，全体艺员数百人参加表演。募款收入全部"汇寄绥省"。同时，蚌埠联谊社还"商请全埠票友举行游艺募捐大会"，筹备会于 25 日举行，具体义演活动择期举行。①

此后，能增强军力的筹款义演，社会各界时常举办。如 1937 年，南京军训委员会为募款购买飞机，在太平洋戏院宴请艺界知名票友李云影、杨畹农、李世文、程柳絮、侯寒雁、寿眉居士、张春芳等 30 余人，同时，请更新舞台经理赵锦堂及南京戏院的乔鸿年、周师范等作陪，当场议定，于 6 月 4—6 日在中华大戏院举行名票大会串，日夜均演。② 此次活动在民间颇具影响。由著名艺人参加的娱乐活动，具有较强的号召力和吸引力，效果也自然明显。

可见，在国难当头、救亡图存的时代背景下，筹款义演从"慈善救助"快速转向"民族公益"的大方向，彰显出参与者的民族大义和责任担当精神。

三　慈善义演的繁荣与变调

20 世纪二三十年代，慈善义演在各地普遍出现且都有发展，有些地区呈现出一定的繁荣景象。在看似繁荣的背后，有些城市出现了一些特殊情况。以上海青帮在慈善义演中的角色为视点，可见帮会势力的介入成为义演繁荣景象中无法忽略的一种特色。此处称其为慈善义演的变调。

（一）上海青帮对娱乐场的渗透

上海作为近代快速发展的一个移民城市，有着较为复杂的社会生

---

① 《蚌埠开游艺会捐款》，《大公报》（天津）1936 年 11 月 27 日，第 3 张第 10 版。

② 《一号起六号止名票空前会串：首都军训会盛大义务戏，性质系为募款购机》，《影与戏》第 1 卷第 26 期，1937 年，第 10 页。此次艺人会串，1—3 日是名歌星会串，4—6 日为票友大会串。

态，也是众多民间组织的理想之地。其中，青帮即为颇具影响的民间组织之一，也因其实力雄厚、势力强劲、影响范围很大，被人们认为是"黑社会"和"帮派组织"。民国初年，上海的青帮势力发展很快，主要通过江湖手段和地域同乡关系得以成长。在 20 世纪 20 年代，青帮主要成员来自三个地方——苏北、绍兴和宁波。这一时期，上海不少资本家处于青帮的"淫威"之下，有时外出活动都比较谨慎、小心。还有一些影响较大、有一定实力者，则通过与杜月笙、黄金荣、张啸林等青帮大佬建立起友好关系，以寻求保护。①

　　20 年代伊始，青帮大佬馋于上海娱乐业的巨大利益，也开始涉足。1927 年"四一二政变"之后，青帮辅助蒋介石掌控上海局面，因此势力更为膨胀。到了 30 年代，上海青帮最为活跃。上海滩娱乐场所大多数处于帮会势力控制之下，剧场、电影院、游艺场、饭店、旅店乃至浴池等，均有帮会的色彩。青帮对于戏剧界的介入，主要体现在戏院和演员两个方面。例如，著名的上海青帮"三大亨"之一的黄金荣，开办了黄金大戏院、大舞台、共舞台、荣记大舞台②等，后来还开办了规模宏大的游乐场所"大世界"。青帮大佬、"江北大亨"顾竹轩占据着"天蟾舞台"。截至 30 年代末，上海的著名京剧剧场，基本上都有青帮的影子。青帮势力掌控着剧场，也自然会影响剧场的经营以及各种筹款演出。慈善义演也受到濡染。表 2－1 展示的是青帮势力掌控的上海戏院情况。

---

① 陈伟伟：《民国第一帮会：揭开上海滩的黑色秘史》，江苏人民出版社，2015，第15 页。
② 1909 年 12 月 30 日落成开幕的"文明大舞台戏园"，俗称"大舞台"。虽说是专门演出京剧的场所，但从 1912 年 4 月 2 日起，曾在剧间休息时加映电影。1919 年起，该舞台由黄金荣接办，改名"荣记大舞台"。1933 年，荣记大舞台因为拆建而停业，班底散伙。1934 年 9 月 10 日，在三马路原址重建的荣记大舞台举行盛大的开幕典礼，之后仍只开演京剧。见黄德泉《民国上海影院概观》，中国电影出版社，2014，第 209 页。

表 2 – 1   20 世纪二三十年代青帮掌控的上海戏院

戏院名	地址	时间	开办者及身份
荣记大舞台	三马路	1919—1935	黄金荣（青帮大佬）
鑫记大舞台	二马路	1935—1951	谢葆生、范恒德（青帮）
共舞台	大马路	1921—1929	黄金荣
卡尔登大戏院	派克路	1923—1951	周翼华（与青帮有关系）
上海舞台	四马路	1926—1930	赵如泉（青帮）
天蟾舞台	福州路	1930—1949	顾竹轩（青帮）
黄金大戏院	法租界八仙桥	1930—1951	黄金荣、金廷荪
三星舞台	浙江中路牛庄路	1930—1932	赵如泉
更新舞台	浙江中路牛庄路	1932—1940	周少卿开，董兆斌经理（青帮）
荣记共舞台	法租界爱多亚路	1935—1949	黄金荣、张善琨（青帮）

资料来源：林明敏：《上海戏曲演出场所变迁一览表》，《上海戏曲史料会萃》第 3 集，上海艺术研究所，1987；周育民编《中国秘密社会史论》，商务印书馆，2013，第 281—282 页。

青帮势力不仅掌控剧场、戏院，还从人身依附的关系入手，控制和影响着艺人。除了名不见经传的小角色，不少剧界名角也都会因为受到青帮的欺压而寻找自保之策。上海本地的著名演员如此，从外地来沪的艺界名角，如大名鼎鼎的梅兰芳等，初到上海之时，也需与青帮大佬"打招呼"，恰似"拜码头"。至于女性艺人的命运，更受青帮势力的掌控。这种例子很多，此不赘述。青帮大佬通过纳妾、收义子和义女等手段，笼络京剧名角，操纵上海的京剧演出，也在一定程度上影响着当地娱乐业。

票房和票友对于演剧市场的繁荣颇具意义，青帮势力大量参与票房活动。强力涉足剧场和掌控娱乐业，对青帮来讲，具有牟利的工具性意义。同时也应注意，青帮大亨之所以钟情剧界，还与他们自身对戏剧尤其是京剧的喜爱有密切的关系。另外，他们利用金钱扶持和渗透的手段，取得其他票房的社长或主持的头衔，染指、控制票房，扩

张势力。① 黄金荣、杜月笙、张啸林等，均为京剧票友。早在 1923
年，杜月笙就创立了"恒社票房"，为己所乐。张啸林则是"率和票
房"的社长。同时，青帮势力还通过操纵新闻舆论，任意褒贬名角，
掌控京剧演出和戏院。杜月笙与《申报》《新闻报》以及其他当地小
报的关系均非常密切，因此，他利用报纸影响社会舆论、宣传自己掌
控的票房之事屡见不鲜。

　　由于帮会势力对上海大小剧场的控制和涉足，并掌控着艺人演
出、影响艺人发展及其生活，同时，还因为帮会人士所形成的票界领
导权，该时期上海慈善义演的主导权逐渐转移到帮会票友的手中。慈
善义演在一定程度上成为帮会人士"表演慈善"的形象展示或"仁义
道具"。帮会主要人物控制下的慈善表演，极有可能有意将慈善义演
作为实体传媒，以仁慈、博爱的正面形象示于社会，这就有助于他们
进行"开明""友善"新形象的塑造，同时，对其以往劣迹及不光彩
的发家史，产生一定的漂白作用。

（二）漂白效应：帮会参与义演

　　20 世纪二三十年代，特别是南京国民政府时期，票友群体作为戏
曲演出的核心力量，基本掌控着戏剧演出的市场趋向。同时，在屡次
慈善义演中，还可频繁见到票友的身影，甚至有较多的票友直接参与
组织慈善义演。在帮会势力逐渐涉足伶界和票房之后，慈善义演的主
导权逐渐受到影响。北京政府时期的上海，慈善义演主要由伶界联合
会来组织，而到了南京国民政府时期，慈善义演的主导者逐渐被帮会
势力所取代。同时，随着帮会势力的扩大，帮会对慈善义演的渗透更
为深入，从筹款手段到表演环节，均在其控制之中。

　　中国地域广阔，近代时期各地自然灾害连年不断。南京国民政府
时期，几乎是年年有灾。为此，上海地区也是助赈义演不断，各界都
在组织义演，筹赈活动一场比一场声势浩大。如针对 1931 年全国性

---

①　周育民编《中国秘密社会史论》，第 284 页。

的大面积水灾，江苏省赈务委员会组成"上海筹募各省水灾急赈会"等机构；针对1934年旱灾，组成"上海筹募各省旱灾义赈会"；针对1935年水灾，又组成了"上海筹募各省水灾义赈会"等机构。此时，这些机构与此前多由同乡会组建的筹募机构大为不同，从名称上看，就有"大气"和名气之势。实际在这些筹募机构的背后，就有青帮大亨或是与其交往密切的社会上层人士的身影。如针对1934年旱灾，在杜月笙主持下成立有恒社理事会。理事会指示其社员，于当年10月31日—11月1日，"在大舞台演剧助赈，所得券资银元八千元，指拨甲戌全浙救灾会及湖北旅沪同乡会，筹募本省水旱灾赈委员会，各四千元"。同时声明，"此次大舞台假座费需二千元之谱，全由黄锦镛先生捐助"（见图2–1）。从当时的报刊记载中可见，对于帮会势力的"热心救济、见义勇为"，政府官员孔祥熙、许世英、王正廷等是大力支持，还亲自署名在报刊上发表谢忱声明。①

图 2 – 1　恒社举办慈善义演的广告

资料来源：《新闻报》1934 年 11 月 1 日，第 5 张第 19 版。

①　《绍兴七县旅沪同乡会关于救济二十三年各县旱灾演义务戏的函》（1934 年），上海市档案馆馆藏档案，档案号：Q117 – 5 – 171。

与此同时，不少筹募机构也在进行一轮又一轮的慈善义演，而且规模都比较大。各报刊媒体积极报道，并注意宣传青帮势力的善心形象。如图 2－2 所示，青帮大佬的名字往往置于前列。

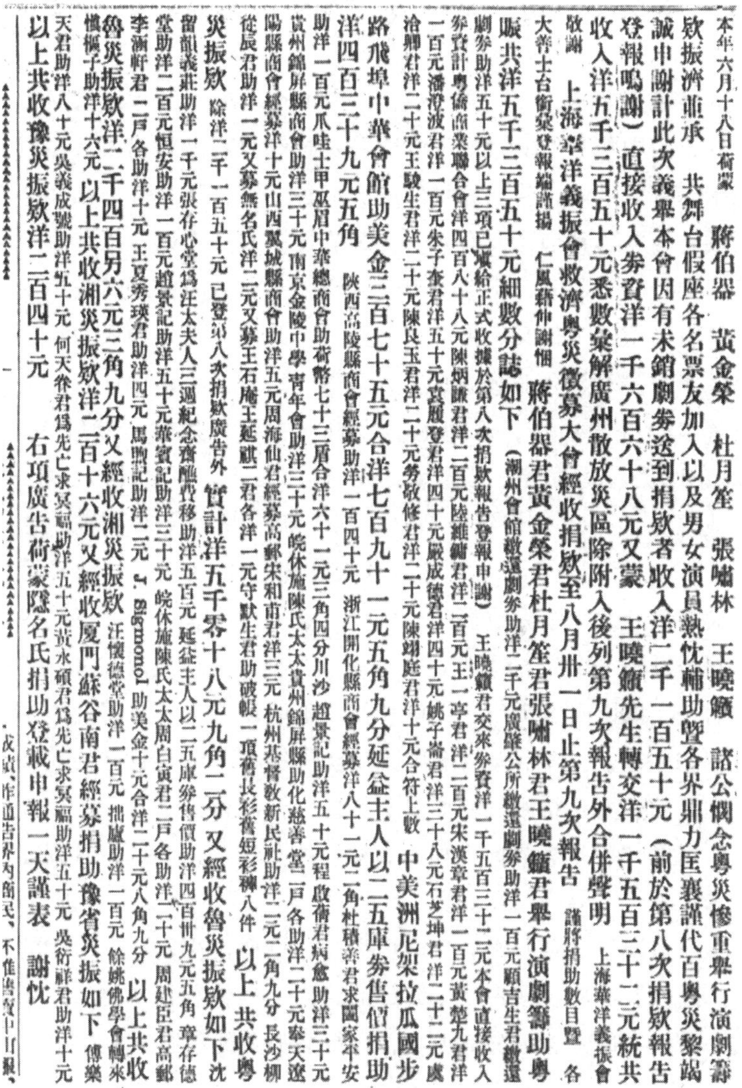

本年六月十八日荷蒙 蔣伯器 黃金榮 杜月笙 張嘯林 王曉籟 諸公惻念粵災慘重舉行演劇籌欵振濟並承 共舞台假座各名票友加入以及男女演員熱忱補助暨各界鼎力匡襄謹代百粵災黎竭誠申謝計此次義舉本會因有未銷劇券迻到捐欵者收入洋二千一百五十元（前於第八次捐欵報告登報鳴謝）直接收入券資洋一千六百六十八元又蒙 王曉籟先生轉交洋一千五百三十二元統共收入洋五千三百五十元悉數彙解廣州散放災區除附入後列第九次報告外合併聲明 上海華洋義振會敬謝

上海華洋義振會救濟粵災徵募大會經收捐欵至八月卅一日止第九次報告 謹將捐助數目暨各大善士台銜彙登報端諸揚 仁風藉伸謝悃 蔣伯器君黃金榮君杜月笙君張嘯林君王曉籟君舉行演劇籌助粵賑共洋五千三百五十元細數分誌如下 （潮州會館繳還劇券助洋二千元廣肇公所繳還劇券助洋一百元顧吉生君繳還劇券助洋五十元以上三項已彙給正式收據於第八次捐欵報告登報申謝） 王曉籟君交來券資洋一千五百三十二元本會直接收入券資計粵僑商業聯合會洋四百八十八元陳炳謙君洋二百元陸維鏞君洋二百元王一亭君洋二百元宋漢章君洋一百元黃楚九君洋一百元潘澄波君洋一百元朱子奎君洋五十元袁履登君洋四十元嚴成德君洋四十元姚子崙君洋三十八元石芝坤君洋二十二元虞洽卿君洋二十元王駿生君洋二十元陳良玉君洋二十元勞敬修君洋二十元陳蝴庭君洋十元合符上數 中美洲尼架拉瓜國步路飛埠中華會館助美金三百七十五元合洋七百九十一元五角九分延益主人以二五庫券售價捐助洋四百三十九元五角 陝西高陵縣商會經募助洋一百四十元 浙江開化縣商會經募洋八十一元二角杜積善君求國家平安助洋一百元爪哇士甲巫眉中華總商會助荷幣七十三盾合洋六十一元三角四分川沙趙景記助洋五十元程啟衡君病愈助洋三十元貴州錦屏縣商會助洋三十元南京金陵中學青年會助洋三十元皖休施陳氏太太貴州錦屏縣助化慈善堂二戶各助洋二十元奉天遼陽縣商會經募洋十元山西翼城縣商會助洋五元周海仙君經募高郵宋和甫君洋三元杭州基督教新民社助洋二元二角九分 長沙柳從辰君助洋一元又募無名氏洋二元又募王石庵王延甑二君各洋一元守默生君助破蝦一項舊長彩舊短彩褲八件 以上 共收粵災振欵 除洋二千一百五十元已登第八次捐欵廣告外 實計洋五千零十八元九角二分 又經收魯災振欵如下 沈留耕義莊助洋一千元張存心堂爲汪太夫人三週紀念齋醮費移助洋五百元 延益主人以二五庫券售價助洋四百卅九元五角 章存德堂助洋二百元恒安助洋一百元趙景記助洋五十元葉寶記助洋三十元 皖休施陳氏太太周白寅君二戶各助洋二十元 周廷臣君高郵李滌軒君二戶各助洋十元 王夏秀瑛君助洋四元 馮錫記助洋二元 J. Sigmonol 助美金十元合洋二十元八角九分 以上共收魯災振欵洋二千四百另六元三角九分又經收湘災振欵 汪懷德堂助洋一百元 拙廬助洋一百元 餘姚佛學會轉來愼楓子助洋十六元 以上共收湘災振欵洋二百十六元又經收廈門蘇谷南君經募捐助豫省災振如下 傅樂天君助洋八十元吳義成號助洋五十元 何天眷君爲先亡求冥福助洋五十元黃水碩君爲先亡求冥福助洋五十元 吳衍祥君助洋十元 以上共收豫災振欵洋二百四十元

右項廣告荷蒙隱名氏捐助登載申報一天謹表 謝忱

图 2－2　1928 年黄金荣、杜月笙、张啸林等举办慈善义演捐款征信图录

资料来源：《申报》1928 年 9 月 5 日，第 2 张第 7 版。

　　还有青帮票友，他们既是募款者又是主办者，甚至还是表演者。有一些知名度很高的票友，乐于登台演唱、参与表演，向观众展示其戏剧才艺和表演能力。有时，他们的夫人或私人助理等也会参加演出，通过义演实现玩乐之欲——过"戏瘾"。因此，从中更显示出青帮大佬在慈善义演活动中的多重身份。

　　此类事例非常之多。如 1934 年举办的一次筹款慈善义演，表面上是为了给中华慈幼协会筹设教养院及特殊收容所筹措发展经费。地点在卡尔登大戏院，连演三日。此次慈善义演，帮会势力全面介入表演活动。因为有帮会票友介入，义演节目一改往常以伶界艺人为主要表演者的情况。同时，帮会人士在自己过戏瘾之时，还通过报刊的宣传，将自己塑造为仁义、善良的化身。因此，慈善义演成为帮会势力开展"形象工程"屡试不爽的方式。黄金荣曾经不断地向梅兰芳和马连良等名角提出要求，希望他们在自己控制的舞台、戏院多演出。1932 年 12 月，梅兰芳、马连良二人演唱 20 天，原定计划已经届期，可是戏院方面希望他们续演数日，而"梅、马以义举为重，急于践约，早日北归"。谁知，黄金荣声称要在 30、31 两日，为漕泾医院筹款开演义务戏，"仍假天蟾舞台登台"。很显然，黄金荣此举是令梅兰芳、马连良因"义"滞留。他这种有意模糊营业性演出和义务戏行为的背后，实际上具有无形的经济利益，不能说这类义演不是为了私人利益。[①] 1935 年，青帮大佬张啸林和杜月笙为了满足自己的戏瘾，以慈善义演的名义，将刚从欧洲归来的梅兰芳滞留于上海。参加表演的人员，则是"沪上各界闻人如张啸林、杜月笙、王晓籁诸君暨杜夫人等"。[②]

　　一般情况下，慈善义演在剧场举行，也要占用剧场、戏院的营业时间。当然，为减少多占专业演员的时间、避免利益冲突，一场慈善义演的演出时间不会太长。但是，在帮会势力的控制下，"剧场方面"

---

① 《黄金荣启事》，《申报》1932 年 12 月 29 日，第 2 张第 5 版。
② 《梅兰芳发起长期演剧助赈》，《申报》1935 年 8 月 6 日，第 3 张第 12 版。

有时似乎并不太计较经济效益，特别是在他们自己掌控的势力范围内，更加注重名声，甚至纯为彰显自身的人脉和威望。这样的事例在上海较为常见。

如1935年夏季"上海筹募各省水灾义赈会"，在进行一系列游艺表演之后，便上演了黄金荣主导的义务戏。黄金大戏院自1935年10月2日至19日，一直在举办慈善义演。此后，黄金荣又于10月30日，以"大舞台、天蟾舞台、共舞台、黄金戏院暨伶界联合会"的名义，在康记大舞台合演义务助赈戏一天。为了彰显自身的势力，帮会并没有结束此次慈善义演，接着于11月12日，黄金大戏院又"邀请孟小冬、章遏云女士来沪演剧助振"。据报刊宣传，此次演出可与"前次梅兰芳在黄金大戏院出演时相媲美，各界送花篮、银盾者甚多。如本市闻人黄金荣氏送绣帐一幅，上镌'绕梁三匝'，杜月笙氏赠送横额一方，上书'泽被灾黎'等，极一时之盛"。①《申报》广告和舆论对于黄金荣和杜月笙的渲染，对他们扩大知名度和塑造慈善形象颇有助益。

从帮会势力掌控的一些慈善义演活动来看，其主观上可能有自己过戏瘾、漂白及掌控局面等多方面动机。过戏瘾是由于帮会人士自身对京剧娱乐的自然喜好，而通过慈善义演树立自身的良好社会形象，漂白原有的"乌黑"面目，当是更为重要的动机。慈善义演的举办，特别是在时间长、规模大的活动中，也可以彰显帮会势力的威望和影响力。因此，帮会人士积极从事慈善义演，并非单纯以助善娱乐为目的，而且有着显而易见的利益动机。帮会势力介入，并多次举办规模较大的慈善义演，可称得上是慈善义演繁荣中的变调。

截至七七事变爆发前，义演活动已经完全日常化。上海帮会势力的介入，显现出慈善义演的变调。实际上，该时期部分人将慈善义演视为"牟利之捷径"的意图，已经逐渐为人们所关注。如对于慈善义

---

①　《孟、章两女士救灾演剧成绩惊人》，《申报》1935年11月14日，第2张第9版。

演中主要类型之一的义务戏，就有人发出评论：

> 义务戏在今日之津沽，无异家常便饭，风行草偃，此行彼效，几于无日不唱义务戏，无事不演义务戏，非假学校之筹款为口实，即借慈善事业之创办为号召。初尚邀聘名角，略费本钱，继乃改烦票友，免费登台，高订座价，广事推销。社会人士，不知底蕴，力予援助，于是余利所得，累百盈千。昔犹露布收支，掩人耳目，嗣则声息毫无，视为私有。因之效颦纷起，坐收渔利，使彼神圣高尚之义务戏，顿成牟利之捷径，营求之工具矣。

> 今日之所谓义务戏也，手段日益卑劣，情势每况愈下。三数票界败类，初习皮黄，未谙唱做，即思袍笏登场，一献丑态，驴鸣犬吠，恬不知羞，托言公益，四出派票，或请人代销，许以扣佣，然后朋分赢余之资，以供乌烟白面、滥赌狂嫖之需。黑幕丛生，日久败露，以致义务戏遂成强弩之末，而为众所不齿矣。近复抑减票价，落至二角、三角，冀以低廉为吸引之方，奈闻者掩耳疾走，见者摇首奔避。人非愚蠢，奚肯倾囊破钞，供若辈挥霍享乐，而无各色乎？①

可见，一些义演活动的面目已经从“观者既聆佳剧，复行善举”的真意慈善，逐渐过渡到“沿门托钵，摇尾乞怜者”，真可谓“直天壤之分”。这些现象，当时确实客观存在，虽然不能反映该时期慈善义演的整个面貌，但是所暴露的问题无法忽视，也确实值得人们去深入思考。

北京政府时期的慈善义演，承续晚清时期慈善义演的已有基础，处于明显的发展态势。该时期特有的政治形势，促进了社会力量的快速兴起。舞台艺术在这一时期的发展，使一批新兴艺人得以成长，并

---

① 《今日之义务戏》，《风月画报》第 8 卷第 1 期，1936 年，第 2 页。

积极投身于慈善义演活动之中。都市娱乐业继续发展与繁荣，为慈善义演提供了经济和文化的土壤。该时期的慈善义演主要用于赈灾、助学、助医和济贫等方面，体现出明显的慈善公益性。北方五省大旱灾和浙江壬戌水灾的赈灾义演，将慈善义演的发展推向新的高度，成为该时期慈善义演发展的典型事例。社会力量将慈善义演作为彰显自身社会价值和担当时代责任的平台，在加强社会认同、建构社会网络的同时，也增强了自身的"社会资本"。艺人投身慈善义演既展现了良好的社会形象，又显示出慈善义演对于艺人形象的重塑功能。该时期，慈善义演在助益社会的同时，也满足了民众的艺术审美和娱乐生活的需要。可以说，慈善义演通过多种才艺表演向民众传播日益增多的审美方式，同时也在传播慈善意识、培育爱心认同，为慈善义演的发展注入了持续的动力和活力。

南京国民政府时期（1927—1937）的慈善义演，明显处于繁荣状态。政府与社会力量均关注于此，甚至可谓两者一起推动了慈善义演的发展。慈善义演的演进，在于社会力量的持续发力，也使得慈善义演逐渐日常化。在赈灾过程中，慈善义演更能体现出繁荣发展的样态，运作方式更加成熟，一些规模巨大的慈善义演得以在成熟的运作模式中开展，并取得较好的社会效用。在抗日战争救亡图存之时，爱国义演开始出现，并展现出该时期的新面貌，是该时期慈善义演向抗战民族公益发展的基础。慈善义演在繁荣发展的过程中，也有无法忽视的问题，尤以帮会势力的渗透与介入最为明显，进而在另一种意义上说明，慈善义演繁荣发展的背后，隐含着较多不利的因素。某些情况下，在慈善义演的"道德"含义中有显而易见的"营利"目的。

第三章　民国时期的慈善义演（下）

1937 年抗日战争全面爆发，民国历史出现了新的转折，进入全面抗战阶段。与北京政府时期和南京国民政府时期的慈善义演不同，该时期慈善义演呈现出战争对慈善义演的冲击和影响。全面抗战阶段，慈善义演在沦陷区内受到日本侵略势力的渗透，一些看似是慈善义演的活动成为日本帝国主义麻痹民众的工具，较多体现出战时特征。在非沦陷区，慈善义演则逐渐与民族主义和社会公益相结合，体现出慈善义演内涵的外延特征，成为近代慈善义演嬗变过程中的重要阶段。解放战争时期，受强烈变动的时局、政局和经济条件的影响，不同区域内的慈善义演，较多呈现出被动和衰落之势。

第一节　全面抗战时期的慈善义演

全面抗战时期（1937—1945），中国的慈善义演与政治、经济、军事、文化等一样，均受到战争的巨大影响并发生着变化。在沦陷区内，慈善义演因为日本侵略势力的影响而发生畸变，种种变化，在华北、华东、华南的一些重要都市中表现得最为突出。这一时期，在非沦陷区慈善义演较为频繁，尤以主要城市举办较多。在非沦陷区的大西南后方城市，如战时陪都重庆，以及桂林、贵阳、昆明等地，会聚了不少艺术人才和社会团体，又因为战争产生大量有待救济的贫民、难民，因此出现了"义演频繁救困急"的情景。相关文献一方面反映出战争对于慈善义演的形塑，另一方面又体现出中国民众在抵抗外来侵略过程中的巨大勇气，同时也折射出慈善义演对于民族认同的意义。

一　沦陷区义演：慈善为怀与柔性统治的共存

1937 年 7 月 7 日卢沟桥事变，标志着中国全面抗战的到来。之后，日本侵略者继续在中国各地狂轰滥炸、铁蹄践踏，并很快攻占了华北、华中以及华南的大片国土。北京、天津、上海、武汉等中心城市逐步为日本侵略者所控制，形成抗战时期的沦陷区。在日本统治时期，这些沦陷区内仍有慈善义演活动，义演活动呈现出日常与非日常交织的状态。

（一）慈善为怀与恫瘝在抱

慈善义演以娱乐演出方式进行筹款，较多用于救灾和济贫等慈善目的，因此这种义演方式在沦陷区民众的日常生活中依然存在。同时，此类慈善义演与此前阶段相比，没有本质上的不同，筹款用来救济的对象，是在惶恐中勉强维持生存的广大普通民众。此时，各种团体及演艺界人士仍然在行动：恫瘝在抱，组织各种义演活动。从这个角度来看，此类义演更多属于以往慈善义演筹款活动的日常延续。济贫是此类义演最基本的功用。该时期，沦陷区的义演活动用于济贫的情况和往常相同。冬赈济贫是非常明显的例子。

在北京，如 1937 年 11 月，市梨园公会鉴于"入冬以来，贫民人数激增"，集合留居北京的梨园艺人举办冬赈义务戏。此次活动由北京慈联会举办，所需经费"除承市府拨款一万八千元外，不敷之数，均为该会自动筹措"。① 1939 年初，辅仁大学为冬赈筹款，于 1 月 8 日晚 9 时在学校大礼堂举行游艺会，并发行慈善奖券 3000 张，每券 1

---

① 《北平市警察局外五分局关于义务戏票及价款函、检查电影戏剧唱片规则的训令》（1937 年），北京市档案馆馆藏档案，档案号：J184 - 002 - 02671。

元，以所得之款充作冬赈会的使用经费。为达到募捐效果，烘托演出现场的热烈气氛，组织者还备有奖品 50 种，且两场奖券的售卖不限于本校人员，校外人士也可购买。与此同时，辅仁大学师生在学校礼堂举行粥厂慈善夜，表演"名曲选奏、钢琴独奏、中提琴独奏、独唱、琵琶独奏"，以及辅大校友的"合唱"等。①

　　1942 年，北京先天道总会最先举办冬赈义务戏两场，因筹款圆满成功，接着又于 2 月 7 日夜，仍在长安戏院举办义演。所有戏票销售，均因各界善士"慨解仁囊"。实际上，有不少戏票是通过日伪政权控制下的警察局进行派销的。如警察局外一分局，销售戏票洋573.7 元整。② 1944 年，北京发生严重的粮食不足问题，引发各界关注。"京市为华北重镇，近因食粮问题，饿殍枕藉，溺满街头，闻者心伤，视之泪下。"北京商会主办饥民急赈会，希望通过办理粥厂施粥以赈济饥民。其间，辅仁大学学生"恫瘝在抱，每思救济之方，亦知绵力微薄，杯水车薪，于事无补"，对北京商会主办的饥民急赈会表示赞同，参与各界名流发起的善事并予以赞助。很快，在学生群体中发起辅大同学临时急赈游艺会，表演各类节目筹款。游艺会中既有本校师生的音乐表演，还约请市内"名媛"合唱歌曲，邀请剧界"名伶""公演国剧"。此次演出所售票款，均交指定银行暂行保管，除必要开销外，全部移交北京商会代为发放。③

　　北京海会寺贫儿院自开办以来，收养孤苦儿童 40 余名，并"施

　①　《北平市警察局关于北京辅仁大学报冬赈筹款举办游艺会北京市第一社会教育区新民教育馆设新民电影院及讲演等材料》（1939 年），北京市档案馆馆藏档案，档案号：J183 - 002 - 27369。

　②　《北平市警察局外一分局关于先天道总会函送义务戏票请劝销、取缔各戏院售卖飞机票及华北电影检阅官吏临检检证式样的训令》（1942 年），北京市档案馆馆藏档案，档案号：J184 - 002 - 00689。

　③　《北京特别市社会局关于冬赈粥厂购米困难改为放赈款及关于加收戏院茶资以筹急赈捐款等的指令训令以及市商会关于冬赈捐款、捐物等事项给董事会长、各业公会、警察局的呈、函等》（1944 年），北京市档案馆馆藏档案，档案号：J071 - 001 - 00157。

以相当教育，成绩斐然，尚有陆续增加之势"。但是，因为物价持续激涨，"米珠薪贵"，衣食经费殊难维持，海会寺决定举办一次"儿童音乐演奏会"以筹款维持生存。该场演奏会邀请艺界人士到场助兴，并得到了大家支持。"鼓曲会杂耍"全体义务参加，给观众助兴。演奏会募得资金，"悉数充作该院经费，以资补助"。1943 年 5 月 15 日，儿童音乐演奏会成功举办，此间海会寺曾向不少机构派销入场券。当时北京的一些报纸对此事予以报道，称此次义演筹款"经各界慈善家及该院董事、各业公会，竞相赞助"，"能于娱乐之中成就功德，由此数十贫儿被恩无量"。①

　　1944 年，设在北京的中国记者会，为襄助慈善事业，定于 5 月 20 日在华乐戏院举办一场慈善义务游艺大会。为了此次慈善义演，中国记者会专门呈请警察局派警员照料。此次义演筹款活动，组织准备工作较为周密，内容丰富，具体表演内容为：

节目单（下午八时开始）

（甲）杂耍之部

一、群曲合唱（《天官赐福》）——全班合演

二、折唱双簧——果万林、杜贞福

三、河南坠子——董桂芝

四、相声（三人合作《训德》）——张寿臣、常连安、三蘑菇

五、京音大鼓（听琴）——林红玉

六、彩唱反串《打面缸》——高德明（书吏）、曹宝标（大老爷）、绪德贵（四老爷）、方红霞（张才）、汪淑贞（周腊梅）

七、京韵大鼓（《大西厢》）——小彩舞

（乙）音乐之部

八、序曲（名曲播送）——唱片

---

① 《海会寺贫儿院音乐演奏会》，《新北京报》1943 年 5 月 14 日，综合版。

九、广东音乐——韶光社

十、1. 娱乐升平；2. 忘忧草；3. 小桃红；4. 好鸟枝头。

（丙）歌唱之部

京剧清唱（名次排列无分先后）

1.《甘露寺》——喜彩莲；2.《三娘教子》——缪畅秋；3.《借东风》、梆子《大登殿》——鸿巧兰；4.《宝莲灯》——马艳芬；5.《武家坡》——刘啸冬；6.《玉堂春》——张贯珠；7.《祭塔》——赵燕侠；8.《四郎探母》——张玉英；9.《五花洞》——章运云；10.《锁麟囊》——郑冰如。

十一、时代歌曲（名次排列无分先后）——韶光社伴奏

1.《蔷薇处处开》——应畹云；2.《桃李争春》——梁小鸾；3.《卖糖歌》——言慧珠。

十二、谢幕（闭幕曲《平沙落雁》）

由于表演内容十分精彩，不少民众参与活动，到场观赏，因此募款效果也较为可观。票价和收入情况分别为："楼下前排每位 35 元，楼下后排每位 20 元，包厢每位 40 元，楼上散座每位 15 元。"总共售得 33875 元，去除开支费用 22030 元，盈余 11845 元。① 1945 年，伪北京特别市冬赈委员会为筹集赈款，举办晚场义务戏，地址在华乐戏院，时间定于 2 月 1—3 日，共演三场，还约集"名伶"共同出演。考虑到此事关救济，还准备延长时间，因此呈请伪北京市警察分局，届时派官警 100 名，到场维持秩序。② 北京慈善剧团为救济贫民，定于 2 月 4 日晚场在华乐戏院举办义务戏，并得到了豁免捐税、延长演

① 《北平市警察局关于东亚学术研究会总分会同时结束，假华乐戏院举办游艺大会，务理发馆不准男女互为理发及组织鲜剧团评剧社等训令》（1944 年），北京市档案馆馆藏档案，档案号：J184 - 002 - 01017。

② 《北平市警察局关于优待军人（家）属观戏办法、冬振委员会、中华同义会北京总会筹赈款、演戏假华乐戏院等训令》（1945 年），北京市档案馆馆藏档案，档案号：J184 - 002 - 00219。

戏时间、免收伪警察局应征之弹压费的待遇。① 8 月 11 日，鼓曲长春职业公会，为对北京救济事业表示支持，当月 13 日下午 7 时至夜 2 时，在华乐戏院由全体会员义务演出一场杂技，票价拟定每张 600 元、400 元和 200 元三种。所售票款，除必要开支外，全数送交伪北京市社会局，作为补助救济资金之用。为此，伪北京市社会局转函给伪财政局和伪警察局，以及统税局、宪兵司令部、宪兵第三团部等日本统治当局，请准予豁免捐税及派警员到场维持秩序。②

在天津，1940 年 4 月，京津慈善总会杨锡庆会长等，为支持北京育婴堂运转，帮助其缓解经费不足的问题，"提倡在津市东马路国民戏院演义务戏"。时间定于 5 月 1、2 两日，举办晚场演出。此前，"收养无主婴儿历十余年"的北京育婴堂曾向各界呼吁，请求"各方捐助，共襄善举"，因此，对杨锡庆此次举办筹款义演非常感激，不仅专门派员到天津酬谢，还发函致伪天津特别市公署，在演出期间"饬属派警维护"。③ 杨锡庆也向伪天津特别市公署表达了此意。④ 伪天津特别市公署认为，此"事关善举"，责令警察局对于义演一事给予关照，"届时派警妥为保护"。⑤ 此次慈善义演亦是通过"推销"戏

---

① 《北平市警察局关于准华北民众团体、冬赈联合会筹办冬赈定期华乐戏院演戏及北京慈善剧团救贫义唱等训令》（1945 年），北京市档案馆馆藏档案，档案号：J184 - 002 - 00216。

② 《北平市警察局关于华北影院凡不合时局禁演、伪华北乐戏院举办义务演唱、杂耍鼓曲长春职业公会举办等训令》（1945 年），北京市档案馆馆藏档案，档案号：J184 - 002 - 00231。

③ 《金顶妙峰山北京育婴堂公函为京津慈善总会在津国民戏院演义务戏捐助本堂经费请保护（案卷级）》（1940 年），天津市档案馆馆藏档案，档案号：401206800 - J0001 - 3 - 004471。

④ 《金顶妙峰山北京育婴堂公函为京津慈善总会在津国民戏院演义务戏捐助本堂经费请保护（案卷级）》（1940 年），天津市档案馆馆藏档案，档案号：401206800 - J0001 - 3 - 004471。

⑤ 《金顶妙峰山北京育婴堂公函为京津慈善总会在津国民戏院演义务戏捐助本堂经费请保护（案卷级）》（1940 年），天津市档案馆馆藏档案，档案号：401206800 - J0001 - 3 - 004471。

券的方式进行，河北省银行及其天津分行均有参与。①

在上海，1939 年 4 月 23 日，春秋剧艺社在仙乐大戏院举办话剧义演，筹款资金用于救济贫弱。② 1940 年，卡尔登戏院与法租界贡台大戏院两家联合发起年终义务戏，演出持续三天，筹得资金完全用于赈济贫民。③ 1943 年，上海同仁辅元分堂，因"施棺掩埋，经费万分支绌"，请求各界善士施助。后来与平和票房沟通并取得其同意，于 9 月 5 日在大舞台举办平剧"义串"，演出分日夜两场，拟将"所得捐资，悉数充助敝堂施棺掩埋"。④ 1944 年 11 月，上海慈善团体联合救灾会，通过影片《博爱》的义映，获得余款 17810 元。救灾会决定，将此款分送给上海市各慈善团体。中华联合影业公司作为此次义映的承办单位，得到了不少慈善机构的认同和感谢。上海济民医院、上海难童教养院、上海救济难民儿童教养院、上海残疾院、上海地方慈善会等机构，都对该公司经理张善琨发函致谢。⑤ 关于此次义映所得款额的具体分配情况，如表 3 - 1 所示。

表 3 - 1　上海各慈善机构义映款额分配

单位：元

团体名称	所得数目	地址
上海福哑学校	1200	卡德路王家傥 3 号
上海盲童学校	1200	虹桥路 290 号

---

① 《金顶妙峰山北京育英堂公函为京津慈善总会在津国民戏院演义务戏捐助本堂经费请保护（案卷级）》（1940 年），天津市档案馆馆藏档案，档案号：401206800 - J0001 - 3 - 004471。

② 《上海公共租界工部局总办处关于上海难民救济协会等为救济难民申请举办振灾义演事来往函》（1934—1940 年），上海市档案馆馆藏档案，档案号：U1 - 4 - 2168。

③ 《上海公共租界工部局总办处关于上海难民救济协会等为救济难民申请举办振灾义演事来往函》（1934—1940 年），上海市档案馆馆藏档案，档案号：U1 - 4 - 2168。

④ 《上海公共租界工部局总办处关于上海难民救济协会等为救济难民向工部局申请举办振灾义演事来往函》（1940—1943 年），上海市档案馆馆藏档案，档案号：U1 - 4 - 2169。

⑤ 《上海公共租界工部局总办处关于举办慈善义演要求免交娱乐捐事与申请人来往函》（1944 年），上海市档案馆馆藏档案，档案号：U1 - 4 - 2408。

续表

团体名称	所得数目	地址
慈联养济院	1200	北浙江路七浦路
慈济儿童教养所	1200	北浙江路七浦路
上海幼幼教养院	1200	开封路 210 弄 9 号
上海难童教养院	1200	武定路 258 弄 99 号
上海残疾院	1200	云南路育仁里 4 号
上海灾重教养所	1200	居而典路 285 号
上海疗养卫生院	1200	靶子路 171 号
上海济民医院	—	北西藏路 240 号
上海防痨协会	—	池浜路 41 号
平民肺病医院	—	虹桥路 349 号
国医平民医院	—	劳勃生路 88 号
新普育堂	—	南市国货路普育西路 105 号
上海基督教难童教养院	1010	哥伦比亚路张家弄

资料来源：《上海公共租界工部局总办处关于举办慈善义演要求免交娱乐捐事与申请人来往函》（1944 年），上海市档案馆馆藏档案，档案号：U1 - 4 - 2408。

该时期，赈灾义演伴随天灾人祸的出现而不断增多。1939 年 11 月中旬，河北省救济会鉴于河北灾情严重，曾在北京先农坛筹办游艺大会三天。1940 年 2 月 21—23 日，河北省救济会为了筹赈饥民，继续在北京先农坛举办游艺会，并由日本宪兵队维护场外"治安"。此次游艺会，到场观赏的民众有很多：21 日，到场观众 3000 余人；22 日，9000 余人；23 日，6000 余人。[①]

1939 年，上海基督教女青年会和南风剧社为救济上海难胞，于 2 月 21 日在当地宁波同乡会会馆举行游艺会筹款。此次义演活动的入场券，只限在同学之间推销，"概不登报或门市出售"，[②] 因此此次慈

---

① 《北京特别市警察局外五分局关于河北救济会举行游艺会派警及日本青年学生游览天坛等报告》（1940 年），北京市档案馆馆藏档案，档案号：J184 - 002 - 20766。

② 《上海公共租界工部局总办处关于上海难民救济协会等为救济难民申请举办振灾义演事来往函》（1934—1940 年），上海市档案馆馆藏档案，档案号：U1 - 4 - 2168。

善义演参与者以青年群体为主。1939 年 7 月，应上海灾童教养所筹募建筑工场基金之请，中国化学工业社股份有限公司同人俱乐部三星平剧研究会，定于当月 10 日在福州路天蟾舞台演剧筹款，售票等级三种："三元券三百张、二元券五百张、一元券一千八百张。"①

1942 年，北方地区遭受旱灾，有人称"冀豫连年水旱，实时盖藏俱无"，"百姓困苦益甚……不可缕述"。1943 年，河北、河南两省仍然旱灾严重，上海崇德善会同人闻兰亭、袁履登、徐乾麟、徐朗西、林康侯等发起慈善捐款，通过义演筹募救济资金，"以尽人类之同情，解灾黎之倒悬"。演出时间定于 4 月 9、10 两日在皇后大戏院举行，票价收入全部"充作救济灾民之需"。② 1945 年，山西旅京同乡会为筹募赈灾款，定于 2 月 24 日、25 日连续两日演戏筹款。③

从上述不同地区的档案文献可见，此期赈灾义演，在本质上与以往的慈善义演没有什么明显不同。

因为战争造成的影响，难民救济问题在这一时期显得比较突出，为救济难民而举办的慈善义演活动不少。例如，1939 年上海绿野剧团于 12 月 26 日在绿宝剧场举办第二次话剧公演，剧目为《王三》《恋爱问题》《享乐的人们》三个独幕剧。演出所得募款，除团开销之外，全部供救济难民使用。④ 1939 年，上海救济难民儿童教养院得到上海市银钱业剧团和银钱业剧艺社赞助，于 11 月 28 日在爱多亚路浦东大厦璇宫剧院举行话剧义演，剧目为《名优之死》。所得收入，全部捐

---

① 《上海公共租界工部局总办处关于上海难民救济协会等为救济难民申请举办振灾义演事来往函》（1934—1940 年），上海市档案馆馆藏档案，档案号：U1-4-2168。
② 《上海公共租界工部局总办处关于举办慈善义演要求免交娱乐捐事与申请人来往函》（1943 年），上海市档案馆馆藏档案，档案号：U1-4-2408。
③ 《北京特别市社会局关于冬赈粥厂购米困难改为放赈款及关于加收戏院茶资以筹急赈捐款等的指令训令以及市商会关于冬赈捐款、捐物等事项给董事会会长、各业公会、警察局的呈、函等》（1945 年），北京市档案馆馆藏档案，档案号：J071-001-00157。
④ 《上海公共租界工部局总办处关于上海难民救济协会等为救济难民申请举办振灾义演事来往函》（1934—1940 年），上海市档案馆馆藏档案，档案号：U1-4-2168

作难童寒衣经费。① 鉴于战时上海难民集中，特别是面对遭受战争之苦最为严重的妇女儿童，上海市民联合会救济难民委员会于 1939 年 5 月创办妇孺教养院，位于"沪西小沙渡路 1260 号"。为筹募该院的教养经费，上海市民联合会救济难民委员会曾于 5 月 25、26 两日，在二马路大舞台举办两天义务戏。② 又因难童要求入院者不断增多，院舍不敷应用，开支日益增加，为维持教养重任，上海救济难民儿童教养院又在位于四马路的天蟾舞台举行两天游艺大会，"以券资所得充作建筑费用"。③ 此期，档案记载的相关内容非常多，如 1939 年 2 月 19 日，上海粤东中学广肇公学学生会在大新公司游艺场七楼演剧筹款，用于救济两广地区的难民。④ 1940 年，由上海当地社会名流虞洽卿、袁履登、许晓初等组织的上海难民救济协会同乡组劝募委员会，为筹募难民救济经费，定于 3 月 16—22 日，连续在南京路虞洽卿路口新世界乐园举行游艺救难大会一周，券款"悉缴协会"，充作难民给养经费。⑤ 上海慈善组织较多，他们组织各类慈善活动筹募资金。上海普善山庄是以办理掩埋尸体为己责的慈善组织，创始于民国初年，至 1940 年已经开办了 20 多年。日本入侵中国后，所有租界工部局、各收容所、各难民医院以及其他善团，凡遇有乞丐、难民、疾病亡故者，均委托"山庄为之殓埋"。1940 年冬季，贫民冻馁而死者不少，街头抛弃的婴孩尸体更多，主持人为此颇感经费紧张，无力支撑。于是，上海茂新、福新、申新面粉公司所属的"三新俱乐部平剧

---

① 《上海公共租界工部局总办处关于上海难民救济协会等为救济难民申请举办振灾义演事来往函》（1934—1940 年），上海市档案馆馆藏档案，档案号：U1 - 4 - 2168。

② 《上海公共租界工部局总办处关于上海难民救济协会等为救济难民申请举办振灾义演事来往函》（1934—1940 年），上海市档案馆馆藏档案，档案号：U1 - 4 - 2168。

③ 《上海公共租界工部局总办处关于上海难民救济协会等为救济难民申请举办振灾义演事来往函》（1934—1940 年），上海市档案馆馆藏档案，档案号：U1 - 4 - 2168。

④ 《上海公共租界工部局总办处关于上海难民救济协会等为救济难民申请举办振灾义演事来往函》（1934—1940 年），上海市档案馆馆藏档案，档案号：U1 - 4 - 2168。

⑤ 《上海公共租界工部局总办处关于上海难民救济协会等为救济难民申请举办振灾义演事来往函》（1934—1940 年），上海市档案馆馆藏档案，档案号：U1 - 4 - 2168。

组"，为其举办义演活动筹款，定于 1 月 25 日在更新舞台演剧。此次义演活动所发戏票，全由剧组人员内部消化（自己购买），不对外售票，所得之善款"拨充该山庄善举"。① 此举既是业内人士的自我娱乐，同时也为社会做出了贡献。可见，针对难民救济的慈善义演，在该时期依然较为频繁。

助学是慈善义演的基本功能与作用，该时期慈善义演用于助学的记载也比较多。例如，1939 年 2 月，上海沪江大学沪东公社话剧团为了筹募学校办学经费，于当月 24、25 两日在卡尔登戏院举行话剧公演，票价分 1 元、6 角、3 角三种。② 1939 年 7 月，新中国大学附设沪江编译馆主办筹募奖学金游艺会一次，其目的系补助该馆附设职业补习学校部教育经费，筹款目标为 900 元。当月 29 日在新光大剧院表演，入场券分 1 元和 2 元两种，此次活动，该校邀请音蜂剧社进行筹款表演，剧目为《伪君子》。③ 同月，还有上海中华妇女互助会为筹募义务夜校基金举办的慈善义演。④ 1944 年，北京私立立华小学校鉴于自身经费拮据，教职员生活津贴亟待补助，定于 9 月 5 日举办"义务戏一场"。演出地址在华乐戏院，演出内容为《霸王别姬》，由著名艺人李世芳表演。此次慈善义演，由私立立华小学呈请伪教育局，又转呈伪财政局，目的是申报豁免捐税，增加募捐收入。⑤ 同年 10 月，太原市聋哑职业学校为了筹募基金，在华乐戏院演戏筹款，并呈请伪财政局准予减免戏艺捐、娱乐捐以及营业税。12 月，依附于日伪政权

---

① 《上海公共租界工部局总办处关于上海难民救济协会等为救济难民申请举办振灾义演事来往函》（1934—1940 年），上海市档案馆馆藏档案，档案号：U1 - 4 - 2168。
② 《上海公共租界工部局总办处关于上海难民救济协会等为救济难民申请举办振灾义演事来往函》（1934—1940 年），上海市档案馆馆藏档案，档案号：U1 - 4 - 2168。
③ 《上海公共租界工部局总办处关于上海难民救济协会等为救济难民申请举办振灾义演事来往函》（1934—1940 年），上海市档案馆馆藏档案，档案号：U1 - 4 - 2168。
④ 《上海公共租界工部局总办处关于上海难民救济协会等为救济难民申请举办振灾义演事来往函》（1934—1940 年），上海市档案馆馆藏档案，档案号：U1 - 4 - 2168。
⑤ 《北平市警察局关为华乐戏院容留闲人违章、假华乐戏院演戏筹款、规定女招待登记征缴纳照、费及训令传知表等训令》（1944 年），北京市档案馆馆藏档案，档案号：J184 - 002 - 00991。

并具有帮会色彩的"中华同义会北京总会"，也在华乐戏院举办冬赈义务戏两晚。[①] 1945 年 5 月，北京非新小学为了筹款修筑校舍，定于 5 月 12 日，邀约言慧珠、李少春、奚啸伯等京剧名角在华乐戏院演唱义务夜戏，准备将"所得之款充作修筑校舍工料之用，请予核准豁免捐税，并请准予延长时间二小时"。[②]

在全面抗日战争期间，沦陷区慈善义演的社会功能和作用一直在延续，未因时局不同而出现本质上的变化。慈善公益之请，来自恫瘝在抱的民众，筹款义演以济贫、赈灾、助学为目标，继续对贫苦民众实施赈济，发挥慈善作用。同时，因为该时期侵略战争在继续，社会上产生了数量庞大的难民群体，针对战争难民群体的救护，慈善义演活动相比以往显得频次更多。总之，仍有部分慈善为怀的民众和社会团体，在继续义演的正面影响，发挥慈善救助作用。

（二）柔性统治与权力表达

全面抗战时期各地慈善义演活动在延续，但在沦陷区日本侵略势力控制下，其权力角色不能忽视，在某种程度上形成了严重的非日常因素，对慈善义演产生一定的影响。可以认为，日本侵略势力对义演活动的渗透，既有其利用慈善义演在沦陷区实现社会秩序稳定的柔性统治策略意图，也有树立威权统治、实现权力表达的自然趋向。

慈善义演属于社会救济的范畴。日本侵略势力在沦陷区除进行直接管控之外，主要通过扶持一些依附于其的社会团体，搭建起与中国民众疏通关系的桥梁，实现对社会底层的控制。此期，这些依附侵略势力的社会团体，也在通过举办慈善义演，显示其存在的"合理性"和"正义性"。"新民会"即为这样一种社会团体。1937 年北京沦陷

---

① 《北平市警察局关为华乐戏院容留闲人违章、假华乐戏院演戏筹款、规定女招待登记征缴纳照、费及训令传知表等训令》（1944 年），北京市档案馆馆藏档案，档案号：J184 - 002 - 00991。

② 《北平市警察局关于准非新小学校在华乐戏院演戏筹款、对于小中大学生参加话剧者予驳斥、经收开发公司部分事业等训令》（1945 年），北京市档案馆馆藏档案，档案号：J184 - 002 - 00235。

后，该会在日本军部的同意下成立，全称为"中华民国临时政府新民会"，也是所谓的"民意机关"。① 该会还于 1938 年 3 月在北京设置"中央指导部"。为了笼络民心，"彰显"其"民意机关"的性质，"新民会"曾多次出面组织冬赈义演。如 1940 年初，"新民会"首都指导部在特务机关授意之下，举办"首都寒苦贫民救济周"，通过演出募款，"俾收巨款、广济贫民"，并向伪警察局附送戏券 2225 张，请予购留，以维善举。伪北平特别市公署警察局随即训令内四区警察分局，要求各局对"新民会"举办义务戏附送戏券一事积极配合，要"尽数劝销"。② 1940 年冬季，"新民会"就主办过多场冬赈义务戏，并通过派销戏券的方式进行筹款。伪北平特别市公署警察局，就收到过"新民会"送的冬赈义务戏的入场券。③

又如，依附于日伪势力的"中华同义会北京总会"，1940 年 1 月以冬赈名义募捐，定于 5—7 日连续三天在新新戏院举办义务戏，并向伪警察局送上各种戏券，请按照上一年度办法，将戏券分交各区"尽数劝销"。④ 同时，"中华同义会北京总会"还呈送了义务戏的戏单。三场戏单详情，如表 3 - 2、表 3 - 3、表 3 - 4 所示。

---

① "新民会"是日本帝国主义在华北沦陷区建立的一个反动政治组织。1937 年 12 月，日本侵略者在北京拼凑伪中华民国临时政府的同时，又成立所谓思想团体"新民会"，主要任务是防共反共，收买汉奸，搜集情报，宣扬"中日亲善""大东亚共存共荣"等奴化思想，推行日本的治安强化运动，镇压沦陷区人民的反抗。同时，还控制沦陷区各机关、学校、工厂、农村和各社会团体，举办各种训练班、讲演会等，对中国人推行奴化教育和欺骗宣传，直接为日本侵略政策服务。"新民会"是不折不扣的汉奸组织。

② 《北平市警察局关于严禁收卖发贫农户的振衣的训令及举办寒苦贫民救济演唱义务戏的通知》（1940 年），北京市档案馆藏档案，档案号：J183 - 002 - 21643。

③ 《北平市警察局内四分局关于职员绿价及义务戏入场券、派第四科长兼代第一科长派员带恤案名册等通知函》（1940 年），北京市档案馆藏档案，档案号：J183 - 002 - 18456。

④ 《北平市警察局关于第二科送举办冬赈义务戏、满州帝国协和会新青年北京支局更换局长及局发新新戏院电影票等材料》（1940 年），北京市档案馆藏档案，档案号：J183 - 002 - 25314。

表 3-2　"中华同义会北京总会"冬赈义务戏 1 月 5 日（星期五）夜场戏单

戏目	《百寿图》	《庆阳图》	《钓金龟》	《青石山》	《小放牛》	《捉曹放曹》	《三娘教子》	《得意缘·下山》
演员	李庆才 霍仲三 李连英	周益瑞 姚世茹 罗世鸣 李盛芳 贾少才	李多奎 李四广	杨盛春 阎世善 慈瑞泉 高荣亭 张连廷 苏盛轼 扎金奎 全武行	毛世来 叶盛章	奚啸伯 郝寿臣 王少亭	马连良 张君秋 小客串	荀慧生 尚小云 程继先 计砚芬 反串老旦 马富禄 蒋少奎 孙庆发 任志秋 慈永胜 陈文英

资料来源：《北平市警察局关于第二科送举办冬赈义务戏、满州帝国协和会新青年北京支局更换局长及局发新新戏院电影票等材料》（1940 年），北京市档案馆馆藏档案，档案号：J183-002-25314。

表 3-3　"中华同义会北京总会"冬赈义务戏 1 月 6 日（星期六）夜场戏单

戏目	《大赐福》	《战太平》	《上天台》	《艳阳楼》	《乌龙院》	《春秋配》	《拾玉镯》	《法门寺》
演员	全班合演	姚世茹 慈永胜 陈鸣茹 李连英 孟庆会	时慧宝 褚子良 律佩芳 周益瑞	孙毓堃 范宝亭 迟月亭 陆喜才 罗小奎 姜连彩 徐寿祺 全武行	李盛藻 宋德珠 茹富蕙	南铁生 俞振飞 刘连荣 慈瑞泉 何盛清	小翠花 姜妙香 马富禄	谭富英 程砚秋 金少山 计砚芬 萧长华 张春彦 李德奎 李四广 徐霖甫 赵斌芝 王斌卿 李盛芳

资料来源：《北平市警察局关于第二科送举办冬赈义务戏、满州帝国协和会新青年北京支局更换局长及局发新新戏院电影票等材料》（1940 年），北京市档案馆馆藏档案，档案号：J183-002-25314。

表 3 - 4　"中华同义会北京总会"冬赈义务戏 1 月 7 日（星期日）夜场戏单

戏目	《富贵长春》	《樊城长亭》	《剑峰山》	《女起解》	《天女散花》	《八大锤》	《甘露寺》	《击鼓骂曹》
演员	全班合演	全班合演	周瑞安 刘春利 周春亭	赵曼云 孙盛武	李砚秀 陈少华 赵绮霞	赵啸澜 孙盛文 高连甲 陈玉会	徐东明 徐东霞 马连昆 哈宝山 何盛清	孟小冬 王泉奎 鲍吉祥

资料来源：《北平市警察局关于第二科送举办冬赈义务戏、满州帝国协和会新青年北京支局更换局长及局发新新戏院电影票等材料》（1940 年），北京市档案馆馆藏档案，档案号：J183 - 002 - 25314。

　　从以上戏单可见，此期义务戏的演出剧目以传统戏曲会串为多，艺人名角除梅兰芳等"蓄须明志"不再登台之外，留在沦陷区的京剧名伶大都参与了义演。伪警察局的戏券派销工作，也像往常一样由各区（表中各区，即伪警察局各分区）向下推销，如表 3 - 5、表 3 - 6、表 3 - 7 所示。

表 3 - 5　冬赈义务戏戏票支配单（1 月 5 日）

座别	池子 前排	池子 中排	池子 后排	楼上正面 前七排	楼上正面 后六排	楼上 西廊	三楼 东廊	三楼 西廊	统计
价目	6 元	4 元	2 元	2 元	1 元	1 元	1 元	1 元	
原发	15	6	5	6	9	3	5	5	54
一区	4	2	1	1	2	1	1	1	13
二区	4	1	1	1	2	1	1	1	13
三区	3	1	1	1	2	0	1	1	10
四区	1	1	1	1	2	0	1	1	8
五区	3	1	1	1	1	1	1	1	10

资料来源：《北平市警察局关于第二科送举办冬赈义务戏、满州帝国协和会新青年北京支局更换局长及局发新新戏院电影票等材料》（1940 年），北京市档案馆馆藏档案，档案号：J183 - 002 - 25314。

表 3 - 6　冬赈义务戏戏票支配单（1 月 6 日）

座别	池子 前排	池子 中排	池子 后排	楼上正面 前七排	楼上正面 后六排	楼上 东廊	三楼 东廊	三楼 西廊	统计
价目	6 元	4 元	2 元	2 元	1 元	1 元	1 元	1 元	

续表

座别	池子前排	池子中排	池子后排	楼上正面前七排	楼上正面后六排	楼上东廊	三楼东廊	三楼西廊	统计
原发	15	6	5	6	9	3	5	5	54
一区	4	2	1	1	2	1	1	1	13
二区	4	1	1	2	2	1	1	1	13
三区	3	1	1	1	2	0	1	1	10
四区	1	1	1	1	2	0	1	1	8
五区	3	1	1	1	1	1	1	1	10

资料来源：《北平市警察局关于第二科送举办冬赈义务戏、满州帝国协和会新青年北京支局更换局长及局发新新戏院电影票等材料》（1940年），北京市档案馆馆藏档案，档案号：J183 - 002 - 25314。

表 3 - 7　冬赈义务戏戏票支配单（1 月 7 日）

座别	池子前排	池子中排	池子后排	楼上正面前七排	楼上正面后六排	楼上西廊	三楼东廊	三楼西廊	二级厢	统计
价目	4 元	3 元	2 元	2 元	1 元	1 元	1 元	1 元	10 元	
原发	15	6	5	6	9	3	5	5	1	55
一区	2	1	1	1	2	1	1	1	1	11
二区	5	2	1	1	2	1	1	1	0	14
三区	3	1	1	1	2	1	1	1	0	11
四区	2	1	1	2	2	0	1	1	0	10
五区	3	1	1	1	1	0	1	1	0	9

资料来源：《北平市警察局关于第二科送举办冬赈义务戏、满州帝国协和会新青年北京支局更换局长及局发新新戏院电影票等材料》（1940年），北京市档案馆馆藏档案，档案号：J183 - 002 - 25314。

　　"新民会"和"中华同义会"是沦陷区内紧随日本侵略势力的两个社会团体。为了使日本人满意，它们还通过举办义演取悦或麻痹社会民众。例如，1943 年，"中华同义会北京总会"为庆祝"中日满宣言三周年纪念"，定于 12 月 4 日晚在华乐戏院演唱"义务戏"。伪北京市警察局"核准并豁免弹压费"并"派官警妥为照料"。是日，该院"义务戏"晚上 7 点开演，售出"包厢票二十间、各级散票一千零六十九张，共人数一千一百五十四人"。此次"义务戏"没有慈善意义，实为一次以"演唱义务戏，借以唤起国人之注意"的纪念性演出活动。① 1944 年 1 月，"中华同义会北京总会"定于 14 日在华乐戏院演唱"义务戏"，筹募献机及冬赈资金。伪警察局对其免收"弹压费"，并派警员到场维护治安。3 月 5 日，该会通过"国剧协会"会员在华乐戏院演唱"义务戏"，意在筹款献机，此次活动因演出剧目过多而延长了两个小时，现场有警察维持秩序。可见，日伪政权的社会组织通过娱乐活动，攫取沦陷区民众的生活资金，加强日本侵略者的军事力量。筹款义演是日本侵略势力的惯用手法，也是侵略者的一种柔性统治方式。

在沦陷区，日本侵略者将侵略意志植入娱乐事业，通过娱乐活动麻痹普通中国民众的意识。例如，1942 年 12 月 8 日，日本侵略势力扶持下的伪中华民族反英美协会"为大东亚圣战一周年纪念"，"使全沪民众了解圣战意义及加强反英美意识起见"，定于 8、9 两日假座上海大光明影戏院公演《江舟泣血记》四幕话剧，以广宣传而资庆祝。② 演出"售出座券暨特刊"等收入，共计"储币 180219.3 元，除付出舞台租费布景及各项杂费计储币 152236.3 元，收支相抵，结余储币 27983 元。全部收支账目经话剧宣传筹备委员会李主任委员国华，缮具清册并附粘各项单据，报送到会审核无误。余款 27983 元除提出 1 万元充作本会办理助学金外，其余 17983 元由本会凑成 18000元整数，于本月 2、3 两日分别捐送《申报》及《新闻报》，办理助学金、小学教师医药学助学金"。③ 1943 年，"上海同仁善会"收容难

---

① 《北平市警察局关于假华乐戏院演戏酬主顾、演唱义务戏、庆祝中日同盟演戏一晚查复的训令》（1943 年），北京市档案馆馆藏档案，档案号：J184 - 002 - 00819。

② 《上海公共租界工部局总办处关于上海难民救济协会等为救济难民向工部局申请举办振灾义演事来往函》（1940—1943 年），上海市档案馆馆藏档案，档案号：U1 - 4 - 2169。

③ 《上海公共租界工部局总办处关于上海难民救济协会等为救济难民向工部局申请举办振灾义演事来往函》（1940—1943 年），上海市档案馆馆藏档案，档案号：U1 - 4 - 2169。

童经费支绌，定于 5 月 28、29 两日，邀请"中央"平剧研究社社员
在宁波同乡会串演，以筹募所得经费用于救济难童。"上海同仁善会"
去函呈请工部局总办，希望能够慈善为怀，对"无依难童以教以养，
得以成人"，并称"事关善举，亦大东亚共荣之使命"，让租界工部局
提出申请，批准给义演活动签发演出许可证。[①] 1944 年，伪天津市政
府宣传处为"强调中日同盟之伟大意义起见，特举办强调中日同盟讲
演游艺大会"。[②] 此次游艺会，除伪天津市政府大力推动之外，"新民
会津市总会"也积极参与活动。

　　与依附性社会团体举办慈善义演程序不同，在日本侵略势力控制
下的沦陷区举办义演，都要通过伪警察局的审批和管控，伪警察局甚
至直接参与义演票券的派销。这既反映了日本侵略势力对于沦陷区内
娱乐行业的掌控，也折射出日本侵略势力在政务活动中的权力渗透。

　　对于沦陷区娱乐业的管控，日本侵略势力渗透较早、力度也大。
1937 年卢沟桥事变之后，日本侵略者很快占领了北京全境，出于维护
自身统治的需要，日本侵略势力对娱乐业实施监管和掌控。其具体方
针为，要求北京市"各电影院、戏院等无论开演与否均应先期呈报本
营区署，由区署转达日本宪兵队，勿得延误为要"。当时的戏院有吉
祥、荣华和三顺轩，电影院有真光、平安、飞仙和民众，书馆有舫
兴、德昌和广庆轩。这些电影院、戏院和书馆等，"应由内一、五两
区分别特传，无论每日开演或停演均应先期开具剧目及停演理由呈报
各该区署，由区署转达东城煤渣胡同日本宪兵队"。另有长安、新新
和哈尔飞戏院，中央和国泰电影院，义和轩和三阳书馆，"无论每日
开演或停演均应先期开具剧目及停演理由呈报各该管区署，由区署转

---

①　《上海公共租界工部局总办处关于上海难民救济协会等为救济难民向工部局申请举办
　　振灾义演事来往函》（1940—1943 年），上海市档案馆馆藏档案，档案号：U1－4－
　　2169。

②　《强调中日同盟讲演游艺会（案卷级）》（1944 年），天津市档案馆馆藏档案，档案
　　号：40206800－J0001－2－000994。

达西城大院胡同日本宪兵队"。① 可见日本侵略势力对北京娱乐场所进行了较为严格的管控。日本侵略势力通过调查相关娱乐场所，摸清基本状况，制定一些相关制度和规则，用于掌控娱乐界。如"北平特别市公署警察局稽查弹压剧场电影院及书馆杂技场规则"，内容颇为详细：

　　第一条　本市区内剧场电影院及书馆杂技场开演时，其稽查弹压办法依本规则行之。

　　第二条　稽查人员，以本局暨区署职员充之弹压员警，由各该管署指派巡官长警充之。

　　第三条　稽查弹压员警均须本局发给执照为据，但遇有特别事故奉令派往者不在限，前项执照式样另定之。

　　第四条　稽查弹压员警，除于固定处所坐立外，并应分班于场内来往巡视。

　　第五条　稽查注意事项如左：一、剧场电影院及书馆杂技场有无违背管理规则及其他情事。二、弹压巡官长警有无违背本规则之情事。

　　第六条　弹压注意事项如左：一、剧场电影院及书馆杂技场内之秩序情形。二、剧场电影院及书馆杂技场前之车辆交通状况。三、剧场电影院及书馆杂技场临时发生事故之排解。

　　第七条　稽查弹压员警遇有临时发生事故情节，轻微者应劝告阻止，其较重或形迹可疑者得酌加搜诘或并带往各该管区署或送局核办。

　　第八条　稽查弹压员警，无论有无事故均应登簿报告。

　　第九条　稽查弹压员警于差毕时应将执照缴还。

　　第十条　稽查弹压员警违背本规则之规定者，应由主管科或

---

① 《北平市警察局关于影戏院开行应先报营区转日宪队勿得延误、李文汉报油盐行演戏派警监视照料、张满大报西华轩茶馆添演口簧请查复的训令》（1937 年），北京市档案馆馆藏档案，档案号：J184－002－07508。

各该管区署呈请局长惩罚。

　　第十一条　本规则未尽事宜得随时呈请修正。

　　第十二条　本规则自呈奉市公署核准之日施行。①

　　在"北平特别市公署警察局训令"中，认为"戏剧为社会教育之一种，关系风俗人心，至深且巨。凡有各剧内容秽亵、唱词淫荡，足以诱惑青年男女者，早经严禁演唱有案。当此地方粗定，与民更始之际，往往对投机伶人，借口繁荣市面，变更旧日淫剧名目或新编剧本号称警世，而实际相反，故意饰词眘听，以图影射牟利，或为官厅耳目所未闻，或因日久而生玩，所在多有，自应重申禁令"。凡有不遵从伪警察部门意见的艺人，"一经查出即行予以逮捕，严惩不贷"，②同时还规定了一些演剧目录。在戏院、影院举办的义演筹款活动，需纳入"政府"规定的相关准则中来。1940 年 7 月，伪市政府对于管辖区内各戏院演唱夜戏不得超过规定时间问题进行了整治。原本规定的"夏季夜戏时间系由下午 8 时起至夜 1 时为限"，但是"各戏院演唱夜戏多有逾规定时间，尚未停演者"，伪警察局认为此举"殊属不合"，表示"嗣后除义务夜戏应随时另行呈请核定外，其余夜戏均不得逾时，违者照章处罚"，"随时认真取缔"。③ 可见，日伪政权通过一系列规章加强对于娱乐行业的控制，树立自己的威权。伪警察局作为具体执行规则的权力部门，其身影无处不在。

　　伪警察局也曾经利用行政力量操办义演活动。如 1941 年 8 月下

---

① 《北平市警察局内五区署关于中外电影院各剧场调查表、弹压剧场影院及饭难杂质场规则、禁演剧目单、禁演评戏旧戏剧目、禁止各戏院用手巾把等事项的训令》（1939 年），北京市档案馆馆藏档案，档案号：J183 – 002 – 29438。

② 《北平市警察局内五区署关于中外电影院各剧场调查表、弹压剧场影院及饭难杂质场规则、禁演剧目单、禁演评戏旧戏剧目、禁止各戏院用手巾把等事项的训令》（1939 年），北京市档案馆馆藏档案，档案号：J183 – 002 – 29438。

③ 《北京特别市警察局第二科关于无线电登记各戏院唱夜戏不得过规定时间、弹压警随时取缔及检送的反正前后五种书籍清审核等情形的函》（1940 年），北京市档案馆馆藏档案，档案号：J184 – 002 – 23600。

旬，伪北平特别市市长"交下警声社主办治强烈士赙金募集义务戏票656 张，饬分交内外城十一区尽力分担销售"。①

　　伪警察局介入义演活动的票务，改变了购票观赏捐赠的性质。有很多时候警察群体不是自身购票，而是利用权力向辖区的商户和居民"派票"，戏券外销数量在某种程度上成为伪警察局的政绩。这一点实为慈善义演的变调。而此时的民众反应，体现了沦陷区百姓对当权者的抗争。值得注意的是，当局注意到利用权力派销戏券易引发民众反弹，也强调应以自愿的原则购票。如 1939 年初，北平国剧分会举办冬赈义务戏，当"戏票到局"，伪北京市市长"谕应交由各区署长以个人名义按友谊向界内住铺各户劝售，不得交由各所勒令推销，以免流弊"。② 可是，在实际运作过程中，伪警察局勒令推销则为常态。1938 年 6 月，由新民报报馆举办的黄灾赈款音乐舞蹈大会，即采用分销入场券的方式销票。他们曾经分送伪北平市警察局向下派销，最终由"会计股垫付，发薪照扣"。③1940 年 12 月，"新民会"举办冬赈义务戏，伪警察局派销票券。④ 通过伪警察局局长派销戏票，要由局长"核定分销"。⑤ 1940 年，"中华同义会"举办冬赈，定于 1 月 5—7 日三天，在新新戏院演唱三场义务戏，伪北平市警察局参与戏券派销，具体情况见表 3 - 8、表 3 - 9、表 3 - 10、表 3 - 11、表 3 - 12、表 3 - 13。

①　《警务科关于治强烈士赙金募集义务戏票尽力销售、都察处安装电话发生匪火警或重大事故告之本处的通知等》（1941 年），北京市档案馆馆藏档案，档案号：J183 - 002 - 18766。

②　《北平市警察局内四分局关于成立黄金大戏院股份有限公司筹备处及冬赈义务戏券等呈、指令》（1939 年），北京市档案馆馆藏档案，档案号：J183 - 002 - 24563。

③　《北平市警察局关于各机关财政机关支出减一成训令、总务科制服改染定制速办、黄灾赈款音乐会入场券销价通知、共济社 9 月收支款报告书、外五区革警扣饷银元造册的呈》（1938 年），北京市档案馆馆藏档案，档案号：J184 - 002 - 12399。

④　《北平市警察局关于报赵伯欣等赠送食品、新民学院官吏一律照原额支给、夏防长警昼夜勤劳、代扣学警伙食费及冬赈义务戏入场券等材料》（1940 年），北京市档案馆馆藏档案，档案号：J183 - 002 - 29428。

⑤　《北平市警察局关于故宫守卫队制服、领章图样、冬赈义务戏入场券分销、填写行政区域表、领发三监钤记一颗、三分驻所迁移、撤去帽铁丝者名册的训令》（1940 年），北京市档案馆馆藏档案，档案号：J183 - 002 - 41720。

表 3 - 8　外五区分局戏券派销情况

单位：元，张

座位类别	池座前十排	池座中五排	池座后五排	楼上头级厢五座厢	楼上头级厢四座厢	楼上头级厢六座厢	楼上二级厢三座厢	楼上二级厢四座厢	楼上二级厢六座厢	楼上二级厢八座厢	楼上正面前七排	楼上正面后六排	楼上东廊	楼上西廊	三楼东廊	三楼西廊
每张票价	6	4	2	30	24	36	9	12	18	24	2	1	1	1	1	1
5日张数	15	6	5								6	9	3	3	5	5
6日张数	15	6	5			2					6	9	3	3	5	5
每张票价	4	3	2	20		24	10	12	18		2	1	1	1	1	1
7日张数	15	6	5								6	9	3	3	5	5
共计票数							164									
共计款数							510									

资料来源：《北平特别市警察局第一二科关于中华同义会、新民会举办冬赈义务戏送上戏券代销、分销等函》（1940 年），北京市档案馆藏档案，档案号：J184 - 002 - 23577。

表3-9　第一分驻所戏券派销情况

单位：元，张

座位类别	池座前十排	池座中五排	池座后五排	楼上头级六座厢	楼上正面前七排	楼上正面后六排	楼上西廊	三楼东廊	三楼西廊	共计
每张票价	6	4	2	36	2			1	1	
5日张数	4	1	1		2	1	1	1	1	11
6日张数	4	1	1	1	1	1		1	1	11
每张票价	4	3	2		2	1	1	1	1	
7日张数	3	1	1		1	1		1	1	9
共计票数					31					
共计款数					130					

承领人：唐仲元

资料来源：《北平特别市警察局第一二科关于中华同义会、新民会举办冬赈义务戏送上戏券代销、分销等函》（1940年），北京市档案馆藏档案，档案号：J184-002-23577。

表 3 - 10 第二分驻所戏券派销情况

单位：元，张

座位类别	池座前十排	池座中五排	池座后五排	楼上头等六座厢	楼上正面前七排	楼上正面后六排	楼上西廊	三楼东廊	三楼西廊	共计
每张票价	6	4	2	36	2	1	1	1	1	
5 日张数	2	1	1		1	2	1	1	1	10
6 日张数	2	1	1		1	2	1	1	1	10
每张票价	4	3	2		2	1	1	1	1	
7 日张数	2	1	1		1	2	1	1	1	10
共计票数				三	30					
共计款数					70					

承领人：郫耀君

资料来源：《北平特别市警察局第一二科关于中华同义会、新民会举办冬赈义务戏送上戏券代销、分销等函》（1940 年），北京市档案馆馆藏档案，档案号：J184 - 002 - 23577。

表 3 - 11　第三分驻所戏券派销情况

单位：元，张

座位类别	池座前十排	池座中五排	池座后五排	楼上头级六座厢	楼上正面前七排	楼上正面后六排	楼上西廊	三楼东廊	三楼西廊	共计
每张票价	6	4	2	36	2	1	1	1	1	
5 日张数	4	1	1		1	1	1	1	1	10
6 日张数	3	2	1	1	2	1	1	1	1	12
每张票价	4	3	2		2	1	1	1	1	
7 日张数	4	2	1		1	1	1	1	1	11
共计票数					33					
共计款数					135					

承领人：赵普光

资料来源：《北平特别市警察局第一二科关于中华同义会、新民会举办冬赈义务戏送上戏券代销、分销等函》（1940 年），北京市档案馆藏档案，档案号：J184 - 002 - 23577。

表 3 – 12　第四分驻所派戏券派销情况

单位：元，张

座位类别	池座前十排	池座中五排	池座后五排	楼上头级六座厢	楼上正面前七排	楼上正面后六排	楼上西廊	三楼东廊	三楼西廊	共计
每张票价	6	4	2	36	2	1	1	1	1	
5 日张数	3	1	1		1	2	2	1	1	12
6 日张数	3	1	1		1	3	2	1	1	13
每张票价	4	3	2		2	1	1	1	1	
7 日张数	3	1	1		2	3	2	1	1	14
共计票数					39					
共计款数					93					

承领人：文立秋

资料来源：《北平特别市警察局第一二科关于中华同义会、新民会举办冬赈义务戏送上戏券代销、分销等函》（1940 年），北京市档案馆藏档案，档案号：J184 – 002 – 23577。

表 3 – 13　第五分驻所戏券派销情况

单位：元，张

座位类别	池座前十排	池座中五排	池座后五排	楼上头级六座厢	楼上正面前七排	楼上正面后六排	楼上西廊	三楼东廊	三楼西廊	共计
每张票价	6	4	2	36	2	1	1	1	1	
5 日张数	2	2	1		1	3	1	1	1	11
6 日张数	3	1	1		1	2			1	10
每张票价	4	3	2		2	1	1	1	1	
7 日张数	3	1	1		1	2		1	1	10
共计票数					31					
共计款数					82					

承领人：孟恩明

资料来源：《北平特别市警察局第一二科关于中华同义会、新民会举办冬赈义务戏送上戏券代销、分销等函》（1940 年），北京市档案馆藏档案，档案号：J184－002－23577。

同期月底，"新民会首都指导部"因举办"首都寒苦贫民救济周"，定于 1 月 22—24 日晚在新新戏院演唱三场义务戏。关于销票一事，伪北平市警察局的做法与前期如出一辙（见表 3 – 14）。

表 3 – 14　伪北平市警察局外五区分局戏券派销情况

单位：元，张

座位类别	二级三座	二级六座	楼下前排	楼下中排	楼下后排	楼上前排	楼上后排	楼上二特字	楼上两侧	三楼特字
每张票价	9	18	4	3	2	2	1	2	1	1
22 日张数	1	1	8	9	7	20	13	2	5	
每张票价	15	30	6	4	2	2	1	2	1	1
23 日张数			8	9	7	20	13	2	5	
24 日张数		1	8	9	7	20	13	2	5	2
共计票数	197									
共计款数	514									

资料来源：《北平特别市警察局第一二科关于中华同义会、新民会举办冬赈义务戏送上戏券代销、分销等函》（1940 年），北京市档案馆馆藏档案，档案号：J184 – 002 – 23577。

在慈善义演的组织活动中，日本侵略势力的控制主要体现在警察部门具有审批、弹压、征税等权力方面。如 1945 年 1 月，"中华同义会北京总会"向伪北平特别市外一区警察分局呈函，申请举办献机冬赈义务戏，还告知于 1944 年 12 月 30—31 日曾举行过两场，效果较好。因此，拟于 1 月 22 日在华乐戏院举行第三场献机冬赈义务戏，请予核准免收捐税并延长演戏时间。伪北平特别市外一区警察分局局长批复：事情属实，应予照准免收应征之弹压费。令警察局届期派警员前往"弹压照料，以维秩序"。[1] 另外，学校举办的慈善义演，也须通过日本宪兵队批准。如 1945 年 5 月 20 日，辅仁大学在本校举行

---

[1] 《北平市警察局关于优待军人（家）属观戏办法、冬振委员会、中华同义会北京总会筹赈款、演戏假华乐戏院等训令》（1945 年），北京市档案馆馆藏档案，档案号：J184 – 002 – 00219。

的歌咏音乐会得到了师生的普遍好评。受到音乐爱好者的邀请，定于5 月 27 日下午在该校礼堂再次举行。票价分 8 元、5 元、3 元三种，还告知，"所得票款除开销外，仍拨交本校社会救济委员会充作救济贫民之用"。学校必须向伪警察局、社会局、防卫司令部请示，还要向"日本宪兵队另请许可"。①

另外，日本侵略势力对义演活动的直接组织和参与也较为常见。如 1941 年 7 月，伪天津特别市公署警察局"为警察医院及简易学校筹办义务戏"取得了一定的筹款效果。"该项戏票共收洋 40384 元，除在演戏期间所需前后场面一切开销共支洋 3480.56 元外，结存洋36903.44 元。"这些款项按照原拟办法酌核需要情形分别予以支配，"计拨发警察医院 2 万元，作为购置药品等费，余洋 16903.44 元，扫数拨归简易学校以资修理药王庙等处房屋之用"。筹办义务戏的收入款项分配数目，清单如下：

> 警察医院需款项下：购置药品价款 3000 元、添置医疗器械价款 8000 元、修饰房屋及添置家具用款 4000 元、补助费 5000 元。
>
> 以上共计洋 20000 元。
>
> 简易学校需款项下：第一分局费家胡同修理费 9813 元，又费家胡同修理费 2128.5 元，第四分局朝阳寺修理费 4177.5 元，第七分局武德阁修理费 784.44 元。
>
> 以上共计洋 16903.44 元。②

此分配方案，最后还要得到当时天津特别市伪政府的肯定和

---

① 《北平市警察局内五分局关于辅仁大学举行歌咏音乐会等问题的呈报》（1945 年），北京市档案馆馆藏档案，档案号：J183-002-28782。
② 《警察局呈为报警察医院及简易学校筹办义务戏票收入款项分配情形（案卷级）》（1941 年），天津市档案馆馆藏档案，档案号：401206800-J0001-3-004837。

支持。①

在全面抗战时期，沦陷区内的日本侵略势力改变了以往慈善义演的日常特性，吸取其作为筹款手法的工具性意义，更多是为了稳固自身的统治需要。日本侵略势力通过对警察部门和意识形态的渗透，向民众宣示其统治的"合理性"，也折射出其作为统治者的权力意志。

二 非沦陷区义演：慈善公益与民族救亡的变奏

全面抗战时期，非沦陷区内的义演与沦陷区义演的表现形式有所不同，一方面承续和平时期的慈善公益功能，继续推动近代慈善公益事业的转型；另一方面，在民族救亡社会背景下，支援抗战、保家卫国的筹款义演更具民族大义。该时期，非沦陷区义演体现为慈善公益与民族救亡的双重变奏与交织。

（一）慈善公益为核心事业

全面抗战时期，战争与灾害对民众生活造成的影响巨大，这也是为救助战争难民和灾民举办义演的重要缘由。

抗日战争时期，天灾人祸交织，各种自然灾害连年不断，甚至一年之中多灾并至，雪上加霜。在国统区内，灾民遍地。陕甘宁边区也经历了极为严重的灾荒，可谓无年不灾，且经常多灾并发。面对自然灾害的严峻挑战，中国共产党带领民众进行了不懈的努力。在晋察冀根据地的涉县地区，战争频繁，灾荒严重，为解决人民群众吃饭问题，政府开展贷粮、借粮运动，互助互济。1943 年，八路军野战政治部"实验剧团"，在涉县索堡等地进行救灾义演，获得的 2 万元全部用于救济灾民。② 1943 年秋，太行山区遭到空前未有的灾荒，根据地政府提出"抗旱剿蝗，生产自救"的口号，先锋剧团（即八路军一二九师宣传队）为赈灾演出创作了一批普遍受群众欢迎的活报剧和短

---

① 《警察局呈为报警察医院及简易学校筹办义务戏票收入款项分配情形（案卷级）》（1941 年），天津市档案馆馆藏档案，档案号：401206800 - J0001 - 3 - 004837。
② 参见中共涉县县委党史办公室编《涉县人民抗日斗争史》，1987，第 193 页。

剧，如独幕剧《纺花车与枪》、活报剧《太行山时事活报》，给太行抗灾中的军民很大鼓舞。

　　为救济灾民而举办的慈善义演较多。如 1937 年，邝山笑、林坤山等粤语电影工作者于香港发起组织"华南电影赈灾会"，以从事抗日救亡和救济难民为宗旨。在该会鼓动下，大观、南粤、南洋、合众、全球、启明等六家影片公司合作摄制粤语抗日影片《最后关头》，由苏怡、高黎痕、陈皮等联合导演，众多电影演员参加拍摄，所得款项用于救济难民。1937 年，豫东发生水灾，张伯驹以 40 大寿为由举办堂会，请京剧名角演唱，所有收入全部用于救济豫东水灾。此次堂会演出了传统剧目《空城计》等，张伯驹、余叔岩、杨小楼、王凤卿、程继先等均参加演出。1938 年 3 月 10 日起，奚啸伯、姜妙香、刘连荣等表演《宇宙锋》《四郎探母》《凤还巢》《王宝钏》《美人计》《生死恨》等剧目，演出目的即为募集难民救济款。1938 年 3 月 25 日救济难童的联合义演，有 17 家团体之多，参加人员达 3000 人以上。①1938 年 7 月 23—25 日，中国妇女兵灾筹赈会在太平戏院，"邀请电影界举行盛大游艺大会筹款"。②

　　1938 年 8 月 5 日，上海古乐演奏家卫仲乐赴美演奏途经香港，于6、7 两日在香港大学礼堂表演。他是应"妇女抗灾会"之邀参加演出，另外还有《阳春白雪》《光明引》等乐曲演奏，粤乐高手潘贤达也参加了客串表演。同年，当地救灾筹款活动非常频繁。中国妇女慰劳会香港分会为了筹款赈济难胞，特请林绮梅女士"领导绮梅剧团公演粤剧"，造福难胞。报纸消息称，各界名流"踊跃购券，共襄盛举，成绩至为美满"。③1938 年 10 月广州沦陷，日军飞机轰炸香港附近地区，大批难民无家可归。为了筹款赈济难民，香港电影界人士于 1938

---

① 陈洁、陈天白编著《重拾历史的碎片：中国艺术界抗战备忘录（1931—1945）》，江苏凤凰美术出版社，2015，第 175 页。
② 《简讯》，《申报》（香港）1938 年 8 月 8 日，第 4 版。
③ 《妇女慰劳会昨演剧筹款》，《申报》（香港）1938 年 12 月 27 日，第 3 版。

年 12 月成立"华南电影界兵灾筹赈会"。蔡楚生、司徒慧敏、赵树
燊、罗永祥、苏怡、谢益之、卢敦、关文清、冯志刚、吴楚帆、林坤
山、李化、李芝清、邝山笑、邵醉翁、竺清贤、邵邨人、高梨痕等当
选为理事，黄曼梨、李文光、周诗禄、侯曜、林妹妹、伊秋水、黄岱
等当选为监事。在各慈善团体的支持下，香港举办了盛大筹款游艺
会，以解决难民生活困难问题。1939 年底，日军飞机连续轰炸兰州，
翌年 1 月 15 日至 20 日，为救济被日机轰炸的受难同胞，兰州戏剧界
在新舞台举行募捐义演。1941 年 1 月 22 日，在香港由昆明惠滇医院
募捐委员会与国际和平医院筹款举行的"慈善音乐大会"上，戴爱莲
表演了《警醒》《前进》《拾穗女》《东江》等舞蹈。1942 年 8 月 19
日，黄自纪念委员会设立奖学金，奖给清寒优秀学生，奖学金中储券
1000 元，由刘啸东先生捐助。① 1943 年，上海"小型报同业主办华北
赈灾会"发起号召，"《上海日报》《力报》《海报》《社会日报》《东
方日报》《吉报》《罗宾汉》《戏剧日报》《戏世界》《繁华日报》"等
多家报馆联合决定举行慈善义演，"演剧筹赈"，募集慈善资金。②

　　抗日战争时期，宋庆龄从上海来到香港，为了支援抗战，她冲破
当局层层阻挠四处奔走，广泛争取海外援助。1938 年 6 月 14 日，宋
庆龄建立起"保卫中国同盟"（以下简称"保盟"），在捐赠者和中国
抗战第一线之间搭起了一座桥梁。同时，宋庆龄还关注国统区的受灾
难民和妇女儿童。1942 年，宋庆龄领导保盟在重庆组织救助难民的义
演和义赛活动，一次又一次为灾区民众募集资金。为了赈济粤东灾
民，保盟还举办了募捐国际音乐会，邀请在重庆的美、苏、英等国音
乐家参加演奏，并得到他们的大力支持。此时，湖南有 300 万难民挣
扎在生死线上，为救济湘灾，宋庆龄通过保盟组织书画物品展览义卖

---

①　本目除标注文献外，其他材料均参见陈洁、陈天白编著《重拾历史的碎片：中国
　　艺术界抗战备忘录（1931—1945）》。

②　《沪市当局暨各团体竭力筹划华北急赈》，《申报》1943 年 6 月 5 日，第 1 张第 4 版。

活动和歌舞义演活动，并将收入全部捐给此次湘灾的赈灾机构。①
1943 年，河南发生特大水灾，数十万难民挣扎在生死线上。为了援助
河南赈灾，宋庆龄发起举办"国际足球赈灾义赛"。经过三轮五场比
赛，共收入 12 万元，全部用于赈济河南灾民。1944 年，湘南再次受
灾，4 月 7 日，湘灾筹赈会在重庆夫子池新运服务所举行湘赈义卖会。
宋庆龄向义卖会捐赠了珠宝粉盒，冯玉祥夫人李德全捐赠了《牧童
画》，宋子文、吴铁城捐赠了多件名贵文物。开幕当日，宋庆龄出席
开幕式，并购买了书画 3 幅。4 月 14 日，为救济湖南灾民，保盟还在
国泰大戏院举行音乐舞蹈义演。此次义演由重庆市市长贺耀祖夫人倪
斐君主持，参加演出的有舞蹈家戴爱莲、歌唱家斯义桂，中华交响乐
团和育才学校的学生也参加演出，在渝的宋庆龄、周恩来、邓颖超等
到场观看了演出。此次筹款义演净得 459648 元法币，经由湖南省政
府驻渝办事处转汇时任湖南省政府主席薛岳代为施赈。②

　　在全面抗战的形势之下，许多华侨积极投身于抗战事业，组织各
种团体推动抗日捐献工作。华侨抗日捐献的办法相当多，义演是其中
重要一种。③ 如 1939 年 6 月，"侨居南洋历数十载，经营商业，勤劳成
家"的张茂树曾"主持演剧助赈"，他"痛恨日寇暴横最深，每谈国事
恒见其声泪俱下，迩者以国内战胜之声频闻，为鼓励侨众努力救国工
作，宣达抗战意志，乃起而大声疾呼，劝勉侨众出钱出力"。④ "平日慈
善为怀，尤富国家思想"的张茂树，历任各侨民团体慈善团体主席，⑤

---

① 姜华宣编著《宋庆龄一生》，中共党史出版社，2015，第 81 页。
② 转引自仝妍《现代性与大众化：中国现当代舞蹈发展研究》，中央民族大学出版
　　社，2014，第 95—96 页。
③ 任贵祥、李盈慧：《中华民国专题史》第 14 卷《华侨与国家建设》，南京大学出版
　　社，2015，第 291 页。
④ 中国第二历史档案馆编《中华民国史档案资料汇编》第 5 辑第 2 编《政治（四）》，
　　凤凰出版社，1998，第 656 页。
⑤ 1930 年张茂树任国民党居林支部监委；东三省发生战事及水灾时，任居林华侨赈
　　灾募捐会主席；1934 年被南京国民政府中央侨委会聘为名誉顾问；1936 年任吉打
　　邦居林华侨购机寿蒋委员会主席；1937 年任居林华侨庆祝英皇加冕委员会主席；
　　同年华北发生战事，任居林华侨筹赈祖国难民委员会主席。

他积极募捐救国，成绩卓著，受到了国民政府侨务委员会的嘉奖。[1]
除比较著名的华侨人士之外，热心公益的华侨学生也在积极从事慈善
义演，助力抗战。如缅甸华侨学生组织救亡联合会努力组织学生救国
运动，尤其是演剧助赈及义卖救灾工作，成绩极为优异。[2]该会为缅
甸华侨学生救国大团结之有力组织，在援助祖国全面抗战之时，表现
出高度的爱国热情和奉献精神，难能可贵。当日军铁蹄踏上厦门时，
菲律宾归侨林能隐等人，为保卫家乡献出了宝贵的生命。厦门沦陷
后，同胞们流离失所的消息传到海外，此时南洋华侨北望桑梓，万分
悲痛，侨胞救乡运动风起云涌。如新加坡、马来西亚等地的福建会
馆，纷纷召开紧急会议，并强调指出，"为国为乡，均不能坐视不理，
筹款救济，责无旁贷"，先后汇款至鼓浪屿，以救济难民。菲律宾中
华商会会长李清泉，听到香港有2000厦门难民风餐露宿，立即召集
各董事开会，发起"救济运动"。选派余清篯、桂华山克日驰赴香港，
联合香港的福建商会和福建同乡会安置逃港的厦门难民，并向越南、
泰国采购大米，分批运回鼓浪屿。缅甸华侨红十字会、仰光闽侨各属
筹赈会，几次汇款给家乡，发放赈济。印度尼西亚厦门籍华侨许启
兴，在雅加达主持"华侨慈善夜市"，筹款赈济受难同胞。旅居新加
坡的同乡"以家国深仇，非雪不可，欲申救国救乡之志"，所成立的
新加坡厦门公会，先后举办话剧义演筹款，可见华侨的筹款活动与义
演募捐同时并举。[3]

该时期，较多的义演活动将慈善公益作为核心事业，也是人们奉
献社会的主要路径。

（二）抗战救亡的时代印记

抗战时期，轰轰烈烈的民族救亡运动将国人的民族主义热情推向

---

① 《中华民国史档案资料汇编》第5辑第2编《政治（四）》，第657页。

② 蔡仁龙、郭梁主编《福建党史资料·华侨抗日救国史料选辑》，中共福建省委党史
工作委员会，1987，第500页。

③ 洪卜仁主编《厦门抗战纪事》，厦门大学出版社，2014，第15—16页。

高潮，并渗透到国人日常活动中。在民族救亡背景下开展的慈善义演，不可避免地带有强烈的时代印记。慈善义演自然成为民族抗战与公益事业的重要组成部分，这也是该时期慈善义演的重要特点。

慈善义演被国人用于抗战救亡事业是该时期非沦陷区的重要特征。慈善义演与该时期纷纷展开的抗战公演一样，成为服务于抗战救亡运动的重要活动。该时期的义演活动，以文艺界与学界参与的活动最为引人注目。

在抗日战争全面爆发后，上海文艺界抗日救亡协会成立。1937 年 8 月，中国剧作者协会成立。协会组织抗日救亡演剧队，左明任第五队队长，他和王素、张平等 30 多位抗日文艺宣传队队员从苏州出发，经蚌埠、开封、郑州、西安等地，所到之处均举办义演，形成影响。此行历时一年，为宣传抗战做出了很大贡献，曾受到中华全国文艺界抗敌协会理事冯玉祥的赞扬。[①]

1937 年 8 月到 1938 年 7 月，武汉汉剧业同人共组织劳军义演 48 场次，每星期演戏一次，日夜开演，联合各大名角会串，所得收入悉数捐入"汉口各界后援会"。其后，汉口市剧场同人还成立了"剧业战时服务团"，积极筹备"劳军公演"。在支援抗战的义演中，汉口楚剧界人士表现出巨大的热情和空前的积极性。[②] 另外，还有 25 个街头演剧队，开展了为期 3 天的大规模街头剧演出，盛况空前。[③] 无论是在沦陷区还是国统区、敌后根据地，支援抗战的募捐义演与鼓舞战士的宣传动员公演，汇成了"救国"的呼号。

1937 年 12 月 25 日，为声援华北抗日义勇军并举行筹款活动，武汉戏剧界举行联合公演，救亡演剧一队和二队、上海业余剧人协会、中国旅行剧团、平教会抗战剧团等十多个团体参加演出活动。这次大

---

① 王文礼、张正新主编《汉中抗战纪实（1931—1945）》，西南交通大学出版社，2015，第 263 页。
② 《汉口市剧业剧人劳军公演团工作报告》，1938，民间收藏珍本。
③ 周勇主编《西南抗战史》，重庆出版社，2006，第 486 页。

规模的宣传演出，轰动武汉三镇，既为华北义勇军筹得了资金，又促进了戏剧界抗日统一战线的形成。1938 年 1 月，中央大学的戏剧组织"大剧社"，参加"渝市戏剧界援助前线川军募捐大公演"，演出话剧《祖国进行曲》。①

　　1938 年 3 月 26 日，重庆戏剧界举行援助抗日前方川军将士募捐联合公演，话剧界在国泰大戏院公演由四个剧本组成的《祖国进行曲》：第一幕《放下你的鞭子》，由上海业余剧人协会演出；第二幕《反正》，由国立剧校演出；第三幕《火中的上海》，由上海业余剧人协会演出；第四幕《八百壮士》，由怒吼剧社及戏剧工作社演出。1938 年 5 月 12 日，狮吼剧团为抗日伤员募捐义演。② 1938 年 10 月，重庆市举办了鼓舞士气的中国第一届戏剧节，历时 22 天，参演剧团 20 多个，约 1500 名专业和业余演员参加演出，演出剧目 40 个，观众达 10 万人次。戏剧节对正在发展的各种戏剧，尤其是话剧进行了一次大检阅。话剧《逃难到四川》（根据《放下你的鞭子》改编）、《我们的国旗》、《自强》、《女英锄奸》、《我们的游击队》、《抗战进行曲》、《打鬼子去》、《王道》等，都很感人，对进行爱国主义教育和动员群众奋起抗日起到了很好的作用。尤其是话剧界联合公演的四幕"国防剧"《全民总动员》（又名《黑字二十八》），把戏剧推向了高潮。该剧的上演，充分体现了在第二次国共合作的团结气氛中，话剧界各党派和无党派的文化人士，团结一致，进行抗日救亡的决心和力量。该剧由曹禺、陈白尘、张道藩、宋之的联合编剧，张道藩、余上沅、曹禺、宋之的和应云卫组成导演团，赵丹、顾而已、施超、白杨、舒绣文、魏鹤龄、张瑞芳、王为一、曹禺、宋之的、张道藩、余上沅等 200 多人参加演出，共演出 7 场，观众达万人次以上。这次戏

---

① 陈洁、陈天白编著《重拾历史的碎片：中国艺术界抗战备忘录（1931—1945）》，第 179—180 页。

② 陈洁、陈天白编著《重拾历史的碎片：中国艺术界抗战备忘录（1931—1945）》，第 180 页。

剧节还举行了平、川、评、杂、歌舞剧征集寒衣联合公演，促进了抗日文化运动的发展。① 1938 年 8 月 27—29 日，广西岭南乐班到云南个旧为抗日募捐演出。1938 年 8 月，为纪念"八一三"抗战一周年并征募药品，江西省抗敌后援会宣慰团在吉安县上演平剧等节目。1938年 10 月 27—29 日，江西省新闻界在吉安县新兴舞台举行支援抗战游艺募捐大会，各名票、名伶参加了表演。②

1938 年 12 月 7 日，为响应反帝总会发起的募集寒衣运动号召，新疆反帝总会直属六个分会在新星戏园举行募捐公演。此次演剧，除邀请各界著名票友表演旧剧之外，并聘有著名话剧演员参加表演。1938 年 12 月 16 日，怒吼剧社在重庆国泰大戏院演出《中国万岁》。该剧由唐纳编剧，王为一导演，舒绣文和陈天国主演，演出的收入全部捐助抗战。1939 年 4 月，为募集资金，"留渝剧人"于国泰大戏院公演夏衍新作四幕话剧《一年间》。该剧描绘爱国绅士刘爱庐一家在抗战一年间的遭遇，他们虽经颠沛流离，但坚信抗战必胜，这出戏着力塑造人物形象，是抗战戏剧向现实主义深化的力作。此次演出，由田汉、宋之的、余克稷、辛汉文、洪深、郭沫若、夏衍、崔万秋、阳翰笙、赵丹、郑用之、潘子农、罗学廉、赵铭彝等 23 人组成演出委员会，由宋之的、沈西苓、凌鹤、章泯、应云卫组成导演团。演出时盛况空前，获得票款 7000 余元全部捐给了《救亡日报》，作为宣传抗日的专用资金。③

1940 年 1 月 15—20 日，为救济被日机轰炸受难的同胞，兰州戏剧界在新舞台举行募捐义演。金陵女子文理学院此时因日军占领南京而迁至成都。该校学生组成战时服务团，并在成立不久就组织了一次抗战义演，其中剧目之一是《流亡三部曲》，此次演出起到了积极的

---

① 周勇主编《西南抗战史》，第 486 页。
② 陈洁、陈天白编著《重拾历史的碎片：中国艺术界抗战备忘录（1931—1945）》，第 180 页。
③ 陈洁、陈天白编著《重拾历史的碎片：中国艺术界抗战备忘录（1931—1945）》，第 181 页。

社会效果。另外，在"抗日救亡"的神圣使命感召下，香港话剧运动以前所未有的规模和声势迅速、蓬勃地开展起来。学者研究表明，此期一批技艺高超、阵容强大的内地来港剧团，在香港竞相演出激动人心的爱国救亡剧目和开展各种形式的助赈义演活动，使沉寂的"港九剧坛"顿时红火热闹起来。香港业余剧社和学校戏剧也随之兴起并日益壮大，逐渐成为香港抗战剧坛中一支不可忽视的力量。内地来港剧团与香港业余剧社，此时各展所长，互相呼应，共同谱写了香港抗战剧运的辉煌篇章。①

　　值得注意的是，慈善义演有时候与募捐公演相互融合，难以分割。可以认为，这是一个相同的事象在不同时期、不同历史情境下的近似称谓。大量募捐公演在这一时期吸纳了慈善义演的公益意旨。如1939 年，常德天元班、小天华班与湖北汉剧抗敌宣传队合组劳军公演团，天元班和小天华班各为一个分队。天元分队在常德、澧县一带进行抗日救亡宣传和劳军募捐演出。同年，常德同乐班由桃源县民众教育馆编为桃源县抗敌化装宣传队第一队，演出《戚继光》《东北一角》等爱国新剧。1940 年初，长沙市戏剧界为救济长沙会战中麻林桥、金井、福临铺、营田一带的抗战烈属举行募捐公演。1940 年春，冯玉祥将军于成都的春熙大舞台，号召民众积极捐款支援抗日战争。之后，川剧演员阳友鹤和京剧界又举行了募捐义演。1940 年 3 月 8 日，《新疆日报》报道：新中舞台呈请"后援会"，愿将该剧团积蓄之现款捐助前方将士，以表抗战之热忱。1940 年 8 月 24 日起，为救济衡阳被炸难民，湖南战区所属剧团举行了募捐公演。1940 年 9 月，江西省新闻界为征募寒衣举办募捐游艺会，表演节目有平剧《大回朝》《武家坡》等。平剧演员汪雪芳、刘金英等联合票友在复兴大舞台演出了《金榜乐》《拾黄金》等。1940 年 11 月 28 日至 12 月 5 日，中国万岁剧团应新生活妇女工作队之邀，为抗日募集药品筹款，在重

---

　　①　方梓勋、胡志毅主编《中国话剧艺术通史》第 3 卷，山西教育出版社，2008，第 96 页。

庆国泰大戏院演出于伶的五幕剧《夜上海》。这场演出非常成功，外国使馆也踊跃捐款。[①]

　　在募捐公演活动中，募款劳军是最为频繁的现象，此类事例也有很多。如1941年1月，商人高庆寿组建抗建歌舞茶社，此为响应抗敌后援募集救国款，提倡正当娱乐的号召。该茶社的活动以演京剧为主，并将部分收入做寒衣捐赠给前方将士。[②] 1942年，湖南衡山花鼓南岳班参加衡山县抗日救国会，先后在衡山县城和南岳等地演出自编节目《捉汉奸》等，募捐劳军。1942年，安徽立煌京剧界义演《四进士》《北汉王》《黑风帕》等剧目，票价分为5元、10元、20元三等，收入用于抗日劳军。1943年7月17日，为慰劳鄂西抗日将士，由新疆五大戏院发起募捐义演两天，演出的剧目有：京剧《罗章跪楼》，河北梆子《柴桑关》，秦腔《美人观》《翠花宫》《斩韩信》《三回头》等。1943年，甘肃天水鸿盛社与甘谷任建清秦腔戏班联合举办义演，将收入全部捐献给抗日前线。[③] 1943年5月，国立福建音专为响应冯玉祥将军"献金抗日"的号召，举行了一次大规模的"响应献金运动"音乐会，全校师生一起参加，收入全部捐献。[④] 1944年11月3—15日，国民党军队某师正气剧团为筹募抗日士兵医药费，在建艺剧场公演《甘露寺》《七星庙》《大英节烈》《玉堂春》《九更天》《诸葛亮招亲》等剧目。[⑤] 1944年，冯玉祥将军由重庆到合江发起动员民众抗日的活动，由城内16个俱乐部联合举办义演3天。演

---

① 陈洁、陈天白编著《重拾历史的碎片：中国艺术界抗战备忘录（1931—1945）》，第182页。

② 陈洁、陈天白编著《重拾历史的碎片：中国艺术界抗战备忘录（1931—1945）》，第194页。

③ 陈洁、陈天白编著《重拾历史的碎片：中国艺术界抗战备忘录（1931—1945）》，第183页。

④ 陈洁、陈天白编著《重拾历史的碎片：中国艺术界抗战备忘录（1931—1945）》，第194页。

⑤ 陈洁、陈天白编著《重拾历史的碎片：中国艺术界抗战备忘录（1931—1945）》，第183页。

出川剧《霸王别姬》《彩楼记》《马房放奎》《阳河摘印》等，募得抗日捐款 6000 余元。1945 年 1 月 26 日，为响应劳军运动，新疆边声剧社在文光戏院演出京剧《大回朝》《渔夫恨》《女起解》《汾河湾》，所得票款全部捐给抗日将士。1945 年 2 月 19 日，新疆天山剧团（属国民党中央军校九分校）为响应"慰劳荣誉军人"运动，特请迪化市名伶、票友在西北大戏院联合举办演出，演出所得票款全部用于劳军。①

　　抗战期间，飞机是重要的战略物资，当时为筹款购机而举办的义演活动有很多，也成为募捐义演的重要构成。在当时艺术界，还自发掀起捐款购机行动的热潮。自 1940 年秋至 1943 年春，"献金献机"义演高潮迭起。1940 年 9 月，宁夏建设厅厅长李翰园招集各界人士在银川饭店开会，决议成立宁夏省"剧人号"献金运动大会筹备处，由保安处庚辰俱乐部、协进国剧社、觉民学社、新华舞台负责办理。1940 年 10 月，长沙市戏剧业同业公会举行捐献"剧人号"飞机公演活动。该活动遍及湖南全省，一直延续到 1942 年。1940 年 10 月 10—17 日，宁夏省举行"剧人号"献金运动游艺大会演。参加会演的社会团体有觉民学社、义顺合、庚辰俱乐部、协进国剧社等，演员有盖宝义、张合堂、王德胜、高富厚、昌胜奎、杨觉民、李德民、赵守中、宁砚宸、钱森、罗恒年、王玉本、王庚寅、筱钢钻等。1940 年 12 月，在新疆反帝总会领导下，全疆多次组织艺人献艺、献金抗日募捐活动。所募款项，除购买"新疆号"飞机十架之外，余款汇往前线支援抗战。1941 年 1 月，江西省工商俱乐部业余剧社响应"记者号"飞机募捐运动的号召举行平剧公演。9 月，为募捐"记者号"飞机，江西省新闻界特邀陈涵舟与童秋芳等来吉安县公演平剧。1941 年 8 月，江西省教育界为捐献"特教号"飞机在吉安县连续六天演出平剧等。1941 年 12 月 23 日，中央广播电台为响应"一元献机运动"，在

---

① 参见陈洁、陈天白编著《重拾历史的碎片：中国艺术界抗战备忘录（1931—1945）》，第 183 页。

重庆抗建堂公演三幕剧《遥望》。该剧为李庆华根据美国奥尼尔的《天边外》改编，凌鹤导演，耿震、项堃、张瑞芳、张立德、寇嘉弼、张雁等主演。为适应战时环境，该剧改编为"中国化"的抗战戏剧。1942 年 12 月 5—7 日，江西票友响应政府的捐献滑翔机运动，在泰和县建艺剧场举行募捐游艺大会，演出平剧《草桥关》《黄鹤楼》《浩气长存》《群英会》《宝莲灯》《骂殿》等 22 个剧目。1943 年 3 月 26 日至 4 月 30 日，江西省会艺员为劝募"泰和党员号"滑翔机，在泰和县建艺剧场演出平剧《宇宙锋》《嘉兴府》等。1943 年 9 月 7 日，新疆迪化各戏曲团体为响应支援抗日的"一县一机"运动，举办义演一周。参加表演的有各类不同剧种的剧团，如新民剧团（京剧）、元新戏园（曲子剧）、新中舞台（秦腔）、文化剧团（曲子剧、秦腔）、西北大戏院（京剧）等。表演剧目百余个，参加表演的演员百余人，最终募捐收入为法币 400 万元。①

抗战救亡为该时期非沦陷区的时代主题，因而也使义演成为抗战动员、救助灾民、慰劳将士、购买机械医药等物募捐贡献最为凸显和重要的手段之一。慈善义演具有强烈的时代印记，战争促使慈善义演发生了新的变化。

（三）救亡义演与民族意识

中华民族的民族精神和民族主义，在全面抗战时期得到最为充分的体现。增强民族认同也成为这一背景下慈善义演的重要功能，对于民族精神的发扬起着重要作用。在抗战背景下，无论是演出内容、演出目的，还是演出效果，均能体现出义演参与者的民族主义情感。

在抗战时期的艺术界，特别是音乐界，抗战歌咏运动最为引人注目，通过音乐表达民众抗日情绪，极大地激发起民众的爱国抗日情怀。除了抗日团体组织出版的抗战歌曲集外，爱国民众和音乐家个人也参与抗日歌曲的出版推广。如九一八事变后，刘雪庵积极参加救亡

---

① 转引自陈洁、陈天白编著《重拾历史的碎片：中国艺术界抗战备忘录（1931—1945）》，第 189—191 页。

运动，创作了许多救亡歌曲，并以"中国作曲者协会"之名自费创办音乐期刊《战歌》。自 1937 年至 1940 年，《战歌》共出版 18 期，发表了贺绿汀的《游击队歌》《干一场》，夏之秋的《歌八百壮士》，陈田鹤的《巷战歌》，江定仙的《焦土抗战》，其中也有刘雪庵自己的作品，包括著名的《流亡三部曲》。从《刘雪庵作品选》可见，此期他创作了《大家一条心》、《保卫大上海》、《孤军守土歌》（以上 1937年），《巾帼英雄》、《游击队歌》、《伤兵慰劳歌》、《赴战》、《捷报》（以上 1938 年）等多首时代作品。[①]

戏剧界人士积极参与救亡运动，西南地区的"川剧复兴"成绩显著。在中国共产党的关怀和指导下，许多关心川剧的文艺、戏剧界进步人士做了大量工作。他们积极探索与实践，倡导并上演富有教育意义的传统剧目，编演宣传抗日救亡新戏，参加筹集抗日资金和征募济贫寒衣的义演活动，开展川剧理论研究和革新试验工作，还招收川剧科生及帮助演员进修等，通过川剧"复兴运动"，挽救了川剧的颓势，发挥了川剧在民族解放斗争中的作用。[②] 重庆成为战时首都，此地文艺界大家荟萃、作品繁多，文艺论争激烈，显然成了抗战文化的中心。国共两党通过《中央日报》和《新华日报》等阵地，将文化和文艺纳入抗日民族统一战线，发动义演募捐、抗战动员、文化劳军等活动。[③] 同时，由于文艺界也遭受了战争的影响，有时自身也成为义演的援助对象。[④]

不少文艺界人士主动投身义演活动，服务于战时工作，呼吁民众增强爱国信念。1938 年，在五一节前夕，开封工人会同各界人士到兵站医院慰劳受伤官兵。著名豫剧演员陈素真在人民会场举行义演，筹

---

① 陈洁、陈天白编著《重拾历史的碎片：中国艺术界抗战备忘录（1931—1945）》，第 195 页。
② 杜建华、王屹飞：《川剧史话》，社会科学文献出版社，2016，第 27 页。
③ 张小航：《抗战八年广播纪》，重庆出版社，2015，第 259 页。
④ 中国近代史研究所编《章开沅先生九秩华诞纪念文集》，华中师范大学出版社，2015，第 421 页。

募资金慰劳抗日将士。5 月 19 日，开封汽车司机 60 余人捐款 76 元，慰劳负伤将士，并致函抗敌会："鉴于暴日侵略，我前方守土负伤将士，过汴换药，备受各界热烈慰劳，目睹心惨，自应聚众捐助，借表热忱。"① 服务于抗战事业的义演活动，此期具有更高的关注度。第三厅②成立后，组织各类抗战演剧队赴前线，并在武汉开展群众性的戏剧活动。如 1938 年 4 月 11 日的戏剧宣传日，数十个剧团在武汉三镇的广场、街道、兵营、医院、车站、码头进行义演，先后演出《岳飞》《文天祥》《血战卢沟桥》《东北之家》《八百壮士》等充满爱国主义精神的剧目。在"保卫大武汉""抗战节约宣传周"等活动中，戏剧工作者义演捐献，走在救亡的前列。③ 1940 年 10 月，重庆举办第二届戏剧节，参加此次活动的有 15 个话剧团和 8 个其他剧种的剧团，演出剧目以宣传抗日救国为主。重庆因为每年 10 月至次年 5 月为雾季，其间经常大雾弥漫，日军飞机空袭不便，故得到一个相对安定的时期。重庆文艺界就充分利用此段时间以文艺作品鼓舞民众，举行大规模的各类剧目表演，史称"雾季公演"。自 1941 年 10 月到 1942 年 5 月，为重庆首届"雾季公演"期。"雾季公演"在日军轰炸的间隙坚持举办了 4 届，有 28 个剧社团体参加演出，共演出大型话剧 110 多场，开创了"重庆话剧运动"。因此可以说，这是中国话剧史上的一个黄金时代。1944 年 2 月，桂林举行西南剧展，历时 3 个多月，参加剧展的有来自湘、赣、桂、粤四省的 33 个文艺团体，共演出 170 场剧目，其中话剧 135 场，观看观众达到 10 多万人次。④

此时义演的目的，无疑是为抗战服务。参加人员既有军政官员、文化名人，又有普通劳工乃至妇女儿童，可以说所有中华民众都心系

① 中共开封市委党史研究室编《铭记历史——中国·开封抗战史特辑》，线装书局，2015，第 117 页。
② 第三厅，全称"国民政府军事委员会政治部第三厅"。抗日战争期间，1938 年 3 月 31 日在武汉成立，厅长郭沫若，直接受中共长江局和政治部副部长周恩来的领导。
③ 孟国祥：《烽火薪传——抗战时期文化机构大迁移》，商务印书馆，2015，第 302 页。
④ 孟国祥：《烽火薪传——抗战时期文化机构大迁移》，第 304 页。

抗战，踊跃捐献。1938 年 11 月，新疆反帝总会成立"献金运动委员会"，温宿县的一位维吾尔族妇女阿提克汗把丈夫生前留下的 27 个金元宝全部捐出。著名艺术家康巴尔汗、"达瓦孜"演员司迪克·阿西木祖孙等许多艺人，都自发组织抗战募捐义演。[①] 1938 年秋，武汉合唱团到新加坡、马来西亚演出，主要演出抗日救亡的话剧和歌曲，并将募集的捐款买成药品，转送到延安。[②]

义演的剧目，以激发民众抗战热情为核心。除了前期的大量记载，全面抗战时期的义演活动仍较多。例如，上海救亡演剧队是抗战时期上海戏剧界救亡协会组织的戏剧团体。1937 年 8 月 20 日成立，共有 13 个队。除 2 个队留沪外，其余各队分赴前线和各地进行宣传演出活动，鼓舞了广大抗日军民的士气，在当时影响颇大。上海沦陷后，一队和五队奔赴延安，到敌后抗日根据地举行抗日救亡演出。有 5 个队于 1938 年集中到武汉，和其他进步戏剧团体一起改编为"抗敌演剧队"，在国统区从事抗日宣传活动。抗敌演剧队演出大量的街头剧、活报剧、茶馆剧、游行剧等，较为著名的有《放下你的鞭子》《三江好》《最后一计》《再上前线》《火海中的孤军》等。[③] 话舞剧《为自由和平而战》是一部集朗诵、舞蹈、歌唱、短剧于一体的综合剧，此期为抗日赈灾做出了贡献。1938 年 10 月 4—7 日，《为自由和平而战》一剧在重庆公演，这次公演由重庆新闻界发起，目的是募集 5 万元资金，制作 5 万件寒衣送往前线。当时黄金 50 元一两，5 万元相当于黄金千两。《为自由和平而战》一剧的票价，普通票为 1 元、2 元、5 元、10 元。当时，在重庆看演出，10 元票价是前所未有的高价。荣誉券价格更高得惊人，分为 50 元、100 元、500 元（当时 500 元相当于 10 两黄金）三种。如此昂贵的戏票，也只有向大企业家和

---

① 新疆通史编撰委员会编印《"民国时期的新疆"学术研讨会诗文集》，2013，第 19—20 页。

② 陈洁、陈天白编著《重拾历史的碎片：中国艺术界抗战备忘录（1931—1945）》，第 186 页。

③ 蔡鸿源、徐友春：《民国会社党派大辞典》，黄山书社，2012，第 26 页。

高官巨富推销。令人想不到的是，重庆民众爱国热情高涨，除了普通券全部售罄之外，荣誉券也有一些爱国人士购买。如重庆市银元同业公会主席康心如联合 17 家会员银行，一次拿出 2 万元，购荣誉券多种。《为自由和平而战》一剧在重庆的演出，可以说创下了中国剧场演出史上最高票价的纪录。值得称道的是，当年这些企业家愿出高价购买《为自由和平而战》荣誉券，他们的出发点只有一个——爱国。[1]

纷繁多样的义演活动此时高潮迭起，从演出目的、参与人员、演出剧目、演出效果等方面来看，处处体现着爱国和民族主义的担当精神。救亡义演活动滋养着民族主义，也洋溢着爱国者的民族情怀。

第二节　解放战争时期的慈善义演

解放战争时期，频繁且遍及全国各地的慈善义演活动，既在社会救助方面继续发挥作用，又因战争的影响呈现出一些新特点。社会力量与政府力量围绕慈善义演，担当不同的角色，彰显出慈善义演的价值和意义。

一　助学扶贫：救助功能的延续

慈善义演最常见的功能为社会救助。解放战争时期，各地慈善义演活动依然发挥着助学扶贫的功能，这是其社会功能的延续。在一些主要城市，各界通过举办募捐义演获取资金用于社会救助的事例非常多。如 1946 年 5 月 26 日，北平市立第七中学于中国文化服务社剧场举行慈善音乐会，为吸引更多民众，时间长达 3 个小时。演出活动自下午 5 时 30 分开始，8 时 30 分结束，到场观众有 400 余人。警察局派人前来照料。据节目单，表演有粤乐、提琴独奏、琵琶独奏、南胡

---

① 陈洁、陈天白编著《重拾历史的碎片：中国艺术界抗战备忘录（1931—1945）》，
第 184 页。

独奏、女高音独唱、钢琴独奏、丝竹合奏、昆曲、古琴独奏、提琴钢琴合奏等。[①] 12 月 22 日，北平私立培根小学同人，"鉴于冰天雪地中困苦同胞极待救济，特举办冬赈游艺会，以略尽绵薄之力。会场在西四北大红罗厂文化服务社旧址"。此次慈善义演到场观众约 800 人，可见受欢迎程度很高。关于此次冬赈游艺会的流程，史料有较为详细的记载：全体肃立→主席就位→唱国歌→向国旗敬礼→恭读国父遗嘱→静默三分钟→唱校歌→欢迎歌→主席致辞→游艺开始。具体表演节目有："瑞典土风舞、卖花词、胜利舞、双簧、蝴蝶舞、父亲逛花园、雪花舞、绕口令、春朝曲、黑人舞、口琴、（话剧）《湖上悲剧》。"[②]

　　该时期以助学为目的的慈善义演非常多。以北京为例，华乐戏院是一传统戏园，也是慈善义演的重要基地。1947 年 3 月 29 日，北平伊斯兰工会学校为本校建设"筹募基金"，在华乐戏院"演唱义务夜戏一场"。1947 年 6 月 10—11 日，"北平戏世界为戏剧改进会筹募基金演唱义务戏"，仍在华乐戏院演出。圣洁小学为本校发展基金筹款，于 11 月 1 日在华乐戏院演唱义务戏。据记载，戏票分为五个等级："筹款演唱义务夜戏一场，票价五万元、四万元、二万元、一万五十元、一万元。"[③] 1948 年 12 月 11 日，北平妇女社会服务促进会在协和礼堂举办慈善音乐会。[④] 1948 年 8 月 28—29 两日，又有国民学校在成达师范学校举行募捐招待会，"表演各种歌剧游艺"。募捐义演到场观众很多，"二十八日共到来宾六百三十余人，二十九日共到来宾七百

---

① 《北平市警察局内四分局关于第七中学等举行音乐会游艺会的呈文》（1946 年），北京市档案馆馆藏档案，档案号：J183 - 002 - 21525。
② 《北平市警察局内四分局关于第七中学等举行音乐会游艺会的呈文》（1946 年），北京市档案馆馆藏档案，档案号：J183 - 002 - 21525。
③ 《北平市警察局外一分局关于旅店、饭馆、澡堂不合规定从速改善、北平伊斯兰工会学校演唱夜戏、圣洁小学演唱夜戏、北平戏世界演唱义务戏等的呈报、指令》（1947 年），北京市档案馆馆藏档案，档案号：J184 - 002 - 02527。
④ 《北平妇女社会服务促进会关于在协和礼堂举办慈善音乐会的呈》（1948 年），北京市档案馆馆藏档案，档案号：J181 - 016 - 00600。

三十余人"。① 1948 年 9 月，河北献县同乡会为救济同乡学生，在北京饭店举行音乐会。② 1948 年 11 月 13 日，国民学校为了筹建校舍，又在东安市场吉祥大戏院演唱义务戏，并请警局照料，以及"社会局第三科救济股刘股长电洽"，义务戏筹款取得良好效果。③ 1948 年 12 月，私立育英学校与贝满学校两校歌咏团"为捐助育婴堂及瞽目院，定于本月十一、十二两日，每日下午三时起，在灯市口公理会举行音乐会"。④ 1948 年 12 月 11 日，北平妇女社会服务促进会在协和礼堂举办慈善音乐会。⑤

在另一商业城市汉口，此期义演活动相当活跃，各票社名家表现尤为突出。1948 年 1 月，汉剧票友阮智清发起汉剧票社联合会，参加的票社有国风、汉风、邮务、复汉、汉光等五家。五家票社商定，在国风票社召开座谈会，商讨冬赈义演事宜。会议最后决定，每家票社派代表两人参加表演。当时的报纸曾对此发文评论，"从此汉剧票社，当仁不让，共襄义举，诚有团结力量矣"。⑥ 除汉剧票社之外，也有越剧名角积极加入冬赈义演行列。

各类学校组织的筹款义演活动最为显著。这一时期，比较有代表性的慈善义演活动，多为筹集助学资金，或学生群体在学校的支持下

---

① 《北平市警察局关于北平私立学校募捐招待游艺会、成达师范学校学生与无线电台因房舍发生纠纷、长白学院庆祝晚会经过情形的呈报》（1948 年），北京市档案馆馆藏档案，档案号：J183 - 002 - 39295。

② 《北平市警察局关于河北省献县同乡会为救济旅平学生在北京饭店举行音乐会的批》（1948 年），北京市档案馆馆藏档案，档案号：J181 - 016 - 00574。

③ 《北平市警察局一区十六保国民学校为筹建校舍在吉祥戏院演戏一日的呈文》（1948 年），北京市档案馆馆藏档案，档案号：J181 - 016 - 00399。

④ 《北平私立育英中学关于捐助这［事］由定于十一日十二日两日下午三时起在灯市口公理会举行音乐会的函》（1948 年），北京市档案馆馆藏档案，档案号：J181 - 016 - 00405。

⑤ 《北平妇女社会服务促进会关于在协和礼堂举办慈善音乐会的呈》（1948 年），北京市档案馆馆藏档案，档案号：J181 - 016 - 00600。

⑥ 《汉剧票友将联合冬赈义演》，《罗宾汉》1948 年 1 月 19 日，第 2 版，转引自朱伟明、陈志勇主编《汉剧研究资料汇编（1822—1949）》，武汉出版社，2012，第 346 页。

募捐义演，一般来讲还比较成功。如 1948 年 2 月 17 日，国立北洋大学学生筹募年刊基金，"特约本校凌霄国剧社"在"前皇宫戏院义务公演"。[①] 推销门票的方法有两种：一是向社会各界推销义演票券，二是广发告示招揽观众购买门票。北洋大学的此次筹款义演，先由 1948 年毕业班班会负责人田钟颖负责向天津市社会局提出申请，经社会局批准"发给许可证"之后，方可组织演出活动。关于活动开支，另有规定和要求，按规定，开支"不超过收入百分之五"。[②] 据记载得知，此次公演"收入票价共计国币二千一百零一万元，除一切开支外，尚余一千九百九十六万元"。北洋大学校长张含英还向天津市社会局附送收支账单一份、义演许可证一份。[③] 1948 年 5 月 2 日，另有北洋大学学生组织凌霄国剧社为该社筹募基金，借用北宁花园礼堂举办义演两场。[④] 这类事例还有很多。如 1946 年 12 月 14 日，天津市私立云湘小学校董会董事长王宗民、校长穆华耕呈请天津市社会局，表示"本校为增设班次、普及教育，复因时届严冬，购置烟煤，修缮门窗、桌椅，校款支绌，难以措置。前经本校董事会议议决，发起演唱募集基金义务戏"。[⑤] 此次义演拟定于 1947 年 1 月 3、4 两日，在中国大戏院约请本市名票演唱义务戏两场。社会局接到呈请，要求该校"补呈教育局许可文件，并将收支预算表（开支不得超过收入百分之二）、剧目单及销票计划"呈送。据记载得知，此次慈善义演活动进行得非常

---

① 《北洋大学演义剧（案卷级）》（1948 年），天津市档案馆馆藏档案，档案号：4012 06800 – J0025 – 3 – 004114。

② 《北洋大学演义剧（案卷级）》（1948 年），天津市档案馆馆藏档案，档案号：4012 06800 – J0025 – 3 – 004114。

③ 《北洋大学演义剧（案卷级）》（1948 年），天津市档案馆馆藏档案，档案号：4012 06800 – J0025 – 3 – 004114。

④ 《北洋大学演义剧（案卷级）》（1948 年），天津市档案馆馆藏档案，档案号：4012 06800 – J0025 – 3 – 004114。

⑤ 《云湘小学校筹演义剧（案卷级）》（1946 年），天津市档案馆馆藏档案，档案号：401206800 – J0025 – 3 – 004003。

顺利，出演人有张启秋、王琴生等。①

　　该时期，天津市不少学校和团体，经常组织募捐义演助学助贫。如私立明德小学校②、私立成城小学③、私立含光女子中学④、澄衷小学⑤、私立求实小学校⑥、私立智业小学⑦、私立慈铭小学校⑧、私立淑修小学校⑨、私立法汉中学校⑩、私立义存小学校⑪、时文小学⑫、中正中学⑬等，档案记载反映的相关内容较多。1947 年 6 月，天津市新闻记者公会为筹集资金举办义务戏，并于当月 20—21 日两晚，在中国大戏院邀请尚小云等演唱两场筹款义剧。⑭ 1947 年，天津中国广

① 《云湘小学校筹演义剧（案卷级）》（1946 年），天津市档案馆馆藏档案，档案号：401206800 – J0025 – 3 – 004003。
② 《明德小学呈演义剧（案卷级）》（1946 年），天津市档案馆馆藏档案，档案号：401206800 – J0025 – 3 – 004005。
③ 《为义演筹款修缮校舍请鉴核备案事致社会局的呈》（1947 年），天津市档案馆馆藏档案，档案号：401206800 – J0025 – 3 – 004021 – 001。
④ 《含光女子中学呈演义剧（案卷级）》（1947 年），天津市档案馆馆藏档案，档案号：401206800 – J0025 – 3 – 004059。
⑤ 《澄衷小学呈演义剧（案卷级）》（1947 年），天津市档案馆馆藏档案，档案号：401206800 – J0025 – 3 – 004067。
⑥ 《求实小学呈演义剧（案卷级）》（1947 年），天津市档案馆馆藏档案，档案号：401206800 – J0025 – 3 – 004048。
⑦ 《智业小学呈演义剧（案卷级）》（1948 年），天津市档案馆馆藏档案，档案号：401206800 – J0025 – 3 – 004105。
⑧ 《慈铭小学呈演义剧（案卷级）》（1948 年），天津市档案馆馆藏档案，档案号：401206800 – J0025 – 3 – 004107。
⑨ 《淑修小学呈演义剧（案卷级）》（1948 年），天津市档案馆馆藏档案，档案号：401206800 – J0025 – 3 – 004138。
⑩ 《法汉中学呈演义剧（案卷级）》（1948 年），天津市档案馆馆藏档案，档案号：401206800 – J0025 – 3 – 004160。
⑪ 《义存小学呈演义剧（案卷级）》（1948 年），天津市档案馆馆藏档案，档案号：401206800 – J0025 – 3 – 004170。
⑫ 《时文小学呈演义剧（案卷级）》（1948 年），天津市档案馆馆藏档案，档案号：401206800 – J0025 – 3 – 004171。
⑬ 《中正中学呈演义剧（案卷级）》（1947 年），天津市档案馆馆藏档案，档案号：401206800 – J0025 – 2 – 003637。
⑭ 《新闻记者公会呈演义剧（案卷级）》（1947 年），天津市档案馆馆藏档案，档案号：401206800 – J0025 – 3 – 004038。

播电台为创立一周年准备纪念活动，同时借机为本市贫寒儿童募集奖学金，在励志社举行慈善义演活动。[1] 1948 年 6 月，天津市华友剧社耀华中学校友为筹募清寒学生奖学金举行义演，17—19 日在耀华学校礼堂公演话剧，票款所得除必要开支外，"扫数拨充母校耀华学校"，作为清寒学生的奖学金。当时演出计划为 3 场，每场 1000 座，计入场券 3000 张。分销方式为：演员代销 1000 张；母校同学代销 500—1000 张；当场出售 500—1000 张。每张票售价金圆券 2 角，约计可得票款金圆券 400—600 元。[2] 1948 年冬季，天津市"佛教居士林冬令救济委员会"向政府呈请举办慈善义演，拟筹办粥厂，提出："时届冬令，本市一般贫民无衣乏食，涸鲋堪虞，爰约中原国剧社、宁友国剧社，假座第一区罗斯福路中原茶厅义演三日，兹定于十月二十三、四、五等日，二十三、四早晚两场，二十五晚一场共五场，每日下午二时至十一时止（二十五晚场票款转赠福建同乡会水灾之用），其他收入完全交由本林购办粥粮。"[3]

上述文献记载反映出此期慈善义演多为助贫或助学，而且活动非常频繁。至少在天津地区，慈善义演一直在发挥助学、助贫的作用。慈善义演的社会救助功能，成为该时期慈善义演一直延续的重要动因，社会力量为慈善义演频繁举行的主要支撑力量。

二　管控约束：政府税权的渗透

抗日战争结束之后，政府机构对于慈善义演的管控呈现出更加严格的趋势，主要体现为审批的严格与政府税权的渗透。该时期，政府一直对娱乐业征税，由于义演与娱乐有直接关联，也有较多不易分辨

---

[1] 《中国广播电台呈演义剧（案卷级）》（1947 年），天津市档案馆馆藏档案，档案号：401206800 - J0025 - 3 - 004100。

[2] 《华友剧社呈演义剧（案卷级）》（1948 年），天津市档案馆馆藏档案，档案号：401206800 - J0025 - 3 - 004165。

[3] 《为请筹办剧事致天津市教育局的呈（文件级）》（1948 年），天津市档案馆馆藏档案，档案号：401206800 - J0110 - 3 - 000775 - 067。

的内幕，因此政府对此管理毫不放松。当然，如果娱乐活动的确用于慈善，主办者可以申请减免税额。此期，即便是政府和某些党政部门关联机构主办的慈善义演，也要按照正常程序申报办理娱乐税的减免手续。如1945年，伪北平市社会局筹办冬赈救济款，拟于12月28、29两日在长安戏院，30日在华乐戏院演唱义务戏。免税申报称，"由本市戏界自动演唱冬赈义务戏"，请免除征收娱乐税。①

其他机构组织义演活动，若想减免税额，自然也需要向管理部门提出申请。如1945年，"东北青年同进会北平办事处"为救济"旅平东北贫苦学生及失业青年"，发起慈善演出活动，向税务部门申请，希望免征娱乐税。同年，还有"北平市私立育英中学"为襄助本市育婴事业，于12月22日在长安戏院公演义务戏，请免除娱乐税。② 如此事例较为多见。

一般情况下，社会力量在举办慈善义演时都会申请免税。如1946年天津不少社会团体举办的慈善义演，都提交了免税申请。③ 如北平歌剧协进会、天津市文化运动委员会、忠义社、天津市私立众成商业职业学校、蓝十字会、河北女师校友会复母校募捐委员会、天津市戏院业职业公会新中央北洋戏院分会、天津市外勤记者联谊会等，组织义演的目的多为救贫、助学，都申请了免税。再如，天津电灯工会向政府致函，定于五一劳动节下午，在中国大戏院举办义演，申请"准予免税"。另如，戏曲电影业同业公会，定于5月17日，由各戏院举办冬令救济义务戏，函请社会局、财政局免税，"以襄义举"。还有，中美文化协会天津分会，提出举办义演，"请准免征捐税"。同时，天津"救济桂灾筹备委员会"，为赈济广西灾民，定于1946年6月5—

① 《北平市财政局关于催征减免各戏院影院娱乐税事项给各稽征所的训令和通知单》（1945年），北京市档案馆馆藏档案，档案号：J009-004-00025。
② 《北平市财政局关于催征减免各戏院影院娱乐税事项给各稽征所的训令和通知单》（1945年），北京市档案馆馆藏档案，档案号：J009-004-00025。
③ 《征收筵席及娱乐税第三十一册义剧免税（案卷级）》（1946年），天津市档案馆馆藏档案，档案号：401206800-J0056-1-003556。

11 日在天津中国戏院义演平剧七天，请谭富英等知名艺人到场演出，为此向天津市财政局申请免捐。^① 又如，1947 年，天津市中医补习学校等向政府主管部门申请举办义演，请"酌免征娱乐税"。^② 可见，义演免税申请大量存在，也就形成了社会力量竭力争取减免税收与政府是否批准的问题。

举办慈善义演能否免税，程序非常烦琐且事实真伪不易分辨。1946 年，天津市社会局与财政局两局合议，针对慈善义演是否征税问题，出台一个便于掌握和操作的具体办法。税捐稽征所认为，征收娱乐税是天津市的一项主要税源，税法及有关规定中没有针对此类情况的免税之说，在目前天津市财政困难之际，为了维护政府财政收入，也对此类活动进行严格限制，征收此税项非常必要。因此，"凡属义剧出演"，"所有应代征之娱乐税，概不准蠲免"。如果情形特殊，确为救灾筹赈等，可以按照义演所出售的最低票价来计征税款，以此维护市政府的税权。此意见最后形成，并上报天津市政府。^③

天津市社会局针对义演管理出台了七项办法。关于出台具体办法的缘由，有说法是，社会局"鉴于近日捐募义演之风盛行，并时有派票等情形，实有违捐募义演之本意，为免弊端，特拟定监督捐募戏曲公演办法，对捐款支出、存放，均有所限制"。具体办法如下：

（一）捐募戏曲公演前，须刊具举办宗旨，及收支概算表，呈报社会局审核。

（二）捐募戏曲公演时，须有本局公演许可证。

（三）公演收支实况，限公演后一星期内，列具详表，呈报

---

① 《征收筵席及娱乐税第三十一册义剧免税（案卷级）》（1946 年），天津市档案馆馆藏档案，档案号：401206800 - J0056 - 1 - 003556。

② 《为举办义剧免征娱乐税事致市教育局函（文件级）》（1947 年），天津市档案馆馆藏档案，档案号：401206800 - J0110 - 1 - 000884 - 012。

③ 《征收筵席及娱乐税第三十一册义剧免税（案卷级）》（1946 年），天津市档案馆馆藏档案，档案号：401206800 - J0056 - 1 - 003556。

本局审核，并公诸报端。

（四）所有收款，除开销外，在未动用时，须存入国家银行，或储汇局。

（五）捐募戏曲不得派票。

（六）捐募开支，不得超过收入百分之二，并不得支给经募报酬。

（七）戏曲公演及收据券票办理情形，本局得随时派员查考。①

显然，这一管理办法虽然看起来较为简略，但对整个义演活动的申报、办证、收入公开、定价、开支、监督等多个环节给予了规定和明示，也确"为免弊端"定下了规则。更重要的是，其中对于募捐"开支"的限制与支付报酬的限制，为社会团体今后举办义演增加了难度，因此，组织类似活动的积极性会有一定程度的减弱。

1946 年 10 月 7 日，天津市戏院业职业工会新中央北洋戏院分会呈，为救济工友举办义剧，向税捐稽征所申请按照最低票价征税。但是税捐稽征所却按照之前的办法，不减少征收款项。由此，10 月 22 日，新中央北洋戏院分会"为恳请收回成命，重行审核，将税资再行酌减，以示体恤而维慈善"，但向税局力争的结果是没有成功。② 此类情况并非孤例。

以 1946 年天津市正宗救济会申报的慈善义演活动为例，可见政府权力在税政领域对义演活动的渗透。11 月 9 日，正宗救济会理事长王瑞芝向天津市社会局呈报申请，表示"为救济赤贫、文贫、嫠妇、孤独残废及罪囚，施放冬赈，演唱义剧，筹措赈款"。其中特别提及，正宗救济会"关于救济事业常年施诊舍药，每冬赈放棉衣、玉麦，惟

---

① 《征收筵席及娱乐税第三十一册义剧免税（案卷级）》（1946 年），天津市档案馆馆藏档案，档案号：401206800 - J0056 - 1 - 003556。
② 《征收筵席及娱乐税第五十七册义剧免税（案卷级）》（1946 年），天津市档案馆馆藏档案，档案号：401206800 - J0056 - 1 - 003569。

力量棉薄，莫铭惭愧。兹者严冬瞬届，战后饥馑、疮痍满目，本会全体理监事有鉴于斯，经迭次开会研商，拟扩大冬赈救济工作，并连络河北新闻社、华北通讯社为后援，复获律师公会、运输业工会之助勤，共同成立正宗救济会冬赈施放委员会，并经派人赴平邀约奚啸伯、张玉英、刘砚亭等角色，拟于本月十九、二十两日假中国大戏院演唱义戏，所得款项除角色等必需开销外，扫数施赈。预计除必要开销外，可获赈款三千万元之谱，以救济赤贫、文贫、嫠妇、孤独残废及罪囚"。① 此次正宗救济会施赈委员会的冬赈救济实施办法，如下所示：

> 筹款额数：除必要开销外，预算可收赈款三千万元；救济情形：救济文贫、赤贫、恤嫠，并在第三监狱及看守所囚犯施放棉衣、棉被及药品等；救济地点：西头第三监狱看守所及市区贫民区为限；救济人数：每人救济物品以一万元计算，可救济三千人；救济办法：由正宗救济会施赈委员会以所得赈款三分之一，会同津法院及监所典狱长、看守所长、律师公会理监事施放监犯；另以三分之一赈款由正宗救济会施放登记之嫠妇及购药施诊施药；另以三分之一由河北新闻社服务部及运输业工会负责施给求救之赤贫、文贫及运输工人贫病衰老残废之家属。②

此次正宗救济会义剧收入及支出情况如下（见表3-15、表3-16）。

表3-15　天津市正宗救济会义剧收入概算

单位：万元

票数	单价	共价
包厢60个	5	300

---

① 《为施放冬赈演义剧筹措赈款事致天津市正宗救济会的批（附呈办法表等）》（1946年），天津市档案馆馆藏档案，档案号：401206800 - J0025 - 3 - 003987 - 001。
② 《为施放冬赈演义剧筹措赈款事致天津市正宗救济会的批（附呈办法表等）》（1946年），天津市档案馆馆藏档案，档案号：401206800 - J0025 - 3 - 003987 - 001。

续表

票数	单价	共价
荣誉座 800 张	2	1600
中排座 400 张	1	400
后排座 200 张	0.6	120
两廊座 200 张	0.2	40
厢旁座 200 张	0.1	20
统计		2480

资料来源:《为施放冬赈演义剧筹措赈款事致天津市正宗救济会的批（附呈办法表筹）》(1946 年)，天津市档案馆馆藏档案，档案号：401206800 – J0025 – 3 – 003987 – 001。

表 3 – 16　天津市正宗救济会义剧支出概算

单位：万元

名称	数目	备注
租园	100	（雨天）
约角	300	（38 名）
路费	49	（38 名）
剧员饭费	24	
栈费	30	（38 名计 4 天住房）
捐税	560	
杂项	100	（行头、仪装及来往车资等费）
统计	1163	
附注	一、销票计划：本会理监事会员等分配销售	
	二、支出超过部分办法另筹的款抵补	

资料来源:《为施放冬赈演义剧筹措赈款事致天津市正宗救济会的批（附呈办法表等）》(1946 年)，天津市档案馆馆藏档案，档案号：401206800 – J0025 – 3 – 003987 – 001。

此次慈善义演的演出剧目有：

11 月 19 日　早场

茹富蕙、刁元礼、娄振奎：《奇冤报》

江世玉、张玉英、钱元通 ：《玉堂春》

奚啸伯、李盛芳、江世玉、刘砚亭、李世琦、李庆山：《白蟒台（取洛阳起至法场止）》

11 月 20 日　早场

王维君：《吊金龟》

张玉英、刁元礼：《武家坡》

奚啸伯、江世英、刘砚亭、茹富蕙、李世琦、李盛芳、朱桂华、娄振奎、钱元通：《杨家将（托兆碰碑起夜审潘洪止)》①

此次慈善义演结束之后，天津市正宗救济会理事长王瑞芝向社会局汇报具体情况。汇报还特别指出："义演之票款曾经律师公会以三百万元施放西头第一监狱囚犯棉衣被褥，又运输公会以三百万元救济该会之极贫伙友，并河北新闻社以二百万元救济小报贩等用，究竟下余若干元尚未敛齐，至于属会原拟恤嫠及救济文贫等三百名，仍感不敷开支。"② 因此，准备于 1947 年 1 月 9 日和 10 日，继续举办义演筹款。其中，在收入项下，准备出售"票数三千张、厢票三十张，平均每张按四千元计算，票价数约收一千五百四十万元。支出项下：租园一百万元；约角六十万元；栈费十万元；饭费二十万元；路费十万元；捐税二百万元；杂项一百万元"，统计五百万元。至于销票，则由该会会员分销。救济人数为三百名，救济地点为天津市区。具体戏目：1 月 9 日早场，一点开五点止，杨林、汤元光、刘仙筹《玉堂春》；金鹤年、朗月馆主《失街亭》；周啸天《空城计》；王玉良、刘金波《斩马谡》。1 月 10 日早场，一点开五点止，张静涵、丁思禹《打龙袍》；金鹤年、王玉宸、周啸天、金又琴女士、苏世明《法门寺》。③

---

① 《为施放冬赈演义剧筹措赈款事致天津市正宗救济会的批（附呈办法表等）》（1946年），天津市档案馆馆藏档案，档案号：401206800－J0025－3－003987－001。
② 《为救济文贫演剧筹款事致天津市正宗救济会的批（附呈表等）》（1946 年），天津市档案馆馆藏档案，档案号：401206800－J0025－3－003987－002。
③ 《为救济文贫演剧筹款事致天津市正宗救济会的批（附呈表等）》（1946 年），天津市档案馆馆藏档案，档案号：401206800－J0025－3－003987－002。

　　1947 年 2 月 24 日，天津市社会局发现救济会"所报收据支出总数共七百五十万元，与前报演戏收入八百五十万元之数不符"，由此要求"负责人来局询明核办"。王瑞芝称，"除夕放振之款，无法要收据，至其余三笔亦未经留存收据"，甚至还表示，"应收未收之票款二百五十万元""无法追索"。同时，王瑞芝还说明，"前报河北新闻社三十万元，实用五十万元，属会前报摊款二百万元，实摊一百万元"。① 他还将去年两次呈报的义剧收支数额未结各项一并呈交社会局，具体明细为：

　　　　计开收入项下：

　　　　实在售出计票款一千一百万元，而实在收入仅有八百五十万元，其未能收入之二百五十万元，系因分售各商号，而商号因营业萧条，至今尚无收入希望。

　　　　计开支出项下：

　　　　律师公会放给第一监狱铺板被褥等项用支，三百万元

　　　　运输公会救济贫民用支，三百万元

　　　　河北新闻救济贫民小报贩，五十万元

　　　　鄙会在红卍字会摊考文资用支，一百万元

　　　　阴历除夕晚间施放，五十万元

　　　　鄙会购煤费用，十三万元

　　　　职员津贴，二十万元

　　　　义演约角杂费提用，十七万元

　　　　总计支出，八百五十万元

　　　　　　　　　　　　　　　　　　中华民国三十六年二月二十四日

　　　　收款证：

　　　　今收到

---

① 《为补送义剧开支收据致天津市政府社会局的呈（附收据）》（1947 年），天津市档案馆馆藏档案，档案号：401206800 - J0025 - 3 - 003987 - 004。

冬赈正宗救济会摊款一百万元

中华民国三十六年一月六日　世界红卍字会天津主会具

今收到

正宗救济会交来捐助看守所捐款三百万元正

天津律师公会具　三十六年一月九日

今收到

正宗救济会交来代赈文贫款洋五十万元整

民国卅五年十二月五日　河北新闻社具

收到

正宗救济会拨交剧款办理救济支用洋三百万元正

卅五年十二月卅日　运输工会具

今领到

社会局发还金城银行支票一纸，计国币三十万元正，聚兴和定配药料单一纸

天津市正宗救济会理事长王瑞芝　五月一日[①]

后经社会局社会福利科核对账目，发现之所以数目有出入，原因在于"聚祥号承销剧票达二百四十万元之巨，竟以歇业关系，票款一文未付"，并要求"正宗救济会应如何积极追讨，以明责任。乃未据详述追讨情形，是否别有隐情，似应追究，拟予严斥，并着即负责人追讨"。[②]可见政府部门对义演收支的管理不仅有程序要求，而且监督严格。

对于天津市社会局的核查结果，正宗救济会又呈报天津市社会局社会福利科，予以申辩。1947 年 3 月 27 日，天津市正宗救济会提交申明《为呈报义剧票款二百五十万元不能收入各缘由》，表示"属会

---

① 《为补送义剧开支收据致天津市政府社会局的呈（附收据）》（1947 年），天津市档案馆馆藏档案，档案号：401206800 - J0025 - 3 - 003987 - 004。

② 《为严加追讨义剧票款事致天津市正宗救济会的批（附呈收据一张）》（1947 年），天津市档案馆馆藏档案，档案号：401206800 - J0025 - 3 - 003987 - 005。

于去岁冬赈义演按票面应收一千一百万元，实收八百五十万元，分别开支呈报在案。惟有二百五十万元无法收敛，款项无收入希望，当将无法收敛之实情陈明于下。缘彼时有聚祥号在旧法租界华安饭店内五十二号房开设，内局杂货营业铺长何兴权承包剧票，万元一张者一百五十张，六千元一张者一百五十张，两种剧票共合计洋二百四十万元。该号分售剧票时，正在年关将届，各家营业不振，又因该号内部亏累，随之歇业，各票销售凌乱，以致无法收敛追讨，至今数月之久，故该票款终无希望，并有该号承包销票未曾付款之证明收据一纸作证，外有十万元之零星剧票，更无头绪"。①

承包销票人有商家的未付票款收据，内容为：

今收到

正宗救济会义务剧票一百五十张（一万），一百五十张（六千），共合洋二百四十万元。

民国三十六年元月三日　　聚祥号

对此，社会局则表示，"该聚祥号拖欠票款达二百四十万元之巨，时越四月，该会追讨并无结果，事前销票考虑未周"，希望"严加追索，该号虽已歇业，当有负责人及铺保"。同时，对于天津市正宗救济会"所请续演，拟予批驳"，并明确表示"先用电话通知该会注意，如无局令不得擅演"。正宗救济会则向天津市社会局社会福利科呈请，表示奉批之下，会"立即催原经销人等先于垫付药资，以便结束"，并将各项单据呈报备查，计开"聚和定药收条一纸、支票一纸、购置鹿茸胎价洋条一纸"。并"为施药难民续演义剧一日，恳请照准"。4月8日，正宗救济会表示"属会前举办恤婺及救济文贫义演两日一案，于本年一月十六日奉批完毕后，并将收支实状及施赈详情报局备

---

① 《为严加追讨义剧票款事致天津市正宗救济会的批（附呈收据一张）》（1947 年），天津市档案馆馆藏档案，档案号：401206800 - J0025 - 3 -003987 -005。

查"，"但查该时办理义演正值废历年关，兼以雨雪，观听无人，故将两日售出剧票并合一天演唱，仅售出剧票四百二十张，每票按四千元，平均计共收洋一百六十万元，除一切开支费用外，当亏垫二百六十余万元。属会本拟演戏筹款办理救济，反加赔累，何堪负担。现经数月之筹措，拟再约名伶侯喜瑞、名票王仲武等，在中国戏院定于四月十五日再为续演一日，早场票价定由二千元起码至一万元，厢票三万元，约可售收三四百万元。除开支补亏外，下剩之款扫数备配药品施给外县逃津之难民"。恳请社会局"准予续演一日，俾办救济，实为公德两便"。① 天津市正宗救济会续演义剧救济难民的收支概算，如下所示：

　　　　——义演销票之数目及票价
　　　　销票数一千二百张，厢票二十张
　　　　每票平均三千元，约收三四百万元
　　　　——救济之办法
　　　　先配时疫丸五百付，配妥送局转发
　　　　——受益之人数
　　　　能救济病人五百名
　　　　——销票之情形
　　　　并无派票情事
　　　　——开支遵章，详数演毕再为呈报
　　　　中华民国三十六年四月七日　天津市正宗救济会
　　　　天津市正宗救济会续演义剧剧目情况如下：
　　　　天津市正宗救济会续演义剧剧目　十五日下午一时开六时停
　　　　张镜涵、伊长伯、苏世明：《洪洋洞》

---

① 《为据先后呈请为筹款救济难民补演义剧一场事致天津正宗救济会的批（附呈单）》（1947年），天津市档案馆馆藏档案，档案号：401206800 – J0025 – 3 – 003987 – 006。

魏啸云、金鹤年、张宗南、王玉宸、苏啸宇、苏世明:《法门寺》

张鸣禄、侯喜瑞、王仲武、安梦洪:全部《连环套》

中华民国三十六年四月七日　　天津市正宗救济会①

为了消除社会局对募捐收支各项的疑虑,正宗救济会还专门表示,"该会上次演剧拖欠之款,业据呈报收回,并附支用单据,经签报在案"。正宗救济会的呈报,"以演剧票款二百四十万元购买药材并存入银行"。对此,4月21日,社会局派人前往金城银行,询问是否有正宗救济会的存款,银行称并无该会存款,关于支票30万元,系王承守个人户头到期支取。因此,社会局又询问王承守与正宗救济会有何关系,银行表示不知。于是,社会局又再赴聚兴和、隆记药庄继续询问,了解该会配制药材是否确实。隆记药庄店员曹子忠称,所配药材种类、数量及价值,完全与所报单据相符,并已收订款150万元,再,该会曾自备鹿胎膏10余两加入配药,对此膏的价值无法估计。于是,社会局又向正宗救济会询问,了解该会与王承守之间有什么关系,并查看了账目。正宗救济会理事长王瑞芝称,王承守系本会会员。社会局再通过查账,发现在收入项下,有4月9日两笔收款,计240万元,属收支相符,并告知救济会待配制药材收到后,再呈报施放办法。这表明,正宗救济会并没有吞没善款。

天津市正宗救济会义演筹款配制药品救济灾民收支概算单

一、票数及票价项下

厢票十三张　每张三万元

荣誉票十七张　每张一万元

———————

① 《为据先后呈请为筹款救济难民补演义剧一场事致天津正宗救济会的批(附呈单)》(1947年),天津市档案馆馆藏档案,档案号:401206800 - J0025 - 3 - 003987 - 006。

　　　　　池票三百张　每张六千元

　　　　　楼上下后排二百五十张　每张二千元

　　　　　约可共售收二百八十六万元

　　　　　并无派票情事

　　二、支出项下

　　　　　租园一日　一百万元

　　　　　票捐六十上下万元　按票正副券合算

　　　　　印花二十上下万元

　　　　　约角车饭费约需五十上下万元

　　　　　上项开支除照章百分之二超过另筹抵款抵补

　　三、销票数及收款开支细目演毕另再呈报①

　　由以上实例可见该时期以社会局为代表的政府部门对慈善义演的管控力度及其办事认真程度。同时，在一定程度上说明，通过税收表达权力意志，是该时期政府对慈善义演进行管控的主要手段。

　　政府税权的程度如何，是值得深入思考的问题。该时期，政府对慈善义演征税为普遍存在的现象。如1946年9月，天津市私立特一中学校为筹募复校经费，于19日在中国戏院演剧。此次募捐义演活动的具体票价收入，见表3-17。

表3-17　天津市财政局场商使用票券价格申报

单位：元

座次名称	共价	备考
荣誉座	100000	
前排	20000	特一中学校义务戏
中排	10000	

---

①　《为据先后呈请为筹款救济难民补演义剧一场事致天津市正宗救济会的批（附呈单）》（1947年），天津市档案馆馆藏档案，档案号：401206800-J0025-3-003987-006。

座次名称	共价	备考
后排	4000	
楼上前排	10000	
楼上后排	4000	
三楼	2000	
头级厢	150000	
二级厢	150000	
三级厢	150000	

资料来源：《征收筵席及娱乐税第五十七册义剧免税（案卷级）》（1946 年），天津市档案馆馆藏档案，档案号：401206800 – J0056 – 1 – 003569。

此后四天，该校接连举办义演四场。此五日场商代征娱乐税款情况，如表 3 –18、表 3 –19、表 3 –20、表 3 –21、表 3 –22 所示。

表 3 –18   1946 年 9 月 19 日场商代征娱乐税款情况

单位：张，元

座次名称	售出数目	原票数目	金额	代征税款	备注
楼下荣座	9	68		10000	
楼下前排楼上特座	65	744		20000	
楼下后排	212	533		10000	
楼上前排后排	55	418		4000	特一中学义剧
三楼	77	163		2000	
头级	9	10			
二级		10			
三级		10	（字迹模糊）		

资料来源：《征收筵席及娱乐税第五十七册义剧免税（案卷级）》（1946 年），天津市档案馆馆藏档案，档案号：401206800 – J0056 – 1 – 003569。

表 3 – 19　1946 年 9 月 20 日场商代征娱乐税款情况

单位：张，元

座次名称	售出数目	原票数目	金额	代征税款	备注
楼下荣座	4	68	129028	100000	
楼下前排 楼上特座	147	744	948355.8	20000	
楼下后排	179	533	577400.3	10000	
楼上前排 后排	28	418	36120	4000	特一中学义剧
三楼	71	163	45804.94	2000	
头级	9	10	532224		
二级		10	2268933.04		
三级		10			

资料来源：《征收筵席及娱乐税第五十七册义剧免税（案卷级）》（1946 年），天津市档案馆馆藏档案，档案号：401206800 – J0056 – 1 – 003569。

表 3 – 20　1946 年 9 月 21 日场商代征娱乐税款情况

单位：张，元

座次名称	售出数目	原票数目	金额	代征税款	备注
楼下荣座	14	68	451598	100000	
楼下前排 楼上特座	181	744	1167703.4	20000	
楼下后排	154	533	496757.8	10000	
楼上前排 后排	90	418	116100	4000	特一中学义剧
三楼	114	163	73545.96	2000	
头级	6	10	338688	50000	
二级		10	2644393.16		
三级		10			

资料来源：《征收筵席及娱乐税第五十七册义剧免税（案卷级）》（1946 年），天津市档案馆馆藏档案，档案号：401206800 – J0056 – 1 – 003569。

表 3–21　1946 年 9 月 22 日场商代征娱乐税款情况

单位：张，元

座次名称	售出数目	原票数目	金额	代征税款	备注
楼下荣座	11	68	354827	100000	
楼下前排楼上特座	403	744	2599914.2	20000	
楼下后排	271	533	700824.9	10000	
楼上前排后排	113	418	145770	4000	特一中学义剧
三楼	66	163	42579.24	2000	
头级	4	10	2903040		
二级		10	4307559.14		
三级		10			

资料来源：《征收筵席及娱乐税第五十七册义剧免税（案卷级）》（1946 年），天津市档案馆馆藏档案，档案号：401206800 – J0056 – 1 – 003569。

表 3–22　1946 年 9 月 23 日场商代征娱乐税款情况

单位：张，元

座次名称	售出数目	原票数目	金额	代征税款	备注
楼下前排楼上荣座	349	812	900559.6	8000	
楼下中排楼上后排	263	414	424140.1	5000	
包厢	378	537	365790.6	35000	
三楼	163	163	26287.01	500	特一中学义剧
头级	2	10	38708.6	60000	
二级	2	10	25800	40000	
三级	4	10	38708	30000	
总计			1819993.31		

资料来源：《征收筵席及娱乐税第五十七册义剧免税（案卷级）》（1946 年），天津市档案馆馆藏档案，档案号：401206800 – J0056 – 1 – 003569。

根据以上统计结果，天津市财政局审核后认为："该校特一中学校，前假本市中国戏院举办义剧五场，筹募校务基金，当经市局派员督征。据报，该校共售出票券三千六百五十五张（厢票按六座计算），所售票价，最高者每张十万元，低者每张二千元。查该校举办义演既为筹募校务基金，姑准按照义演限制办法，照平均票价每张三千元计算，共应征税款三百五十三万六千九百八十元零五分，以示优异。"并对天津市第一区税捐稽征所提出要求，应对慈善义演所得依法征收税款。[①]

由上可见，此期政府对筹款义演主要通过两种方式进行管控，一是举办活动之前的审批，二是对筹款所得实施征税。社会力量是举办义演的主体力量，此类义演具有慈善公益性质，因此对于申办一事的审批，政府没有将其作为管控的重点，一般都能获准。在税收问题上，政府处理问题的认真以及高效，可以说是将其作为对慈善义演实行严格管控的重要手段：与之前不同，政府不再免税，而是严格征税。从历史的演变来看，从免税到征税，反映了义演在该时期的时代境遇。

三　义演的延续：难民救助

战时难民是战争造成的直接结果。战争频发的时代，也是难民急需救助的时代。该时期，因为战争引起的社会动荡导致难民大量出现，难民救助成为延续此前慈善义演的社会功能和表征，同时也成为该时期义演的主要任务与目标指向。

这一时期，通过举办慈善义演进行难民救助的事例有很多。如1946 年 8 月 31 日至 9 月 1 日，北平蒙难同志会与华乐戏院联合组织"义务戏"两场，按照以往娱乐场所活动的惯例，还要请警察局派员到场维持秩序。[②] 此时，国民党由于反共宣传需要，通过组织义演活动形成影响，借娱乐之机控诉共产党。1947 年 7 月 23—25 日，国民党控制下的中国新社会事业建设协会北平分会北平中国国民互助协进

---

① 《征收筵席及娱乐税第五十七册义剧免税（案卷级）》（1946 年），天津市档案馆馆藏档案，档案号：401206800 – J0056 – 1 – 003556。
② 《北平市警察局关于华东戏院唱义务戏两场、对旅栈户应严密抽查、修缮内部暂行停演戏剧、装设标语推行新生活运动、加强管理旅店外加茶资的训令》（1946 年），北京市档案馆馆藏档案，档案号：J184 – 002 – 00175。

会，提出举办救济难民义务戏，邀请知名艺人马连良、谭富英、张君秋等演出，借机反共。声称"自共党倡乱以来，其破坏之重，与屠杀之惨，远较敌寇暴行实逾十倍，言之曷胜痛心。尤其日前冀东平蓟各县惨遭解放，人民舍其田园，弃其家产，扶老携幼，相率避难来平者，逾数千。虽经政府各机关与各慈善社团分别收容，予以安插，惟以难民过众，其间仍多无衣无食贫病交迫之老弱义民，仍待大量有效之救济。敝会等本服务社会之宗旨，依人类之同情及互助之精神，特联合本市各界热心慈善人士"，发起"筹款义务戏"，演出场所定在华乐戏院。① 很明显，该组织投靠国民党政权，在反动政府的授意下，义演成为其发布舆论影响民众的工具。

　　1947 年 9 月 6 日，天津市饭馆业工会"为自筹福利金救济失业会员"一事，向政府申请举办慈善义演，自称"自成立迄今，将近年余，并未筹有基金，仅有经常会费。今市面物价波动起浮不稳，而饭馆业生意屡有倒闭者，而失业会员竟有二三或四五个月无法谋生者，比比皆是"。"敝会同人不忍坐视其艰苦之状，故发起国剧义务戏一次，由本国剧社社员自配表演，票数并不外售，仅售本会会员前往观剧。借此可救济失业会员，免其失业痛苦。"② 记载显示，此次义演活动募捐收入效果不错，售票总收入为 40872000 元。具体售票情况如表 3 - 23 所示。

表 3 - 23　天津市饭馆业工会义剧剧场售票情况

单位：张，元

名称	票数	售出	票价	合洋
楼下前排	702	702	30000	21060000

---

① 《北平市警察局关于演唱游艺会、集会报告、民众教育馆迁址、保护弃婴意见、修路灯、保护知寺庙公物、购枪凭证等训令》（1947 年），北京市档案馆馆藏档案，档案号：J184 - 002 - 04876。

② 《饭馆业工会呈演义剧（案卷级）》（1947 年），天津市档案馆馆藏档案，档案号：401206800 - J0025 - 3 - 004201。

续表

名称	票数	售出	票价	合洋
楼下中排	246	174	20000	3480000
楼下后排	287	203	20000	4060000
楼上前排	168	166	20000	3320000
楼上后排	250	250	20000	5000000
顶级包厢	10	10	—	—
二级包厢	10	10	—	—
三级包厢	10	8	—	—
东特座	55	55	30000	1650000
西特座	55	55	30000	1650000
三楼散座	163	163	4000	652000

资料来源：《饭馆业工会呈演义剧（案卷级）》（1947年），天津市档案馆馆藏档案，档案号：401206800 - J0025 - 3 - 004201。

1947年12月12日，大名旅滦同乡会为了给当地难民筹募救济款，发起慈善义演活动。此次慈善义演的具体安排如表3-24所示。

表3-24 大名旅滦同乡会义演计划

演期	本月二十日夜场，二十一日夜场，二十二日夜场			
主演	由秋声社程砚秋主演。第一日《锁麟囊》，第二日《荒山泪》，第三日《文姬归汉》			
销票	先期预售，绝不强行推销			
用途	60%作难民冬赈筹立粥厂和暖厂，40%作难民子弟失业儿童教育经费			
收入	楼下	荣誉座每位300000元	共136座	合计40800000元
		前排每位200000元	共566座	合计113200000元
		中排每位150000元	共246座	合计36900000元
		后排每位50000元	共287座	合计14350000元
	二楼	特座每位200000元	共110座	合计22000000元
		包厢 一级1500000元	共10个	合计15000000元
		二级1200000元	共10个	合计25700000元
		三级1000000元	共10个	合计10000000元

续表

收入	二楼	散座	前排每位 150000 元	共 168 座	合计 252000000 元
			后排每位 50000 元	共 250 座	合计 12500000 元
	三楼		每位 10000 元	共 169 座	合计 1690000 元
	合计			总计 1926 座、30 包厢	304080000 元
支出	1	演员包银及后台开支			
	2	园租及前台开支 30000000 元			
	3	宣传费 3100000 元			
	4	筹备人员旅膳费 4740000 元			
	5	酬酢招待费 5800000 元			
	合计 43640000 元				
总计	868600000 元				

注：数字均据原文。

资料来源：《为准予演义剧以资救济等事致大名旅滦同乡会的批（附呈义演计划表）》(1947 年)，天津市档案馆馆藏档案，档案号：401206800 – J0025 – 3 – 006418 – 002。

此次慈善义演活动之后，河北大名旅滦同乡会向天津市社会局呈报了具体的演出售票收支决算。

大名旅滦同乡会义演收支数目清单如下。

1. 收入项下

（一）自十二月十五日起至二十二日止，共售票法币洋　三万八千八百八十四万元正

2. 开支项下

（一）十一月十四日由林西来津四人旅费　支法币洋　八十万元正

（二）惠中饭店五天宿费　支法币洋　一百三十九万八千元正

（三）十八日第一次赴平六天宿膳费　支法币洋　一百八十万元正

（四）初次接见程砚秋用汽车聚餐在内　支法币洋　一百九

十万元正

（五）二十三日由平返津旅膳费　支法币洋　五十万元正

（六）二十八日第二次赴平商洽演期及包银　支法币洋　二百四十万元正

（七）二十三日由平返津旅膳费　支法币洋　五十五万元正

（八）派人赴林西筹款旅膳费　支法币洋　八十八万元正

（九）办公费　支法币洋　二百万元正

（十）车马费　支法币洋　一百五十万元正

（十一）国民饭店共宿费　支法币洋　六百八十二万元正

（十二）接送程砚秋　支法币洋　七十七万元正

（十三）登报费及印说明书　支法币洋　七百二十九万六千元正

（十四）秋声社包银　支法币洋　二万四千万元正

（十五）中国大戏院租价茶水赏钱　支法币洋　四千一百万元正

（十六）财政局税　支法币洋　七百五十三万四千四百元正

（十七）荣军　支法币洋　一千五百万元正

（十八）票座　支法币洋　一千二百万元正

（十九）演戏时招待费支法币洋　四百万元正

（二十）由十一月三十日至十二月二十六日八人至十人伙食　支法币洋　一千七百四十二万七千六百元正

（二十一）回林西旅膳费　支法币洋　八十万元正

（二十二）杂支　支法币洋　四百三十万元正

3. 共收法币洋　三万八千八百八十四万元正

4. 共支法币洋　三万七千零六十七万六千元正

5. 结存法币洋　一千八百一十六万一千元正①（注：应为1816.4 万元）

---

①　《为呈报办义演收支实况请遵照批示内容办理等事致大名旅滦同乡会的批（附呈收支清单等）》（1947 年），天津市档案馆馆藏档案，档案号：401206800 - J0025 - 3 - 006418 - 003。

另有其他天津事例，也可以说明当地民间力量通过举办慈善义演对难民实施救济的情况。如 1947 年 12 月 15 日，山东登莱旅津同乡会呈天津市政府教育局，表示"拟筹办胶东救济难民冬赈义务戏，以所得票价完全作赈济之用，戏票亦由旅津同乡认购，拟订于本月二十五、六两日露演三场"。① 1948 年 7 月，天津市戏曲电影商业公会"为筹募救济东北难民义款，定于本月九日，挽留张君秋在中国戏院义演夜场一场"。时任天津市戏曲电影商业同业公会理事长李吟梅、天津市广告商业同业公会理事长李唐民对此表示："东北难民逃津者日众，救济事业在在需款，属会等为补助救济聊尽绵薄起见，拟乘张君秋班在中国大戏院上演之便，定于本月九日挽留全班仍在中国义演夜场一场。张艺员亦以义不容辞，慨予协助，所有收入除略有开销外，余数悉充救济东北难民之用。"② 后来，又有天津市戏曲电影商业同业公会为补助救济东北流亡学生，在中国及上平安两戏院举办义演各三日。

全面抗战时期，沦陷区义演呈现出日常与非日常交织的状态。所谓日常，主要指普通民众或者社会团体在面对天灾人祸之时，能继续慈善为怀、热心公益，发挥以往慈善义演的社会效用和功能。所谓非日常，指日本侵略势力对慈善义演的渗透，日本侵略势力通过举办慈善义演向民众展现其柔性统治的假象，同时使其权力意志在娱乐领域得到体现。依附于日本侵略势力的社会团体和警察部门，是日本侵略者意志的执行者，他们对慈善义演的渗透，也体现了全面抗战时期沦陷区内慈善义演的变化和新象。全面抗战时期，非沦陷区的慈善义演因为战争因素的影响，更多体现为慈善公益与民族救亡的双重变奏。

---

① 《为举办义剧筹赈准予备案事给山东登莱同乡会的批附呈（文件级）》（1947 年），天津市档案馆馆藏档案，档案号：401206800 - J0110 - 3 - 000771 - 001。

② 《为呈报办义演收支实况请遵照批示内容办理等事致大名旅滦同乡会的批（附呈收支清单等）》（1947 年），天津市档案馆馆藏档案，档案号：401206800 - J0025 - 3 - 006418 - 003。

慈善义演逐渐成为抗战时期民族事业的重要组成部分，在某种程度上，慈善义演成为民族认同的一个重要载体。在抗战救亡境况下，筹款义演具有支援抗战、保家卫国的作用，带有时代色彩，募捐公演、购机义演同样是包含慈善理念和公益内涵的募捐活动。义演有助于形成民族认同，激发民族主义的力量。对于慈善义演而言，因其民族救亡的意涵而具有更强的"善"意，不仅突破了传统慈善原本狭义的乐善好施、赈灾救民、扶贫济困的内涵，而且朝着抗战公益的方向变化，与中华民族的生死存亡紧密联系在一起。非沦陷区慈善义演的变化趋向是良性的变迁，有利于中华民族抗战大业的胜利实现。解放战争时期，慈善义演的社会功能具有新的样貌：一为原有的社会救助功能，二是为政府提供税收。为了保证财税收入，政府无疑要加强对经济活动的管控，这当然包括慈善义演在内的各种筹款活动。在战争状态下，慈善义演多为救助难民的济贫活动。整体上看，解放战争时期的慈善义演虽然持续时间不长，但是在义演的变迁历史中具有一定的特点。

第四章 中国近代慈善义演的主体力量

中国近代慈善义演在发展演变过程中，始终有两种力量作为主体力量在发挥作用，这两种力量即政府力量和社会力量。政府力量在不同的历史时期，显示的作用有所不同，进而表现为不同的政府站位和功能。社会力量则在不同的历史时期，一直作为慈善义演前进和发展的主导性基础力量。社会力量或者以个人，或者以团体的形式聚沙成塔，汇聚成慈善事业转型的动力，保证了慈善义演的产生、演进和繁荣。分析中国近代慈善义演的两种主体力量，有助于进一步认识近代慈善义演的演变轨迹。

第一节 政府力量

政府力量对慈善义演的演变具有重要作用。在近代中国的不同历史阶段，尽管政府力量忽强忽弱，对待一些社会事务不时出现缺位和失位的情况，因而政府的作用不是十分明显，但是，由于义演所具有的文化意义，以及对贫弱社会及民生的补充作用，政府在不同历史阶段还是对义演筹款问题予以一定的关注，成为慈善义演的重要作用力。

一 缺位与失位：慈善义演演变中政府的站位

从宏观上看，推动近代慈善义演嬗变的因素比较多，政府力量与社会力量作为两股伴生的势力均具有重要的地位。透过近代慈善义演的嬗变历程，可以发现政府力量（或者说政权力量）所发挥的重要作用，也可看出政府权力的影响力。同时，也可以发现政府力量在不同历史时期、在不同区域内对慈善义演的作用也不相同，存在政府定位的缺失、过度约束乃至无力，处于缺位与失位的状态。

（一）政府缺位

近代慈善义演在出现与发展的初期，仅分布于一些经济较为发达的都市，如北京、天津、上海等地，既不普及，也未能显示出其内在的文化特征，因此，并未引起政府管理机构的重视，也未将其纳入管理范围。这既与慈善义演的发展阶段有关，也与政府的职能和作用有关。尤以清末时期最为明显。在某种程度上可以说，清政府对慈善义演的管理处于缺位的状态。

慈善义演最初发生时，无论是在南方上海地区"演剧筹赈"中诞生，还是由北方京津地区"剧资兴学"促发，当时几乎没有见到清政府的身影——政府没有对其实施任何管理。该时期，对于演剧筹资用于慈善事业的情况，清政府基本依赖以往对剧场的惯性管理模式。从另一角度来看，演剧乃至放映电影等筹资活动，政府可以通过征税环节，即经济通道来进行管束。因此征税成为政府对慈善义演实施管控的切入口。清末时期，政府无论对于剧场、戏艺的征税，还是对放映电影的征税，开始得都比较晚。"1908 年，北京才开征戏艺捐。上海华界在 1908 年时也已开始征收戏捐。"① 可见，清政府对于营业性的剧场和电影如此，对于具有娱乐特征却属非营利性质的慈善义演，同样没有明确的管理意识。更为特殊的情况是，当时的中国面临着千年未有之变局，外有列强欺凌和侵犯，主权保障处于危急之时；内有各地革命党在活动，政府统治处于飘摇之势。在此背景之下，清政

---

① 王瑞光：《中国早期电影管理史（1896—1927）》，中国文联出版社，2016，第 124 页。

府的主要关注点在于稳固自身统治，并试图通过各种手段保证爱新觉罗氏的家族利益。因此，对慈善义演这种新式筹款方式，清政府缺乏管控意识。当时仅从维护剧场治安的角度，尚能看出清政府职能部门的一点作为。可是，清末警察制度属于初创阶段，其管理能力和实际作用都不成熟。在中央政府层面，没有对慈善义演的相关管理分工，地方机构也未对其形成对应管理。只能说，对于演出场所的运营和维护，成为清政府管理的中心内容。当然，围绕社会教化，也将演出剧目不能出现晦淫内容作为管控点。清政府对演出场所的管理则以营业性演出管理为旨归，并没有专门的管理规定。总之，晚清时期清政府对于慈善义演的管理，基本处于缺位的状态。该时期，慈善义演的发生和初期变动，更多源自都市经济基础的变动和基于天灾人祸的应对，社会的整体转型推动着慈善义演的产生，也推动着作为慈善活动的筹款义演实现跨地域联动和社会文化效应的初步彰显。

随着时代的演进，政府对于慈善义演管理的缺位状态逐渐发生变化。北京政府时期，整体上处于一种弱政府和强社会的状态，中央政府制定有益于推行社会救助的《义赈奖励章程》，在一定程度上鼓励了社会各界捐款赈灾，推动了义演活动的开展。一些地方政权对慈善义演有所关注，并使其服务于整个国家的赈济体系。有关慈善义演涉及的演出场所、演出内容和资金筹集等管理职责，一并划归于相应的政府职能部门，主要涉及警察局、财政局（税务局）等，但是北京政府还没有建立完整的制度规定，一般情况下，处理问题还是以事为主，一事一办。与北京政府时期的境况不同，南京国民政府时期政府力量逐渐增强，对慈善义演的管理开始逐步收紧，并出现一些制度层面的考虑，也就逐渐结束了政府对于慈善义演管理缺位的状态。

（二）政府失位

这里的政府失位，意味着"公权力"的过度延伸。慈善义演是调动社会力量解决民生问题的一个重要渠道，但在政府能力足以触摸基层社会之时，则会加强对慈善义演的管控，出现过度延伸的情况。从一般意义上看，慈善义演是在社会力量的支持下持续发展，离不开社会力量的运作和支持。但同时，此种慈善方式也需要政府提供有序、稳定、安全的环境以及税务优惠政策的扶持和支持，以保障义演活动取得最好的社会效应。实际上，由于民国时期战争频繁和时局动荡，加上天灾人祸交织，政府自顾不暇，凭借公权所提供的制度措施无法达到预期，慈善义演的举办基本处于不稳定状态，义演成本较高。值得注意的是，抗战时期非沦陷区的慈善义演更多表现为具有民族大义的抗战宣传，沦陷区则表现为日本侵略势力的权力渗透。因此，在某种程度上可以说，这一时期的慈善义演是政权力量延伸的结果。如此情景下，慈善义演被政府公权所支配和利用，显现出一种非正常状态。

　　抗战胜利之后，筹款义演原本有希望恢复到战前状态，以保证其慈善性质和助善效能，但是政府的相应管理却缺乏清晰定位，甚至出现了管理效率低下且怠慢的情况。下文以 1946 年广东旅沪同乡会筹募福利基金义演一事为例，管窥战后慈善义演的若干景象。

　　1946 年，广东旅沪同乡会从战争停顿状态进入恢复阶段，在对同乡会机构进行改造的同时，还准备进行同乡互助。因苦于缺乏资金支撑，同乡会便借"凤凰剧团来沪奏艺"之机，举办义演筹集资金。凤凰剧团是粤剧专业艺术团体，素来"热心公益事业"，此期同乡会"以义演为请"得到剧团"慨允"。[①] 著名粤剧艺人薛觉先即表示，他愿意带病参加义演。在此情况下，同乡会定于 8 月 30—31 日两天，在卡尔登戏院进行义演，所得款项用于同乡会福利基金，[②] 募捐经费

①　《广东旅沪同乡会关于筹募福利基金义演问题的函》（1946 年），上海市档案馆馆藏档案，档案号：Q117 - 2 - 192。

②　《广东旅沪同乡会关于筹募福利基金义演问题的函》（1946 年），上海市档案馆馆藏档案，档案号：Q117 - 2 - 192。

的目标为"一万万元"。① 为了义演的顺利进行，同乡会还安排了具体负责人。理事长为刘维炽，义演负责人为：唐季珊、陈其芬、周勋、胡章钊。② 剧务委员为唐季珊、陈其芬、胡章钊、何伯衡、陈君燧、董干文、崔聘西等，招集人为唐季珊、陈其芬。③ 为了更有利于筹款，唐季珊等人决定，票券采用"派销"法，票券与钱币一致。具体规定："捐五万元者，赠福字券一张，捐三万元者，赠禄字券一张，捐二万元者，赠寿字券一张，聊申谢之意。"并向社会发布海报、广告等，希望捐款人将捐款"于8月28日午前代送交道亨、泰和兴银行，收入广东同乡会户，取回收据，以便统计"。④ 同时，同乡会还于开演前的8月27日，请上海广肇公所社会童子军团到场服务，派员维持秩序。⑤ 童子军团愿意赞襄慈善公益事业，答应"派团员参加服务"。⑥ 根据记载，同乡会对于此次演出比较满意，"募款成绩颇可观，堪以告慰"。⑦ 9月9日，上海市社会局对此次义演进行了备案。⑧ 从整体来看，此次筹款义演比较顺利。部分公司的销票筹款情况，如表4-1所示。

---

① 《广东旅沪同乡会关于筹募福利基金义演问题的函》（1946年），上海市档案馆藏档案，档案号：Q117-2-192。
② 《广东旅沪同乡会关于筹募福利基金义演问题的函》（1946年），上海市档案馆藏档案，档案号：Q117-2-192。
③ 《广东旅沪同乡会关于筹募福利基金义演问题的函》（1946年），上海市档案馆藏档案，档案号：Q117-2-192。
④ 《广东旅沪同乡会关于筹募福利基金义演问题的函》（1946年），上海市档案馆藏档案，档案号：Q117-2-192。
⑤ 《广东旅沪同乡会关于筹募福利基金义演问题的函》（1946年），上海市档案馆藏档案，档案号：Q117-2-192。
⑥ 《广东旅沪同乡会关于筹募福利基金义演问题的函》（1946年），上海市档案馆藏档案，档案号：Q117-2-192。
⑦ 《广东旅沪同乡会关于筹募福利基金义演问题的函》（1946年），上海市档案馆藏档案，档案号：Q117-2-192。
⑧ 《广东旅沪同乡会关于筹募福利基金义演问题的函》（1946年），上海市档案馆藏档案，档案号：Q117-2-192。

表4-1 部分公司认购券数

单位：张，万元

公司名	派销数			认购数			退回数			钱数	资料来源页码
	福字	禄字	寿字	福字	禄字	寿字	福字	禄字	寿字		
上海先施有限公司	38	0	5	6	0	0	32	0	5	30	38
大东帽厂	0	0	15	0	0	4	0	0	11	8	39
金门大酒店股份有限公司	6	0	10	0	0	10	6	0	0	20	40
钱氏法律会计事务所	1	5	0	0	0	0	1	5	0	0	41
泰生行股份有限公司	3	0	10	0	0	3	3	0	7	6	42
上海丽华有限公司	20	0	0	3	0	0	17	0	0	15	43
建元兴业股份有限公司	6	0	10	2	0	0	4	0	10	10	44
泰山房地产企业股份有限公司	10	0	0	2	0	0	8	0	0	10	45
上海永安有限公司	100	0	0	40	0	0	60	0	0	200	46
中华百货商店有限公司	10	0	0	8	0	0	2	0	0	40	47
庆福星天记银楼	10	0	10	4	0	5	6	0	5		48
宏兴鹧鸪菜沪行	32	0	20	12	0	2	20	0	18	64	49
上海富华织造股份有限公司	10	0	10	6	0	10	4	0	0	70	50
中国制腿公司	0	16	0	0	4	0	0	12	0		51
明华绸缎商店	0	0	10	0	0	3	0	0	7	6	52

续表

公司名	派销数			认购数			退回数			钱数	资料来源页码
	福字	禄字	寿字	福字	禄字	寿字	福字	禄字	寿字		
广记申庄	10	0	0	2	0	0	8	0	0	10	53
陈冰侠（梁新记）	0	0	10	0	0	5	0	0	5	10	57
上海粤东中学	4	0	15	2	0	0	2	0	15	10	59
上海华商出口行	4	0	5	2	0	0	2	0	5	10	60
润泰祥火腿猪油厂	6	0	10	2	0	0	4	0	10	10	61
中国内衣纺织染股份有限公司							3		8	130	62
生大信托股份有限公司				2						10	68
英商太古股份有限公司	20	0	0	20	0	0	0	0	0	100	74
上海广肇公所	2	0	15	0	0	0	2	0	15	10（委员冯少山个人捐助）	75

资料来源：《广东旅沪同乡会关于筹募福利基金义演问题的函》（1946 年），上海市档案馆馆藏档案，档案号：Q117 - 2 - 192。笔者据此档案整理制表。

由表 4 - 1 可知，此次义演筹款取得了不小成绩。但是，如果审视政府的作为和表现，则显示出其效率不高且未能尽心表现。主要体现在此次义演的免捐环节上，过程颇为麻烦。

广东旅沪同乡会在举办义演之前，已向上海市社会局进行备案。同时，唐季珊还通过自己的个人关系，向时任上海市市长吴国桢提交了关于免税的申请。[①] 为此，广东旅沪同乡会例行正常、合法途径，以"举行粤剧义演，并不收门票，请予豁免娱乐捐"为由，向财政局呈递了申请。其中表示，"战前所办同乡福利事业，因受战事影响，

[①] 《广东旅沪同乡会关于筹募福利基金义演问题的函》（1946 年），上海市档案馆藏档案，档案号：Q117 - 2 - 192。

泰半停顿。胜利后，本会改选完成，为了筹募福利经费，特请凤凰粤剧团来沪"演出，拟定 8 月 30 日、31 日进行，"义演两天，门市并不售票"，不过，却"印行'福'字、'禄'字、'寿'字赠券种，分等赠与各捐款人入场观剧，襄助募捐旅沪同乡会福利事业"，并表示此次演剧"凤凰剧团纯以义务出动，不受任何出价，且属慈善性质，与普通演剧不同"。因此，希望财政局"准予豁免"娱乐捐，以"推进福利事业多一分补助"。① 无论是出于私人情谊，还是义演本身的慈善考虑，吴国桢在义演结束之后的 9 月 5 日，指示"转饬财政局免征娱乐捐税一节"，"财政局遵照办理"。② 但是，财政局对此却并不积极，且拖延时日，直到 9 月 25 日才批准免税的申请。③ 在义演组织者同乡会的主持下，虽然"沪市征收娱乐捐章程中演剧售票照章应按票价征捐"，④ 但是，此次义演总算争取到了难得的免税待遇。

对于缴纳税款的领取，又是迁延时日，且颇费周折。9 月 25 日，广东旅沪同乡会得到市财政局准予免除娱乐捐税的通知，随即派职员卓武初前往办理具体事宜，向市财政局索回已缴纳的税款。对此，市财政局却口惠而实不至，推诿拖延、虚与委蛇，最后让卓武初向卡尔登戏院索要。因此，卓武初只好去与卡尔登戏院进行交涉，如此往返三次，他却无法找到戏院具体负责人周翼华经理。于是，广东旅沪同乡会只好以组织形式出面，再次以书面函告方式与其交涉。10 月 9 日，同乡会向周经理去函表示，希望其"将该项娱乐捐款悉数交回"。⑤

---

① 《广东旅沪同乡会关于筹募福利基金义演问题的函》（1946 年），上海市档案馆馆藏档案，档案号：Q117 - 2 - 192。
② 《广东旅沪同乡会关于筹募福利基金义演问题的函》（1946 年），上海市档案馆馆藏档案，档案号：Q117 - 2 - 192。
③ 《广东旅沪同乡会关于筹募福利基金义演问题的函》（1946 年），上海市档案馆馆藏档案，档案号：Q117 - 2 - 192。
④ 《广东旅沪同乡会关于筹募福利基金义演问题的函》（1946 年），上海市档案馆馆藏档案，档案号：Q117 - 2 - 192。
⑤ 《广东旅沪同乡会关于筹募福利基金义演问题的函》（1946 年），上海市档案馆馆藏档案，档案号：Q117 - 2 - 192。

　　10 月 12 日，卡尔登戏院经理周翼华回复广东旅沪同乡会，表示此次义演所征税款"因财政局命令缴捐逾期"，因此受到了惩罚，款项已于"9 月 10 日悉数上缴财政局"，又让同乡会"向财政局直接领回"该项捐税。[①] 周经理还表示，广东旅沪同乡会应与财政局进行"直接交涉"。

　　由此看来，对于此次税款，市财政局和卡尔登戏院都不愿意涉足，相互推诿。而对同乡会来说，只能凭借上海市财政局的免税令，再次与其进行交涉。再经之后数次交锋，直至 11 月 21 日，时任上海市财政局局长谷春帆、副局长胡文元针对已经上缴的义演娱乐捐税给予批示，"该管沪西区稽征处查明办理"，并让广东旅沪同乡会"径向该管稽征处具领"税款。[②] 于是，同乡会职员卓武初又与财政局稽征处进行交涉。可是，财政局稽征处则仍然"一再推诿，直至 12 月 2 日，往返数次仍未见效"。后来，财政局要求"须卡尔登盖章证明，方合手续"。于是，该员经过一再找寻，并面见戏院经理补齐手续，然后再一次去稽征处领取税款。当手续已经办理完备，财政局稽征处职员却认为，"此款本由卡尔登缴税时扣除"，不愿意给付。与此同时，同乡会还就其中出现的问题向上海市财政局进行了汇报，职员卓武初将一系列原件（吴市长批示、财政局批示、卡尔登戏院函件）一一呈验。[③] 如此，经过他的"一再交涉，始领得五百二十万元"。只是，"其余另数全被抹去，约计七万四千余元"。为了"减短时间，徒耗利息起见"，同乡会只得忍气吞声，"暂将款领回"。[④] 在此过程中，可见广东旅沪同乡会争取免税的不易，得到税款更难，亦可以窥见该时期

① 《广东旅沪同乡会关于筹募福利基金义演问题的函》（1946 年），上海市档案馆馆藏档案，档案号：Q117 - 2 - 192。
② 《广东旅沪同乡会关于筹募福利基金义演问题的函》（1946 年），上海市档案馆馆藏档案，档案号：Q117 - 2 - 192。
③ 《广东旅沪同乡会关于筹募福利基金义演问题的函》（1946 年），上海市档案馆馆藏档案，档案号：Q117 - 2 - 192。
④ 《广东旅沪同乡会关于筹募福利基金义演问题的函》（1946 年），上海市档案馆馆藏档案，档案号：Q117 - 2 - 192。

政府对于义演筹款的态度和所扮演的角色。

由上可见，政府部门对于慈善义演事务的管理，一直存在漫不经心的状况。管理者既缺少角色意识和应有的热情与关怀，也没有明确的管理定位。特别是从处理具体事务的态度可见，政府在其中的作用与影响力尚未得到较好的发挥。义演作为慈善活动，政府应予以保护并开通绿色通道，提供有效的制度支持、财税支持和安全支持，这才符合道理。

二　无助与协助：慈善义演变迁中的政府功能

在整个近代时期，政府对于慈善义演这种民间救助活动，基本处于无助与协助的状态。无助，并非仅指没有主动给予帮助和支持，也包含政府自身的无能为力。协助则针对政府的积极行动而言。无助与协助的双重交织，是该时期政府力量在不同境遇下对于慈善义演的总体影响和作用。

（一）政府无助

政府对于慈善义演的无助，基本体现在两个方面：一方面，慈善义演未能进入政府的视域之中，因此政府不可能实现对于慈善义演的辅助和支持；另一方面，慈善义演虽然逐渐受到政府关注，但政府未能提供相应的便利，表现出无助的状态。前者，以清政府的表现最为明显。后者则以北京政府时期的情况最为显著。

慈善义演最早出现之时，社会处于混乱局面，清政府怎可能注意此类"民生"小事？甚至到1907年慈善义演已较为风行之时，清政府依然对其置若罔闻。在中央政权之外，地方政府的职权较为具体，但同样未能表现出些许热情。可以认为，在整个晚清时期，慈善义演处于政府的视域之外，政府既然未予以关注，就更不可能对义演有所帮助和支持。当时，政府关于传统娱乐演出的一些规则，对于慈善义演并无益处。如1881年慈安太后逝世，按旧例"戏馆一律停止，盖八音遏密，须俟三年"，"而优人贫穷者多，自失业以来，窘难言状"。

于是，1882 年，有梨园艺人不顾停业惯例，"合班清唱"。时人见此情景便发表评论，"该伶竟敢优孟衣冠，每日扮演两出，登场一曲，汹汹移情，可谓无法无天矣"。① 这样的传统规约和社会氛围对演艺界显然是一种约束，那么，对慈善义演之类的民间救助活动，清政府就更是毫无作为了。

与清政府时期不同，北京政府时期，中央政府与地方政府已经开始注意社会救助事宜，对赈济和慈善等事务有一定的制度支撑，在一定程度上体现着政府职能的转变。但在总体上，北京政府时期处于弱政府、强社会的状态。1912 年 3 月 10 日，袁世凯在北京就任临时大总统，确立了北洋军阀集团的统治。1915 年 12 月，护国战争正式爆发，全国反袁浪潮持续高涨，袁世凯被迫取消帝制，并在内外交困和绝望中病死。袁世凯死后，北洋军阀统治集团分裂为皖、直、奉三系，各路军阀争权夺利，对民生问题疏于管理。同时，西方列强为趁机牟取利权和攫夺地盘，寻找和扶植新的代理人，造成军阀割据的混乱局面，政府内斗不已，战争不断。直到 1928 年 6 月，南京国民政府的北伐军攻占北京，长达 16 年的北洋军阀统治才结束。在这样"国将不国"的政治生态下，对于慈善事业乃至民间义演活动，政府层面不可能给予支持与协助。实际上在北京政府时期，慈善义演得到了较快的发展，但是其主要动力并非来自政府，而是来自较为强势的社会力量，其中虽不排除在政府中具有一定权势的个人，但他们只能作为个体给予一定的支持。如此，社会力量的强大，更加凸显北京政府对于慈善义演的无助状态。

（二）政府协助

在管理方面，政府力量对于慈善义演的站位缺失和失位，确实未能对其发展起到正面推动作用。但是，这并不意味着政府力量没有对其产生影响。实际上，近代慈善义演的演变，一直离不开政府的影响

---

① 《违例演剧》，《益闻录》第 144 期，1882 年，第 64 页。

和作用，尤其是政府给予的某些方面的协助。准确地说，推动近代慈善义演嬗变的真正动力是社会力量，但政府力量作为协助者，也起到了一定的作用，主要体现为税收的减免。下面以 1946 年上海广肇公所举办粤剧义演募款救济粤籍难民为例，进行一些剖析。

1946 年，抗日战争结束不久，此时战争遗留问题仍大量存在，市民生活困难。上海广肇公所作为在沪广东广州、肇庆地区的同乡人会馆，想参与社会救济工作，担当一些责任。公所在向政府呈送的公文中称，"此际复员之时，今后粤省义民难胞及散兵等势将继续源源而来，若不预筹救济，必有临渴掘井之虞"，因此决议"拟请华社粤剧团义演筹款救济难民、散兵"。① 并于 5 月 6 日推举负责人陈其浩出面，向当时的华社粤剧团梁文汉社长去函，称若该团能参与义演，"不吝登高一呼，力图救济同乡于水深火热之中"。在呈文中，还说明了筹款目标，"国币一千万元"。华社粤剧团由当地粤剧艺人组织，一贯"热心公益，饥溺为怀"，对此次义演提议表示赞同。② 随后，广肇公所考虑到自家"公所大礼堂场地太狭，不能表演"，便与热心公益的青年会沟通，"商借二楼大礼堂于 5 月 26、27、28 日表演，时间为 7 时至 11 时为止"。③ 同时，广肇公所还向在沪粤籍知名人士发出了通知，告知此次粤剧义演事宜，并将他们列为发起人。主要人物有唐季珊、唐太平、唐欧洲、郭宝树、陈冰侠、马东林、陈其浩、欧伟国、冯少山、蔡昌等，共 37 人。④ 与此同时，广肇公所向华社粤剧团表示，由于"借地表演，开支较繁，为达到筹款一千万元之目标起

① 《广肇公所等关于筹办粤剧义演筹募救济难民经费问题的往来函》（1946 年），上海市档案馆馆藏档案，档案号：Q118 - 12 - 56。
② 《广肇公所等关于筹办粤剧义演筹募救济难民经费问题的往来函》（1946 年），上海市档案馆馆藏档案，档案号：Q118 - 12 - 56。
③ 《广肇公所等关于筹办粤剧义演筹募救济难民经费问题的往来函》（1946 年），上海市档案馆馆藏档案，档案号：Q118 - 12 - 56。
④ 《广肇公所等关于筹办粤剧义演筹募救济难民经费问题的往来函》（1946 年），上海市档案馆馆藏档案，档案号：Q118 - 12 - 56。

见，故不得不烦请贵社多演一天"。① 按照政府规定的义演组织程序，广肇公所于 5 月 11 日向上海市警察局备文，请其"届时到场，维持秩序"，② 并向上海市社会局呈文，请求"赐予核准"。③ 为了能够顺利举办，5 月 14 日，广肇公所向道亨银行和泰和兴银行表达透支借款之意，表示"未开演之前，布置一切，需款浩繁"，请求银行能允许公所开办一"透支往来户，款额以不超过法币一百万元为限"，并表示"一俟戏券售出，当于最短期内清还本息"，"透支之利息，尤希格外通融优待"。④

由以上申报程序，以及与相关机构、团体的沟通，可见慈善义演的发起和成功组织并非易事。而且，为了筹募资金和吸引民众广泛参与，必须邀请有影响力、有号召力的知名艺人。5 月 14 日，广肇公所向在沪"音乐名家"陈日英、陈俊英、陈铸、钱生等人发出邀请，希望他们能与华社各票友相互合作，取得"相得益彰""尽美尽善"的效果。⑤ 因为条件所限，义演日期必须调整。5 月 15 日，广肇公所再次向上海市社会局呈文，明确表示此次义演"对于捐资救济返籍同乡之善士，前往观剧，绝对不售门票，场内亦不劝募，只凭粤籍热心公益之同乡自动量力输将"。同时，将演出日期改为"六月九、十、十一日三天，地点仍在四川路中华基督教青年会，时间为六至十时"。⑥

---

① 《广肇公所等关于筹办粤剧义演筹募救济难民经费问题的往来函》（1946 年），上海市档案馆馆藏档案，档案号：Q118 - 12 - 56。
② 《广肇公所等关于筹办粤剧义演筹募救济难民经费问题的往来函》（1946 年），上海市档案馆馆藏档案，档案号：Q118 - 12 - 56。
③ 《广肇公所等关于筹办粤剧义演筹募救济难民经费问题的往来函》（1946 年），上海市档案馆馆藏档案，档案号：Q118 - 12 - 56。
④ 《广肇公所等关于筹办粤剧义演筹募救济难民经费问题的往来函》（1946 年），上海市档案馆馆藏档案，档案号：Q118 - 12 - 56。
⑤ 《广肇公所等关于筹办粤剧义演筹募救济难民经费问题的往来函》（1946 年），上海市档案馆馆藏档案，档案号：Q118 - 12 - 56。
⑥ 《广肇公所等关于筹办粤剧义演筹募救济难民经费问题的往来函》（1946 年），上海市档案馆馆藏档案，档案号：Q118 - 12 - 56。

根据警察局"以所排演之剧名见询"① 的要求，公所又汇报了演出剧目和时间。具体内容见表 4 - 2。

表 4 - 2　上海广肇公所义演时间与剧目

日期	剧目
六月九日晚	《貂蝉》全部
六月十日晚	《胡不归》全部
六月十一日晚	《花魁女》《盲公遇美》《游龙戏凤》

资料来源：《广肇公所等关于筹办粤剧义演筹募救济难民经费问题的往来函》（1946年），上海市档案馆藏档案，档案号：Q118 - 12 - 56。

随后开始筹备工作。5 月 16 日，由广肇公所联系在沪粤人冯少山、陈其浩、欧度翰、林凤莽、梁文翰、梁君华及其他参与者，共 17 人，成立了"广肇公所粤剧义演筹赈委员会"，并于 17 日下午 4 时在公所会址召开第一次委员会。② 在此次会议上，与会人员除了通过义演按时举办的决议之外，还通过了与此相关的其他几个决议。主要选定筹赈会的各项职务人员，推举陈其浩为主席，并分别对总务组、宣传组、文书组、庶务组、纠察组、稽核组、劝募组、特刊组进行人员分派；同时，规定定期开展与会事宜、开支付款事宜、电台宣传工作；还决定，将此次"观剧券分为四种，福字券红色，对号每张三万元；禄字券绿色，对号每张二万元；寿字券黄色，不对号每张一万元；喜字券白色，不对号每张五千元"。③

5 月 18 日，陈其浩针对此次粤剧义演拟定了一份电台报告稿，表达了希望倚重各广告社向社会各界广而告之的希冀，还申明了发起义

① 《广肇公所等关于筹办粤剧义演筹募救济难民经费问题的往来函》（1946 年），上海市档案馆藏档案，档案号：Q118 - 12 - 56。
② 《广肇公所等关于筹办粤剧义演筹募救济难民经费问题的往来函》（1946 年），上海市档案馆藏档案，档案号：Q118 - 12 - 56。
③ 《广肇公所等关于筹办粤剧义演筹募救济难民经费问题的往来函》（1946 年），上海市档案馆藏档案，档案号：Q118 - 12 - 56。

演的原因、演出剧目及亮点、入场券的设置等，号召民众积极参与，强调这项活动"一来可造福于人群，二来亦可一饱自己的眼福"，对于如此一举两得之事，一定要支持和捧场，千万不要"辜负广肇公所和华社票友的热心"。① 此外，会议还决议，此次义演所需要的联络电台宣传工作，由广东播音界联谊社社长韦辅民以及新兴广告社胡章钊共同担任。②

　　有关此次义演的宣传，筹赈会做了两项准备：一是编辑"粤剧义演特刊"（刊名为《广肇公所主办粤剧义演特刊》，以下简称《特刊》）；③二是向新新公司发布刊登广告，并最终选择了"五万元"的广告。④筹赈会的工作非常繁杂，还有处理会场等问题，如青年会演出会场没有布景，需向新新公司借用布景等。⑤

　　在宣传工作进行的同时，筹赈会还具体制定了邀请函的格式，向宏兴药房、上海强身业余体育社、中华基督教青年会、强华社等分别发出邀请函。5 月 27 日，筹赈会鉴于入座商家和善士较多，原定的青年会会堂"地方过狭，不敷应用"，因此又与康乐大酒楼联络，恳请使用该酒楼的大礼堂作为演出场所。⑥ 为使义演活动获得更大收益，5月 28 日，广肇公所向上海市财政局提出"免征娱乐捐"申请。⑦ 在即

① 《广肇公所等关于筹办粤剧义演筹募救济难民经费问题的往来函》（1946 年），上海市档案馆馆藏档案，档案号：Q118 - 12 - 56。
② 《广肇公所等关于筹办粤剧义演筹募救济难民经费问题的往来函》（1946 年），上海市档案馆馆藏档案，档案号：Q118 - 12 - 56。
③ 《广肇公所等关于筹办粤剧义演筹募救济难民经费问题的往来函》（1946 年），上海市档案馆馆藏档案，档案号：Q118 - 12 - 56。
④ 《广肇公所等关于筹办粤剧义演筹募救济难民经费问题的往来函》（1946 年），上海市档案馆馆藏档案，档案号：Q118 - 12 - 56。
⑤ 《广肇公所等关于筹办粤剧义演筹募救济难民经费问题的往来函》（1946 年），上海市档案馆馆藏档案，档案号：Q118 - 12 - 56。
⑥ 《广肇公所等关于筹办粤剧义演筹募救济难民经费问题的往来函》（1946 年），上海市档案馆馆藏档案，档案号：Q118 - 12 - 56。
⑦ 《广肇公所等关于筹办粤剧义演筹募救济难民经费问题的往来函》（1946 年），上海市档案馆馆藏档案，档案号：Q118 - 12 - 56。

将演出之际，广肇公所还请"童子军二十名到场维持一切"。[①] 6 月 5 日，筹赈会又向宪兵队请求，"遣派宪兵六名到场，协助维持治安"。此次活动得到上海市社会局第 7915 号指令核准，有上海市警察局第 399 号戏剧准演证，可见一切活动均在政府管控下进行。[②] 由于前期筹备和计划周密，此次义演取得了不错的筹款成效。具体收支账目和捐款情况如表 4 - 3、表 4 - 4、表 4 - 5 所示。

表 4 - 3 广肇公所粤剧义演收入账目

单位：万元

捐款项	捐款额
参观粤剧义演捐款	1920
乐助款	80.01222
《特刊》售出款	16.75
宏兴药房登载《特刊》广告款	20
永安公司登载《特刊》广告款	5
新新公司登载《特刊》广告款	5
先施公司登载《特刊》广告款	3
大新公司登载《特刊》广告款	3
合计	2052.76222

资料来源：《广肇公所等关于筹办粤剧义演筹募救济难民经费问题的往来函》（1946 年），上海市档案馆馆藏档案，档案号：Q118 - 12 - 56。

表 4 - 4 广肇公所粤剧义演支出账目

单位：万元

支出项	支出额
大华电台广告费	7.83
大陆广告公司广告费	47.57

---

① 《广肇公所等关于筹办粤剧义演筹募救济难民经费问题的往来函》（1946 年），上海市档案馆馆藏档案，档案号：Q118 - 12 - 56。

② 《广肇公所等关于筹办粤剧义演筹募救济难民经费问题的往来函》（1946 年），上海市档案馆馆藏档案，档案号：Q118 - 12 - 56。

续表

支出项		支出额
康乐酒楼租用费		100
印刷费		22.4
车马费		43.56
拨过公所备用款	1831.40222	本项内有此次义演续支费用，计456.41万元
合计		2052.76222

资料来源：《广肇公所等关于筹办粤剧义演筹募救济难民经费问题的往来函》（1946年），上海市档案馆馆藏档案，档案号：Q118 - 12 - 56。

表4 – 5　粤剧义演捐款名单和数额（不完全统计）

单位：万元

捐款者	捐款数	捐款者	捐款数
宏兴药房张汝焯先生	200	陈其伟先生	26
陈其浩先生	101	唐季珊先生	23
先施公司顾惠林先生	100	斐花照相馆	26
永安公司郭琳爽先生	100	万兴公司	36
新新公司严宗竣先生	100	道亨银行	20
永泰和公司郑公侠先生	86	冯少山先生	20
大新公司蔡昌先生	61	罗卓汉先生	30
关玉庭先生	50	南洋烟草公司	10
泰和兴银行崔聘西先生	51	大三元公司	10
陈佳顾女士	51	安发公司	10
归东银行	50	东祖银行	10
苏佩佋先生	50	和生公司	7
新新菜馆林伟南先生	50	中国内衣公司黄滨彦先生	10
胡国栋先生	70	福禄寿堂	10
董次波先生	38	泰生行	10
刘鸿威先生	39	红棉织厂	10
第一一七团童子军	30	生大信托公司	10

续表

捐款者	捐款数	捐款者	捐款数
郑裕芬先生	26	陈其昀先生	20
李邦生	25	丁文得先生	10

资料来源:《广肇公所等关于筹办粤剧义演筹募救济难民经费问题的往来函》(1946年),上海市档案馆馆藏档案,档案号:Q118 - 12 - 56。

综上,在近代慈善义演组织过程中,主办者要按照政府指令来行事,可见政府权力的影响。无疑,政府所扮演的角色非常重要,如果没有政府主管部门的审批和同意,义演就无法进行,所有前期的筹备活动也毫无意义。政府的缺位与失位,实则是政府对慈善义演的举办及发展无助的体现。后期,政府力量对一些慈善义演的举办加强了管理,发挥了一定的正向作用,主要体现在监督与协助方面。从主题设计、计划、联络、筹募以及统计等各个方面的情况来看,义演整个过程以及成效,全赖民间力量及其相关群体的互助、协同与支持。因此,可知社会力量在慈善义演活动中占主导地位。

第二节　社会力量

与政府力量的缺位与失位不同,社会力量一直是近代慈善义演产生、发展和嬗变的主要推动力量。无论是从参与义演的社会人群,还是民间媒介的舆论支持来看,社会力量对于慈善义演的影响都具有持续性的作用。其中,尤以社会力量的集中代表者即社会团体(或者社会组织)的作用最为明显。社会团体的存在和发展,是社会力量蓬勃向上的表征,由社会团体举办的慈善义演活动,在某种程度上成为社会力量功能发挥的主要标志。在近代社会,由社会团体举办的慈善义演在各地风行一时。在不同区域,救灾救难、扶助贫困和难民的社会救济工作,均为社会团体的分内之事。截至全面抗战时期,各地各类民间组织也在发展,并构成了此期慈善事业的基本力量。本节以20世纪早期民间社团和中国红十字会举办的慈善义演活动为例,管窥社会力量对于慈善义演的重要意义。

一　慈善之光：20 世纪早期民间社团举办的慈善义演

20 世纪早期，这里所指为 20 世纪初至 20 世纪 30 年代，特别是抗日战争全面爆发之前的这段时间。自 20 世纪初期开始，中国各类新型民间社团在各地纷纷兴起，"工商同业组织和社会团体的种类最繁杂，数量也最庞大"。[①] 在 20 世纪早期种类繁多的民间社团中，有一些还形成了一定的组织规模，其主题鲜明的社会活动极具时代意义，慈善义演即为其中之一。有些民间社团常以"义演"为号召展开组织活动，并在社会上形成了风气，特别是在社会遭遇灾难之时，义演更成为不少社团活动的必有之举。慈善义演活动的募捐、助捐和自捐，可以为社会的救灾扶贫、助医帮困、促学互助提供帮扶作用，也可以对社团发展形成积极影响。有关义演活动的消息在当时特别具有新闻价值和社会意义，各类大报小刊对类似活动的新闻报道屡见不鲜。上海自开埠以来，对外交往频繁，商贸经济快速发展，特殊的区位优势吸引了大量资本与移民，经济发达、文化繁盛，民间社团快速兴起，不仅种类繁杂、数量庞大，而且异常活跃。

（一）民间社团的发展及其社会参与

在近代城市化的进程中，一些沿海城市走在各地前列，大批来自国内外的移民蜂拥而至来到经济发达城市，无论是为官、经商还是求学，大部分有新的身份认同的诉求，更有融入新的环境、谋求生活出路与发展的需要。正因如此，他们通过血缘关系、地缘关系或行业认同来寻找自我归属感，谋求新机遇。这些应是此期民间社团快速增多的重要原因。大量活跃的民间社团，形成了促进社会发展的有生力量，特别是"随着新政的展开以及'法团'等新式社团组织概念的引入，以商会的建立为起点，各种类型的社会中间组织都经历了早期现

---

①　陆兴龙：《近代上海社团组织及其社会功能的变化》，《上海经济研究》2005 年第 1 期，第 86—92 页。

代化的更新与再造"。① 同时，伴随着城市福利事业功能的逐渐扩张，
"商业组织、秘密会社、宗教团体、私人慈善与政府机构等共同形成
网络"。② 在 20 世纪初，声势较大的民间社团大体有如下几个类别。

1. 商会、商团、同业公会

20 世纪初，民间社团发展最为显著的特点是各地商会的建立。
1904 年以后，全国各地商会组织相继设立。当时国内最为普及、影响
最大的应当是新型商人社团。由于经济发展和开展工商活动的需要，
以及具有资金优势和商业网络基础等条件，更有自身发展诉求的推
动，在经济发达地区，各类商会、商团以及同业公会等纷纷建立起
来。就连一些经济发展相对落后的地区，各类商会组织也开始建立，
而且发展态势迅猛。

1904—1912 年，除西藏等个别地区外，全国各地都已成立了商
会，包括商务总会和商务分会在内，达 900 余个。③ 特别值得提出的
是在一些沿海和口岸城市，因为对外交往和商业流通的关系，社会组
织更显突出。比如上海，因地域优势，到 20 世纪初年已成为国内最
为重要的港口城市和商业城市。上海的第一个行业公会"上海商业会
议公所"在 1902 年就已成立。该组织的最初宗旨，为"集华商之力
与外商进行商务交涉"，当 1904 年清政府颁布《商会简明章程》，鼓
励工商业成立商会时，即更名为上海总商会。此时上海的新型工商团
体大部分来自脱胎换骨的行业组织，而且均以"商会"或"公会"
为名，如洋货商业公会、豆米同业公会、棉业公会、书业公会、日报
公会、布厂公会等。学者的研究结果显示，到 20 世纪 20 年代，上海

---

① 邱国盛：《从国家让渡到民间介入——同乡组织与近代上海外来人口管理》，《华东
师范大学学报》（哲学社会科学版）2005 年第 3 期。

② 顾德曼：《民国时期的同乡组织与社会关系网络——从政府和社会福利概念的转变
中对地方、个人与公众的忠诚谈起》，《史林》2004 年第 4 期。

③ 朱英：《20 世纪中国募捐社团发展演变的历史轨迹》，《华中理工大学学报》1994
年第 4 期。

此类新型民间团体就有 60 多个。① 还有学者对武汉的商团进行深入的
分析，认为汉口的商团具有相当的群众性，不仅有大、中、小商家的
参加，而且商会主要成员以店员、工人和城市居民居多。②

　　早期的商业组织，由于受乡缘或行缘的限制，相互之间联络很
少，而且"各自壁垒森严，慈善活动也大多仅限于各团体内部成员，
主要为同乡或同业办理善举，提供救济"。③ 20 世纪之后，新成立的
商会不同于以前的会馆和公所，其成员也突破了乡缘和行缘的界限。
近代商会、商团、同业公会等新式商人团体，与过去的会馆、公所等
传统工商团体有较大的区别，更具较高组织程度的特点。

　　民初商会、商团、同业公会等新式商人社团成立以后，在社会上
开展各项慈善活动，在组织和支持慈善义演活动中的作用与影响也日
益突出，受到社会各界和舆论的好评。与此同时，有些公益性质的商
人团体如救火舍等，还通过组织义演的方式筹募经费，用于冬赈等慈
善事业。

　　2. 民间慈善团体

　　进入 20 世纪之后，随着皇权的衰落和绅权的兴起，民间团体得
到了前所未有的发展，旧有慈善机构不断壮大，民间慈善团体得到了
快速发展。20 世纪前十年，上海慈善组织有 50 家左右，民国之后得
到快速发展。④ 此时，上海的慈善团体主要有"上海慈善团、上海仁
济善堂、上海广益善堂、位中善堂、中国济生会、至圣善院、闸北慈
善团、上海孤儿院、净业社慈善部、上海一善社、莲社法会、上海邑
庙董事会、上海钱业公义会、沪南慈善会、中华黄卍字会、同仁辅元
堂、上海联义善会、沪南公济善堂、祇园法会、上海贫儿院、上海残
疾院、沪南广益中医院、明德集义会、上海善德善社、中国崇德会、

①　陆兴龙：《近代上海社团组织及其社会功能的变化》，《上海经济研究》2005 年第 1 期。
②　皮明庥：《武汉首义中的武汉商会和商团》，《历史研究》1982 年第 1 期。
③　朱英：《近代商人与慈善义演》，《史学月刊》2018 年第 5 期。
④　梁元生：《慈惠与市政：清末上海的"堂"》，《史林》2000 年第 2 期。

览德轩、上海灾童教养所、上海华洋义赈会等"。① 天津与上海相似，传统慈善组织在发展，如广仁堂、育婴堂等，此外还有一些新的慈善机构不断出现，如中国红十字会天津分会、北善堂、南善堂、慈祥社、崇善东社、世界红十字会天津分会、中国救济妇孺会天津分会、八善堂、中国慈善会联合总会、积善社、华北灾赈会等，均在这一时期成立。② 北京的慈善组织此期也有很多，在举办义演方面较为突出的是窝窝头会。窝窝头会是民国初年出现的一个临时性慈善组织，因为连年冬季举办"义务戏"，形成较大社会影响，报刊记载与后人回忆较多。

各慈善组织以"济贫救弱"为己任，有的以"济困扶危、救生恤贫"为宗旨，有的以"救济贫穷、育婴兴学"为目标，经常发起或参与赈灾、扶贫、助医、助学等慈善公益事业，特别是在大灾大难之时发挥主要作用。1920 年，北方五省大旱，全国各地参与赈灾的慈善团体有很多。北方参与赈灾的主要有京畿农民救济会、北京民生协济会、华北救灾协会、北方工赈协会、山西旱灾救济会、陕西义赈会等，南方参与赈灾的有上海女界义赈会、中华慈善团、国际统一救灾总会、华洋义赈会、中国济生会等数十个。1921 年 8 月，赈务活动结束后，北京、天津、上海等地的 7 个慈善团体召开联会，商讨成立一个统一的全国救灾组织，定名为"中国华洋义赈救灾总会"，各地设分会。此后，华洋义赈会积极采取慈善救济措施，对全国各灾区实施以工代赈，推行兴筑公路、堤坝和开渠掘井等工程，后来还成立了农村信用合作社。③ 这时的民间慈善组织，无论是从数量还是从其掌握

①　郭彦军：《近代上海社团发展及其社会管理意义研究》，上海交通大学出版社，2017，第 110 页。

②　任云兰：《民国时期天津慈善组织论略》，《民国研究》第 15 辑，社会科学文献出版社，2009，第 186 页。

③　蔡勤禹：《民间组织与灾荒救济——民国华洋义赈会研究》，商务印书馆，2005，第 183—186 页；王红谊等编著《中国近代农业改进史略》，北京农业科技出版社，2001，第 305 页。

的慈善资源来看，都已超过以往的官办机构，逐渐成为中国近代慈善
事业的主导者。

3. 同乡会组织

清末民初时期，由于天灾人祸频发以及社会经济和社会文化等多
重因素的促使，人口流动较以往显著。一般情况下，移民会投亲靠
友，奔向自己熟悉的区域，如附近城市，特别是大都市。陌生的生存
环境使他们在身份认同中产生困惑，出于生存与发展的需求，他们渴
望在新都市建立起人际关系的纽带，因此，以乡缘为纽带的各地同乡
会纷纷成立，而且在大城市，如京、津、沪等地最为多见。

随着时间的推移，较多同乡会与同业社团相辅相成，成为新型
的社会团体，在社会救助方面起到了政府力量难以替代的作用。此
类民间社团基本实行会员制，制定有章程，有显著的公益性和互助
性，也有强烈的社团意识和组织约束。特别是一些组织在建立初期，
就把举办慈善事业作为自己的职责，并明文规定作为章程的内容。如
《绍兴七县旅沪同乡会第一届报告》，就将"慈善事业"和"救济乡
人"定为自己的职责之一。在《徽宁旅沪同乡会第一届报告》中，也
有类似的规定，认为"关于徽宁旅沪同乡会公益慈善事业，本会有提
携之任务"。①

1930 年，上海人口达到 300 万，其中 85% 是来自全国各个地
区。② 移民建立起的同乡组织、同乡团体在弥补政府力量的缺失方面
发挥了重要作用，如 1904 年成立的上海四明同乡会③，是上海第一家
不同于会馆公所的同乡会，其他还有旅苏全浙同乡会、浦东同乡会
等，有档案史料记载的同乡会有 119 个。④ 各地也有许多同类民间团
体出现，如重庆有四明旅渝同乡会和山西旅渝同乡会等；南京自成为

---

① 邵雍：《社会史视野下的近代上海》，学林出版社，2013，第 321 页。
② 熊月之：《上海通史》第 15 卷，上海人民出版社，1999，第 3 页。
③ 该同乡会于 1910 年更名为宁波旅沪同乡会。
④ 林克主编《上海研究论丛》第 17 辑，上海人民出版社，2006，第 242 页。

政治中心之后，客籍商民及官员有很多，类似的同乡团体也纷纷成立。这些民间团体多以精英分子为领袖，以联络同乡、增进乡谊、慈善救济、社会公益等作为纽带，还有一些同乡团体将保护权益、调解纠纷、信誉担保等商业权益作为联谊的核心。

上海移民同乡联合形成较大的商帮，特别是在一些行业中出现高度聚集的情况，甚至某些行业就是由某个同乡商帮直接经营或垄断。例如，福建商人在桂圆、福橘领域的势力，福建、广东商人在糖业、海味业的势力，浙江、福建、广东商人对进出口贸易等的控制等，因此同乡会馆和公所又常常合而为一。有时候，多个同业公所还会集中一处，轮流主办演剧活动，演出费用由行业商帮共同承担。各会馆公所内部独立的演剧活动也非常频繁，会邀请上海职业戏班进会馆公所演剧，并参与和投入慈善公益事业。

1931 年，由杜月笙等人发起的浦东同乡会，"以黄浦左方之宝山、上海、川沙、南汇、奉贤、金山、松江七县原区域内之同乡组织而成，故名浦东同乡会"，并以"联络情谊，交换智识，对于同乡力谋互助，对于本会事业共图建设"① 为宗旨。杜月笙主导下的浦东同乡会，关注浦东民众及地方建设，参与同乡贫困救助、医疗救助、灾害救助以及一些临时性救助活动，也稳定一方社会秩序。出于对京剧的喜好，杜月笙经常在灾害之时联合名角和票友发起慈善义演，此类记载非常多见。

4. 各类学校机构及校内社团

1904 年，清政府颁布了《奏定学堂章程》（即"癸卯学制"），受政府对新式教育的鼓励，传统教育开始向新式教育发展。在政府政策的鼓励下，各地各类新式学校纷纷兴起，民间办学成效显著，各类教育机构纷纷出现。伴随着学校教育的起步和发展，音乐教育最早由经济发达地区开始，后国内各地逐步兴起，以京津沪地区的发展最为显

---

① 《浦东同乡会年报》（1931 年），上海市档案馆馆藏档案，档案号：Q117 - 1 - 56。

著。之后，专业音乐教育也得以产生和初步推广。在一些较大城市的教育机构里还出现了音乐组织，并逐渐具有举办音乐会或以音乐表演为主的游艺会的能力。

与近代教育的发展同时进步的还有戏曲教育，中国传统戏剧的人才培养也进入新的阶段。全国各地相继出现较多不依附于专业演出机构的民间戏曲教育机构，时称"科班"或"窝班"，此类学校较多接收贫家子弟入学。京剧富连成社，1905 年在北京成立。初名喜连成科班，1912 年改名为富连成社。京剧演员叶春善为社长，招收 6—10 岁儿童入社，量才授艺。昆剧传习所，1921 年秋成立于苏州，聘请全福班老艺人教戏，前后共招生 70 人左右。河南封丘县有清河集天兴科班，该机构为之后"河南梆子"培养了一批人才。①

值得重视的还有教会学校。据统计，1911 年教会在华学校共3145 所，②另有统计，1921 年基督教教会学校，有初小 5837 所，高小 962 所，中学 291 所。③同期教会大学也在不断发展，1920 年中国有教会大学 26 所，其中综合性大学 9 所，高等专科学校 7 所，神学院、医学院等 10 所。④教会学校在中国各地影响很大，此类学校一贯重视音乐教育，组织和参与的社会活动较多。1927 年之后，随着教会学校的本土化变革，一些学校鼓励学生参与社会活动，包括举办或参加慈善义演活动。

教育机构的音乐组织关注社会问题，参与社会救助活动，体现

---

① 中国戏曲志编辑委员会编《中国戏曲志·河南卷》，中国 ISBN 中心出版社，2000，第 15 页。
② 缪秋笙、毕范宇：《中等教育的过去与现在》，《中华基督教教育季刊》第 5 卷第 4 期，1929 年 12 月，转引自陈学恂主编《中国近代教育史教学参考资料》下卷，人民教育出版社，1987，第 202 页。
③ 《基督教势力范围中之教会学校及学生统计表（1921 年）》，陈学恂主编《中国近代教育史教学参考资料》下卷，第 386 页。
④ 《中国基督教高等教育之概况》，《基督教教育季刊》第 3 卷第 4 期，1927 年 12 月，转引自伍雍谊主编《中国近现代学校音乐教育（1840—1949）》，上海教育出版社，1999，第 254 页。

出知识阶层和青年学生的社会责任。在一些中心城市，教育基础较好的学校经常举办文娱活动，以募捐济贫为主题的慈善演出就有不少，其中赈灾音乐会、募捐游艺会等最为多见。民国早期此类活动就已出现较多，社会影响逐步增大，特别是到了 20 世纪 30 年代，由于灾荒、战乱频发等因素，以募捐赈灾为主题的学校音乐活动更为凸显。

5. 各类艺人社团

晚清以来各类艺人社团和戏剧社团纷纷出现，他们同样因为都市及其经济发展而不断壮大。加之民国时期中西文化和艺术交流的频繁，各类新式艺术和体育社团也得到快速发展。此类社会团体一般可分为四类。

第一，专业艺人社团。此类团体，早期以京剧戏班最为突出，如各地的传统戏班和专业剧社、剧团。其中的一些名角具有较为显赫的社会声名，能够在助赈义演中发挥重要作用。另外，其他剧种，如黄梅戏、越剧、粤剧和豫剧等，也在逐步发展，戏剧班社的影响力不断增强。艺人经常参与赈灾筹款等活动。1927 年《良友》画报就刊载了一幅慈善游艺会图片，展示北京当时的观演场景，图片下方著录一段文字："九月廿二日，万国红十字会在北海公园举行慈善游艺会，内有杨小楼、梅兰芳合演京戏，门票售一元五角，而到者约二万五千人。上图为后至者因座满不得入，只能在棚外听戏。"① 由艺人组成的经营性专业团体以戏剧班社为名，他们除了在都市演出，还经常活跃于各地城乡娱乐市场，是慈善义演的主要演员。

第二，票房、票社——由喜好戏曲且具备才艺能力的业余人士组成的社团。此类社团具有较强的依附性，一般依附于实力雄厚的商会团体或组织机构，有些是由具有社会地位或经济实力的人群组成。20世纪以后，随着社会风气的开放和人们思想观念的更新，票友、票房

---

① 《北京时事》，《良友》第 19 期，1927 年，第 8 页。

参与义演活动较为常见，甚至成为一些义演活动的主要表演者、销票者或组织者。京津沪地区，票房、票社活动最为活跃。天津票房以商人等社会有闲阶层为主，如广东音乐会、鹤鸣社、北宁国剧社等；①北京票房众多，环境特殊，分"寺庙型"、"王府型"和"社团型"；上海票房众多，俱乐部化，呈"伶、票、报"三界把持的特殊生态。② 报纸报道，上海恒社于1923年成立，将义演作为重要的社会活动，"举凡关于公益及慈善之事"，无不争先赞助。③

第三，近代体育社团。20世纪初期，国内各地先后建立一些体育社团，如广东体育协会、香港华南体育协会、南京"全国学校区分队第一次体育同盟"、北京"体育竞技会"、上海"华东体育联合会""精武体育会"、北京"体育研究社"等。"伴随着外国列强来到中国的近代体育娱乐活动，对于近代城市来说完全是新鲜、稀奇之物……自20世纪初，以上海、江苏等地为中心掀起一股倡导体育的热潮，并逐渐波及影响到全国各地。"④ 1910年至1948年，有七届全国运动会在南京、北京、杭州、上海等城市先后举办，随之体育娱乐走进广大民众的生活，参加体育竞技活动和观看体育比赛成为都市民众的重要休闲活动。此后体育赛事作为慈善义演，作为受众较多的义赛开始进入民众日常生活，受到都市民众的追捧。

第四，新式艺人团体和艺人外围组织机构。比较重要的新式艺人社团，有秦腔"易俗社"、河北梆子"奎德社"、川剧"戏剧改良公会""三庆会"以及各地都有的地方戏剧社团、京津沪地区的新型话剧社团等。同时，围绕艺人团体的还有重要的外围组织机构，这些外

---

① 王兴昀：《民国天津京剧票友票房探析（1912—1937）》，《戏剧文学》2015年第11期。

② 曹官力：《休闲与事业：清末民初的京剧票界（1871—1929）》，硕士学位论文，台湾大学，第100页。

③ 《恒社票房加入北伐筹饷会》，《新闻报》1927年6月29日，本埠附刊第2版。

④ 扶小兰：《近代城市文化娱乐生活方式与社会心理之变迁》，郭德宏、陈廷湘主编《中国现代社会心理与社会思潮研究》，当代世界出版社，2005，第70—71页。

围组织主要是场商，即茶园、戏院和剧场等。慈善义演多在剧场举行，在很多情况下，这些茶园和剧场主，既是慈善义演的参与者更是发起人，上海最初的演剧筹款即由茶园主人发起。之后，在不同时期的赈灾活动中，经常有以剧场为主体的义演活动。因此，他们在慈善义演中所起的作用相当重要。

6. 其他民间团体

从 20 世纪初至 20 世纪 30 年代，民间组织种类繁多，除上述几个类别之外，在慈善义演活动中能够产生影响的还有妇女社团、青年会、教会组织、媒体等团体机构。这些团体因其特殊条件的便利，在各种赈灾、救贫、助学慈善义演活动中是重要参与者，有时也作为积极的发起者。

20 世纪初年，受革命风潮的影响，一些觉醒的女性纷纷行动起来组建社团，制定章程，走向社会，发起活动。新型妇女社团主要类别如：主张政治权利的共爱会、国耻会、女子国民会；宣传妇女解放，主张提高妇女素质的女子教育会、妇女宣讲会、女子协会；提倡改革陋俗与慈善组织的中国妇人会、中国妇女会、女学慈善会；等等。通过中国妇人会的自订章程可以感受到当时进步女性的社会责任与担当精神，章程第四章第一条即为：“无论外国内地，设有水害偏灾，刀兵疾病，我会中同志，皆有力任救济之责。”①

青年会作为基督教的外围组织，自 19 世纪后期传入中国之后，陆续在上海、天津等地建立起基地，并逐步扩充实力。青年会为适应中国社会的需要，在社会福音的影响下开展一系列慈善救助活动，而民国时期，中国社会动荡不安，青年会所开展的救助活动更为频繁，对青年人有较大吸引力，组织义演活动是其进行慈善救助的重要方式之一。青年会组织的义演活动形式多样，如音乐会、游艺会、义赛等，通过义演活动在援助灾区、救济贫困、帮扶学校等方面展开慈善

---

① 《中国妇人会章程》，《中国新女界杂志》第 3 期，1907 年，第 108 页。

救助。无论是在学校还是在各类城市，总能发现青年会的足迹，如"长沙雅礼大学校青年会，素注意于社会服务事宜，每届冬令，例须筹集捐款，补助各慈善机关，客岁因金融紧迫，筹款维艰，故特于圣诞前二日，扮演新剧，以券资拨作补助慈善机关之用"。① 一般情况下，教会发起的筹款义演活动，较多用于本机构。

随着对外交往的增多，国际慈善救助与文化交流逐渐出现。一些国际组织的驻华机构人士成为慈善义演的组织者和参与者。如各地的中国红十字会、华洋义赈会等，就属于此类慈善团体。据报道："旅京联合国人士订于一月上旬间特开演艺大会，将所有进款捐寄联合国红十字会，以作经费……定将所有捐款寄法俄义日比塞等国，以充慈善之费……闻中国官绅买入场券以表慈善之至意者，不乏其人……捐资入场者，东西各国人士固不待论，中国官绅各界慈善家亦复不少，捐款统计已及七千五百元之巨。其中四千余元实系由袁大总统瀛眷所捐。又，所有捐款应分寄法俄日比义塞诸国，以补救护伤病兵士之费。但日本虽加入联盟，然现在实非交战状态，故辞而不受，仍将该款分寄法俄比塞五国，以表爱忱云。"②

报刊媒体，作为义演主办者或参与者的事例不少，但在各类慈善活动中，常以宣传者和鼓吹者的角色现身。清末民初的作家文人大多在报馆做职业作家，这里聚集了较多的文人墨客，他们在报馆、杂志社等做编辑、记者或翻译工作。通过这一群体的宣传和鼓动，能够扩大此类活动的社会影响力。此有一事，更说明了当时上海报刊评头品足的威力。著名艺人梅兰芳，每次南下上海，下车伊始就去报馆，拜访各主要报纸的主笔，③ 为的是保持友好、加强联系，以防对其不利的报道影响社会声誉。此外，报人、作家也经常受邀参加各种重要的社会活动。报刊机构有时作为社会团体组织的发起者和积极参与者，

---

① 《演剧筹款补助慈善机关》，《青年进步》（长沙）第 1 期，1917 年，第 6 页。
② 《慈善演艺之志盛》，《欧战时报》第 39 期，1916 年，第 14—15 页。
③ 李楠：《晚清民国时期的上海小报》，人民文学出版社，2006，第 41 页。

起到更为直接的作用，此类情况还较为多见。正因如此，慈善义演通过媒体形成舆论影响，也获得了较大的发展。

（二）济贫救灾与行善救世

20 世纪早期，逐渐发展起来的商贸经济促进了近代都市发展，在京、津、沪等中心城市，集聚了一些外地富商，此外还有一些军政官僚及其眷属。这些人作为富裕阶层，较多参与了不同类型的义演活动，有些是捐赠者，有些还是较为突出的表演者。以天津为例，广东商人在此活动形成规模和优势，也以其优长和特点与当地建立起密切联系。

广东是晚清时期最早与海外通商的区域，广东人受西方文化的影响也相对较早。随着近代经济中心向北京、天津等北方城市转移，广东商人的足迹更为扩展，遍布大江南北的主要城市。在经济实力不断增强之后，力求文化生活条件的改善、愉悦精神、体现价值成了广东商人的生活目标和追求。结为团体组织音乐活动是广东商人此期的一个特点。天津广东会馆是广东商人的同人组织和集聚地，创办有广东音乐会，在津粤人中的音乐爱好者因而每周聚会一次，既可通过共同的粤剧爱好联络同乡之谊，又可以借助音乐纾解思乡之情。同时，广东粤剧也从此期开始在天津广为流传。如下事例反映了广东音乐会的发展，灾害时期对于慈善事业的付出，以及收获的荣誉。

1917 年，天津发生特大洪灾，当地艺人纷纷"演戏助赈"。见此情状，同乡会有人建议，此时音乐会不能再局限于自娱自乐，应参与募捐义演、做善事。对此提议大家无不赞成。但是，音乐会此前的排练和表演只是为了自娱自乐，从未正式登台公演，因此没有可上戏台的"戏衣"。后得到了旅居河北唐山的同乡帮助，音乐会成员从"借装"登台表演开始，并与唐山同乡合作义演，协助赈灾。这就是广东粤剧在天津的首次"亮相"。

此次义演感动了到场观赏的旅居天津、唐山两地的广东同乡（粤剧爱好者）。他们纷纷解囊助赈，两场演出共收入大洋数千元，全部捐给天津灾民。为此，1918 年 10 月，北京政府总统徐世昌向旅津广东音乐会颁发匾额，上面刻有"嘉惠穷黎"字样，旅津广东音乐会之名随之大著，在津广东同乡会以及乡友也以此为荣。之后，大家自动集资，帮助音乐会购置戏衣、乐器等。音乐会负责人黄赞庭、麦次其还提出，既然要演戏，就要演出名堂来，演出水平，要聘请专业人士传授技艺。于是，从家乡请来粤剧行家里手，担任音乐会教席。在天津的广东巨富，如陈祝龄、关灼爱、关灼棠、简韵波、邹泽樨等，均亲临现场为音乐会的演出活动助威。

在广东乡党支持下，旅津广东音乐会逐渐走向专业化，技艺精进。在历年遭遇灾害需要募捐义演时，总有音乐会的演戏筹赈活动。在赈济天津水灾、广东水灾，筹赈北京医院、直隶旱灾，筹措广东新山庄购地，声援南口避难粤侨和上海五卅惨案等活动中，旅津广东音乐会均有非凡表现。还形成了只要音乐会操办善事，一登戏台，旅津广东籍各界人士莫不巨款立马筹齐的惯例。在乡党的心目中，旅津广东音乐会几乎成了一个慈善机构。

1920 年，旅津广东同乡会为建学堂筹资，发起筹款义演，音乐会大力支持，将演出所得 5700 元全部献出，天津广东会馆董事长陈祝龄还另外捐款 1 万元，音乐会主事麦次其并捐出地亩作为校址。① 此次筹款，连同广东同乡捐助的其他财物，使广东学堂得以创建。为此，1922 年 1 月 10 日，北京政府教育总长黄郛给旅津广东音乐会签发褒奖状。褒奖状写道："旅北广东音乐会于民国十年捐入旅津广东学校银五千七百余元，照捐资兴学褒奖条例规定，特奖一等褒状。"同年，北洋政府总统黎元洪奖励了旅津广东音乐会刻有"乐善好施"四字的匾额。②

---

① 甄光俊：《甄光俊戏剧文汇》，天津古籍出版社，2013，第 87 页。
② 甄光俊：《粤剧、广东与天津的历史渊源》，《天津文史资料选辑》总第 109 辑，天津人民出版社，2007，第 283 页。

　　旅津广东音乐会历经多年发展，形成了一定规模，经常组织影响较大的同乡音乐会。音乐会的十多名成员，不光有旅津广东乡友，还有几位天津当地爱好者，其中吴期杉、蔡序熙、林瑞映等精通京戏，兼擅京胡。因此，音乐会上偶尔也有人清唱京剧。音乐会的演剧和音乐两部，平素分头活动，各自安排学艺、排练，每年的春秋两季为合排与义务演出的高峰期。同时，参加同乡会一年一度在广东会馆举行的恳亲会。届时，遍布全市的广东同乡携家带口齐来聚会，音乐会则演戏助兴。音乐会的演艺活动，既娱乐了乡友，弘扬了南国乡音，又在温馨的氛围中联络了同乡感情、沟通了信息。①

　　20 世纪二三十年代，该组织在天津形成较大声势，还在《北洋画报》整版刊发音乐会会员的活动消息。②

　　　　广东音乐会成立已十七年，为历史最久、团结最坚之团体，历年演义剧，筹助水旱兵灾各赈款捐助会馆、医院、山庄、学校等公益经费，成绩最著。为其他一切公私团体所不及……内部设施，日益完善……戏服乐器之类，随时添置……粤乐之雅俗毕备，中西合参，尤为嗜音者所珍赏。今会中设有音乐、演剧两部，人才济济，以侨津之旅客，演故乡之声歌。③

　　广东商人喜爱音乐，特爱粤剧，热心慈善公益事业。他们通过音乐表演，扩大社会交往，体现社会担当，同时也形成了影响，显示了实力。商会及其音乐团体以举办音乐会的方式募集资金或财物，实施善举，对陷于灾难的困苦者进行扶困济贫，或者投身学校、医院、孤儿院等社会公益事业。除了在天津的粤商之外，各地也出现过许多慈

　　①　甄光俊：《甄光俊戏剧文汇》，第 86—88 页。
　　②　《旅津广东音乐会缘起略史》，《北洋画报》第 8 卷第 383 期，1929 年 10 月 12 日，第 2 版。
　　③　吴子通：《为广东音乐会专号写》，《北洋画报》第 13 卷第 613 期，1931 年 4 月 18 日，第 3 版。

善团体，如上海。

沪北商团公会是近代上海一具有较强实力的商人团体，也是乐于助赈的典型团体。该商团的发起人为徐乾麟①，"1911 年发起闸北商团及沪北商团公会，筹集股款，建造桥梁，兴筑沿河马路"。② 上海开埠之后，一些地方逐渐被西方势力辟为租界，被洋人占据，经过修建之后，环境相对较好。而沪北是华界聚居地，基础条件较差，在徐乾麟的积极参与下，沪北的地方建设得到很大的改善，可见他热心公益。同时，徐乾麟也是筹款助赈义演活动的积极发起人和重要推动者。

沪北商团公会关注民生与慈善事务。1907 年江北发生较大的水旱灾害，"江苏夏旱秋涝，上元等三十州县部分村庄被旱被水，长洲等二十八厅州县欠收"。③ 此期云南同样遭受程度不同的水旱灾害。"8 至 10 月（七月下旬至八月下旬）间，云南全省晴雨不均，恩安等三十五厅州县遭受水、旱、雹灾。"④ 报纸上是如此记载，但实际在七月下旬至八月下旬之前，灾情已突出显现。

为此，1907 年 6 月 27 日至 7 月 5 日，《申报》连续 9 日刊登演剧助赈广告：

> 本会为江北灾巨，谋思振济，爰集同人，议定演剧拨款解赈。今闻，该处捐款已巨，足可敷衍，本拟停办。比接锡清帅来电，云南待振孔殷，而宝隆医士、梅医士又均以款绌。见请医士，虽籍隶外邦而心倾中国，且医院为救疾病起见，受其益者多属华人，一视同人，何分畛域。兹定廿五、廿六、廿七日假议事

---

① 徐乾麟，字懋（1863—1952），浙江余姚人。曾任中国济生会中国道德总会、中国崇德会会长。参见宁波帮博物馆编、李绒编撰《近代上海甬籍名人实录》，宁波出版社，2014，第 297 页。

② 徐晨阳：《近现代爱国慈善家徐乾麟》，上海社会科学院出版社，2014，第 30 页。

③ 李文海等：《近代中国灾荒纪年》，湖南教育出版社，1990，第 737 页。

④ 李文海等：《近代中国灾荒纪年》，第 738 页。

厅为大舞台，编成特别改良新戏，并请绅商合串。其戏资分日拨
助同济、仁济两医院经费及云南灾赈。想海内仁人善士，当同声
嘉许也。届期务请惠临，以扩眼界而成善举，曷胜盼祷。①

由此广告可以看出，在江北发生水旱灾害时，沪北商团公会就已
准备"演剧拨款解赈"，但闻"该处捐款已巨，足可敷衍"，故"拟
停办"，但是"云南待振孔殷"，又加之两位医士"均以款绌"，故
"兹定廿五、廿六、廿七日假议事厅为大舞台，编成特别改良新戏"，
"其戏资分日拨助同济、仁济两医院经费及云南灾赈"。

沪北商团公会成立之初，即参与社会公共事务，当灾害发生时，
他们积极筹款赈济灾黎，慈善义演成为他们"谋思振济"的一种重要
方式。尤其是上海作为早期开埠城市，受到西方文化影响，生活观
念、方式均发生了变化，休闲娱乐已成为市民文化生活的重要组成部
分，随之产生大量消闲娱乐场所，"这些数目种类繁多、造成大量消
费的消闲娱乐场所，已形成了上海一个兴旺的大行业，与上海的进出
口商业贸易一起，构成了上海商业繁荣的重要组成部分"。② 以娱乐为
诉求，并以行善积德为号召的慈善义演，作为一项有社会意义的活动
较易为民众所接受，"寓善于乐"的特点促进人们融入慈善活动，也
有助于形成社会慈善风尚。

除了日常性的社会团体和慈善组织之外，每当自然灾害发生时，
一些临时性的慈善团体应运而生。1919 年成立的湖北义赈会是临时性
慈善团体的代表，据《东方杂志》记载，1919 年"鄂省入夏多雨，
襄水陡涨，山洪暴发，江汉襄阳荆南各属，先后被灾，情形极惨"。③
鉴于"鄂省灾情奇重"，"前经该省军民两长电托沪绅在沪设立湖北义

---

①　《沪北商团演剧助赈广告》，《申报》1907 年 6 月 27 日，第 1 版。

②　李长莉：《晚清上海社会风习与近代观念》，天津人民出版社，2010，第 177 页。

③　《拨款赈湖北水灾》，《东方杂志》第 16 卷第 9 期，1919 年，第 231 页。

赈会，并请沈仲礼、朱葆三、劳敬修为正副会长"，[①] 并 "特邀约沪地热心义举诸绅在民国路事务所开成立大会"。[②] 由此可见，湖北义赈会因1919年鄂省水灾而建，是由当地政府推动、在沪绅商响应发起的慈善组织。

水灾发生后，湖北义赈会深入灾区了解灾民实际需要，开展各种形式的救灾活动，"敦请唐郭郑君亲赴灾区散放急振"，而其 "兹以天气渐冷，振衣尤为要需，故唐君在无锡绅商各界募有棉衣四千四百件，装运来沪"，此外 "该会收到红十字会送来棉衣千余件，一并装输运赴灾区散放"。[③] 湖北义赈会对灾民的救助并非纸上谈兵，但鄂省灾情奇重，灾民众多，赈款相形见绌。1919年9月24日，湖北义赈会接到驻汉董事来电："面粉四千包昨已散罄，奈为数无多不敷支配，哀鸿待拯，惶急万分。若不速筹救济，恐少壮将逃亡他方，老弱填乎沟壑，哀哀孑遗，丁兹浩劫，闻者酸臆，见者伤心，尚乞诸公迅措捐资，派员赴汉散放急振，施当其厄，正在斯时等语。"[④] 灾情奇重，却 "赈款孔亟"。

在此情况下，湖北义赈会 "特商妥粤东群芳艳影班" "开演义务戏一天"，"所得券资悉数充赈"，[⑤] 还有 "陈辅臣、陈炳谦二君捐助院租"，[⑥] 民众积极响应。对于义演，"各界男女来宾踊跃惠临，共成善

① 沈仲礼，即沈敦和，字仲礼。近代著名实业家、慈善家，热心慈善公益事业，"举充大清红十字会总董、上海天足会会长、华洋义赈会会长、上海时疫医院总理、中国公立医院总理、宁波旅沪同乡会会长、上海商务总会议董、华童公学校董、济良分所总董"。见《中国实业杂志》第5期，1914年，转引自孙善根编著《中国红十字运动奠基人沈敦和年谱长编》，浙江大学出版社，2014，第254页。朱葆三，名佩珍，字葆三。晚年致力于慈善公益事业，"参与举办中国红十字会、医院、善堂、学校等慈善公益和教育实业"，转引自熊月之《上海名人名事名物大观》，上海人民出版社，2005，第56页。

② 《湖北义赈会成立大会纪》，《申报》1919年9月15日，第3张第10版。

③ 《湖北义赈会购办棉衣》，《申报》1919年10月29日，第3张第11版。

④ 《湖北义赈会又接乞赈电》，《申报》1919年9月25日，第3张第10版。

⑤ 《李雪芳为湖北义赈会演剧》，《民国日报》1919年11月30日，第3张第11版。

⑥ 《湖北义赈会演剧助赈纪》，《申报》1919年12月3日，第3张第11版。此次义务戏在上海大戏院开演，故推测院租为租赁上海大戏院费用。

举"，"车水马龙，颇为热闹"。① 此次义演募捐，除普通售票获得的善款外，其他所得善款也较为可观，如"设有慈善特座，为盛苹臣以五百元购得"，并有"席立功、龚子渔劝募汇丰银行捐银二千元，杨小川劝募香港华商总会一千元"。②

此次义演为主要演员李雪芳带来了显著声誉，有报道称："此次李伶在沪，颇得各界赞赏，名流投赠题咏颇多。前日杨交涉员亦送一匾额，为'瑞雪济灾'四字云。"③ 由此文宣传可见，义演体现艺人的慈善意愿与社会担当精神，为参演者带来的社会美誉无形中也提高了演艺者的社会地位。

湖北义赈会的慈善义演是针对 1919 年鄂省水灾开展，在赈灾工作陆续结束后，义赈会工作即告结束，完成了赈灾使命。1920 年 6 月 16 日，《申报》记载："棋盘街湖北义赈会现以赈务告竣，于阴历四月底收束。"④

此时，中国社会正在向近代化转型，中国的慈善事业迅猛发展，国民慈善意识逐步提高，具有近代特征的慈善义演在屡次灾难发生之际不断接受检验，逐步前行。天津、上海均为开埠较早的近代城市，相比之下也是慈善义演出现较早的城市，义演活动为灾民筹款，也为自身赢得美名。湖北义赈会因本省水灾而设，在最为关键的时候，采用慈善义演方式筹款，效果明显。这些实践证明，慈善义演是重要的赈灾手段，对推动近代慈善思想的传播以及提高伶人的社会地位，都具有积极作用。

（三）助贫救生与安慰心灵

20 世纪早期，许多民间团体通过义演参与救灾活动，还通过义演为民众施医给药、助学建校来帮助满足更多的社会需要。缺医少药是当

---

① 《湖北义赈会演剧助赈纪》，《申报》1919 年 12 月 3 日，第 3 张第 11 版。
② 《湖北义赈会演剧助赈纪》，《申报》1919 年 12 月 3 日，第 3 张第 11 版。
③ 《李雪芳为湖北义赈会演剧》，《民国日报》1919 年 11 月 30 日，第 3 张第 11 版。
④ 《湖北义赈会之结束》，《申报》1920 年 6 月 16 日，第 3 张第 11 版。

时的社会现状，由此，民间团体以义演筹款来资助医院、捐助学校，担
负起一定的社会责任。如此参与社会公共事业的建设，尽己所能来救生
助贫，体现出义演在民间社团中的重要作用。同时，人们从事的慈善事
业也能安慰自己的心灵。下面以上海正谊社票房义演为例。

票房是票友团体，正谊社是上海一个较为知名的票房。有记载
称，该社"创自民国九年冬，原名同谊社"，1922 年 10 月 23 日，
"经会员议决，将同谊社改名为正谊社"。① 正谊社成立之后，除了组
织正常的习艺娱乐活动，还以己所长服务社会民众，参与慈善公益事
业。其中，演剧为该社募集资金参与慈善事业的主要途径。在成立六
周年之际，纪念特刊登载了该社历年服务社会的成绩情况，详见如下
报告单：

本社历年服务社会成绩报告

民国十二年十月　为南翔保卫团筹募冬防经费，在该处串演
一日一夜。

民国十四年四月　为镇江孤儿院筹募基金，在南京花园饭店
串演两日两夜。

又七月　为五卅惨案募款，在新舞台串演一天并捐助洋三百
余元（该捐款交与上海学生联合会）。

又十一月　为直隶水灾义赈会筹款，在新世界开游艺会串演
一日。

民国十五年四月　为杭州诚社筹募平民学校基金，在杭州共
舞台串演三日三夜。

又十月　为中华道路协会筹募经费，在本埠共舞台串演一日。

民国十六年七月　为中国公民党上海特别市党部四区一分部
筹募北伐捐饷，在新舞台串演一日。

---

① 邵达人：《本社之沿革》，《正谊社六周纪念特刊》，1928 年，第 48 页。

又同月　为吴淞保卫团筹募经费，在该处串演四日。

本年七月　为本埠法租界中华义勇团筹募基金，在法国公园串演一日。

又十一月　中华国货展览会，本社亦有游艺加入。①

由以上记录可见，正谊社同人经常扶贫济困，参与社会公共事务，以其特长演剧筹募善款，用于赈灾、助学、冬防、捐饷等诸多方面。在社会动荡不安、灾难频发的年代，票友组织起来，不计私利，唱戏、学艺，并将自己对艺术的追求融入慈善事业和民间救助活动中。正谊社票房的一项日常善事，是通过义演募集善款，并将善款用于暑期的"施诊给药所"。施诊给药所是一个临时性的医病诊所，早期只在暑期为病人开诊。

> 海上五方杂处，人烟稠密，夏天病症较多。同人等谋贫病疗治便利计，特于民国十三年始，在本社附设暑期施诊给药所。虽历时未久，而每年统计来此就诊者竟有六七千人之多。比及客秋，同人等复抱救人救溺之心，将暑期施诊所改为长期施诊给药，于是远近求诊者更形络绎。②

随着诊所就诊病人的不断增加，票房同人将施诊给药所改为常设性医病诊所，其运营全靠票房义演活动募集资金。

票房同人为暑期施诊给药演剧筹款，这是其自主性工作，戏券由社员自行分销。虽然是在暑期施诊，但筹款演剧时间并非仅在夏季。每年冬天该社举行纪念活动，也有"施诊给药戏"，筹得善款用于补充暑期医病的费用。"纪念活动"与"筹款活动"一并举行，因此，

---

① 贝一峰：《本社历年服务社会成绩报告》，《正谊社六周纪念特刊》，1928年，第49页。

② 蔡子香：《论本社慈善事业》，《正谊社六周纪念特刊》，1928年，第50页。

人们认为其冬季筹款并非为了慈善，而是为了社务开支。正谊社受到当时报纸的讥评，引发了不同声音的社会舆论。为此，该社对经费筹集情况进行了一番说明。

> 本所医药费用，前经规定每年洋一千二百元。虽由同人演剧筹资，以为补助，但戏券仍由社员分销，显与专恃在外募捐者有别。犹忆去年冬间，本社曾假座共舞台，演剧筹款，为施诊给药经费。当时有某小报指为时间不当，并作种种之讥评，此实不明本社情形之故。本社每年冬间举行纪念会时，必假舞台串戏，以资点缀。年来因节省金钱与时间计，每将施诊给药戏与纪念戏分日夜合并举行，外间不察，乃疑同人借此筹款为社务开支，实属大误。此固同人等之所不能郑重声明者，邦人君子，幸共察焉。①

《申报》曾刊有该票房演剧筹资的消息，也是有关暑期施诊给药的记载。1926 年暑期，正谊社"爰于本月初三日（即礼拜六日）假座大新舞台演剧筹款，所得剧资除必要开支外，悉数充作本社施诊处之用"。② 可见，该票房为施诊给药组织的慈善义演活动持续了相当长的时间，并为社会人士所关注。能够引发舆论监督，可见该票房的义演筹资活动具有一定的社会影响。在社会动荡不安、自然灾难频发的年代，票友不计私利，以票房票社为基地，将艺术追求融入慈善事业中，在某种程度上或许是一种心灵安慰。

艺人作为慈善义演的主体，在筹款义演活动中具有非常重要的作用，由艺人组成的专业团体，在义演中的作用更是不言而喻。上海伶界联合会就是艺人团体的典型。上海伶界联合会，"又称'中华伶界联合会'。1912 年 2 月 23 日，由潘月樵、夏月珊等发起组织，3 月 11 日经孙中山批准在上海正式成立，由夏月珊任会长。以'改良旧曲，

---

① 蔡子香：《论本社慈善事业》，《正谊社六周纪念特刊》，1928 年，第 50 页。
② 《正谊社票房暑期施诊给药演剧筹款》，《申报》1926 年 6 月 10 日，第 1 张第 3 版。

排演新戏，表扬革命真铨，发阐共和原理，使萎靡之社会日就进化，旁及教育慈善事业'为宗旨"。① 可见上海伶界联合会创立伊始就不单单是一个艺人组成的曲艺团体，从它初期活动就"旁及教育慈善事业"的声明来看，这是一个具有明显的慈善公益性质的社会组织。该团体一度"因参与和支持'二次革命'，被北京政府解散。1920 年恢复组织，改以'联络同业感情，力争伶工人格，保障伶工职业地位'为宗旨"。② 从该团体宗旨的变化，还可看出该组织由参与支持"革命"、提倡"共和"转变为单纯的同业组织。但其仍"下设剧务、宣传、慈善等部"，看来该会的慈善性质并没有改变。③ 该团体在组织结构中，单独将"慈善"设为一部，表明了慈善事业所占比重，并且，其组织活动的一项重要任务就是义演筹款："每年举行数次公演，为公益事业筹款。"④

上海伶界联合会所从事的慈善公益活动内容广泛，涉及赈灾、教育、恤贫诸方面。1921 年，上海伶界联合会进行第一次八班大会串，并发布活动宗旨。《申报》对此有详细报道：

> 民国十年五月五日为上海伶界联合会第一次八班之大会串，其演剧筹款宗旨：（一）设义务小学，以期普及教育；（二）立伶界养老院，以济恤孤贫；（三）建设义冢，以慰幽灵；（四）组织艺术研究会，以谋戏剧进步；（五）请名人演讲，以增进同人智识。⑤

从该会演剧筹款宗旨可见，上海伶界联合会具有鲜明的慈善性质。该会的教育、恤贫、义冢等事务工作，并非临时性慈善行为，义务小学、养老院、义冢建立之时需大量资金，后续维持费用更甚。

---

① 张宪文：《中华民国史大辞典》，江苏古籍出版社，2001，第 94 页。
② 张宪文：《中华民国史大辞典》，第 94 页。
③ 张宪文：《中华民国史大辞典》，第 94 页。
④ 张宪文：《中华民国史大辞典》，第 94—95 页。
⑤ 《上海伶界联合会第一次八班大会串》，《申报》1921 年 5 月 7 日，第 4 张第 14 版。

"上五项兼筹并进，设施完备，最少数非十万元以上不办，而设施后之常年经费尚在其内。"① 组织这种需款甚巨的慈善活动，需要举办大规模的义演，更要有强大的实力做支撑，"此种义举倘不在其他之慈善机关，非具有绝大之伟力者，恐尽皆无从措手焉"。② 可见上海伶界联合会为此有充分的准备，其组织的慈善义演活动可与专门慈善机构举办的慈善活动相媲美。同时也说明，上海伶界联合会作为艺人团体，实力可见一斑。

随着近代以来女性地位的不断提高，女性参与社会活动、发起社会组织、在慈善活动中发挥作用的事例日渐增多。面对受苦受难的群众，妇女团体参与社会慈善公益活动的事例很多，除以个人名义捐款捐物之外，还有不少团体从事更大规模的慈善公益活动。影响较大的有上海妇女团体发起举办的筹款音乐会。该团体举办音乐会，目的在于筹款资助"妇孺教养院"。上海圆明园路中华妇女节制协会，为增进国际之友谊，及为附设之"上海妇孺教养院"筹款，除举行第七届征求募捐会外，复发起国际音乐大会，筹备会于十一月二十五日下午四时在大西路六号花园举行，出席者除刘王立明、李中道夫人、毛克伦夫人、孔祥熙夫人、吴铁城夫人等外，尚有各国领事夫人多人。③

学校及社会教育机构是社会力量的重要组成部分，对推动社会发展起着重要作用。青年学生是学校的有机组成部分，他们更易萌发激情，关注现实问题，承担社会责任，谋求解决问题之道。筹款义演关注贫困群众，是慈善事业的一部分，吸引了大量青年学生参与其中。

西洋音乐会在社会上并不普及，但作为一种新式的演出形式，对青年学生有一定吸引力，因此音乐会在学校逐渐传播开来。以天津南开中学为例，该校 1925 年创办学生文艺组织——西洋音乐会，由于学生的流动性以及具有专长的同学不多，该组织的初期活动并不稳

---

① 《上海伶界联合会第一次八班大会串》，《申报》1921 年 5 月 7 日，第 4 张第 14 版。
② 《上海伶界联合会第一次八班大会串》，《申报》1921 年 5 月 7 日，第 4 张第 14 版。
③ 《妇女节制会发起国际音乐会》，《妇女月报》第 2 卷第 11 期，1936 年，第 25 页。

定。直至 1927 年才开始出现规范的音乐活动：会员分为各种器乐小组；请具有才艺能力的外籍教师指导训练；定期举办音乐会活动。[①]因为后来该组织的活动很多，表现积极，因此在当地形成了较大影响，发展很快。[②] 1927 年，在南开中学可容 1800 余人的大礼堂内，举办了一次音乐演奏会，"听众约有一千二百人"，[③] 其成效与进步有目共睹。有记者对此成果给予称赞："按南中西乐会成立迄今不满一载，而成效之速，实非他人所能及。"[④] 该校音乐组织发展迅速，以音乐会形式参与的慈善义演活动也逐步展开。1933 年 4 月 8 日，"南开学校高中三年级学生为筹备该班毕业，定于今日午后四时，在法租界维斯理堂举行慈善音乐会，以票价所得三分之二，捐作赈济战地难民之用"。[⑤] 以慈善音乐会的形式来纪念毕业，可谓极具意义的毕业仪式，也体现了这个时代战地灾民的悲惨生活以及青年学生的救国救民热忱。

学校为学生筹募办学资金举办游艺会，早期还表演不少传统节目。1919 年，上海圣玛丽亚女校举办的游艺会，有感于"平民教育为当今急务救国之道"，"基于此拟由学生诸君演艺集资，交由上海学生联合会举办义务教育"。[⑥] 游艺会吸引了众多人前来观赏，"自下午四时开幕至六时许闭幕，到者千余人，集得入场券费达一千元以上"，还有校长登台演说，感谢到场者捐资助学是"为平民教育而来"，而

---

① 《西洋音乐会之复活》，《南开周刊》第 1 卷第 8 号，1925 年，第 78 页；《西洋音乐会日内将复活》，《南大周刊》第 47 期，1927 年，第 29—30 页；《南开西乐会》，《大公报》（天津）1927 年 11 月 7 日；《唱歌会》《西洋音乐会》，《南大周刊》第 60 期，1928 年，第 84—85 页；《音乐学会成立大会》，《南大周刊》第 39 期，1930 年，第 30 页；《南大音乐学会近闻》，《南大周刊》第 113 期，1931 年，第 60—61 页；等等。

② 《南开西乐会成立后》，《益世报》1927 年 11 月 7 日，第 4 张第 14 版。

③ 吴润苏：《天津南开中学音乐会》，《新乐潮》第 1 卷第 3 期，1927 年，第 13 页。

④ 吴润苏：《天津南开中学音乐会》，《新乐潮》第 1 卷第 3 期，1927 年，第 13 页。

⑤ 《今日维斯理堂之慈善音乐会由南开高中三年级筹办》，《大公报》（天津）1933 年 4 月 8 日，第 4 张第 13 版。

⑥ 《圣玛丽亚女塾游艺会预志》，《申报》1919 年 6 月 22 日，第 3 张第 11 版。

"非为看演艺来"。①

　　上海经常出现筹资办学的游艺会。"虹口沈家湾承天学生分会，因筹办义务学校经费不足……开游艺会演剧筹款"，"来宾观者约一千五百余人"。② 由于一些游艺会活动可以获得门票收入或者进行观众募捐，一些学校的学生团体通过举办游艺会募集资金，用于帮助发展教育，体现出一种社会责任感。当时的报刊在这方面有较多记载。

　　从相关记载可见，民国初年学校音乐活动在筹备中发展，在这一过程中，一些学生团体已经开始关注社会事务，将开展校内文化活动与促进教育事业发展联系起来，体现出社会责任感。

（四）生计之困与互帮之道

　　20 世纪早期，民间社团发展迅猛，但较多经费紧缺，更有一些社团成员生活艰难。如何解决发展中的困难，成为一些民间团体需要关注的问题。北京正乐育化会是北京戏曲艺人行会组织，1912 年由梆子演员田际云和京剧演员杨桂云、余玉琴等发起组织，以取代"精忠庙"。该会 1914 年在北京正式成立，推举谭鑫培任会长，田际云任副会长。民初北京社会贫困问题非常严重，贫困艺人同样生活困难。正乐育化会为解决同行之困，在会内设专人处理有关戏曲艺人生活福利事项，"费用由各戏班共同负担，大抵每张座票抽取铜元一枚"。③ 这种从每张座票中抽取资金的做法，可谓部分艺人的奉献。1921—1926 年的《顺天时报》，每年均有关于正乐育化会演出义务戏救助同业者的报道。1921 年 2 月 5 日的《正乐育化会之义务夜戏》一文对此即有报道："腊月廿五日，正乐育化会全员在第一舞台演唱义务夜戏，将其收入全部救助剧界中一般穷苦同业。"④ 1922 年 1 月 26 日，该报又报道："阴历廿四日，正乐育化会为救助梨园行之穷乏者起见，假第

①　《纪圣玛丽亚女校游艺会》，《申报》1919 年 6 月 25 日，第 3 张第 10 版。
②　《承天学生分会之游艺会》，《申报》1919 年 8 月 18 日，第 3 张第 11 版。
③　上海艺术研究所、中国戏剧家协会上海分会编《中国戏曲曲艺词典》，上海辞书出版社，1981，第 437 页。
④　《正乐育化会之义务夜戏》，《顺天时报》1921 年 2 月 5 日，第 5 版。

一舞台，纠合男班演唱义务夜戏。"① 1923 年 2 月 15 日也同样报道，称："正乐育化会循例，为救助梨园行中贫苦起见，于阴历廿六日假第一舞台演唱义务夜戏。"② 1924 年 2 月 21 日《第一舞台正乐育化会之义务夜戏（上）》一文特别指出："阴历腊月廿七日，正乐育化会全体艺员假第一舞台演唱义务夜戏，以资赈就同业人中贫苦者。"这类同行互助的活动同样因其较好的娱乐效果而非常成功，此次义演观众爆满，"下自池子，上至三层楼，坐客充满，无立锥地，为本年义务戏中未曾观之盛况"。③ 1925 年 1 月 23 日，报纸又报道："正乐育化会全体艺员为放赈同行贫者起见，于阴历廿六日假第一舞台演义务夜戏"，当晚观众"有两千余人，颇极热闹"。④ 1926 年 2 月 6 日的报纸报道称："正乐育化会近以梨园同业困苦维艰，又值旧历年关在即，度岁无资。日前特召集全体议决援照往年成例，于旧历十二月二十七日假第一舞台演唱义务夜戏一晚，得款以资赈。"⑤

　　此间，艺人团体不断发展。"著名武净演员许德义邀请叶春善（富连成班班主）、萧长华（富连成班教师），以及杨小楼、余叔岩、梅兰芳、尚小云等五十多人，在正乐育化会的基础上组织成立了北京'梨园公益总会'（简称梨园公会）。"⑥ 可见北京梨园公会与正乐育化会宗旨基本一致，都要救助同业贫苦者。但在其经营过程中，自身也存在经费拮据的情况。梨园公会在设立之初，修建公所的费用有一部分便是通过慈善义演筹得的。由资料可知，1924 年 5 月 2 日、3 日两晚"假第一舞台聘一般名伶演义务戏，以资建筑公所之筹款"。此次义务戏有"杨小楼、余叔岩、梅兰芳、尚小云等雀踊登场，竞奏妙

①　《正乐育化会之义务夜戏》，《顺天时报》1922 年 1 月 26 日，第 5 版。
②　《正乐育化会之义务夜戏》，《顺天时报》1923 年 2 月 15 日，第 5 版。
③　《第一舞台正乐育化会之义务夜戏（上）》，《顺天时报》1924 年 2 月 21 日，第 5 版。
④　《正乐育化会之义务夜戏》，《顺天时报》1925 年 1 月 23 日，第 5 版。
⑤　《正乐育化会演义务戏》，《顺天时报》1926 年 2 月 6 日，第 7 版。
⑥　李伶伶：《清风吹歌　曲绕行云飞——尚小云评传》，上海古籍出版社，2012，第172 页。

艺"，并且"竭其义务"。① 在此后的 5 月 7—9 日《顺天时报》上，有记者对此次义演进行了详尽的报道，由此可反映出此次慈善义演的规模之大、影响之深。同年 8 月，梨园公会"于阴历七月十六、十七两日再在第一舞台连演义务夜戏，以资筹款偿债"。②

社团遇到的困难不仅出现在创办之初，还由于"同业遇有死丧无力置备棺木者，概由该会发给棺木寿衣，尔来求助者日多，并有建筑公所之必要"。这种同行互帮的事情，在圈内经常发生，导致"经费异常拮据，无由速办"。于是，常有约集全体艺员在第一舞台演剧筹款之事。③ 8 月，有报道称："梨园公益会设立以来着着进行，成绩渐佳。惟因本系慈善事业，故未免经费支绌有碍办理。"有鉴于此，该会"定于今明两晚""艺员全体（除坤角童伶）在第一舞台再演义务夜戏，以资筹款而使会务进行"。对于此次义演，艺员也是积极响应，"奋踊非常，各尽义务，以助该公益事业之发达"。④ 1926 年，梨园公会经过几年经营，"种种会务，各科分担，着着进行，成绩颇佳"，但因"经费较大，收入有限"，所以"有时未免困绌"。为了解决此时之困难，"定于阴历八月十九、二十两日（星期六及星期日），假第一舞台召集会员全体（李吉瑞加入）演唱义务夜戏，鼓吹风雅并资筹补本会之经费"。会员如同上次演出，"奋踊非常"。⑤

像正乐育化会这种情况，并非北京一地独有，民国初年各地均创办有正乐育化会。天津正乐育化会是"民国元年（1912），由李吉瑞等倡议，经天津警察厅批准成立。李吉瑞任会长，汪笑侬、尚和玉、薛凤池任副会长"。该会通过组织活动，"募捐及组织义演"获得收入

---

① 《梨园公益总会之义务夜戏》，《顺天时报》1924 年 5 月 2 日，第 5 版。
② 《梨园公益总会之义务夜戏（上）》，《顺天时报》1924 年 8 月 21 日，第 5 版。所偿债务为购买住房不足费用、装修及购买家具费用。"梨园公益总会今春在樱桃斜街路北觅购住房一所，其价洋一万二千元，即将前次所演义务夜戏之收入已交八千元，下欠四千元，并言明阴历七月交款，且该会连修饰带家俱又费一千元。"
③ 《梨园公会演剧筹款》，《顺天时报》1924 年 5 月 2 日，第 7 版。
④ 《梨园公益会义务戏》，《顺天时报》1924 年 8 月 16 日，第 5 版。
⑤ 《梨园公益会演剧筹款》，《顺天时报》1926 年 9 月 24 日，第 5 版。

"救济贫苦艺人"。① 在经营过程中，同很多地方的正乐育化会一样，该会也出现了经营困难的情况。会长李吉瑞到上海时，看到同行组织如上海伶界联合会以义演来筹资，有意仿之。由于急需经费，李吉瑞还向上海伶界联合会求助，在《申报》上刊登启事，称："俾免北地贫苦同业死后抛露尸骨之惨，又鉴于历年北方筹款之匪易"，因此，"商请上海伶界联合会会长夏月润、赵如皋二先生邀集本埠十班同业合演会戏一天，所得戏资悉充推广津埠伶界义冢经费"。② 上海伶界联合会对李会长给予回应，"假座天蟾舞台，癸亥年四月十三日礼拜一日戏，上午十一时开幕"。③ 由此可以看到，两个不同区域的艺人团体跨区域互帮互助。上海作为此时中国的经济中心，富商大贾集聚，同时受近代西方慈善事业影响较深，故筹款相对容易，善款相对充裕。面对困境，各团体互帮互助共同渡过难关，也展现了团体之间的人道主义关怀，这对于促进民间团体及团体慈善事业的发展具有重要作用。

　　20 世纪早期，政府权力式微，民间社团极速发展。政府对民间社团的管理缺失，常常表现为心有余而力不足，但是，民间社团依靠自身力量，锐意改革，互助联合，积极谋求发展。这一时期，民间社团大多是投身社会公共事业的建设、参与民间事务管理活动。他们的活动是社会公共事业的重要组成部分，也引得社会各界的注目。慈善义演作为具有近代性质的社会团体筹款助赈的重要方式，对推动中国近代民间团体自身的发展，推动演艺事业和慈善事业的发展都有重要意义。

二　个案研究：近代中国红十字会与慈善义演

　　近代社会力量在慈善义演的发展演变中发挥着重要的作用，充当了重要角色。中国红十字会作为近代中国较具代表性的慈善公益机

---

① 《中国戏曲志·天津卷》，第 309 页。
② 《李吉瑞启事》，《申报》1923 年 5 月 26 日，第 3 张第 9 版。
③ 《天蟾舞台十班合演》，《申报》1923 年 5 月 26 日，第 3 张第 9 版。

构，集中体现了社会力量在慈善义演发展演变中所担当的角色和付出的努力。近些年来，学界针对中国红十字会的研究已有系列成果，此不赘述。但目前学界有关中国红十字会史研究的成果中，对于近代慈善义演的论述较为薄弱。① 下面以中国红十字会为视点，窥探近代社会组织团体与慈善义演之间的关系。

（一）主动组织：中国红十字会义演类型

中国红十字会出于筹款施救的目的，在举办慈善义演时要主动承担义演活动的组织者或参与者的角色。近代中国红十字会的人道主义事业，是一个逐渐扩展的过程。清末民初之际，兵燹不断，在这种情况下，兵灾救助亟待进行。1904 年，中国红十字会应时而生，以"战时扶伤拯弱""平时救灾恤邻"为宗旨，专门进行战事救护和灾害赈济，是近代中国第一个较为专业的慈善公益机构。在日俄战争和辛亥革命之际，中国红十字会全力以赴进行战地救护，或抢救难民，或救治伤兵、掩埋暴尸。民国时期，随着外部环境的变迁与现实社会的需要日益增多，中国红十字会的慈善服务范围和活动内容更为广泛，其"宗旨日见扩充，即如水旱灾患、时疫流行，亦当设法拯救。是故，红会之设，不惟于战争时有应尽之义务"，"平时亦有应救之灾患"。② 伴随中国红十字会事业的扩展，其在资金的筹集方面采取了多种手段，也开始组织和参与慈善义演，并逐渐呈现出不同的样态，体现出一定的社会效能。总体来看，中国红十字会组织的义演活动主要集中于兵灾救护和灾害赈济两个方面。

中国红十字会针对战场救护筹款而举办的慈善义演，早在辛亥革命时期即有出现。例如，1911 年，驻上海的中国红十字会豫晋秦陇红十字分会，鉴于"东南光复，大局初定，独西北诸省交通阻隔，迫近

---

① 仅有郭进萍撰文略有涉足，将中国红十字会参与的慈善义演视为中国红十字文化传播的举措。见郭进萍《红十字文化在华传播研究（1874 – 1949）》，硕士学位论文，苏州大学，2013，第 59—61 页。

② 《红十字会研究大会纪事》，《申报》1911 年 12 月 13 日，第 2 张第 3 版。

敌军，同起义师，独受奇苦"，于是在当地"鸠集同志，广聘名医，组织红十字分会，分赴豫晋秦陇各战地从事救护"。由于开展范围广大的救护工作需费浩繁，筹款不易，特商请新舞台的主事人即潘月樵与夏月珊，于 12 月 13 日晚"拼演拿手好戏，券资慨助会费"。豫晋秦陇红十字分会还呼吁，请各界仁人"不分畛域"，救济遭受战争之苦的豫晋秦陇民众，并代表四省同胞表示感谢。还发布告示，"入场券售洋一元，临场概不募捐"。① 之后不久，1912 年 2 月 12—14 日，四川红十字会在天津的会员也同样因为辛亥革命时期川省受难较多、社会动荡，发起救济受难同胞的募捐活动。在当地天仙茶园"连演三日夜义务戏，并邀请各园名角助成善举"。②

战场救护是中国红十字会战时的主要工作。因战场救护筹款而发起的义演比较常见，具有代表性的是 1915 年中国红十字会针对青岛兵灾而举办的一次义演。是年，青岛兵灾非常严重，造成"哀鸿遍野，待哺嗷嗷"的境况，同时还有"青年妇女蹂躏为虏，尤群求脱离苦海"。若要"振救兼营，需款浩巨"。中国红十字会呈请"竞舞台夏君慨担义务，于腊月十三夜，即星期三演剧一天，看资每位一元，悉数充助振款"。③ 在此次"竞舞台演剧醵资"活动中，出现了一些输财认捐的善士。如中国红十字会名誉会员沈洪来，"经募四明公所拨助青岛兵灾急振银二百元"；④ 黄玉书，"慨助青岛兵灾急振银三百元"。⑤ 此次红十字会演剧募赈，"约售入场券二千余张"。在演出现场，由于沈敦和"偶感风寒，不获到场"，该会时任理事长赵芹波临时代表会长登台，向竞舞台主事人夏昆季表示感谢，同时感谢诸艺

---

① 《豫晋秦陇红十字分会演剧助捐广告》，《申报》1911 年 12 月 29 日，第 1 张第 1 版。
② 《四川红十字会筹办慈善赈济义务演剧启》，《大公报》（天津）1912 年 2 月 29 日，第 3 版。
③ 《中国红十字会特烦竞舞台演剧助赈广告》，《申报》1915 年 1 月 23 日，第 1 版。
④ 《中国红十字会谨谢沈洪来君经募四明公所拨助青岛兵灾急振银二百元》，《申报》1915 年 1 月 26 日，第 1 版。
⑤ 《中国红十字会谨谢黄玉书大善士慨助青岛兵灾急振银三百元》，《申报》1915 年 1 月 29 日，第 1 版。

员担任义务，也感谢观众的热情参与。① 对于此次慈善义演募款的效果，中国红十字会还通过《申报》做出声明，以示征信。

> 本会办理山东兵灾急赈，于上年阴历十二月十三日假座竞舞台演剧醵资，兹将收到诸君子售券清数宣布报端，以昭核实，而志谢忱，惟祈公鉴。计开：洪文廷君洋五百七十元，沈联芳君洋十元，钱贵三君洋念元，陈维翰君洋四十元，骆焕章君洋念元，王一亭君洋五元，钟紫垣君洋三十元，朱葆三君洋五十元，邓笠航君洋十九元，沈鼎臣君洋三十元，叶庚三君、杨幼坡君合销洋六十九元，沈吟秋君洋十元，叶山涛君洋廿元，沪城分会洋一百元，吴秉谦君洋廿七元，陆凤竹君洋十元，吴敬仲君洋八元，袁仲蔚君洋五元，洪瑞侯君洋十元，卓镜澄君洋十元，谢蓉斋君洋五元，于启泰号洋三十元，臧廉逊君洋十元，朱仲宾君洋十元，洪少圃君洋十元，桂仲庚君洋九元，甘翰臣君洋念元，黄玉书君洋十元，王子香君洋八元，南商会洋廿八元，樊时勋洋念元，邵志奋君洋六元，莫子经君洋十元，沈明贤君洋五元，朱鉴堂君洋四元，祝伊才君洋十元，李征五君洋十元，赵芹波君洋一百三十元，和丰号洋二元，老杨庆和福记洋五元，长义豆行洋二元，源丰实缎庄洋五元，仁源永号洋十元，鼎昌绸缎号洋二元，大丰永金号洋十元，老牷元号洋十元，万有裕号洋一元，丰顺庄洋十元，马敦和号洋四元，振泰线号洋二元，陈一鹗号洋六元，阜丰面粉公司洋十元，宝丰庄洋十元，九华堂洋二元，大昌元号洋五元，福泰衣庄洋二元，王仁泰号洋九十元，竞舞台现售八十元零一角五分。以上共收洋一千六百六十六元一角五分，内除朱葆三君售券三十七张，助洋五十元，又沪城分会售券九十九张，助洋一百元外，余均照券助洋。②

---

① 《红十字会演剧募赈》，《申报》1915 年 1 月 29 日，第 10 版。
② 《中国红十字会演剧助赈敬谢售券诸君》，《申报》1915 年 3 月 5 日，第 1 版。

　　从捐款情况看，此次慈善义演规模庞大，观众群体广泛，既有个人输财，也有商号捐资。这些资金构成了救助兵灾善款的基本来源。

　　与战时兵灾救护筹款相一致，由于人道主义事业的扩展，中国红十字会针对灾害赈济而组织的慈善义演也较为常见。比较有代表性的，例如，1917 年北京和河北地区发生了罕见的水灾，"哀哀嗷鸿，多至三百万人"。中国红十字会于 11 月 21—23 日在苏州拙政园举办"筹赈游览大会"，补充赈济经费。游览大会"每日下午二时起十一时止"。当时为方便游客从容出入，中国红十字会与苏州警厅取得联系，申请娄、齐、葑三城门"延长至二时关闭"。同时，为了吸引民众参与，中国红十字会还举办了花样翻新的会场游艺活动，主要内容有："吴县诸大教育家化妆游戏，时曲幻术，省立第二中学军乐队，省立第一师范学堂音乐会，省立第二工业学校军乐队，县立第二、三高等小学军乐队，苏州苦儿院军乐队，大魔术家韩敬文魔术，邱聘卿三弦拉戏，苏州名校书会唱，吴石生幻术，文明宣卷，郑少庚滩簧，光裕社会书，女子滩簧，女说书，女子新剧，天津各国租界大水发时真象并本会救灾留养妇孺活动影戏，苏州滩簧，八足龙驹，各国红十字会救护灯彩，余兴灯彩，水灾惨状灯彩，异样焰火，退思斋所藏前清内廷南薰殿唐、宋、元、明、清五朝帝王皇后御容并宋、元、明、清名画，消防队，苏州各种商店。除以上各种游艺并每日增添外，再罗列名菊点缀秋光。"务祈仁人善士联袂惠临，共襄善举，"既极游观之乐，实拯饥溺之灾"。同时，在报纸上公布的消息中，中国红十字会还向社会民众申明活动规则，表示"游览券每张洋五角，各大商号均有寄售，会场并不募捐"。①

　　中国红十字会举办的类似义演活动还用于其他募捐目的。如，1920 年"水旱兵灾蔓延十省，情状凄惶，殆不忍言"。中国红十字会主事人汪大燮、蔡廷干向上海天蟾舞台全体艺员发出邀请，望其"热

---

　　① 《中国红十字会假座苏州拙政园特开京直水灾筹赈游览大会》，《申报》1917 年 11 月 20 日，第 1 张第 1 版。

心救济",参加"旧历九月十二星期六"在该会筹款义演中表演"拿手好戏",这场表演活动还邀请上海著名票友"市隐居士陶菊隐君"等到场会串,"所有戏资悉数助赈"。报纸文章特别提示:"是日之戏为救命而演,务乞各界士女慈驾惠临,赞成义举,俾数千万垂毙灾民同登衽席,积福种德,实无涯矣!""该台花楼包厢无多,好善之士倘欲预定,早请与二马路红十字会接洽,包费随意乐助,临场并不募捐。"①

由于游艺会娱乐性很强,加之内容具有丰富多样的特点,容易吸引民众的注意力,因此游艺会是中国红十字会举行筹款义演的主要方式。例如,1918 年 11 月 30 日至 12 月 1 日,为赈济湖南水灾,中国红十字会与南洋公学联合举办协济湘赈游艺会。此次活动声势浩大,开会第一天,南洋公学校长唐蔚芝首先报告开会宗旨,是为"提倡人道教育"。之后马相伯登台演说,指出"人道即仁道",义演为慈善活动筹募资金,即"昌明仁道"。随后,中国红十字会总理沈敦和报告红十字会湘赈的经过和事实,并代表红十字会及湖南省灾民向到场观众致谢。此外,在场的还有法国领事、日本领事等,他们均解囊襄助,甚为慷慨。据《申报》文章报道,是日下午 3 点,"汪悦亭君在大礼堂弹奏琵琶数阕,同时昆曲,在雨中操场按《十面》《絮阁》《惊变》《别弟》《刀会》《折阳》等曲"。② 为参加该次义演,一些演员从昆山专程赶至上海,实可谓热心善举。

同时,在南洋公学大操场上,另有一场足球比赛,系该校与洋人足球队的比赛,双方均为当时上海的著名球队。现场"观者如堵,互有胜负。晚七时起雨,操场中奏西乐系中西音乐家演奏"。第二天即 12 月 1 日,游艺会继续,又"添有童子军游戏拳曲电光世界等"。在会场布置方面,"校门外有警察及童子军等,校中设立贩卖团数处,

---

① 《中国红十字会为天蟾舞台全体艺员演剧助赈启》,《申报》1920 年 10 月 19 日,第 1 张第 2 版。
② 《协济湘赈游艺会初记》,《申报》1918 年 12 月 1 日,第 3 张第 10 版。

售有《人道教育》及《潇湘劫》等书，均系该校学生团所出版，上院有红十字会陈列宋元名人书画颇多"，游艺会受到了民众的欢迎。①

总之，中国红十字会主动组织和参与的慈善义演，主要集中于战争难民救护和灾荒赈济筹款两种情况。从本质上看，此两种情况与慈善义演的社会效应基本一致，均是为弱势群体谋利益。

（二）多元归一：与其他社会力量的合作

中国红十字会举办义演，组织形式灵活多样。既有中国红十字会作为独立慈善公益组织，也有与其他社会力量一起，作为合作团体。在这种情况下，慈善义演就形成了社会力量的多元汇聚。由此可以认为，围绕慈善义演，不同社会力量均有所呈现，这种互助合作更是起到了明显的公益效果。这种合作，既有中国红十字会的力量吸拢，也有其他社会力量的助推。

1. 中国红十字会的感召和影响

在近代中国社会环境下，中国红十字会虽然成立不久，但因参与人道主义事业和社会救助，得到了社会各界的广泛赞赏，愿意与其合作共同组织义演的机构和团体有不少。中国红十字会与戏剧界的合作显得尤为突出。1904 年，中国红十字会成立伊始，得到了上海戏剧界的积极支持。② 是年，"赓春集同人准于四月初四、五、六等夜，假天仙茶园客串昆戏，所得戏资悉以捐助红十字会"。③ 当时在华的外国传教士李提摩太也注意到了这一现象，他记述道："华人捐款踊跃，除恩帑十万两及各处官绅所捐巨款外，即如上海戏园四家亦各分班合演，以所得戏资之半移助本会经费，可见同心好善，深为可喜。"④

《申报》对相关事例的报道非常详细。1911 年武汉辛亥首义，之后"慈善家发起赤十字会、普济善会以医治受伤兵士、救济失所士商

---

① 《协济湘赈游艺会初记》，《申报》1918 年 12 月 1 日，第 3 张第 10 版。
② 池子华、郭进萍、邓通、李攀：《红十字：文化传播、危机管理与能力建设》，合肥工业大学出版社，2014，第 103—104 页。
③ 《万国红十字会来函》，《申报》1904 年 5 月 16 日，第 3 版。
④ 《详记万国红十字会问答之词》，《申报》1904 年 7 月 1 日，第 3 版。

为宗旨"，希望能够稳定局面和秩序，但是"愿力宏大，经费浩繁"。① 更何况在战乱之时，物力艰难，单纯募捐不易。翁梅倩是一位艺人，她由娼入优，往来于沽津长江一带，演毛儿戏"以自给"，面对战事混乱状态，表示自己愿出一分力量，"一弱女子，未能效力于其间，殊为怅惘，然亦系国民之一分子，不忍坐视"。她恳请丹桂茶园诸艺员协力相助，于 9 月 22 日晚在丹桂茶园举办义演，"以所售入场券资除开支外，悉数捐助赤十字会、普济善会、聊尽义务"。② 由此足见诸艺员对于慈善事务的热心。新舞台是上海戏剧演出的主要场所之一。辛亥革命时期，中国红十字会经费支绌，新舞台同人热心相助，于 12 月 12 日夜，"演剧襄助，所售募资除开除（支）外"，全部拨充红十字会作为活动经费。为了吸引市民往观，艺人特别演出自己的拿手剧目，如《破采石矶》《七子八婿》《阴访白袍》《空城计》《夫妻元帅》《小金钱豹》《新荡湖船》《五六本》《新茶花》等。③ 辛亥革命期间，上海市维多利亚大戏园为了给中国红十字会补充筹款，于 1911 年 12 月 19 日举办一次义演，当日午后"开演影戏及种种外国著名新剧"。对此，中国红十字会也同时积极向外界宣传，呼吁"海内外慈善家惠临赞助，以襄善举"。④

　　除了演艺界在中国红十字会的感召和影响下支持筹款义演，绅商和学界也与中国红十字会合办义演活动。此期，中国红十字会组织医疗队"分赴苏、杭、嘉兴、乍浦、崇明、镇江等处"，还在崇明、松江、绍兴、枫泾等地重新设立支部，"其事务所已由大马路移至新闸路江宁公所，极力扩充，期达慈善事业之目的"。活动资金问题十分严重，为了推进医疗队的工作，急需募捐。中国红十字会因此发起义演筹款，"特公恳学界、新社会诸君于十月初五、初六日下午二时至

---

① 《中国赤十字会广告》，《申报》1911 年 11 月 12 日，第 1 张后幅第 5 版。
② 《中国赤十字会广告》，《申报》1911 年 11 月 12 日，第 1 张后幅第 5 版。
③ 《赤十字社广告》，《申报》1911 年 12 月 2 日，第 1 张第 1 版。
④ 《赤十字社广告》，《申报》1911 年 12 月 8 日，第 1 张第 1 版。

十二时假老靶子路赵氏宸虹园演剧二日，佐以赛菊大会、改良滩簧以娱嘉宾而筹会款，其入场券每张售银一元，全数充作赤十字会第二团经费"，并号召"绅商学界联袂往观"。①

事后，为感谢绅、学两界及其他社会力量的支持，中国红十字会专门发布启文，宣称自红十字会第二团成立以来，承大家热心资助，演剧筹捐已有4次。"第一次为丹桂第一舞台，九月十一日日演；第二次为迎贵茶园，九月二十一日夜演；第三次为鸣盛茶园，九月二十七、八两日夜演；第四次为赵氏宸虹园，十月初五、初六两日日夜合演"，"收入场券全数充敝团经费"。正是由于红十字会对慈善公益等社会事务的投入，才赢得了上海绅、学两界的尊重。② 商、学两界之所以愿意积极投身慈善义演，协助成就大义之举，是因为红十字会的感召和影响。

2. 与其他社会力量的合作

中国红十字会以自身感召力对其他社会力量产生积极影响，与其他社会力量的合作，是当时慈善义演的常态。筹款义演不仅获得了剧场和精英人物的积极支持，还有一些社团机构合作参与。如1913年，中国红十字运动的奠基人、时任中国公立医院③总理沈敦和，就上海大舞台为该医院举办慈善义演表达谢意。他还表示，6月30日夜"承大舞台为本医院筹款演剧，来宾众多，冒暑辱临，会串诸君登台演剧，销票诸君劝销戏券，捐款诸君争输善捐，招待诸君殷勤接待。热

---

①　《新社会演剧捐助赤十字》，《申报》1911年11月23日，第2张第3版。

②　《中国赤十字会第二团声明广告》，《申报》1911年12月10日，第2张第1版。

③　中国公立医院是1910年创立的一所防疫医院。当年上海虹口一带发现鼠疫，经上海总商会及旅沪各帮绅商与工部局反复协商，由华人医师对鼠疫发生地进行全面检查，检疫地区由工部局划定。同时同意由华人自己筹资设立防疫医院（王远明、胡波：《被误读的群体：香山买办与近代中国》，广东人民出版社，2010，第203页）。自此，中国公立医院成为中国自立医院的源头（孙善根编著《中国红十字运动奠基人沈敦和年谱长编》，第256页）。

心公益，钦佩良深"。① 在这次义演中，核心力量是场商——大舞台，沈敦和对其深表感谢，对此报纸报道："本医院因经费支绌，继续为难，辱承大舞台经理童君滋卿、何君瑞福暨同志诸君慨允于旧历五月二十六夜演戏一天，不取贴费。又蒙编辑《主权民命》新剧，现身说法以诏来者。是日，来宾甚众，筹款颇多，热心公益，感佩良深。"②

与中国公立医院成立相同，当年，中国红十字会为专治"时疫急痧而设"时疫医院，应对时疫颇著成效，可谓"时疫医院为最有益于社会之善举"。这是一所由沈敦和联合上海商董共同创设的医院，"医痊之人不可胜数"。③ 但因经费支绌，困难很多，中国红十字会遂将筹募资金的问题提上日程。这次，是场商新舞台方面予以大力支持，"念切恫瘝，于本月初二日义务演剧，不收贴费，以为之助"。④ 中国红十字会时疫医院院长沈敦和、朱佩珍，鉴于"来宾暨风串销票诸君子慨解仁囊，联镳荏止，襄兹盛举，一滴杨枝，慈航普济"，特别鸣谢。⑤

不仅新舞台方面通过义演方式为时疫医院筹款，丹桂第一台亦有相似的举动。1913 年，时疫医院因"分别男女养病之所，特推广房屋，并添购治病机器二十余具，因此经费非常竭蹶"。丹桂第一台经理许少卿对此事非常重视，专程到该院考察。他参观该院后，便与各股董商议，决定演剧一天，收到戏资"悉数充助该院经费"，一切后台开销由第一台承担。"幸皆赞成，并蒙后台全部艺员热心义务，各允排演拿手好戏。"许少卿还认为，此举必能得到各界赞同，"各界好义诸君见如此幼童尚不避劳苦，为社会尽力，况既可娱目，又系善举，定蒙解囊乐助焉"。⑥

① 《中国公立医院谨谢来宾暨会串销券招待临时捐款诸君》，《申报》1913 年 7 月 5 日，第 1 版。
② 《中国公立医院谨谢大舞台》，《申报》1913 年 7 月 5 日，第 1 版。
③ 《丹桂第一台初九日日戏补助时疫医院经费》，《申报》1913 年 7 月 9 日，第 9 版。
④ 《中国红十字会时疫医院谨谢新舞台诸君》，《申报》1913 年 7 月 7 日，第 1 版。
⑤ 《中国红十字会时疫医院谨谢来宾暨会串销券招待诸君》，《申报》1913 年 7 月 7 日，第 1 版。
⑥ 《丹桂第一台初九日日戏补助时疫医院经费》，《申报》1913 年 7 月 9 日，第 9 版。

报馆参与慈善义演。如 1913 年，扬子江兵灾严重，鉴于灾民无告之苦，哈尔滨远东报馆王文林提出了"演剧募捐"。定于 10 月 7 日，为中国红十字会的战场救护活动举办筹款义演，后"共集券资洋一千一百余元，并自助洋二百元，除去开支外，净余洋八百十元四角八分"。此款汇缴中国红十字会后，沈敦和登报表示谢意："王君侨寓远东，情殷救济，热心毅力，感佩至深。除推赠特别会员并举为名誉赞助员外，特登报端，以扬仁风。"① 同一时期，还有呼兰远东报馆的汪慕如、宋鸣初、李博臣、王笑山、姜善卿、李蕭臣等，热心社会救济，在呼兰举办演剧募捐，"除开支外，实存钱一万另四百五吊，照市价合成小洋一千零三十元二角七分。除去汇费外，交来捐款小洋一千元"。②

总之，中国红十字会与其他社会力量共同通过慈善义演活动，对社会慈善事业发挥了积极作用。社会力量的集结与汇聚，有力保证了筹款效果，在一定程度上解决了红十字会工作的资金困难。

（三）义演形成双向受益的作用

中国红十字会与其他社会力量合作举办慈善义演，形成了积极的社会效应，对中国红十字会经费的取得和自身良好形象的展示大有益处。同时，社会力量形成合力，有利于社会民众通过社会团体对慈善事业形成认同，特别是在抗战时期，有助于促发国家民族意识的觉醒。

1. 形象展示

中国红十字会通过义演筹款活动获得了良好的社会评价，在赢得民心的同时，也将义演作为形象展示的平台。中国红十字会自主举办慈善义演，有利于民众对其保持较好的观感。通过慈善义演的形象展示，该机构的社会公信力有了较大提升，在民众中形成比较高大的正

---

① 《中国红十字会谨谢哈尔滨远东报馆王文林君自助演剧助捐》，《申报》1913 年 10 月 10 日，第 1 版。

② 《中国红十字会谨谢呼兰远东报馆汪慕如诸君演剧助捐小洋乙（一）千元》，《申报》1913 年 11 月 25 日，第 1 版。

面形象。一般来讲，社会团体在初建时期都十分注重自身公信力和社会形象，在组织慈善义演时，还防止其他力量利用其名号。中国红十字会总会成立的初期，与一些分会所组织筹款义演稍有不同，很少发起义演筹款。只要有筹款，总会都会在捐款征信录中注明各项资金来源，"不论多寡，随时登报征信。深恐有人在外冒本会名义，逢人劝募等事，特再汇总，遍登各报，以昭信实，而扬仁风"。如 1911 年 11 月的捐款，中国红十字会事务所捐务处汇总中明确表示，"本会向无人在外挨户募捐，亦未在园场演剧、车站逢人劝募"。① 这里，中国红十字会总会之所以提出没有在园场演剧，这是因为涉及自身公信力的建设。再如，1912 年 2 月，朱连魁率领诸多艺人，"会同花四宝坤班在张园演剧，拟以百分之二十五捐为中国红十字会经费，乃初六、初七两天所得看资提成，核送红十字会"。② 对此，朱连魁通过报刊广泛宣传，希冀扩大影响，引起民众的注意，但此事引起中国红十字会事务所的极大反感，认为"本会向无演剧募捐等事，刻见朱连魁登报告白及传单，知有在张园演剧，提成捐助本会经费之举，本会不能承认"，还要求"朱连魁登报取消各项广告"。③ 最后，在中国红十字会的交涉之下，朱连魁只好在同日《申报》上发布《朱连魁全班张园演剧不助红十字经费声明》，以免误会。④ 从这一个简单的事例中，可以看出中国红十字会总会非常注重声誉和形象，不随意募捐。在当时，中国红十字会也正是凭借对于团体公信力建设的投入，树立起自身的正面社会形象。

中国红十字会举办慈善义演是一种人道精神的形象展示。1930 年，中国红十字会时疫医院"因赈济北省灾荒，救护战区兵民，以致经费颇形困难"。为筹募经费，该会会员王振川医师提议，"情商上海

① 《中国红十字会第二届捐款汇总志谢》，《申报》1912 年 1 月 7 日，第 2 张第 4 版。
② 《朱连魁全班张园演剧不助红十字经费声明》，《申报》1912 年 2 月 25 日，第 1 版。
③ 《中国红十字会不收朱连魁演剧捐款声明》，《申报》1912 年 2 月 25 日，第 1 版。
④ 《朱连魁全班张园演剧不助红十字经费声明》，《申报》1912 年 2 月 25 日，第 1 版。

舞台主人常云恒、沈兰松二君，假座演唱义务戏"，并得到盖叫天与全体艺员的支持。同时，还有上海社会名流杜月笙、袁履登、王晓籁、王培元等"加入会串"。① 中国红十字会除了灾荒赈济之时举办筹款义演，在救助难民和伤兵的情况下也会举办义演。1937 年，中国红十字会国际委员会"拟邀集有名艺员演剧筹募"，由"各国领事及中外慈善界人士所组织，以筹募捐款，救护伤兵难民为务"。② 又如，1937 年 12 月 1—7 日，为中国红十字会上海国际委员会红十字的募捐活动周，据报纸消息，当月 8 日，仍在大上海戏院"演唱义务戏"，聘请中外歌剧家出演文艺节目，"售票所得，悉以充救济难民之用"。③ 此类事例举不胜举，此不赘述。另外，中国红十字会总会为了发展更多的红十字会会员，还为演剧征募会员，当时有许多上海当地的名票名角捧场，参加会串。④

中国红十字会举办慈善义演取得了较好的社会效果，其他国家的红十字会也向中国红十字会学习，试图在中国举办筹款义演。如 1918 年，美国红十字会在上海举办慈善义演筹款。⑤ 英国红十字会在九江也有慈善义演之举。1918 年，江西商会为了配合英国红十字会在华募捐，"拟在戏园演剧两日，以票资作捐款"。⑥

从一般意义上讲，慈善义演最基本的效用是募款，但是，无形之中，中国红十字会通过义演活动，形成宣传优势，为自己营造出一种良好的氛围，塑造了人道主义形象。

2. 社会认同

中国红十字会通过举办慈善义演活动，展现出较强的社会亲和力，也得到了民众的肯定和认同，特别是在与其他社会力量合作举办

① 《红会时疫医院将演戏募捐》，《申报》1930 年 6 月 22 日，第 4 张第 15 版。
② 《红会国际会财部拨助百万》，《申报》1937 年 10 月 29 日，第 2 张第 6 版。
③ 《红十字国际委会定期演义务戏》，《申报》1937 年 12 月 4 日，第 2 张第 6 版。
④ 《红会演剧征求会员》，《申报》1935 年 9 月 26 日，第 4 张第 13 版。
⑤ 《美国红十字会之筹捐办法》，《申报》1918 年 5 月 2 日，第 3 张第 10 版。
⑥ 《九江近事》，《申报》1918 年 10 月 11 日，第 2 张第 7 版。

义演之时，表现尤为明显。例如，1936 年，上海市商会、地方协会和中国红十字会合作成立了绥远慰劳救护会，为给该组织筹款，"邀请梅兰芳、程砚秋两君，在沪演唱义务剧，以全部收入，作为援绥捐款，期以四星期。另请本市名媛闺秀六百人，担任招待，请林康侯、黄任之分别敦请接洽"。同时，上海市歌唱界还组织联合播音活动，"经燕燕歌咏社发起后，各歌唱团体热烈参加，非常踊跃"。① 又如，1938 年 11 月，上海市中华慈幼协会、上海慈善团体联合救灾会、上海难民救济协会、上海国际红十字救济委员会等社会团体，联合发起征募难童寒衣运动。此次活动在"新世界大美电台"做实况播音，"由本市票界伶界游艺界诸名人，担任节目"。② 1939 年 2 月中旬、下旬，上海难民救济协会组织募捐活动，与绍兴旅沪同乡会联合，在黄金戏院举办女子越剧大会串筹募捐款，主要参演艺员有姚水娟、竺素娥、施银花、商芳臣、筱丹桂、马樟花、袁雪芬等。还动员了各地京剧、越剧等剧种的知名票友，联合举行戏剧大会串，义演筹款用于赈灾。③ 这些活动取得了很好的社会效果。

全面抗战期间，由国人组织的义演活动具有明显的民族觉醒意义，参与活动的社会力量也更加广泛，社会认同的功能较为凸显。例如，香港地区出现的慈善义演非常多，其中香港九龙红磡街坊，每年旧历一月中旬都要举办一次"筹款演剧"，以支持当地慈善事业。1938 年，正值抗战关键时期，该街坊主事人张九君，因考虑到前方抗战将士需要雨具，于是动议在演剧时向观众发起劝捐。到场观看义演的还有学生、商人和侨胞，取得了大家的支持。④ 1938 年，针对日本入侵，香港地区成立各界赈济华南难民联席会，并召开紧急会议讨论

① 《慰劳救护会邀请梅程演剧援绥》，《申报》1936 年 12 月 12 日，第 4 张第 14 版。
② 《征募难童寒衣，善团今日再度集议》，《申报》（香港）1938 年 11 月 5 日，第 3 张第 9 版。
③ 《娱乐不忘救灾，义务戏盛况空前》，《申报》1939 年 2 月 14 日，第 5 张第 19 版；《各界热烈救难》，《申报》1939 年 2 月 22 日，第 3 张第 11 版。
④ 《侨胞捐输医药与款项》，《申报》（香港）1938 年 4 月 1 日，第 4 版。

如何推进各项工作。① 在该会通过的募款方案中，就有"劝助游艺部进行游艺工作"，并且成为最为重要的事项，与此同时，粤剧和电影义演也成为重要内容。② 由各界组成的赈济会，为了激发民众的抗战意识和督办献金运动，举行了各种游艺活动。③ 此外，各界赈济华南难民联席会在黄花岗纪念活动期间，组织 40 余剧团举行大型义演，上演《黄花岗》一剧。④

1938 年，日本飞机对广州进行疯狂轰炸，广州出现大批难民。"平民遭其荼毒，不可胜纪，其侥幸逃生来港者，日逾数千，各难民以虎口余生，亟待救济。"面对这种情景，有仁人志士发出通告，召集全港各界侨团，举行紧急会议，磋商救济难民办法。出席此次会议的民间社团，有"中华国医学会、崇正总会、普益商会、合一堂、华人机器会、红十字会驻港办事处、五旬节会、香港中华艺术协进会、香港学生赈济、上海学生留港同学会、妇女策进会、南北行、洋务公会、全国童子军战时服务通讯社、妇女新运会、妇女慰劳会、女青年会、印刷业工会、陶秀女校、香港四妇女联合宣讲班、东华医院、中华厂商联合会、旅港顺德商务局、中国妇女同盟会、妇女兵灾会、潮州八邑商会、惠阳青年会、新会商会、酒楼茶室总工会、钟声慈善社、粤债会香港办事处、番禺商会等代表四五十人"，遍布各个行业，中国红十字会地位更显突出。此次会议的各方提案表示，为了救济广东受伤民众、救济逃港难民，必有妥善办法，决议实施"大规模演剧筹款救济难民"。⑤ 可见，中国红十字会与其他社会组织一起，通过慈善义演来救助难民，同时作为一种整体社会力量来体现，更增强了民

① 《各界赈济会紧急会议，讨论推进各工作及指定劝募队长》，《申报》（香港）1938年 7 月 26 日，第 4 版。
② 《赈济难民联合会议决通电响应国际反轰炸会》，《申报》（香港）1938 年 7 月 27 日，第 4 版。
③ 《各界赈济会昨决议督办献金运动》，《申报》（香港）1938 年 8 月 3 日，第 4 版。
④ 《各界赈联会昨常会拨助"黄花岗"义演经费》，《申报》（香港）1939 年 3 月 21 日，第 2 张第 5 版。
⑤ 《全港侨团为救济难民昨召开紧急会议》，《申报》（香港）1938 年 6 月 11 日，第 4 版。

众的民族意识和认同感。

综上所述，中国红十字会作为近代中国极其重要的社会组织之一，举办或参与丰富多样的慈善义演活动，体现出社会力量参与公共事务的广度和深度。中国红十字会与其他社会力量投身慈善公益事业，通过义演筹集款项，产生了一定的社会影响；同时，慈善义演对于中国红十字会的形象展示、社会认同感的增强，以及社会慈善公益风尚的养成和民族国家意识的确立都有重要的意义。

政府力量与相关社会力量形成较为强大的合力，构成推动中国近代慈善义演发展演变的重要力量。二者担当的社会角色和所处地位不同，因此在近代社会发挥的作用和产生的功效不完全相同。政府力量对慈善义演的管理，逐渐由缺位走向失位，既有无助的一面，也有协助的表现。相对政府力量而言，社会力量则一直发挥着重要的、积极的主体作用。在慈善义演由发生到发展乃至繁荣的演进过程中，无论是社会人士、民间舆论，还是社会团体，均产生了重要影响。民间团体作为社会力量的代表，其组织力量的发挥对于慈善义演的嬗变起到了主导作用。20世纪早期，社会团体参与慈善义演的情况较为明显，从中也能窥见社会力量的影响与作用。中国红十字会作为一个具有一定实力和能量的社会团体，确实在慈善义演活动中发挥了较大的作用。

第五章 中国近代慈善义演的主要类型与功能

在中国近代，慈善义演是一种普遍存在的社会事象。这种事象由多类型娱乐表演来呈现，比如传统义务戏、西洋音乐会、各类型传统说书、杂耍、西式游艺、话剧和多类型的体育赛事、电影等，可以说是多种娱乐类型的综合体。其中，表现较为突出、名声较大、影响也较为广泛的是传统义务戏、慈善游艺会、慈善音乐会、体育赛事等。一般来讲，不同类型的慈善义演由不同社会人群来呈现，影响的社会人群和区域也有所不同。在南北不同地区、不同历史阶段，慈善义演所发挥的社会功能也在不断变化。慈善义演的主要类型，因社会文化的变迁发生改变，同时也在由传统向近代演变：一方面体现传统与现代的结合，另一方面呈现娱乐与慈善的耦合。

第一节　传统义务戏

义务戏最早由京剧界人士发起，是为了帮助同行艺人或赈济灾荒而举行的公益性演出活动，演员不取或少取报酬。演出收入——戏资，除必要开支外，全部（或部分）交给梨园公会或有关慈善机构，用于慈善事务。传统义务戏以演唱戏曲为内容，此类演出，表面上活跃在京、津、沪等都市茶园、戏园或剧场，实则遍布全国各地，是清末民初社会民众参与慈善活动的一个渠道和重要方式。可以说义务戏是早期近代慈善义演的主要类型。

从目前所见材料可知，义务戏发源于晚清时期的上海。"丁戊奇荒"是促成筹款义务戏出现的直接原因，上海现代都市格局的初步形成和西方慈善演剧筹款，分别为筹款义务戏的出现提供了社会条件和思想基础。之后，在戏剧改良和国民捐的时代背景下，以"惠兴女学事件"为契机，京津地区出现了筹款义务戏，由此，义务戏在更为广泛的领域中得以扩展，其表演形式和社会功能更加丰富多元。

义务戏这一称呼，实际为慈善义演的代名词，到了民国时期，其表演内容更为多元，以京剧为主要剧种，同时还包括越剧、粤剧等地方剧种。在组织形式上，除梨园公会之外，也有政府和慈善组织介入义务戏的举办与管理。义务戏在同行救济、助学助医、冬赈济贫、灾荒救助、募款抗战等方面发挥着重要作用。总体上看，在民国早期，义务戏的举办次数更多，规模更大，募款能力也更强，管理逐步走向规范，社会影响较大。戏曲演唱不仅成为慈善事业的重要支撑，也反映了近代城市慈善风尚的风貌。抗日战争时期，随着慈善义演表现形式的日益丰富，以义务戏为名的义演活动逐渐减少。

义务戏是近代慈善与娱乐相结合的产物。一方面，它是近代慈善事业发展的新形式，使慈善事业在民族危机和救助灾难等应急之时发挥作用；另一方面，它在某种程度上促进了中国戏剧文化的近代转型和发展，丰富了戏剧艺术种类和表现形式。同时，义务戏为普通民众提供了参与慈善事业的渠道，有助于社会慈善氛围的形成，成为凝聚民族精神、唤醒民众爱国意识的重要手段。

一 义务戏的嬗变

早期慈善义演以戏曲为主要表现形式，这主要归因于中国娱乐文化与传统的影响。晚清以来，京剧逐渐成为都市民众喜闻乐见的一种娱乐方式，其他观赏性娱乐活动均难以取代。随着近代中西艺术交流的日渐频繁，国外艺术的传入推动中国艺术形式向多元化发展，促使民间娱乐发生变迁，义演形式也与时俱进，融入一些其他艺术形式，如音乐会、游艺会、电影等。自然，以戏曲表演为主导的义务戏也有所变化。义务戏的变化主要体现在演出内容和艺人的更新换代上。此种变化集中出现于民国时期。

民国初年，京剧迎来一段繁荣时期（1917—1937），与京剧表演紧密相关的义务戏也随之走向繁荣。1927 年之后，随着首都迁往南京，北京政治地位下降，京津地区的经济走向衰落，"国都南迁，失业日繁，经济萧条已达极点"。[①] 与之相适应，京津地区的文化地位大幅下滑，戏剧演出与娱乐市场一样，随着经济的衰退逐渐走向萧条。与此同时，南京地区的演艺市场开始兴起。总体上看，1912—1937 年，义务戏表现出从发展到成熟的演变趋势，主要体现在以下几个方面。

第一，演出声势较大。北京政府时期较为典型的慈善义演，是"窝窝头会"举办的义务戏。窝窝头会是民国初年出现于北京的一个临时性慈善组织。每年冬季，该会在年终之时发起义务戏。据史料记载，1912 年，该会发起人程启元，就曾因为筹募孤儿院经费到上海举办义务戏："龙泉孤儿院办事人道兴、程启元、张古峰，因该院经费拮据，到沪募捐。"[②] 此类募捐活动，《京报》文章也可证实："北京历年办理慈善之举，惟有每年冬令已故程君起［启］元办理窝窝头会为最着［著］效。"[③] 作为民国首都，北京集聚了许多有钱有势的军政官员和富商大贾，其中喜好戏剧者也有很多。江朝宗是窝窝头会的发起人之一，也是一个"戏迷"。江朝宗，又名江宇澄，曾任北京政府国务院代总理。1917 年，江朝宗还在安徽任职时，就于年关邀请戏

---

①　《北平市特别市政公报》第 3 期，1929 年，第 3 页。

②　《商办新舞台　十月三十即礼拜日日戏　北京龙泉孤儿院筹费演剧》，《申报》1912 年 12 月 6 日，第 12 版。

③　《续办窝窝头会》，《京报》1920 年 11 月 16 日，第 6 版。

班"名角演唱数日，以资接济"。① 1921 年，江朝宗退出政坛，之后
以"民国伟人"和社会名流身份从事社会活动，参加慈善活动较多。
此外，知名人物还有张彬舫、任润山、何卓然等。张彬舫未在政府任
职，但"与军政大员都有相当密切的往来，特别是和奉系方面的张作
霖、张景惠、汤玉麟等，都是盟兄弟"。② 可见窝窝头会有相当实力，
也有一定号召力。窝窝头会举办义务戏能够形成声势，与许多军政要
员的支持密切相关。在义演筹款过程中，一些达官贵人以个人名义直
接向窝窝头会捐款、赠物。如 1920 年，时任京畿警备总司令的段芝
贵，捐玉米面一万斤；刘子波统领，代募玉米面两万斤。③ 除了军政
要员以个人名义直接向义务戏实施捐助，其他机构也积极资助，如政
府部门的粮食救济会、京师警察厅、教育局、京奉路局等，金融界的
新华银行、裕华银行、中国银行、热河兴业银行等，还有电灯公司
等。每次举办义务戏，主要参演者多为名角与知名班社。名角如梅兰
芳、程砚秋、杨小楼、俞振庭、郝寿臣、余叔岩等，几乎每场义务戏
都能够看到他们的身影。可见义务戏的声势及其影响。

　　第二，演出频次更多。义务戏的最大特点，在于组织模式由个人
自发组织转向行业筹备。随着新的梨园公会在全国各地纷纷成立，其
他社会团体也不断出现并在政府登记，使义务戏的组织能力增强，演
出次数增加。除前述北京窝窝头会的义务戏之外，上海的义务戏也有
很多。如 1912 年上海成立伶界联合会，组织多场义务戏。"上海伶界
联合会，年必邀合著名艺员，举行合演一次，酿资以充养老恤嫠、施
衣施米、筹办学校等善举之用，颇著佳绩。"④ 规模较大的一次义务
戏，是 1928 年 11 月 7 日在上海"天蟾舞台演剧，有小杨月楼、麒麟
童等之《龙凤帕》，欧阳予倩、陈嘉麟、高百岁等之《潘金莲》"等

---

① 《又将演剧酬赈款》，《晨钟报》1917 年 1 月 11 日，第 5 版。
② 溥佳：《1924 年溥仪出宫前后琐记》，文史资料选辑编辑部编《文史资料选辑》合
　　订本第 12 卷，第 35—36 辑，中国文史出版社，2000，第 231 页。
③ 《天乐园义务戏之结果》，《顺天时报》1920 年 1 月 8 日，第 5 版。
④ 《伶界联合会演剧筹款》，《申报》1928 年 11 月 7 日，第 4 张第 15 版。

剧目，"共发券九百九十张，每张仅售一元，除开销外，约筹百余元之数"。① 天津举办义务戏频次很多，时有记载，"义务戏在今日之津沽，无异家常便饭，风行草偃，此行彼效，几于无日不唱义务戏，无事不演义务戏，非假学校之筹款为口实，即借慈善事业之创办为号召"。② 可见义务戏已非临时性表演，特别是在新的梨园公会或者其他社会团体的积极参与下，演出活动表现出常态化趋势。据陈洁编的《民国戏曲史年谱（1912—1949）》，③ 笔者对其中记录的自 1912 年至 1937 年具有规模和影响力的义务戏进行了统计，仅京、津、沪三地，较大的义务戏不下 130 次，平均每年 5 次，可见其频次在不断增多。

　　第三，演出规模更大。民国时期，义务戏的演出规模逐渐增大。主要原因在于战乱频仍和灾难多发的社会背景，义务戏是筹集资金的有效方式，对于慈善事业具有显著意义和重要作用。义务戏作为慈善参与的一个重要渠道，得到了政府、社会团体和艺界的普遍支持，具有一定的社会基础。比较有代表性的义务戏，如 1930 年 11 月，北平市公安局各区署及北平筹募辽省水灾急赈会、北平梨园公会、世界红十字会等，于 17—19 日三晚连续在第一舞台举办义务戏，梅兰芳、尚小云、杨小楼、荀慧生、高庆奎、言菊朋、侯喜瑞、王凤卿、朱琴心等京剧名角悉数登场，"三晚共得洋一万三千余元，其分配法，以五成归辽灾、陕灾，四成归贫民收容所及红十字会，一成归梨园公会"。④ 可见政府部门、慈善机构与梨园界之间不分畛域，因举办义务戏而形成有规模的联合，并在行业公会的协调下出演。票价较为昂贵："特级包厢六十元，一级六座包厢三十元，一级四座包厢二十元，二级包厢二十四元，三级包厢十六元，正厅四元，中厅三元，前厅二元，旁厅二元，木炕二元，后背一元，三层楼一律一元。"⑤ 但因为是

① 《伶界联合会演剧筹款》，《申报》1928 年 11 月 7 日，第 4 张第 15 版。
② 农花：《今日之义务戏》，《风月画报》第 8 卷，1936 年，第 2 页。
③ 陈洁编《民国戏曲史年谱（1912—1949）》，文化艺术出版社，2010。
④ 张开：《北平菊部大事记》，《戏剧月刊》第 3 卷第 5 期，1931 年，第 18 页。
⑤ 张开：《北平菊部大事记》，《戏剧月刊》第 3 卷第 5 期，1931 年，第 11—12 页。

作为赈灾济贫所用款项，仍有民众支持并出资观赏。

第四，组织管理规范化。早期义务戏主要由梨园公会召集，组织方式较为民主，一般推荐有威信、有声望的艺人出任管事人，戏目由大家商定，演出安排突破班社限制，名角相互搭配，名次排名不分先后，群英荟萃。在组织环节，前后台布置、剧场秩序、资金监管、现场维护等，一般由梨园公会负责，管理形式灵活，约束较少。随着演出次数增加，管理也越来越规范，对募集资金的管理和分配，逐步做到了明细和透明化。例如，1931 年 1 月 17 日，梨园公会与世界红十字会中华总会在华乐戏院联合举办了一场资助困难伶人的义务戏。此次义务戏一共"收入 2537 元，红十字会捐洋 1000 元，上海大舞台经理黄金荣捐洋 1000 元，梅兰芳自沪返京捐洋 1330 元，合计 5867元"，支出项目为："发给生行 165 人，旦行 110 人，净行 144 人，丑行 84 人，武行 36 人，流行（龙套）39 人，剧装科 82 人，剧通科（监场、检场）35 人，容妆科（化妆）49 人，容帽科 33 人，经励科28 人，交通科（催戏人）110 人，合计 917 人。每人分给 4 元，合计支出 3668 元。"① 用于救济的支出也有明确通告，"另外散发给伶界孤寡 120 份，每份 5 元，合计 600 元"。这次义务戏的"总计支出 4268元，下余 1599 元，以备不时之需"。② 由此可见，义务戏的资金管理和分配较为合理、规范和成熟。1927 年南京国民政府成立后，在京、津、沪政府机构中设置的社会局，均有审批义务戏的职权。政府力量的介入，使义务戏的管理更加规范，影响力也进一步扩大。

第五，募款能力增强。自民国元年至全面抗战爆发，义务戏所募集资金逐渐增多的事例不少。如，在 1925 年 9 月 11—13 日，北京梨园公会举办义务戏，梅兰芳、杨小楼、余叔岩三大名伶一起出马，程砚秋、尚小云、小翠花、朱琴心、王琴侬、王凤卿、王又宸、马连良、谭富英、言菊朋、王少楼、贯大元、周瑞安、龚云甫、郝寿臣等

---

① 原文数字如此，一些计算有误。

② 侯希三：《戏楼戏馆》，文物出版社，2003，第 118、119 页。

名伶悉数登场。[①] 梅兰芳、杨小楼二人，几乎都有重头戏。由于名角
出演名剧，所以票价也很贵："包厢分一百二十元、九十元、八十元、
六十元、四十八元五等。池子散座至高价为每座十元，至低价二元。"
且演戏前五天，戏票就已卖光。"三天售票总数，约计三万五千余元，
除掉开销，净余三万元。"[②] 又如，为了赈济辽宁水灾，天津协庆社
"在春和露演，成绩甚佳，收入达一千九百六十八元九角"。[③] 除此以
外，杨小楼与梅兰芳共同出演的义务戏，收入"按照希望每天可达六
千元，三日合一万八千元，除五千元外，尚余一万三千元"。[④] 可见，
义务戏的募款金额日益增多，收效相当可观。通过举办义务戏，名角
名剧登场亮相，民众热心寓善于乐，筹资收益取得良好的效果。还有
义务戏与义卖等募款手段相互结合，这时筹款能力就更强了。同时
"民国时期的中国是一个到处都有京剧的中国"，[⑤] 广大民众对于传统
戏曲的热爱，也使得善款能够源源而来。

　　第六，社会作用多元化。根据资助对象情况的不同，义务戏又可
分为搭桌戏、义赈戏和募捐戏三种。搭桌戏主要是梨园界内部的互帮
互助，如果有业界艺人遇到天灾人祸或生老病死等情况，梨园公会或
有声望的梨园前辈就会出来号召、组织同行唱搭桌戏，用所得收入帮
助同行渡过难关。通俗地说，就是梨园艺人"因经济困难，约梨园界
朋友尽义务唱一天，替他弄一笔收入的"。[⑥] 如，1936 年梅兰芳与余
叔岩就为俞派武生传人俞振庭演过搭桌戏。京剧界名家金少山等人晚
年境遇不好，生前治病、死后安葬的资金，靠的都是众人唱"搭桌

①　梅花馆主：《值得追述的三天大义务戏》，《半月戏剧》第 1 卷第 4 期，1938 年，第
　　4 页。

②　梅花馆主：《值得追述的三天大义务戏》，《半月戏剧》第 1 卷第 4 期，1938 年，第
　　5 页。

③　《名伶吃灾民》，《益世报》1930 年 10 月 25 日，第 2 张第 7 版。

④　《名伶吃灾民》，《益世报》1930 年 10 月 25 日，第 2 张第 7 版。

⑤　陆大伟：《我们为什么要注意京剧》，杜长胜主编《京剧与现代中国社会——第三
　　届京剧学国际学术研讨会论文集》（下），文化艺术出版社，2009，第 434 页。

⑥　伯远：《搭桌戏》，《剧学月刊》第 4 卷第 1 期，1935 年，第 25 页。

戏"。"1932 年初，年关将近，荀慧生听马富禄、赵桐珊说，同班社的徐德增以及前后台的几位管事经济困难，恐怕连年都过不了了，有意请他帮个忙，演场'搭桌戏'。"① 又如，"上海伶界联合会缺少救济金，著名武生演员盖叫天自告奋勇，愿为贫寒同业唱一台'搭桌戏'，戏码为《英雄义》"。② 虽然"义务戏多系为公共事业或慈善事业筹款而举办，搭桌戏多为私人筹款而举办"，③ 但是从义务戏的外延来看，搭桌戏就是义务戏的一种类型。义赈戏是指梨园界为了救济自然灾害所组织的义务演出，所得收入用于救济难民及弱者，演员不收取报酬。义赈戏的规模一般比搭桌戏要大。如"1917 年北京戏剧界为赈济山东水灾难民合演大义务戏"④ 等。募捐戏则更多体现出社会公益的性质，主要是为学校、医院、贫苦群众筹集善款，为社会弱势群体提供日常帮助。比如，天津八善堂之一的南善堂为孤儿院募捐而举办的义务戏，"在下天仙茶园唱了 10 天戏，票款收入，除必要开支外，全部捐给了孤儿院"。⑤ 义务戏资助对象的多样化，其实也是义务戏社会功能多元化的表现。

从 1912—1937 年义务戏的发展情况看，上升态势十分明显。全面抗战时期，受战争和政局的冲击，义务戏的演出规模和演出效果未能赓续早期发展态势。在国统区，抗战公益演出逐步替代了赈灾、济贫意义的筹款表演，同时新兴并快速发展的游艺会等演出形式又改变了民众的娱乐取向与观赏热情。在自身表演局限和外来艺术冲击的双向作用和影响下，1945 年抗战胜利之后，义务戏日渐被慈善游艺会、慈善音乐会等义演所取代。甚至对于"义务戏"这一称呼，人们也逐渐生疏起来。

义务戏曾作为一个多剧种的演出形式风行于各个都市，并深入戏

---

① 李伶伶：《荀慧生全传》，中国青年出版社，2010，第 460—461 页。
② 张古愚：《英雄聚义盛况空前》，《中国戏剧》1981 年第 9 期。
③ 伯远：《搭桌戏》，《剧学月刊》第 4 卷第 1 期，1935 年，第 24 页。
④ 田京辉：《百岁名净侯玉山》，《中国戏剧》1991 年第 8 期。
⑤ 转引自于建刚《中国京剧习俗概论》，文化艺术出版社，2015，第 212 页。

迷之心。因此，不少社会民众对义务戏产生了较大兴趣，义务戏成为市民文化生活中不可忽略的一部分。然而，义务戏演出存在一定的地区性差异，其剧种的变化能够反映不少特点。

清末以后，京剧逐步走向成熟，成为传统娱乐项目的主旋律。义务戏的发展与京剧的繁荣相促相生，二者有着密切的联系。京剧在北方京津地区一直较为流行，也是当地民众最为喜爱的一个剧种，后期南下上海，发展兴盛。有关京剧的提法，《申报》很早就有记载。1876 年，谭鑫培赴沪演出，随后京剧南下传播，并且在上海的影响力逐渐超过传统徽剧，还曾出现了京、徽同班同台，乃至化"徽"为"京"的局面。上海民众逐渐追捧京剧，并有专业人士对其进行改良，"海派京剧"成为上海娱乐市场的一种独特现象。随着京剧在京津沪地区影响的不断扩大，京剧在全国范围的辐射作用更大，影响力更强，京剧在演艺界的地位越来越重要，并担负起繁荣戏剧市场的重任。

京剧繁荣反映出都市民众娱乐生活的一个面相。京剧是民众喜闻乐见的娱乐方式，拥有较为广泛的群众基础，这是义务戏走向繁荣的基础。义务戏的举办者为了争取民众支持，必然投其所好，选择最受市场欢迎的剧目和艺人来出演，京剧及其流派自然成为首选。义务戏主要表演京剧，活跃在义务戏前台的艺人也都是著名的京剧艺术家，包括谭鑫培、梅兰芳、尚小云、程砚秋、王瑶卿、杨小楼、余叔岩等，他们的艺术造诣在义务戏中得到充分的展现和提升，也塑造了京剧艺人的新形象，赢得了很好的社会评价，有助于提高艺人的社会地位。义务戏"寓慈善于欣赏，寓公益于娱乐"的特点，使其具有广泛的民众基础和很强的生命力。综合来看，义务戏主要有以下特色。

第一，演出剧目以京剧为主。如 1922 年 12 月 30 日晚，天津梨园界为给浙江水灾急赈会筹款，在南市广和楼戏园举办义务戏。"闻是晚，戏目第一幕为茅蓉生、姚承舜之《鸿鸾禧》。第二幕为枫林居士之《桑园寄子》。第三幕为张紫宸之《问樵》《闹府》。第四幕为王又荃、枫林居士、石良枕之《黄鹤楼》。第五幕为李吉瑞之《独木关》。

第六幕为刘叔度之《华容道》。第七幕为王颂臣之《洪洋洞》带《盗骨》。第八幕为卧云居士与王华甫之《钓金龟》。第九幕为蒋君稼、郭仲衡之《汾河湾》。戏有九幕之多，扮演者多为京津著名清客串。"①剧目全是京剧。据笔者粗略统计，此类演出的京剧剧目主要有《霸王别姬》《战蒲关》《捉放曹》《连环计》《战宛城》《群英会》《临江会》《借东风》《华容道》《定军山》《空城计》《斩马谡》《桑园寄子》《麒麟阁》《柳迎春》《独木关》《贵妃醉酒》《打金枝》《红鬃烈马》《龙虎斗》《双锁山》《金沙滩》《李陵碑》《清宫册》《三岔口》《天女散花》《坐宫》《二进宫》《金牌调寇》《红拂传》《青石山》《岳母刺字》《四郎探母》《荷珠配》《乌龙院》《骂殿》《八蜡庙》等，都是比较经典的京剧剧目。除此之外，还有一些是排演的新戏，如《赵氏孤儿》《状元媒》《雁荡山》《一缕麻》《邓霞姑》《十五贯》《响马传》等。

　　第二，参演者基本为京剧艺人。北京艺人主要是谭鑫培、汪桂芬、田际云、丁至云、余叔岩、言菊朋、高庆奎、马连良、谭富英、杨宝森、奚啸伯、李洪春、许荫棠、荀慧生、梅兰芳、程砚秋、尚小云、王瑶卿、时慧宝、孟小冬、郝寿臣等，上海艺人主要是夏月珊、夏月润、潘月樵、周信芳、汪笑侬、赵如泉、常春恒、林树森、盖叫天、郑法祥、张翼鹏、冯子和等，天津艺人主要是孙菊仙、李吉瑞、王又宸、刘赶三、侯喜瑞、马德成等，他们都是京剧艺人。京剧艺人出演义务戏相当热心，从荀慧生的日记记载可见，艺人对义演一事很上心。他曾说，"关注贫穷同仁，乃是吾等应尽之责"。②还有关于其他人类似的记录，"在'四大名旦'称谓确立后，他们四人曾共同参加了一些义务戏的演出"。著名编剧翁偶虹曾说："从 1928 年以后，义务戏即由四大名旦、三大须生（即余叔岩、高庆奎、马连良）共撑局面。"

①　《演戏助赈》，《益世报》1922 年 12 月 29 日，第 3 张第 11 版。
②　李伶伶：《荀慧生全传》，第 439 页。

第三，参演戏班多为京剧班社。如北京的崇雅社、斌庆社、荣春社、鸣春社，天津的稽古社、鹤鸣社、奎德社等，均为纯粹的京剧班社，都举办或者参加过义务戏演出。

除此之外，各表演场所，像戏剧剧场、舞台也都应承京剧的演出。特别是在上海，由于舞台剧场本身就包括演出班底（也是以京剧居多），因此京剧的演出相对便捷与活跃。报纸对此报道很多。如1921 年 12 月，"鲁浙水灾急振会，近因筹款助振，假座新舞台九班合演妙剧三日"，并且"观者更为拥挤，客串寒云之《惨赌》，金碧艳之《千金一笑》等，皆甚优美，尤以《惨赌》为佳。其余各剧，如芙蓉草之《天女散花》，赵君玉之《贵妃醉酒》，李春来之《白水滩》等，亦均大有可观"。[1] 义演组织者通过舞台剧场，合多家班社进行演出，效果更加明显。

义务戏涉及的问题也有多个方面。

有关演出内容。为了吸引观众踊跃观赏，以募集更多的款项，义务戏的表演内容以人们喜爱的传统剧目和京剧艺人的拿手好戏居多，较少出现反映社会现实的新剧。这种现象在清末民初时就曾引起社会的关注和争议，特别是对于演剧赈灾，有人提出，演剧就算"不是为赈济，我们平时也总得看戏的，而且看戏也不一定就是为了享乐。我们既不否认戏剧有教育大众的意义，那末，戏剧至少于我们的生活总有多少影响"，"只可惜名义上虽然是'演剧赈灾'，而剧的内容却半点'灾'情也没有……因为观众看后依然是毫无所感的，原因就是他们和寻常的看戏并没有两样"。[2] 当时社会上有人针对此提出看法，反映了民众对义务戏的期望，希望突破传统剧目、传统内容，反映时代特色及亮点。

有关演出剧种。义务戏虽然以京剧为主，但各地根据情况不同而有所差别。在京剧的发生地北京，自然以京剧为主，但是在天津、上

---

① 《鲁浙水灾急赈会续演剧助赈》，《申报》1921 年 12 月 28 日，第 3 张第 11 版。
② 旅冈：《闲话："演剧助赈"》，《申报》1935 年 9 月 30 日，本埠增刊第 1 张。

海等一些移民城市，组织者会关照观众的喜好以及艺人演出水平等，其他一些地方剧种也经常进入义务戏的戏台。例如，上海的义务戏演出，除了京剧，还有申曲（沪剧）、粤剧，也有越剧。1936 年冬季的义务戏，由"施春轩、王筱新、筱文滨、刘子云等四档申曲会串"，[①]其中施春轩、王筱新、刘子云等，是民国时期申曲著名艺术家。同时，粤剧在义务戏演出中也有一席之地。当时湖北的义务戏，就有粤剧演出。典型事例为，1919 年粤剧艺人李雪芳助赈鄂灾，《申报》对此次义演活动报道较多。首先，以组织者沈敦和、朱葆三、劳敬修等为骨干成员的湖北义赈会，在报纸上发布启文。开篇指出："鄂省水灾重大，现在又值严寒，哀鸿无食无衣，情殊可悯。兹承粤东群芳艳影坤班名伶李雪芳女史暨全班女艺员慨念鄂灾，愿于夏历十月初十日在北四川路虹江桥口上海大戏院演剧一宵，担任义务。所售戏资悉充鄂振。"接着指出："李雪芳负时下盛名，前在粤时曾为粮食救济会演剧助籴，存活甚众。其热心公益实为不可多得。"介绍完李雪芳的具体情况后，又指出："现因期满返粤，特为鄂灾演其生平杰作之双出佳剧，诚为难得之机。"文中最后呼吁："务祈各界善士、闺秀、名媛联袂偕来，以襄义举，既可极视听之娱，又可救灾黎之命，一举两得，亦何乐而不为耶？"[②] 同日及之后，《申报》连续多日刊载了湖北义赈会题赠粤女伶李雪芳演剧纪念的大幅照片。在之后发布的此次助赈后记中，附有募款情况。其中提到："是夕，设有慈善特座为盛蘋臣以五百元购得，并有席立功、龚子渔劝募汇丰银行捐银二千元，杨小川劝募香港华商总会一千元。"[③] 可见，湖北义赈会并没有将义务戏剧种限定为本地剧目，选择粤剧，既扩大了粤剧在湖北民众中的影响，也通过募集善款扩大了义赈会的知名度和社会影响力。

　　有关组织管理。慈善团体是义务戏的主要组织机构，此外，梨园

---

① 《剧讯》，《影与戏》第 1 卷第 3 期，1936 年，第 42 页。
② 《第一女名伶李雪芳演剧助赈鄂灾》，《申报》1919 年 11 月 28 日，第 2 版。
③ 《湖北义赈会演剧助赈纪》，《申报》1919 年 12 月 3 日，第 3 张第 11 版。

艺人、班社团体也会参与义演的组织活动。如 1931 年，全国发生大
水灾，天津粤剧艺人组织义务戏募款赈灾。9 月"五、六两晚，演唱
水灾义务戏，地址已假定新新戏院，戏目第一晚为《荒城剑侣》及
《西蓬击掌》，皆为古装剧。第二日为《拉车被辱》及《举狮观图》，
前者为滑稽剧，后者为古装剧，皆系粤剧中之佳作"。① 与此同时，面
对灾害，上海"粤剧永寿年班白玉堂、千里驹、李云农等，兹以各省
近日迭患水灾，特与上海伶界联合会商议筹赈办法。伶联会林树森、
周筱卿、杨慧侬等为普遍救济灾民起见，亦愿与永寿年班合作，会串
义务戏，将售资所得，悉数充济灾民"。②"会串义务戏"是多剧种联
合演出的意思，会串义务戏的事例有很多。如 1934 年，上海中华慈
幼协会为实施"幼慈救济事业，救济浪童与受压迫之女子起见，决筹
设小规模之教养院及投诉收容所。此项经费筹措，闻该会已决定举行
慈幼剧会劝募"，并决定自 6 月 13 日起，"连演三日，至十五日止。
券资分三元、五元、五十元三种。除商得永安公司之永安乐社表演义
务粤剧外，并由杜月笙、张啸林两君担任请得名伶小达子等登台表
演，而杜、张两夫人亦登台客串。三日之剧目为：十三日表演粤剧
《当炉报》（永安乐社主演）、京剧《刀劈三关》（杜夫人主演）、秦腔
《三娘教子》（张夫人、小达子主演）；十四日粤剧《乱世鸳鸯》（永
安乐社主演）、京剧《吊金龟》（杜夫人主演）、秦腔《桑园会》（张
夫人、小达子主演）；十五日粤剧《山东响马》（永安乐社主演）、京
剧《回龙阁》（杜夫人主演）、秦腔《回荆州》（张夫人、小达子主
演），其中《回龙阁》一出，由北平名票华慧麟女士饰代战公主，卢
夫人饰薛平贵，杜夫人饰宝川"。③ 可见，多剧种、名票、名角联袂出
演，成为会串义务戏的亮点。这说明民国时期地方戏不再局限于本
地，社会文化具有多元性和包容性；义务戏作为时尚娱乐与慈善文化

---

① 《津市各界踊跃救灾》，《益世报》1931 年 8 月 27 日，第 3 张第 10 版。
② 《伶界热心筹济灾民》，《申报》1931 年 8 月 6 日，第 4 张第 14 版。
③ 《慈幼协会演剧筹款设教养院》，《申报》1934 年 6 月 7 日，第 3 张第 11 版。

的结合，为各地民众所喜闻乐见，勾勒出民国演艺业的大致轮廓。

二　义务戏的社会功能

义务戏作为近代新兴的以慈善公益为意旨的一种演出形式，以丰富的娱乐性和广泛的关注度体现其社会功能，主要体现在以下几个方面。

为慈善公益做出有益贡献。举办义务戏的初衷和主旨，是为遭受天灾人祸的弱者提供救助。这种慈善意识还体现出民族大义，在战争时期得到最突出的体现，在民族危机空前严重的情况下，抗战义演能够唤醒广大民众的爱国意识，增强中华民族的凝聚力和抗战号召力。如程砚秋到太原"将应各界请演义剧助赈"，[1] 献身民族正义事业，参与挽救民族危亡的公益事业。在遭遇自然灾害时，艺人以参演义务戏的方式募捐，不计名利，号召众人安置难民，救济贫弱，为灾民提供"雪中送炭"式的救助，正如《申报》中所呼吁的："救灾即救命，多捐一文钱，多救一条命。"[2] 因此，无论是参与义务戏演出或者观赏义务戏，其意义均已超越追求娱乐，成为社会救助的支持者。另外，在日常生活中，义务戏筹款还用于助学就医和扶弱救孤，以及行业内部的互帮互助，补充了政府的不足，缓解了社会矛盾。更为重要的是，义务戏的举办，扩展了慈善渠道，培养了民众的慈善意识，促进了现代慈善理念的形成。义务戏以民众喜闻乐见的娱乐形式，号召广大民众积极行善，将慈善公益的氛围在全社会传播开来，也为普通民众提供了参与慈善的机会和渠道，使民众意识到参与慈善不仅仅是达官贵人等社会富裕阶层的大额捐助，普通民众也可以在娱乐休闲的同时为他人提供力所能及的帮助，"积少成多""聚沙成塔"。这种利他益己的慈善方式，易于为民众所接受。同时，义务戏在传统慈善"教养并重"的模式之外，开辟了"寓善于乐"的新型慈善模式，这种形

---

① 《程砚秋抵并演剧助振》，《申报》1937 年 7 月 4 日，第 3 版。

② 《专电》，《申报》1935 年 11 月 1 日，第 4 张第 14 版。

式具有旺盛的生命力，在慈善事业中发挥了重要作用。

使传统艺人社会地位得到提升。在传统社会条件下，梨园艺人的地位一直处于社会最底层，演剧被视为卑贱职业。在梨园界内部，虽然有互帮互助的历史传统，但一直未能突破行业局限，去帮助更大范围的社会民众。通过义务戏，梨园界为筹募善款不计名利的表现，重塑了自身形象，特别凸显出艺人新形象，有利于摒弃"戏子无义""下九流"等传统社会偏见。德高艺精者，更是受到社会民众的普遍尊重，因而具有更高的社会地位和市场号召力。借助于西方戏剧、新音乐等实现艺术改良，义务戏还吸引了更多民众通过戏剧观赏参与慈善事业。观赏者越多，义务戏筹款越多，社会功用越大。当然，整个社会对艺人群体认识的转变不是一朝一夕的问题，需要经过该群体长期不懈的努力。程砚秋说过："替我们梨园行多尽一些力，多作一件事，第一要紧的事，就是要使社会认识我们这戏剧，不是'小道'，是'大道'，不是'玩艺儿'，是'正经事'。"[1] 马连良"对亲戚，对朋友都是一副热肠子。他演义务戏一向热心。有义务戏演出，只要人在北京，他是一定参加的，每年年终的梨园公会演义务戏，更是当仁不让"。[2] 义务戏使艺人的正面社会形象得到了广泛的传播。以往人们对戏剧艺人的直观印象多是"戏子无情"，而后则对一些贡献大者改称"艺术家"，可见一些艺人的身份得到了民众的普遍认可。

义务戏有助于推动戏曲艺术取得新的成就。从近代戏曲变革演绎的历程来看，为了满足义演主题编排新剧目，促进了戏剧艺术不断推陈出新，义务戏中不断注入新的血液。在演出时间上，义务戏已经突破传统的日间剧场，开辟夜时演艺新模式；在价值诉求上，义务戏将传统戏剧的主旨从满足达官贵人娱乐转而扩展为满足更多民众的需求，扩大了戏曲的群众基础；在演出形式上，义务戏将戏曲从独角、单社表演扩展为为名角联袂出演，其中的每一步转变都推动着戏曲艺

---

[1]　程砚秋：《致梨园公益会同人书》，《剧学月刊》第 1 卷第 3 期，1932 年，第 1 页。

[2]　章诒和等：《中国戏剧大师的命运》，作家出版社，2006，第 13 页。

术精益求精。可以说，义务戏为艺人提供了追求艺术价值的试验场，促进了戏曲艺术的改革创新，使其不断走向鼎盛和繁荣。单就京剧艺术而言，可以说"义务戏一方面反映了京剧艺人济世救灾的义举，另一方面也为京剧名家荟萃一堂来促进京剧事业的发展和为戏剧爱好者一饱眼福创造难得的机会"。①

义务戏实际上促进了京津沪艺人、票友之间的交流切磋，使不同剧种间增加了相互交流、学习和借鉴的机会，戏剧舞台面貌得到巨大改观，推动戏曲艺术走向新的辉煌。

义务戏剧场促进社会公序良俗的形成。义务戏表演突破传统剧目的限制，编排一些反映近代社会现实的新剧目，既实现社会教化的功能，也迎合了民众需求。同时，近代西风东渐也影响着国人对戏剧的改良。西方戏剧思想在义务戏中有所展现，对民众现代意识的养成起到了潜移默化的作用，时人沈亮衷说："觇国家之文明必先觇社会之文明。社会之文明于何觇之？厥惟报纸与戏剧而已。"他还认为，戏剧的收效更大一些，"且夫戏剧之演也，昭昭于目前，娓娓于耳侧，对于观客，易以印入脑际，感人之深"，"故其演亡国惨状也，使官僚派观之，汗流浃背，改除卖国手段，消灭党争私见；演毁家抒［纾］难也，使守钱虏观之，而鄙吝潜消，忽焉而慷慨解囊矣；……演忠心报国也，使凉血者观之，陡激爱国热忱……谁谓优孟衣冠无补于世道人心耶？"② 清末，人们谈起义务戏，就认为："这件事于社会上很有益，可是总得官场提倡，从此鼓舞起来，请看着吧，效验一定快。千万不要把梨园人看轻，移风易俗，全在梨园。"③ 义务戏移风易俗的社会功用显而易见。通过观赏义务戏，社会风俗悄然发生变化。在日常生活中，观赏传统戏曲演出，被认为是惬意的事情，也只有富裕之人

---

① 从鸿逵：《二十世纪天津京剧的一鳞半爪》，《天津文史丛刊》第 7 期，天津市文史研究馆，1987，第 138 页。

② 沈亮衷：《文明戏剧有益于社会说》，《广益杂志》第 14 期，1920 年，第 26、27 页。

③ 《又要唱义务戏了》，《京话日报》1906 年 5 月 18 日，第 3 版。

在闲适时才能观赏。过多观看，又会被认为是"玩物丧志"。由于义务戏，戏曲演出被赋予救灾济困的社会意义，表演与观赏戏曲所受约束越来越少，梨园发展因此迎来了新契机。第一，演出时间放宽。传统戏曲表演是堂会戏和营业戏，演出都在日间。剧场演出义务戏，突破了原来演出时间的限制，丰富了民众的夜生活，也拉动了都市经济和文化事业的发展。第二，改善了女性社会地位。按照传统观念，女性不许进戏院，大户人家的女性也仅可以观看堂会戏，普通人家的女子更没有看戏机会。义务戏的出现，逐渐打破了男女之间的界限，女子可以大大方方地进戏园看戏。民国之后，剧场中男女分坐规矩也被打破，女子出入戏园成了极为平常的事情。第三，女性可以登台表演。义务戏让男女同台演出成为可能，而且越来越普遍。在此之前，清代同光年间上海曾出现女子班社，但北方地区"禁止妇女上台或入后台"的规约一直存在，尤其是在京剧演出中，女性登台演出的情况几乎不存在。而义务戏将这些梨园旧规打破，通过大量灵活的演出，男女不仅可以同台，而且使传统男扮女、女扮男的情况转化为男扮男、女扮女。第四，义务戏有利于营造社会氛围。"近代京津沪大城市中，市民嗜剧成癖。"[1]"戏曲这种娱乐方式就是传媒的风向标，它所表演的内容和传递的信息反映了公众因社会转型而产生的物质需求、心理需求、情感需求的变化，从而担当起表达民情和反映、形成舆论的职责。"[2] 相关研究者对这一现象的关注，为我们提供了新的观察视角。

义务戏的"义务"二字，蕴含慈善公益精神，为善事筹款，既为一些仁人善士提供了新的施善渠道，也为其他社会群体树立了榜样，在潜移默化中营造了"向善"的社会氛围，有助于将献身慈善、推广公益的思想观念迅速扩散到各个社会阶层，对改善人们旧有的行为习惯和思维方式，对新观念和新意识的出现，均有积极作用。

---

[1]　乔志强：《中国近代社会史》，台北，南天书局，1998，第320页。

[2]　侯杰：《〈大公报〉与近代中国社会》，南开大学出版社，2006，第255页。

第二节 慈善游艺会

与义务戏相比，慈善游艺会出现较晚，但受众广泛、形式灵活，发展速度迅猛，成为都市民众广泛参与的募捐方式，也是慈善义演的主要组成部分。游艺会是指以多种游戏、文艺表演为集合体的综合性娱乐集会。清末民国时期，不少游艺会由慈善团体发起组织，场所往往选择在歌舞厅、剧场、礼堂等正式场合，也有在游艺场举办的情况，游艺会收取小额的入场费作为募捐总收入，其中除去场租、劳务费、购买设备等必要开支之外，其他都用于指定的慈善用途。

游艺会是在西方文化影响下出现的一种社交活动。晚清时期，受西方文化影响最大的上海开始出现早期的游艺会，之后在全国范围内传播并扩展，但还是在京津沪等经济较为发达的区域最为流行。最早的游艺会似由学校举办，较多作为教辅手段，旨在通过娱乐表演、知识竞猜等形式传授学生知识，丰富学生生活，促进学生身心健康。之后，游艺会的形式不断丰富，包括学校周年纪念游艺会、恳亲游艺会、毕业生游艺会、募捐游艺会等。游艺会节目丰富多样，也多由学校师生联合表演，内容包括文艺演出、猜灯谜、舞会等。游艺会形式灵活，并非一定要有名角参演，耗用物资较少，娱乐性较强，但同样具有吸引人们观赏的魅力，其门票收入与现场捐赠等，均可作为募款，因而迅速被社会其他组织接受。政府机关、工商界、妇女界、社会知名人士及各种小团体纷纷举办游艺会，既作为社会交流活动，也可售票筹募资金。慈善游艺会通过文艺演出传播近代慈善思想和民族意识，扩大慈善公益思想和民族意识的社会基础，起到了行业救助、灾荒救济、战争救护和扶贫济困的社会作用。

一 行业救助

某些游艺会是举办者的自助需求。为了解决资金困境，一些行业以举办游艺会来筹集资金。其中，学校举办的游艺会最为常见。很多学校在面临办学经费不足等问题时，通过发放奖券、举办游艺会、放映电影等方式向社会募捐，收效也最明显。

1. 学校游艺会

此类游艺会最为活跃，具有两个显著特点。

第一，社会各界予以支持。教育是国之大计，民国时期社会各界普遍认识到教育的重要性，尤其是现代教育的重要性，对教育事业的支持最为广泛。1927—1937 年是民国教育快速发展的十年，社会各界纷纷创办各类现代学校，学校的发展也能够得到民众的普遍支持。学校筹办的募捐游艺会，社会各界纷纷响应，积极购票。例如，上海沪海公学是一所由个人独资开设的学校，没有公款补助，出资人每年要垫付巨额资金维持学校运营。在运营经费难以为继的情况下，1928 年4 月，学校联合三马路大舞台全体艺员举办游艺会一天，艺员全部义务演出，所收捐资"除开支外，完全补助该校经费"。游艺会一般还邀请一些企业参与义卖活动，如当时著名糖果香烟公司就赠送了糖果及香烟。[1] 1929 年 5 月 25 日，旅沪粤人创办的上海郁光学校，为募集建设校舍基金，在中央大会堂举行游艺会，由社会团体白云社表演粤语白话剧，演出活动受到观众的一致赞美。而该校由于办学业绩突出，社会声誉良好，因此社会各界都乐于赞助，踊跃购票捐赠。[2] 学校举办的游艺会，多为获取门票收入，一般根据座次，将门票分等出售。如 1929 年，上海虹口西武昌路培智中英文义务夜校，为筹集学校经费举行筹款游艺会，入场券价目分"二元、一元、六角三等"。[3]同年 7 月，一所由韩国人创办的上海仁成学校，以顾家宅公园为办会地址，连续举行四天游艺会，"票价一元，其收入将尽归韩人仁成学

---

① 《沪海公学开游艺会筹款》，《申报》1928 年 4 月 26 日，第 3 张第 10 版。
② 《简讯》，《申报》1929 年 5 月 25 日，第 3 张第 11 版；《郁光学校游艺会盛况》，《申报》1929 年 5 月 26 日，本埠增刊第 3 版。
③ 《培智将举行游艺会》，《申报》1929 年 7 月 9 日，本埠增刊第 2 版。

校经费补充之用"。①

　　第二，各类艺员参与义务演出。游艺会募捐要想取得较好效果，就要扩大影响力，吸引更多民众来观看。学校举办的游艺会，有时也会邀请演艺界名人名角前来助阵。本着支持教育、慈善公益的目的，一些名人也乐意参与赞助，义务演出，不取演出报酬。如上海城东女校于 1929 年为筹建新校舍，在四川路青年会举行游艺大会进行募捐，得到了北京著名艺员李桂芬、李慧琴两位女士的热心赞助，义务演出。同时，该校还邀请了社会各界名人前来演讲助阵，光华大学、大夏大学、盲童学校的学生也义务表演，结果来宾济济，大有人满之患，② 当时还有著名制片公司——电通公司③的艺员到校义务演出。"'电通'创作人员除拍片外，同时还是当时著名话剧团体——上海舞台协会的主要骨干，从事舞台演出或参加各种社会活动，如为了帮助上海女工识字夜校筹措经费，与女青年会合办游艺会，义务担任演出等。"④

　　2. 电影界游艺会

　　电影界经常通过举办娱乐活动扩大自身影响，筹集发展经费。1927 年 8 月，上海电影界应时势之需，组织发起上海电影公会，"公会之立旨在对内求交换知识，共谋艺术上之进步；对外求相互扶助，共谋营业上之发展"。为筹集活动经费，电影公会定于 8 月 31 日至 9 月 3 日，在上海中央大戏院开游艺会四天，每晚七点开幕。当时，各电影公司男女明星大都加入表演，为了增加收益，该会通过报纸大力宣传："明星客串，人所同喜，故平时有一二明星登台，即能轰动一时也。但明星登台，事非常有。此一公司之明星，与彼一公司之明星

---

① 《仁成游艺会今日起举行》，《申报》1929 年 7 月 25 日，第 4 张第 15 版。
② 《城东女校开建筑金游艺会》，《申报》1929 年 10 月 18 日，第 3 张第 11 版；怀疢：《记城东女校游艺会》，《申报》1929 年 11 月 8 日，第 3 张第 12 版。
③ 该公司创立于 1933 年，最初是一家电影器材制造公司，后改为制片公司，由夏衍、田汉等领导创作。
④ 程季华主编《中国电影发展史初稿》第 1 卷，中国电影出版社，1963，第 394 页。

联合登台，尤其难能，而况聚全上海各电影公司之'男明星''女明星''大明星''小明星'数十余位，各尽所能，共同登台，歌者歌，而舞者舞，表演者表演。"确实，像这种演艺界明星联合登台表演，"实自有游艺会以来所得未曾有之大会串也"。票价分三种，楼上二元，包厢二十元，楼下有一元、二元。所得收入全部作为电影公会基金。①

3. 各类社会团体游艺会

社会各界也会以举办游艺会为途径，为自身筹集经费。如1928年7月，上海同群乐为扩充会所筹募基金开游艺会。同群乐是当地著名的体育协会，"教授南北拳术，提倡尚武精神，自成立以来，成绩昭著"，"为扩充公所筹募资金"，举办游艺会筹资。表演的节目除《国技狮舞》新剧外，还有国耻大悲剧《济南痛史》等16幕。② 再如，中波文化协会是中国和波兰建立的文化交流组织，1933年5月成立于南京，主要职责是介绍中波学术文化。③ 1936年3月，该协会为了筹募资金，在上海百乐门举行跳舞游艺大会，游艺节目有跳舞、唱歌等，由中波著名职业或爱美艺术家表演。其中有波兰国家舞，步伐节奏异常别致，极有兴味，中国节目有歌舞及国乐演奏。此次游艺会"售券所得，悉以充中波文化协会及波侨慈善协会发展会务之用"。④

二　战争募捐、灾荒救济及助学扶贫

近代中国既有内忧又有外患，社会长期处于战乱不断、动荡不安、政局不稳的混乱局面，加上各地自然灾害频发，政府在提供社会保障、救助弱势群体方面所能发挥的作用非常有限。在此局面下，民

---

① 《上海电影界男女明星非常大会串》，《申报》1927年8月29日，第1版；《上海电影公会游艺会向各界道谢启事》，《申报》1927年9月4日，第1版。
② 《同群乐开游艺会表演粤剧》，《申报》1928年7月17日，本埠增刊第2版。
③ 庄文亚：《全国文化机关一览》，世界书局，1934，第70页。
④ 《中波文化协会等主办，百乐门跳舞游艺会》，《申报》1936年2月9日，第4张第13版。

间慈善在社会救助中具有不可替代的作用。其中，慈善义演是较为有效的募捐手段。游艺会"以娱助赈"，不仅使艺人社会地位得到提升，而且通过"喜笑颜开，心花怒放"①的娱乐活动参与救国，可谓缓解社会压力、救助社会灾难、援助战争物资的重要方式。

（一）战争募捐

1. 北伐战争助募

在北伐战争获取胜利的关键时期，国内各界社会团体通过举办慈善游艺会为前线提供大量的战争援助，也为战区灾民提供了必要的生活救助。1927年，上海六合公司、技艺联合会、赛罗天粤班、新剧同志会、伶界职工会五团体共同发起"职业游艺界游艺筹饷委员会"，在新舞台举办义务游艺会，前后共演出七天，所得券资，除必要开支之外，"悉数捐助北伐军饷"。②同年6月18日，基督教青年会"竞志团"为筹募北伐军饷举行游艺会。为争取各界协力赞助，青年会通过报纸大力宣传，游艺会演出的节目，有"兄妹相声"、"名人演说"以及警世新剧《人面兽心》等，所收之款，除应有开支外，"悉助北伐军饷"。③1928年6月，北伐战区义赈会为资助战地灾民，与宁波同乡会联合举行游艺大会募捐，游艺会聘请上海著名游艺大家参与表演，还邀请了电影界女明星前来助阵，声称"各表杰出精彩之技能，闻购券者甚为踊跃"。④

随着女性地位的提升，女界成为救亡募捐的重要力量。女界同胞在社会名人引领下，以举办募捐游艺会鼓舞前线将士，救助战争难民。据《申报》记载，1927年5月，上海妇女界为慰劳北伐前线的将士，专门成立了"游艺筹饷委员会"。该委员会连续在《申报》发布启事，向社会民众进行动员，声称："我中华民族以求自由平等之

---

① 吾：《谈娱乐》，《申报》1933年7月14日，本埠增刊第1版。
② 《职业游艺界游艺筹饷委员会启事》，《申报》1927年6月8日，第3版。
③ 《青年会竞志团筹募北伐军饷游艺会》，《申报》1927年6月14日，第1版。
④ 《战区义赈会将开游艺会》，《申报》1928年6月26日，第4张第15版。

目的，先从事于对内打倒军阀之工作。自去岁由粤兴师以来，战无不胜攻无不取，数月之间，大江以南完全底定。""北伐前敌将士露宿风餐，出生入死，转战数千里，其任至重，其境至艰。"① 因此，作为社会一员，女界同胞应尽一己之力，以定期组织游艺会的方式，将募得资金用于购买战争必需品，支援前线战士。举办游艺会的目的：一是提醒民众关注战争，关注前线将士；二是勉励前线将士继续努力，鼓舞士气；三是启发国民的艺术情操和艺术兴趣；四是凝聚民族精神，促进社会团结一致。1927 年 7 月，上海妇女界在徐家汇大学举办游艺会，被当时报纸称为"空前未有"的游艺会。参与游艺会的除"明星之外，还有京沪各著名团体加入表演"。为扩大影响吸引社会各界广泛参与，这次游艺会将游艺节目提前登出，② 因此会券"认销者甚形踊跃"，"外人亦多购买"，"观剧者至形拥挤，熙熙攘攘，欢声雷动，颇极一时之盛"。③ 当时的游艺会由社会名人或政要夫人联合发起。游艺表演主要有舞蹈、名人字画展、女校学生文艺节目等，甚至邀请上海名媛表演，蔡元培及其夫人也加入表演，出资赞助者多是国民政府要人。游艺会募得的资金，用于购置卫生衣、医疗设备等，以给前线战士御寒和治疗伤病之用。由于战时中央财政困难，战场设备不足，物资奇缺，游艺会募捐对战争提供了难能可贵的支援。也因如此，游艺会一时被称为"公共事业"，"为国家谋幸福"，④ 社会评价极高。然而，由于传统习俗和保守思想的影响，女界出面举办游艺会还是会在社会上受到不少冷嘲热讽，认为女性抛头露面，有伤风化，所得募捐资金的去向也遭到质疑。还有游艺会遭遇少数不明真相之人阻拦的情况。为此，上海妇女界仍不畏流言，"鼓起勇气，百般解释"，采取了将一切账务向社会公开，报告各款项去处等措施，以打消人们的疑

① 《上海女界慰劳北伐前敌兵士游艺会启事》，《申报》1927 年 5 月 29 日，第 1 版。
② 《妇女慰劳兵士游艺会之节目》，《申报》1927 年 7 月 15 日，本埠增刊第 1 版。
③ 《妇女慰劳兵士会举行游艺》，《申报》1927 年 6 月 29 日，第 4 张第 15 版；《妇女慰劳前敌士兵游艺会昨开幕》，《申报》1927 年 7 月 17 日，第 4 张第 13 版。
④ 《妇女慰劳游艺会讨论进行》，《申报》1927 年 7 月 13 日，第 4 张第 13 版。

虑。因此，上海（国民党）党务训练所所长潘宜之曾发出感慨，"不能不佩服诸女同志的热诚和毅力"，①"我人当设法以鼓励之"。②

2. 为抗日战争助募

1931 年九一八事变爆发，中国抗日战争开始。此期，抗战救国成为中华民族的主旋律，社会主要矛盾为民族矛盾。民族危机使国人的爱国热情空前高涨，社会各界一致对外，同时掀起了为抗战募捐的新高潮。

为唤醒民众的爱国救亡意识，社会有识之士通过举办各种集会，积极进行抗日救亡宣传，游艺会是重要宣传手段之一，政府和民众将游艺会募捐和娱乐结合起来。1931 年 9 月 28 日，中华全国道路建设协会举行游艺会，主题是"一片爱国心"，主要为动员国人抗日，"现当日本侵略我国之际，热心同胞，本救灾救国之精神，不可不往一观"。③ 同年 12 月 12 日，"中华留日同学抗日救国会"上海分会主办"募款援马游艺大会"，社会各界热心赞助，明星影片公司派演员"义务参加表演"，邮务工会、中华口琴会、俭德音乐会、大夏新剧社等团体，及一些社会知名人士，均无条件参加筹款演出。募得的资金全部用于购买马匹，供抗日军队使用。④ 1932 年 7 月 8 日，上海各团体救国联合会在八仙桥青年会举行游艺大会。开会前先由主席致开幕词，指出，此次游艺会筹款完全是为了宣传抗日："目下的外侮，确实是日形险恶。那一·二八的惨案，现在虽已告一段落，但我们万万不可忘记，万万不可就此醉生梦死……希望诸位快些各在可能范围内，去援救他们吧，并非是救他们，换句话说，就是救的自己呢。同时还要促政府醒悟，请政府勿再抱不抵抗主义，否则怕不单是东三省终于亡国了，便是整个中国的覆亡，怕也就在眼前了。"游艺会开始

① 《妇女慰劳前敌兵士游艺会昨开幕》，《申报》1927 年 7 月 17 日，第 4 张第 13 版。
② 《妇女慰劳游艺会讨论进行》，《申报》1927 年 7 月 13 日，第 4 张第 13 版。
③ 《爱国剧〈一片爱国心〉将公演》，《申报》1931 年 9 月 28 日，第 3 张第 10 版。
④ 《援马游艺会今日举行》，《申报》1931 年 12 月 12 日，第 4 张第 16 版。

时，正值"风雨正大"，而来宾"仍接踵而至，并不因之减少"，可见人们"皆抱决心"，"皆欲挽救此垂危之国难也"。① 1932 年，上海东北义勇军后援会发起助赈义勇军游艺会，该会事先进行广泛动员："我爱国志士执殳健儿方且栖迟于冰天雪窖之中，宛转于弹雨枪林之下，徒手却敌，枵腹从军，有不为之尽然神伤，黯然涕下者乎？同人幸处乐土之安全……"为了办好此次游艺活动，义勇军后援会商请上海"名流票友"及"高尚艺员"，在天蟾舞台"演京剧两日"，并发文动员，希望"商学巨子与其掷金于虚牝，徒侈耳目之娱，何如捐资于义军，并获游观之乐"。②

　　各类学校组织游艺募捐，积极支援抗日前线。上海许多学校，均通过举办游艺会救济东北义勇军。1931 年 11 月，上海市私立小学举行抗日救国游艺会，许多学校都参加表演，宣传抗日。③ 12 月，上海智仁勇女校举行大规模游艺会，为东北军援马及筹集抗日救国基金，师生联合编演爱国新剧，在西藏路宁波同乡会开演，各学生家长积极协助，代销游艺会券。④ 1932 年 1 月，上海各大学为了给远赴东北的义勇军筹款，定于十三、十四、十五三日在广东大戏院举行游艺大会，"所得款项，悉充行军之需"。⑤ 11 月，为资助东北义勇军，上海浦东中学举办游艺会进行募款。游艺会全天举行，下午演出的节目，有上海女校歌舞及该校音乐戏剧等，晚间节目，除了该校附小的歌舞表演外，还播放明星公司上映的淞沪抗日战争片等，所收券资"悉数拨助义军"。⑥ 1933 年，为了唤起学生的抗日爱国情绪，上海西宁路崇新小学借过年放假之机，举行游艺大会。这场游艺会的节目均为爱

① 《救国宣传周第四日》，《申报》1932 年 7 月 9 日，第 4 张第 14 版。
② 《东北义勇军后援会沈钧儒理事等发起助赈义勇军游艺会事与国立上海商学院往来函》（1932 年 11 月 23 日），上海市档案馆馆藏档案，档案号：Q246 - 1 - 137 - 7。
③ 《私小教职员抗日会》，《申报》1931 年 11 月 13 日，第 2 张第 8 版。
④ 《智仁勇女校游艺会》，《申报》1931 年 12 月 16 日，第 4 张第 15 版。
⑤ 《上海各大学赴东北义勇军举行筹款游艺大会紧要启事（一）》，《申报》1932 年 1 月 12 日，第 2 张第 7 版。
⑥ 《浦东中学援助东北义军》，《申报》1932 年 11 月 9 日，第 3 张第 9 版。

国剧，如《热心的青年》《爱国血》《奸商》等，博得了人们的喝彩声。① 同年 3 月，上海各大中学学生剧社及游艺团体鉴于"国难严重，义军苦战缺援"，② 因此为援助东北义勇军举行游艺大会，这场游艺会在西藏路宁波同乡会举行，有剧目 20 多种，还有音乐及跳舞表演。③

社会团体在救助战争难民方面发挥了重要作用。为缓解战争带来的灾难，各界民众组织游艺会进行募捐的活动非常频繁。1932 年 12 月 18 日，为救助东北难民，上海市商会、总工会、会计师公会、律师公会在上海"新世界"联合发起游艺大会，并组织人力在各处销售游艺会券，此事得到了民众的积极响应。"虽细雨蒙蒙，但各童军仍精神抖擞，分向南市法租界、各区商店住户，按户销售，晚间并至各大旅社及酒楼、妓院等处劝募，同时并作救国宣传，听者咸为动容。"④ 所到之处，市民纷纷购券支持，甚至小学生也踊跃参加。演出当天，上海各游艺团体还积极主动参加游艺表演，京剧界、电影界、说书界、音乐界等均有著名艺人热心参与。为了让演艺节目更加丰富，组织方还在西藏路空地上开设运动场，邀请体育界知名人士和各学校运动名将表演各种精彩的球技，此"将为海上最近空前绝后之盛大游艺会"。⑤ 此次游艺会原定举办两周，但因社会各界反响极为强烈，连续数日观众极为热情，各界艺人不断请求参加，主办方遂将游艺会延长一周，至 1 月 8 日结束。⑥ 足见义演活动对激发民众慈善意识的影响，也由此可见当时社会各界人士的爱国意识已充分觉醒。

妇女界也积极组织抗日救济活动。在日本侵华时期，杜月笙夫人、张啸林夫人、王宠惠夫人、郑毓秀女士、李济深夫人等数十人，在上海湖社成立妇女救济东北协会，并邀请戏剧界明星举行游艺会表

① 《崇新小学举行游艺会》，《申报》1933 年 1 月 21 日，第 4 张第 13 版。
② 《承德失陷后各方援助义军依然积极》，《申报》1933 年 3 月 6 日，号外第 2 版。
③ 《援助义勇军游艺会开幕》，《申报》1933 年 3 月 6 日，第 3 张第 11 版。
④ 《救济东北难民游艺会》，《申报》1932 年 12 月 4 日，第 4 张第 13 版。
⑤ 《空前绝后之盛大游艺》，《申报》1932 年 12 月 3 日，第 4 张第 13 版。
⑥ 《游艺会延长会期》，《申报》1932 年 12 月 29 日，第 3 张第 12 版。

演，扩大募捐。① 1933 年 6 月，"上海仕女"为赞助慰劳华北伤兵，举行游艺茶舞会。地址在上海大华二舞厅，邀请上海"名媛"、电影明星、音乐专家、"游艺巨子"等前来表演，游艺节目"极尽包罗万象，五花八门"。②

值得一提的是，即使非专为抗日举办的游艺会，也在内容形式和捐款去向等方面体现了抗日的时代主题。有些游艺会将所募捐助拨出一部分用于支援抗日，有些游艺会在主题之外增加宣传抗日的内容。1932 年 11 月 23 日，上海美术专科学校举行建校二十周年纪念典礼，之后连续三天在北京路湖社举办游艺会。时值日本侵占东北时期，虽然游艺会主题不是抗日，但主办方仍考虑到国家面临的局势与救国的需要，将所募得券资的 1/4 用于支援东北义勇军。③ 1932 年，上海新闸路民族小学在为该校募集建设基金的游艺会中，其日常游艺表演中就有《打倒日本》的剧目，夜场节目中有《爱国心》表演。④

这一时期，游艺会对抗日的贡献还有一种形式——"游艺附加捐"，即政府对游艺会收取捐税，用于抗日。南京国民政府在朱家骅、居正等人的提议下，对戏院、电影院及其他娱乐场所，按照票价的 1/10 加征游艺附加税，用于抗日救援，此举得到了当时民众的普遍支持。"国民普通的心理是反对政府增加捐税的，特别在今日的中国，苛捐杂税，真是竭泽而渔。在这种情形底下，人民更应反对增加捐税，然而对目前政府中朱家骅、居正等人提议的游艺附加捐，我们极端赞成。我们赞成这种捐款，因为用款的目的正当，因为筹款的方法合理"，"赈捐的名义虽然是救济难民，其实我们就堂堂正正的说接济义勇军，实亦无妨"。⑤ 当时，民众普遍认为，征收游艺税是实现社会公平的手段，在国难当头的危急时刻，有人为保卫国家在战场上浴血

① 《妇女救济东北协会定期举行成立大会》，《申报》1932 年 12 月 5 日，第 2 张第 8 版。
② 《慰劳华北伤兵游艺会》，《申报》1933 年 6 月 10 日，第 4 张第 14 版。
③ 《美专今日开廿周纪念会》，《申报》1932 年 11 月 23 日，第 3 张第 10 版。
④ 《民族小学明日游艺会》，《申报》1932 年 11 月 26 日，第 4 张第 16 版。
⑤ 《游艺附加捐》，《益世报》1932 年 11 月 17 日，第 1 张第 1 版。

奋战、九死一生，而有人却出入娱乐场所看电影、听戏曲、进舞场，苦乐对比鲜明。这些有钱、有闲阶层的享乐，是靠前线战士的血肉换来的，因此有必要通过征税的形式，强制性地让这些享乐之人为前线战士提供物资帮助。而且，增加游艺捐还另有益处，即刺激国民麻木的神经，提醒那些在娱乐场所享乐的富裕阶层：国家此时并不是歌舞升平的时候，和平需要每一位国民记住国难，担负起社会责任，承担应尽的义务。这种刺激，在当时非常必要。游艺捐的征收，不仅可以为前线的东北义勇军提供必要的物资救援，而且对于启迪民智、激发国民的民族危机意识和爱国热情也起到很大的作用，得到了民众的大力支持和拥护。

（二）自然灾害救济

近代中国，农业生产完全依赖自然条件，水灾、旱灾等自然灾害常常造成粮食颗粒无收，给农民带来毁灭性的打击，难民成群出现，也给社会带来极大的危害和影响。加上战争频发，政府无力赈灾，大批难民在生死线上挣扎，各阶层举办游艺会筹款救灾。游艺筹款，正如时人所说，是"杯水车薪，无济于事，但集腋成裘，聚沙成塔，或于灾胞，不无稍补也"，① 起到了一定的缓解燃眉之急的作用。

由于旱灾造成农作物收成减少或绝收，曾引发大规模饥荒，"饿殍遍野"，难民迁徙，社会动荡。1927—1931 年，全国性的大旱引发各地普遍性的灾荒，以 1929 年的陕西灾情最为严重，受灾区域最大，受灾人口最多。为此，全国各地纷纷组织救灾，上海的筹款活动规模较大也相对集中。1929 年 10 月，上海"旅沪陕西赈灾会"在中央大戏院举行筹款游艺会，特邀上海名流、名媛 40 余人参与表演，所得收入全部用于赈灾。② 1931 年 5 月，由上海国货商场诸人士联合上海明星、天一、华剧、友联各电影公司经理，共同发起"陕灾筹赈游艺会"，在南京路市政厅旧址连续举行三天游艺会，这次活动请名票、

① 《水灾游艺会昨讯》，《申报》1935 年 8 月 22 日，第 4 张第 13 版。
② 《陕灾游艺会第一日之节目》，《申报》1929 年 9 月 29 日，第 4 张第 16 版。

明星联合参与表演，节目有平剧、新剧及各种游艺，所得票款全部捐给灾区，拯救灾民。① 由此可见，以游艺会的方式筹款是当时较为有效的赈灾方式之一。

继 1927—1931 年的连年大旱之后，1934 年，中国中南部又发生了重大旱灾，涉及苏、皖、浙、赣、湘、鄂、冀、豫、鲁、陕、晋等十数省。严重的是，有些地区除旱灾之外还有水灾，其中有 8 省发生了蝗灾，12 省遭遇霜雹灾害，多灾交织，灾情惨重。当时，全国约2/3 的地区陷入灾荒和饥馑之中，灾情程度"为历来所仅见"。② 为救济灾民，赈济灾区，社会各界纷纷伸出援助之手。上海京剧票友发起了赈灾游艺大会，积极演剧筹款，所募得资金全部用于赈灾。妇女界因不忍坐视旱区灾民"困殆之极，买〔卖〕妻鬻子，服毒自杀"③ 的惨状，由李祖虞夫人、顾维钧夫人、杜月笙夫人等 40 余人发起冬赈游艺会，组织起当时的一些"名媛、淑女"一起筹办。经过组织者的精心准备，游艺会在交通便利、座位舒适的兰心大剧院举行，邀请各地名曲家登台串演，剧种很多，有昆曲、京剧等。游艺会持续两日，所得收入悉数充作赈灾之资。④

水灾通常发生在长江流域和黄河流域，不仅造成房屋受损、财产损失、疾病横行等，更有难民的流离失所，后果非常严重。1931 年发生了严重的全国性大水灾。水灾发生后，上海各界积极筹备游艺会进行募捐。1931 年 8 月 30 日，上海明星影片公司与明星歌剧社、中央大戏院联合于云南路中央大戏院举行赈灾游艺大会，几家公司组织全员登台演出，为灾民筹款。由于得到了社会各界人士的热情支持，此次游艺会开场时，楼上楼下均告满座，"售券所得共计六千余元之多"，⑤ 游艺

---

① 《陕灾筹赈游艺会明日开幕》，《申报》1931 年 5 月 7 日，第 3 张第 10 版。
② 《妇女旱区冬赈音乐会》，《申报》1934 年 11 月 8 日，第 3 张第 11 版。
③ 《妇女旱区冬赈游艺会》，《申报》1934 年 11 月 8 日，第 3 张第 11 版。
④ 《本市妇女筹备旱区冬赈会定期举行游艺大会》，《申报》1934 年 11 月 17 日，第 3张第 12 版。
⑤ 《各界踊跃助赈》，《申报》1931 年 9 月 2 日，第 5 张第 18 版。

会之后，全部收入送交赈灾委员会悉数助赈。① 为支持赈灾，其他艺人团体也纷纷组织筹款活动。当年 9 月 4—6 日，中华俭德会国乐团与粤乐团联合发起在百星大戏院举办筹款游艺大会。此次游艺会上娱乐项目多样，计划周密，安排周到：京剧、昆剧各演一天（演员均为上海著名人士，不取报酬，义务演出），第三天为国乐团与粤乐团联合演奏交响曲，还邀请其他名家表演各类才艺。"各场来宾计有三千余人，具见沪上人士对筹振被灾同胞，具非常之热忱。"② 1935 年夏，全国大部分地区发生了特大水灾，洪水肆虐，灾害严重，据记者报道："人畜漂流，庐舍荡然，其不幸葬身鱼腹者，不下数十万众，灾黎之流离失所，更不可以数计。诚所谓哀鸿遍野，哭声震天，景象之惨，令人目不忍睹，耳不忍闻也。今则酷暑乍过，秋凉又至，哀彼灾黎，漂泊无所……"③ 在此严重灾害面前，上海各界对此"不忍坐视"，遂发起筹赈水灾游艺大会，④ 连续举办四周，即使下雨天"盛况仍不稍衰"，⑤ 即使烈日当空"来宾仍不稍减"，⑥ "所得券资悉数移赈灾民"。⑦ 知名艺人积极为水灾筹募，由天一、联华、明星等电影公司联合发起的大规模游艺会，有平剧、话剧、歌唱、跳舞、电影等节目，全由各公司男女明星担任演员，场内用品由其他公司热烈赞助。此次游艺会既使观众大饱眼福，又拯救了灾黎，报纸文章称："诚一举而两得也。"⑧

体育界人士见义勇为，游艺活动及体育表演赛纷纷举行。上海体育界人士对赈灾一事十分热心，针对 1931 年的水灾，国术界举办了

---

① 《明星将举行振灾游艺会》，《申报》1931 年 8 月 25 日，第 4 张第 14 版。
② 《俭德会开游艺会助赈》，《申报》1931 年 8 月 26 日，第 4 张第 14 版；《俭德会筹振游艺会盛况》，《申报》1931 年 9 月 7 日，第 3 张第 11 版。
③ 《筹赈水灾游艺会昨发告民众书》，《申报》1935 年 8 月 14 日，第 3 张第 11 版。
④ 《各界筹赈水灾游艺大会昨日开幕》，《申报》1935 年 8 月 17 日，第 3 张第 12 版。
⑤ 《水灾游艺会昨讯》，《申报》1935 年 8 月 22 日，第 4 张第 13 版。
⑥ 《水灾游艺会花界销券踊跃》，《申报》1935 年 8 月 24 日，第 4 张第 14 版。
⑦ 《筹赈水灾游艺会昨发告民众书》，《申报》1935 年 8 月 14 日，第 3 张第 11 版。
⑧ 《水灾游艺会主办电影界助赈游艺会》，《申报》1935 年 9 月 14 日，第 4 张第 15 版。

赈灾筹款游艺会，上海市国术馆、精武体育会、中华国技传习所、上海武学会、中华体育会等社团，以及一些武术团体均积极参与表演。[①]鉴于"各处水灾奇重，状至惨恻"，民众受灾至惨，无家可归，"嗷嗷待哺"，上海市国术馆和精武体育会两团体共同发起"国术游艺赈灾会"。此次游艺会"在新世界游艺场举行"，购票者极为踊跃，所得券资，"悉数扩充赈款"。[②]同时，上海乒乓球联合会主办的乒乓慈善表演赛也在积极筹备举行。乒乓慈善表演赛"在中央大会堂举行，表演者为上海最有名之劲旅广东、邮工、精武、琅琊四队"，为烘托筹款气氛，还准备在比赛期间"请小同志黎铿、范祜、邓秀荣、郎德培，女同志林慕容、郑丽华、杨渭滨、张菊庭、吕超凡等表演歌唱"节目，门票"分二角、四角、一元三种"。[③]

（三）助学及扶贫

教育制度在近代发生了革命性的变革。清末，朝廷推行新政，近代教育由此开始并逐步在全国建立近代教育系统。1912 年，中华民国临时政府教育部废除清政府只许私人兴办中学以下教育的规定，扩大了民办教育权限。民办教育主要由留学归国人员、教会、社会团体、社会名流等兴办；教育对象也从原来的少数人变成了普通民众，注重对贫困家庭子弟的教育，出现了一批专门的义务教育机构，可谓慈善教育。新文化运动时期，教育得到更大范围的普及，中小学生人数迅速增加，至 1921 年，师范学校达到 300 所，实业学校达到 800 所。众多学校中，除了政府主办学校依靠财政拨款，大部分民办学校都是自筹经费。随之，学校组织募捐筹款成了一种常态，举办游艺会是学校募捐的常用方式。

为平民学校募集办学经费。平民学校是近代出现的新式教育机构，既给平民传授基础知识，也向平民工学、农学、商学教授工作技

---

① 《国术游艺会今晚表演》，《申报》1931 年 9 月 9 日，第 4 张第 15 版。
② 《国术游艺赈灾会场拟假座新世界》，《申报》1935 年 8 月 29 日，第 4 张第 14 版。
③ 《上联会主办之乒乓慈善赛明晚举行》，《申报》1935 年 8 月 29 日，第 4 张第 14 版。

能，由此促进就业，维护社会稳定。为扩充和添设平民夜校，平民学校需要补充经费，也就成为筹款义演的主要发起人和组织者。1928年5月，沪北立人女学在中央大会堂举行募捐游艺会，由该校学生剧社参加表演。① 除学校自身为助学募捐筹款外，一些社会慈善机构也通过游艺会为平民学校积极捐款。如1928年6月，上海南市普益社举办游艺大会，将所得捐资悉数用于暑期贫民学校办学经费，此举得到社会各界的普遍支持。其他学校和社团也纷纷加入游艺筹款活动。②

筹款游艺会为平民儿童接受教育提供了机会。在近代社会经济条件普遍较差的情况下，接受教育一般是富家子弟的特权，广大贫困家庭的孩子即使有机会接受教育，巨额的学费也常常将他们拒之门外，很多儿童因家庭贫困不得不充当苦力。1929年一份统计报告显示，"全中国共有七千万儿童，而失学者占数六千万"。③ 近代慈善机构开设的义务学校，为一些贫困家庭的孩子提供了免费接受教育的机会，这些学校的办学经费需要通过募捐向社会各界征集，游艺会就是学校的募捐手段之一。1929年4月27日，上海中华基督教夏日儿童义务学校协会在青年会礼堂举行游艺大会，主旨是促进儿童幸福，筹划儿童义务教育学校经费，当地各界人士积极购票参加，以此支持平民儿童教育。④ 1936年，上海青年会浦东分会劳工小学为宣传劳工子弟教育的重要性，普及工人子弟义务教育，在四川路青年会礼堂举行游艺大会，节目不仅有该校幼稚生表演，得到了上海歌剧社的全员支持，还有歌星的歌舞表演等，节目非常精彩，"券资所得，概充该校经费"。⑤

筹款游艺会为妇女教育提供了更多机会。近代妇女教育，在上海等沿海城市逐步受到重视。上海中国妇女会成立专门的女子学校，为女子提供免费义务教育，教授修身、国文、数学、地理等基础知识，

---

① 《立人女学游艺会节目》，《申报》1928年5月10日，本埠增刊第3版。
② 《普益社将开游艺会》，《申报》1928年6月8日，第3张第11版。
③ 《儿童幸福周游艺会》，《申报》1929年4月29日，第4张第15版。
④ 《儿童幸福周游艺会》，《申报》1929年4月29日，第4张第15版。
⑤ 《上海青年会浦东劳工小学游艺会》，《申报》1936年1月12日，第4张第15版。

还有家事、园艺、缝纫等课程。为筹募办学经费，每年 2 月，妇女会都会举行慈善游艺会，所得票款等收入充作义务学校的常年费用。1928 年 2 月 1 日，妇女会在大华饭店举行的筹款游艺会"为上海罕见之游艺"，参加表演的演员多是"时下女界之最负盛名者"，"或则雅歌，或则弹奏，或则妙舞，无美不备"。① 1935 年 2 月 11 日，上海妇女会在百乐门大饭店举行游艺会，表演内容除常规游艺节目外，为增加来宾兴趣，还增设了抽奖环节，奖品则由各大公司、商店及厂家赞助，购票者极为踊跃。② 1936 年 3 月，由上海妇女会举办的筹款游艺会仍在百乐门大饭店举行，演出人员由各会员担任，所演节目"富有提倡国粹及发展文化之作用"，购票者甚为踊跃，所得款项仍"悉数捐助该会所办之义校及其他善举之用"。③

济贫救弱、改善民生一直是慈善事业的主题。近代以来筹款游艺会在救济宣传、资助贫困民众方面同样发挥着重要作用。1936 年 7 月，隶属于上海市佛教会的新生活青年服务团第六分团慈幼组发起了一场新生活宣传活动，举行"新生活宣传游艺会"。闸北地区居民以卖苦力为生，缺乏受教育机会，知识较为缺乏，多数民众赤膊露宿街头，街上污物满地，赤日当空的夏天臭味不堪忍受，容易引发疾病及传染病。为此，青年服务团举行游艺会，宣传新生活运动，号召民众改善居住环境，提高生活品质。④ 上海市青年会是中国基督教青年会在上海设立的分会，1926 年该会在浦东创办模范新村，建 12 所新屋为当地工人阶层服务，改善民众生活，新村提倡新生活方式。凡在村中居住的住户，严禁烟酒赌博，平时青年会还会专门派干事对民众实施以"德智体群"为宗旨的教育，围绕这个基本宗旨进行各种事工，

①　《妇女会定期开游艺会》，《申报》1928 年 1 月 30 日，第 4 张第 14 版。
②　《妇女会慈善游艺会》，《申报》1935 年 1 月 26 日，第 3 张第 12 版；《妇女会游艺会消息》，《申报》1935 年 2 月 9 日，第 4 张第 14 版。
③　《中国妇女会举行周年游艺会》，《申报》1936 年 3 月 1 日，第 4 张第 15 版。
④　《青年服务团慈幼组宣传游艺会》，《申报》1936 年 7 月 6 日，第 4 张第 14 版；《青年服务团慈幼组游艺会》，《申报》1936 年 7 月 12 日，第 5 张第 17 版。

培养青年，为社会服务的工作收效甚大，参观者莫不赞许。鉴于模范新村取得的成效，青年会继续扩大规模，推广新村生活方式，为平民进行环境改良。1928年，青年会决定再建新屋12所，但因资金短缺，遂决定举行大规模游艺会以筹备余款。为了吸引更多人参加，此次游艺会所表演的节目"均为特殊少见者"，并有"茶点供客，不另取资"，所收入的资金"悉充新村建筑之用"。[①] 另外还有雅韵社，作为民间慈善组织，它也曾为救济失业群众举行游艺会，雅韵社游艺会宣言中特别提到"人与人之间，义当有相互救助之责，此固不分畛域与种族者也，且不仅为了人道主义才去援，就是见人患难，虽赴汤蹈火，亦一定义不容辞，况事关整个社会，为失业群众谋福利，更应刻不急待"。[②] 由此可见，中国近代慈善理念和精神通过游艺会得到了一定的彰显和传播。

施医给药也是筹款游艺会的目标指向。1929年6月，上海公立平民医院鉴于上海当地"工厂林立，平民众多，偶患疾病，医药乏资"，拟开一施诊所，专为平民看病。因经费缺乏，医院发起筹款游艺会，邀请当地著名票友参加演出，举办地点定于中央大会堂。[③] 这种筹款游艺会既让参与者感到轻松愉快，又能筹集善款为普通民众提供医药救助。1930年1月，在上海舞台举行了一场别具一格的戏艺赠品大会，凡来参会的人员均可"有戏看，有物吃，不加价，不募捐，全场装有热水汀，满室生春，为各舞台封箱前之拿手杰作"，[④] 此次活动以筹款为目标，善款资助贫民医院。

1927年至1937年，上海的筹款游艺会频次非常多，游艺会的观众也很多。上海各学校、各团体，或因爱国募捐，或因筹设新舍募

---

① 《青年会特殊之游艺会》，《申报》1928年11月22日，第4张第15版。
② 《雅韵社为征募中国国货救济失业群众团基金举行游艺会宣言》（1936年），上海市档案馆馆藏档案，档案号：Q130-50-1。
③ 《上海公立平民医院游艺筹款》，《申报》1929年6月30日，本埠增刊第2版。
④ 《十八日星期六戏艺赠品大会日夜假座上海舞台》，《申报》1930年1月18日，本埠增刊第4版。

捐，每有游艺会之发起，借极大的会场或公园，聚集各种游艺于一处。由于游艺会组织日益规范，因此形成了初步的办会和参会规则，以及现场秩序。有人提议，游艺会基本的参会规则为：

> （一）凡家庭子女，欲参与游艺大会时，必须互相携手，不可分离，恐一时失手，招寻不易也；（二）年幼之小儿，最好以不去为妙，一则携带不便，且须时时照顾，若在深夜，每易熟睡，恒有因此而归家，未得游玩者；（三）入场时须先看节目，究以何者为适合自己之心理，遂后赴该处参看之，否则，必致茫无头绪；（四）返家时，如已夜深，而路途甚远者，如有五六人，即可叫汽车一辆，所费只有一元，外加小账两角，较之黄包车，所费不多；（五）游艺会每日之节目不同，可预先在报上，看其内幕之优劣以定去看之日期；（六）在游览时，须随时留意其进出之门户，以及大小便之处，以免临时询问。①

总之，游艺会作为一种慈善募捐的形式，多以活跃、健康的样态呈现，在近代慈善史上发挥了重要作用。游艺会募集的资金用于慈善事业，"以娱助赈"，使民众在休闲放松的同时，不忘国家民族危机和救国责任，不仅丰富了民众的精神生活，也拓展了民众爱国救民、扶助弱小的渠道，培育了民众的爱国意识和慈善精神。在行业救助、战争救援、赈灾济贫、民众教育、施医给药等方面，游艺会都发挥了应有的作用。尤其是各类筹款游艺会广泛普及于社会各界的特点，使社会上出现了许多非名角参演的"接地气"的筹款游艺活动，既扩大了参演群体，也培养了演艺人才，还使参与慈善活动的社会民众更为广泛。

---

① 《参与游艺会时之种种常识》，《常识三日刊》第 1 卷第 69 期，1928 年，第 276 页。

第三节　慈善音乐会

音乐会在近代中国是一个新事物，在民国时期，音乐会成为慈善义演的主体活动之一。慈善音乐会最早在晚清时期外国侨民中出现。随着近代西方音乐的传入和推广，西方新式音乐开始被引入学堂教育，并逐渐在近代都市推广，西方娱乐方式逐步成为市民文化的组成部分。音乐会是小众娱乐，并未广泛流行，主要在社会上层和知识群体中展开，凡遇筹款助贫、大灾大难，即会奏响慈善乐章。因此，慈善音乐会也成为慈善义演不可缺少的内容。慈善音乐会以民国时期各类学校举办为多，集中于上海、天津、北京、南京等大城市，作用于城市慈善事业和娱乐文化。民国时期，音乐教育随着社会经济条件的改善和学校教育的发展而不断进步，学校音乐活动逐步兴盛。中国近代公益思想的形成和传播对教育界的影响最为显著，以募捐助贫为主题的赈灾音乐演出在学校逐年增多，也引起媒体与社会各界的关注和参与。此类募捐演出由于"寓善于乐"的特点，引起一些民众的兴趣和喜爱，进而成为宣传社会良知、传递人间温情的重要媒介。同时，赈灾募捐音乐演出以其精彩的舞台表现，又成为向社会推广音乐艺术、普及音乐文化的重要平台。清末民初伴随学校教育的发展起步，音乐会最早由经济发达地区开始，随着民国社会经济的发展，专业音乐教育也得以产生和初步推广，一些规模较大的学校有能力举办音乐会或游艺会。民国早期，此类活动虽然不多但影响不小，特别是到20世纪三四十年代，由于各地灾荒、战乱等原因，以募捐赈灾为主题的学校音乐活动开始凸显。当时国家政治生态环境纷繁复杂，学校音乐教育有了长足进步，教育机构举办的音乐文化活动与时俱进，关注社会问题，促进社会文明，体现出知识阶层和青年学生的责任意识，这一社会文化现象值得关注。在南京、上海、北京、天津等中心城市，教育基础较好的学校经常举办文化娱乐活动，而以募捐济贫为主题的慈善演出在当时较具社会影响，其中以慈善音乐会、募捐游艺会等为多。

一　慈善音乐会的出现

慈善音乐会是伴随着 19 世纪末期西学东渐大潮进入中国的文化舶来品。晚清时期，在戊戌维新的影响下，中国传统的慈善事业开始出现新的气象，一些传统的善堂、善会开始从事公益事业，也开始出现众多的慈善公益团体，西方慈善公益理念和社会救助观念传入中国，并开始被国内慈善界所接受。进入民国以后，中国慈善事业不仅在理念上接受了西方慈善思想，而且形式上也开始与西方接轨，向制度化和法制化发展。20 世纪上半叶，中国战火连绵、荒灾不断、社会动荡，各地民众生活在水深火热中，加上政局不稳，政府的社会救助功能无法得到有效的发挥，因此，社会慈善事业的发展有了充足的空间。社会慈善组织为了筹集资金，必须创新手法，吸引更多民间资源参与到慈善事业中。受西方文化影响比较大的是上海和天津等地，音乐会作为新兴娱乐形态，在西方人士和各类学校中有较强的吸引力，无疑成为慈善新方式，受到特定受众的欢迎和喜爱。

音乐会和游艺会都是这一时期慈善事业的新形式，不同之处在于，音乐会对演出条件要求较高，需要有一定的演出场馆、器乐和专业表演人员，形式上较为高雅，专业程度也较高；而游艺会的形式更加灵活，对场地、器乐、人员的要求也不是很高，民众参与的门槛较低，更加大众化和通俗化。因此，相较游艺会，慈善音乐会在中国的发展缓慢。但是，早期国人将一些音乐节目较多的游艺会与音乐会搞混，时而也将其称作音乐会。

音乐会在传入中国的早期，以满足西方人士和上层社会的娱乐生活为目的。随着社会文化的不断发展，学校音乐活动开始活跃，后来则开始进入民众娱乐生活中。进入学校教育和生活娱乐之后，学校音乐活动显现出多种社会功能。① 20 世纪二三十年代，音乐会演出在一些大城市的娱乐生活中不断出现，一定程度上改变了市民娱乐的结构，并成为社会上层和知识群体追逐的娱乐时尚。

各地的赈灾音乐会，早期以西方人举办为多。此类募捐音乐会以西方音乐艺术表演为核心内容，观赏对象也多为西方驻华人士和社会富裕阶层，演出活动也以这一群体为主。据报载："旅京联合国人士订于一月上旬间特开演艺大会……由朱尔典公使夫人及英使馆人员格来博士主任斡旋筹备一切，演艺一事将由英人担任。"此次活动中，还有不少中国官绅各界捐款，统计已及七千五百元之巨。② 西方音乐表演得到上层人士的重视，且演出筹款效果很好，遂成为主要募捐助赈方式。音乐会很快在社会上产生影响，也引起了教育界音乐人士的积极关注，成为大家向社会展示音乐技艺并表达关切之情的赈灾募捐平台。

在北京高校，很早就有类似活动。如北京大学的学生音乐团体——北京大学音乐团（1916 年学生组建的音乐组织）成立后不久，就为赈济火灾、旱灾受害者举行了义演。③ 后来，还有清华大学军乐队发起"冬赈音乐会"募捐助贫的情况。④ 随着音乐会演出在社会上的影响不断扩大，各界出现不少举办募捐赈灾音乐会的情况。如 1936 年10 月 28 日，北平教育文化记者为救助黄河水灾民众举办了赈灾音乐会，音乐会上还有外国音乐家齐尔品的钢琴演出，他以钢琴演奏来呈现琵琶乐曲《敬献与中华》。⑤ 据民国报刊资料记载，金陵大学经常举办音乐会，特别值得一提的是金陵大学及金陵女子大学联合举行的"冬赈音乐会"。这些情况说明，学校的音乐人士关注社会贫困群体，

---

① 关心：《近代中国学校音乐会的功能》，《史学月刊》2012 年第 6 期。
② 《慈善演艺之志盛》，《欧战时报》第 39 期，1916 年，第 14—15 页。
③ 沧浪云、李煞等：《教我如何不想他：民国音乐人》，团结出版社，2010，第 63 页。
④ 《清华西乐部明日冬赈音乐会表演内容》，《京报》1932 年 1 月 8 日，第 6 版。
⑤ 参见陆路《齐尔品中国风格钢琴作品研究——兼论齐尔品对中国近现代音乐的影响》，硕士学位论文，山东师范大学，2009，第 11 页。

每年定期为救助贫困受难者举办募捐音乐会，以帮助穷人度过寒冬。学校举办的募捐赈灾音乐会，有些是在校内进行，还有不少演出与社会文化活动相结合。

二　慈善音乐会的反响

民国社会经济的发展，一定程度上带动了文教事业的发展，由此各地物质条件得到了不同程度的改善。特别是北京和南京，一定时期作为都市，居于政治中心地位，具有较为显著的区位优势与文化优势，当地民众的娱乐生活也呈现较快的发展之势。另外，在上海和天津等较早对外开放的口岸城市有大批外商家眷、国内富商等，传统戏剧及其他娱乐活动较为显著，还显露出与众不同的西洋文化特色，具有较为鲜明的时代特征。除了这些大城市之外，国内还有许多口岸城市、交通与区位优势城市、新兴工商业城市等，这些城市的经济与文化生活也在发生变化。随着社会经济条件的不断改善，地方文教事业也逐渐兴起，在各类学校集中的地方，学校文化娱乐活动也相对活跃。

经济的发展促进音乐娱乐进步，人们的审美要求不断提升。音乐表演不仅给人们带来快乐，还成为富裕阶层娱乐和社交的方式。特别是在上海，中产阶级出现后，"音乐也不再是贵族和上流社会的专利，市民们也开始习惯于买票去剧场"① 欣赏音乐。一些音乐演出活动的目的主要在于赈灾募捐，也必以多彩的内容和精湛的演技满足受众对于音乐艺术的较高追求和期望，才能够实现良好的募捐效果。

学校举办音乐会，经常与游艺会合而为一，多为各类音乐表演。此类音乐活动，经常为遭受自然灾害、战争、疾病和贫困的百姓进行募捐，既展示师生高超的音乐技能，也丰富学校文化生活。在20世纪三四十年代，国内各种自然灾害发生较多，加之战乱与政局动荡，常有一些百姓陷入生活甚至生存的困境。此时，学校师生成为社会救

---

① 〔日〕榎本泰子：《西方音乐家的上海梦——工部局乐队传奇》，赵怡译，上海辞书出版社，2009，第10页。

助活动的参与者，他们的音乐活动作为宣传发动民众的平台，借以展开赈灾救难、援助贫弱的行动，给受难百姓送温暖、传爱心。学校的赈灾募捐演出活动吸引了社会舆论和媒体的关注，被视为有益于社会进步的行为，受到高度赞扬。

各个学校的校刊重视对募捐演出的宣传报道。在福建省厦门、福州等地，许多学校师生为使遭灾受难的民众得到救助，经常性地"举行募捐游艺会"，其特点为"由各校教职员及同学组织筹备会"。《集美周刊》详细记载了集美学校 1930 年的一次救灾游艺会筹备情况。为办好游艺会，参与师生做了大量准备工作，推举出了筹委会和主席，文书股、布置股、表演股及其股员等，几经讨论和精心策划，最后分工合作，成功演出。在当年"九月廿七、廿八两晚，乃在本校大礼堂表演"，"此次举行游艺募捐，综计售票与临时募捐所得，共约七百元"。[①]

各类社会报刊也对学校举办的募捐赈灾演出给予关注和报道，北京《晨报》就曾对辅仁大学的一次急赈游艺大会做了长篇报道；[②] 南京《中央日报》对金陵大学和金陵女子大学的冬赈音乐会做了追踪报道，甚至大篇幅宣传慈善募捐演出活动的内容以及社会成效等；[③] 天津《益世报》刊载了南开大学联合中外名家举办助赈音乐会的消息。[④] 另外，像北京《京报》、上海《申报》等不少报刊也对类似活动予以报道，登载消息非常频繁，有些还报道学校赈灾演出活动的盛况。这些报道，充分显示出各类学校的音乐会引起了媒体与社会的高度关注。

三　慈善音乐会的品质

各类学校组织的赈灾募捐表演，既有游艺会，也有音乐会。音乐

---

① 《建筑会所募捐游艺会详志》，《集美周刊》第 251 期，1930 年，第 11—12 页。
② 《我们的立场·辅大同学临时急赈游艺大会》，《晨报》1943 年 5 月 11 日，第 2 版。
③ 《金陵大学冬赈音乐大会》，《中央日报》1934 年 11 月 11 日，第 2 张第 3 版；《金大及金女大定期举行冬赈音乐会》，《中央日报》1935 年 11 月 3 日，第 2 张第 4 版。
④ 《振贫募款音乐会》，《益世报》1936 年 12 月 19 日，第 4 张第 14 版。

会比游艺会有更为专业的特点，但与游艺会一样，具有组织宣传、募捐动员的意义和娱乐内涵，也成为许多学校举办慈善义演的主要形式。音乐会演出前的现场致辞，演出中的鼓动讲话，活动结束时的总结或寄语等，均被用作音乐演出活动的舆论动员，通过文化娱乐来传递人间温情。观众在欣赏音乐、感受艺术的同时，也得到了文明之风的教化和熏陶。

1934 年冬季，南京金陵大学和金陵女子大学为筹募冬赈资金，发起慈善音乐大会，南京《中央日报》刊发消息，称"购票观众约六七百人，情形极为隆盛"，可见慈善音乐会的社会影响非常显著。此次音乐会上，"全部大小表演节目共 14 项，中西俱全。每节演奏之后，掌声雷动，自始至终精彩异常，实为从前罕见之盛会"，节目"以金大弦乐团弦乐合奏，杨嘉仁先生独唱，史培曼夫人与史达拉斯教授钢琴、风琴合奏，李真意女士提琴独奏，魏（威）尔克夫人独唱为佳"。记者报道："史培曼夫人与史达拉斯教授之风、钢琴合奏，在全部中甚为精彩；史夫人为京沪中名钢琴家，弹动音节，清粹入骨，快拍有如行云流水，一尘不染之概；加以史教授之风琴，风动如潺潺细流，极似柳暗花明又一村；李真意女士提琴独奏，引观众注意不少，盖运用琴弓自如，和谐不紊，双观止矣；最后则为魏（威）尔克夫人之独唱，细喉微音，深入云霄。"① 慈善音乐会以募捐济困为目的，媒体报道也特别渲染，意在温暖人心，感动观众。

1943 年 5 月，北京辅仁大学举办"急赈游艺会"，主办方通过媒体明确向社会表达举办慈善文艺活动的目的和愿望："主办急赈游艺会，是为了救济本市贫苦的饥民……尽量的使我们发挥出团体的力量。"他们欲唤起社会民众共同担负起社会责任，表示"在这个坚强的信念下，迈着整齐的步伐，走向我们的理想。并且只要环境及精力允许我们，我们将再举办第二次急赈游艺会……希望社会上的有力的

---

① 《金陵大学冬赈音乐大会》，《中央日报》1934 年 11 月 11 日，第 2 张第 3 版。

人士，自动的再多组织急赈会，自动的捐助我们贫苦的同胞"。他们相信人心向善，希望同情贫弱，更期待自己的努力能够激发起社会人士的热情，"都向着饥苦的同胞伸出伟大的援手！"① 辅仁大学的学生为组织好这次活动克服了许多困难，做了精心准备和安排，"主办人辅大同学黄秉达（急赈游艺会理事长，即名作家左金）、陈梅（游艺会秘书长），该会顾问包炳浩，以及辅大同学数十人均到场料理一切，奔走忙碌，皆汗流浃背，而不辞劳苦，尤其黄包陈诸君为此次游艺会出力至巨，充分发挥青年之热情，其努力善举之精神，至堪钦佩"。在活动开场，演讲人言辞恳切、富有感召力的呼唤，表明了举办此次急赈游艺会的良苦用心："基于救济贫民之天赋良心，而受热情之催促，乃不揣棉［绵］力而举办游艺会，希望各界援助指导。"观众对充满深情的演讲报以热烈的掌声。② 在各界支持下，募捐游艺活动获得圆满成功。"京市名家皆网罗无遗，中西乐曲凡十余项，一场比一场精采，盛况为历次游艺会所无。"各类音乐艺术表演争奇斗艳，"开始名坤伶唱流行歌，首为梦娜小姐与傅金石君唱《扁舟情侣》，次为王素鸾小姐唱《千里送京娘》及《卖相思》，歌来悠扬动听，颇受观众欢迎"。③ 此次活动产生了积极的社会影响。

学校募捐赈灾演出活动将音乐艺术与慈善救助相结合，弘扬中华民族乐善好施的传统美德，也使音乐文化在社会上得到传播。较早就有学校组织或参与的募捐音乐活动，学校师生与校外音乐人士同在舞台上展示音乐才艺，向社会传播音乐艺术，但举办主体还是社会人士或团体。如 1925 年，天津的一场音乐会由学校与多位外籍音乐人一起组织。对于此次募捐音乐会，记者报道较为详细：节目有军乐、"双四品歌"、独唱、合唱、团乐、"二品合唱"、五音联弹等；表演

① 《我们的立场·辅大同学临时急赈游艺大会》，《晨报》1943 年 5 月 11 日，第 2 版。
② 《长安戏院昨夜盛况辅大举办急赈游艺会圆满演出》，《京报》1943 年 5 月 12 日，综合版。
③ 《长安戏院昨夜盛况辅大举办急赈游艺会圆满演出》，《京报》1943 年 5 月 12 日，综合版。

者既有中国音乐家，也有外国音乐家。这种由学校发起、与校外音乐人士联手举办慈善音乐会的形式，在社会上产生了很大的影响。记者评论，各项演奏"无不各臻其妙，大有此曲只应天上有，人间能得几回闻之概。该校举行此会，一为贫儿夏令学校筹款，二为引起国人赏好各国音乐之兴起，以故聆之者莫不气和神怡"。① 音乐会演出受到记者称道，并大为宣传。当时，由于西方音乐在国内的传播较晚，各地学校还缺乏自身能力，缺少音乐人才，因此在多数慈善音乐会中，较多作为组织者和参与者出现，而非演出主体。20 世纪三四十年代之后，情况得到改善——国人成了艺术表演的主体。下面分别以北京和上海两个实例来说明情况。

1932 年 1 月，清华大学军乐队筹办慈善音乐会，并为此做了长期的演出准备。《京报》刊发有相关消息，从中可知为办好这次音乐会，军乐队全体队员不辞辛苦，凝心聚力，希望以良好的演出水平，积极扩大此次音乐会在社会上的影响。"队员曾牺牲三阅月之光阴，刻苦练习"，② 投入满腔的热情和辛勤的努力，希望音乐会获得成功。这份努力，与他们的目标和愿望表现出极大的一致性：在表达爱心的同时，传播音乐文化，推动音乐艺术的发展。记者称："清华大学西乐部此次发起之冬赈音乐会……各种独奏、合奏等皆为彼部学生，对于音乐作多年之研究，向得之结晶品，今供献于大家……此次之表演，不特开平市之新纪元，实亦开全国之新纪元。其主旨虽在赈捐，然实亦深望能引起一般人对于音乐之兴趣也。"③

1933 年，上海圣约翰大学弦乐团举办了一场募捐赈灾游艺会。"该会节目除该团奏演外，特邀请李献敏、王大乐、常文彬、萧嘉惠、杨淑英诸女士参加，又有妹校圣玛利亚女校生之歌唱，夏璐敏之梵哑铃独奏，叶怀德之长笛，李德复之梵哑铃，田雪芹之独唱，查以上诸

---

① 《乐会盛况》，《益世报》1925 年 5 月 25 日，第 3 张第 11 版。
② 《清华西乐部明日冬赈音乐会表演内容》，《京报》1932 年 1 月 8 日，第 6 版。
③ 《清华西乐部明日冬赈音乐会表演内容》，《京报》1932 年 1 月 8 日，第 6 版。

女士，均系国立音乐院之优秀学生。"① 从当时的报刊报道可以看出，此次赈灾音乐会的成功，主要得益于中国优秀艺术青年的精彩演出。他们出色的艺术水准征服了观众，显示出中国艺术人才正在成长，中西文化艺术在交流中得到一定程度的普及。音乐会获得良好的社会影响与该校活跃的音乐生活分不开，校园内还经常有"大学茶舞会""戏剧会"等业余音乐团体举办的文艺活动，吸引许多同学参加，也鼓舞了大家参与慈善演出的热情。

可见，伴随着近代音乐文化转型和民国学校教育发展，在各地学校逐步兴起的赈灾募捐音乐演出，将中华民族乐善好施的传统美德与近代以来致力于公共福祉的公益理念相结合，这既是近代慈善思想的影响，也是社会发展进步的结果，显示了学校师生的社会责任意识，反映了音乐文化活动与社会公益事业相结合所产生的积极社会效应。民国是中国社会慈善公益事业初步兴起时期，学校娱乐与募捐赈灾等社会慈善事业相结合，促进了社会文明之风的形成，使音乐与艺术很好地释放出文化正能量。同时，学校赈灾募捐音乐会还由于其推崇社会良知、倡行文明风尚的主题，在民众中产生良好的影响，有助于音乐文化活动得到更加广泛的推广，起到了推进社会文明进步的作用。

近代慈善义演是利用娱乐方式和人们喜闻乐见的内容来服务于慈善公益事业。传统艺术色彩较为浓重的义务戏，因为人们对于京剧的喜爱，在早期一直是慈善义演的主要表现形式。但是随着时代的变迁，慈善游艺会、慈善音乐会等较多吸收了外来艺术，作为对时尚与娱乐的追求，也逐渐进入民众的生活，一并体现出近代娱乐文化与慈善公益事业相结合的特点。

从历时性角度分析，义务戏作为义演筹款活动，不仅出现最早，而且传播也很广，在民国初年已经扩展到多个剧种，并传至内地普通城区，成为人们喜爱的娱乐与慈善活动。慈善游艺会、慈善音乐会的

---

① 群：《约翰生之活跃：圣约翰大学生之慈善音乐会》，《摄影画报》第 9 卷第 2 期，1933 年，第 16 页。

出现相对较晚，社会影响以及关涉社会群体也各有不同，却一并成为慈善义演花园中的奇葩。义务戏因为近代戏曲的发展而繁荣，慈善游艺会、音乐会因为新式娱乐的影响而新颖别致，它们因为不同的艺术形式和表现内容，从多角度吸纳不同社会人群参与慈善公益事业，无疑对丰富国人的慈善文化和慈善风尚、助推近代娱乐氛围起到了积极正向的作用。

值得注意的是，义务戏、慈善游艺会、慈善音乐会是近代慈善义演的主要类型，而实际上慈善义演的类别还有很多，其他如话剧义演（公演）、电影助赈、慈善杂技、体育义赛、音乐义赛等各类活动，均以"义务"之名，向慈善事业靠近、聚拢，由于其内在的娱乐性和观赏性，得到大批具有特殊喜好的观众追捧，共同构成了慈善义演的整体。这些纷繁多样的以娱乐为主轴的慈善演出形式，构成了近代慈善义演的多元图景，也使慈善义演呈现出光鲜亮丽的景象。近代慈善义演的社会文化效应，依赖于诸多艺术表演形式的登台亮相，服务于慈善公益事业的发展和转型。

第六章　慈善义演与中国近代慈善事业转型

　　近代慈善义演是中国社会－政治转型的产物，义演随着社会变迁而衍变，也在促进近代中国慈善公益事业的转型。站在慈善公益事业的角度，义演是中国慈善事业的重要组成部分，也是近代慈善文化的主要形式。在某种程度上可以说，义演是中国近代慈善公益事业中不可缺少的重要内容。从慈善义演的社会意义来看，它的变化和发展是社会变迁的结果，并服务于近代社会文化的转型，反映社会的变迁。虽然人们的道义和慈善人文精神，并不一定随社会经济的发展而有相应的提升，但是，每当自然灾害发生或者危急事件出现时，人们心底的善意需要先进者的引领与激发，更需要政府的鼓励和倡导，同时，还需要有人来培育和传承。在饱受灾难和战乱的时代，近代慈善义演为赈灾、助贫、助学、助医等慈善事业做出了贡献，树立了榜样，显示了正向作用，收获了积极功效。

第一节　中国近代慈善义演的内在效用

　　前人对于中国近代慈善公益事业的研究，已有较多积累。早期研究者关注了多方面的史实，对慈善团体、慈善思想、慈善人物、区域慈善等均有深入分析。然而，对于慈善义演这种纷繁多样、记载丰富的慈善现象，大多学者却轻描淡写、置之不问，对其关注明显太少。经过前面几章的探讨，可以发现，慈善义演在近代历史上是受到高度关注的重要的慈善活动，并呈现出丰富多彩的文化现象。慈善义演在赈灾济贫等关键时刻，不仅产生了缓解危机的经济成效，更呈现出积极的社会作用，具有较高的文化内涵，是慈善公益事业的重要组成部分。

一 促成慈善事业转型

有关慈善义演与中国近代慈善公益事业转型的关系，从历时性角度来看，义赈是中国近代慈善公益事业的开端，晚清时期的慈善义演为近代义赈事业的重要组成部分。朱浒分析了近代义赈中的现代因素，以经费来源的多元化为支撑，将义演筹款作为主要经费来源。同时，他还梳理了清末壬戌年间北方地区发生水灾时，京津地区戏曲艺人通过义演筹赈的史实，并将其视为北方义赈之先声，给予高度评价。从晚清时期义演与义赈的关系可见，慈善义演一经出现，即助力于中国近代慈善公益事业的转型。民国时期，纷繁多样的慈善义演活动受到社会普遍欢迎，是各界配合取得的成果，是慈善公益事业的有机部分，应当进行深入探讨。

其一，近代慈善公益事业募款效果显著。无数事实已经证明，义演是慈善募款的重要方式之一。但是，由于历史记载非常散乱，此类筹款活动也显零碎，近代慈善义演究竟募得了多少资金，在近代慈善事业募款中所占比重有多大，至今并不明晰。学界对此的学术考察与研究明显不足。若从单一事件和筹款成效看，较多时候义演筹款数额还算可观。此处以1947年北京一次学校义演筹款为例，对其三天募款金额进行统计并试做分析。

1946年12月20—22日，北平私立正风女子高级职业学校举办了义务戏演出，此次演出是为筹建校舍而募集基金。三天三场演剧的收入预算如表6-1所示，支出预算如表6-2所示，具体演出剧目如表6-3所示。

表 6 - 1　1946 年北平私立正风女子高级职业学校举办义务戏收入预算

项目	款数	备考
票价收入	6000000 元	池座前排每票 2 万元；后排两廊均 1 万元；楼上正面 8000 元；两旁 5000 元。每日约计如上数

以三日计，共收 18000000 元

资料来源：《北平市私立正风女子高级职业学校关于举办义务戏经过和收支情况的呈文及市教育局指令》（1947 年），北京市档案馆馆藏档案，档案号：J004 - 002 - 01448。

表 6 - 2　1946 年北平私立正风女子高级职业学校举办义务戏支出预算

项目	款数	备考
剧务费用（每日）	4000000 元	所有戏院租赁费及一切开支，约计如上数

以三日计，共支出 12000000 元

资料来源：《北平市私立正风女子高级职业学校关于举办义务戏经过和收支情况的呈文及市教育局指令》（1947 年），北京市档案馆馆藏档案，档案号：J004 - 002 - 01448。

以上总计，除开支外净余 6000000 元整。

表 6 - 3　1946 年北平私立正风女子高级职业学校举办义务戏三日剧目及演员

剧目	演员
《琼林宴》	李咸藻
《蝴蝶梦》《六劈棺》	筱翠花
《霸王别姬》	金少山　张君秋

以出场先后为序
日期：12 月 20 日
地点：长安戏院

剧目	演员
《草桥关》	裘盛戎
《辛安驿·洞房》	荀慧生
《武家坡》	奚啸伯
《算军粮》	张君秋
《银空山》	毛世来
《大登殿》	李多奎

续表

以出场先后为序

日期：12 月 21 日

地点：长安戏院

剧目	演员
《穆柯寨》	毛世来
《穆天王》	纪玉良
《辕门斩子》	李多奎
《盗马》《连环套·盗钩》	裘盛戎　金少山　孙毓堃

以出场先后为序

日期：12 月 22 日

地点：长安戏院

资料来源：《北平市私立正风女子高级职业学校关于举办义务戏经过和收支情况的呈文及市教育局指令》（1947 年），北京市档案馆馆藏档案，档案号：J004 - 002 - 01448。

　　此次三天的演出活动取得了较好的筹款效果，最终的收入和支出情况分别统计如下。

　　收入情况：12 月 20 日，721150000 元；

　　　　　　　12 月 21 日，613450000 元；

　　　　　　　12 月 22 日，509300000 元；

　　　　　　　三天合计，1843900000 元。[①]

　　支出情况统计如表 6 - 4 所示。

表 6 - 4　1946 年北平私立正风女子高级职业学校举办义务戏支出一览

单位：元

项目	第一日	第二日	第三日	合计	备注
后台开支	310000000	350000000	340000000	1000000000	
院租	40000000	40000000	40000000	120000000	
茶资煤火	46800000	25100000	33450000	125350000 *	
交际费	4000000	4000000	4000000	12000000	

①　《北平市私立正风女子高级职业学校关于举办义务戏经过和收支情况的呈文及市教育局指令》（1947 年），北京市档案馆馆藏档案，档案号：J004 - 002 - 01448。

项目	第一日	第二日	第三日	合计	备注
娱乐税	40000000	40000000	40000000	120000000	
营业税	3000000	3000000	3000000	9000000	
印花税	7400000	7400000	7400000	22200000	
广告费	27620000	0	0	27620000	
总计	478820000	489500000	467850000	1436170000	

注：数字均据原表。

资料来源：《北平市私立正风女子高级职业学校关于举办义务戏经过和收支情况的呈文及市教育局指令》（1947年），北京市档案馆馆藏档案，档案号：J004-002-01448。

此次三天的义务戏，总收入：1843900000元。总支出：1436170000元。盈余：407730000元。用途：（1）4000000元，定期存入储崇内洪昌银号生息，作为学校经常费用；（2）77300元，作为学校办公费用。[①]

鉴于此次筹款义演取得如此满意的效果，该校又于次年即1947年4月3、4、7三日在长安戏院举办三场义务戏，筹款补助学校经费开支。收支预算如表6-5所示。

表6-5 1947北平市私立正风女子高级职业学校义务剧收支预算一览

	项目	款数	备考
收入情况	票价收入	11000000元	池座前排每票3万元，后排两廊均2万元，楼上正面2万元，两旁1万元，每日约计如上数
	三日共计收入33000000元		
支出情况	剧务费用	7000000元	所有戏院租赁费及一切开支，每日约计如上数
	三日共计支出21000000元		

资料来源：《北平市私立正风女子高级职业学校关于举办义务戏经过和收支情况的呈文及市教育局指令》（1947年），北京市档案馆馆藏档案，档案号：J004-002-01448。

---

① 《北平市私立正风女子高级职业学校关于举办义务戏经过和收支情况的呈文及市教育局指令》（1947年），北京市档案馆馆藏档案，档案号：J004-002-01448。数字均据原表。

以上总计，除支净余 12000000 元。

此次义务戏的剧目，如表 6 - 6 所示。

表 6 - 6　1947 北平市私立正风女子高级职业学校义务戏剧目

日期	剧名	演员姓名	备考
4 月 3 日	《鱼肠剑》	于世文	
4 月 3 日	《大战宛城》	筱翠花　孙毓堃　侯喜瑞　何佩华　肖德寅　陈少五　何昆琳　孙志斌	
4 月 3 日	《红鬃烈马》	张君秋　奚啸伯　张蝶芬　李世璋　李多奎　徐和才　刘连荣　耿世华　萧盛萱	
4 月 4 日	《小商河》	李洪春　王金璐	
4 月 4 日	《拾玉镯》	筱翠花　尚富霞　贾多才	
4 月 4 日	《法门寺》	尚小云　金少山　贯盛习　任志秋　萧长华　韦三奎　李盛芳　何昆琳　徐霖甫	
4 月 4 日	《八蜡庙》	金少山　尚小云　贯盛习　孙盛武　王金璐　李洪春　任志秋　孙盛文　贾松令	
4 月 7 日	《南阳关》	胡少亭　谭元寿　宋继亭	
4 月 7 日	《吊金龟》	李多奎　李四广	
4 月 7 日	《红娘》	赵燕侠　马富禄　陈喜典　何佩华　李德彬　何盛清	
4 月 7 日	《捉放曹·宿店》	谭富英　金少山　哈宝山	

资料来源：《北平市私立正风女子高级职业学校关于举办义务戏经过和收支情况的呈文及市教育局指令》（1947 年），北京市档案馆馆藏档案，档案号：J004 - 002 - 01448。

几场义务戏下来，筹款收益显著。因此，义演募捐是人们较为重视的经费来源，能够较好地服务于慈善公益事业。义演筹款主要是用于救灾筹赈、社会救济、战争救护、助学、助医等事项。

其二，艺界通过义演建立社群网络。无数实例证明，民国年间特别是民国后期，各地社会团体、个人乃至政府部门均热衷于举办慈善义演。其中，艺界和相关社会团体的活动更为突出，特别是艺人群体。传统戏剧艺人社会地位较为低下，历代官府从不看重，认为"优

伶本系贱役"。^① 而义演产生的经济效益和社会影响，为艺人树立起富
有仁爱之心的正面形象，并使其成为承担社会责任的时代新人。除社
会人士对艺界人士"另眼看待"外，艺界也更为重视自身价值。

　　梨园艺人、票友热衷于义务戏，新式新派音乐人士喜爱筹款游艺
会或慈善音乐会。从义演活动的动机来看，有助于树立艺人正面、高
大的形象。借助娱乐市场，在无形中增加了身价，收获了荣誉，在
"德艺双馨"的光环下，艺人能够获得更高的市场价值和社会认同。
这种双向助推作用，十分有利于慈善义演的运行。相关社会团体举办
慈善义演具有同样效果，特别是一些慈善公益团体，通过举办慈善义
演，赢得了更加广泛的社会认同，在获得经济效益的同时，还增加了
自身的无形资本。一些社会名流更是如此。他们在义演活动中充任角
色，收获社会美名，并以慈善之名赢得了更多人的关注。例如，1935
年南京市妇女赈灾会举办赈灾游艺会，由秦淮歌女参加游艺节目。图
6-1 为 12 位歌女代表。1935 年，首都各界救济水灾募捐委员会举行

图 6-1　赈灾游艺会 12 位歌女代表

资料来源：《京市妇女赈灾会举办赈灾游艺会》，《申报月刊》第 4 卷第 9
期，1935 年，第 1 页。

---

① 《祥符县副贡赵润普、廪生汪善庆、廪生樊书熔等请演剧助赈禀》，陈月英、于宏
　敏编《河南戏剧活动报刊资料辑录》，中国戏剧出版社，2006，第 3 页。

救灾游艺会，特请梅兰芳赴京表演。图6-2为梅氏留影于公余联欢
社。诸如此类，相关历史记载还有很多。

图6-2　救灾游艺会梅兰芳留影

资料来源：《救灾游艺会》，《京报图画周刊》第9卷第8期，1935年，第
3页。

其三，反映了慈善公益理念的近代化。中国传统慈善理念是以养
为主，现代慈善公益理念则逐渐转化为教养并重，采取授人以鱼不如
授人以渔的方式。慈善义演是新的募捐手段，将"寓善于乐"的理念
予以充分表达。由于时代变迁，近代开始出现"寓善于乐"的募捐活
动，并被日益广泛地运用于慈善公益事业，慈善义演最为典型。如此
看来，义演反映了慈善公益理念的近代化。这对一般民众而言，也是
具有重要意义的变化。

总之，慈善义演作为近代慈善公益事业的重要组成部分，加强了
社会群体、艺人团体、政府机构和普通民众之间的联系，促进了不同

社会阶层的流动与沟通。艺人及团体以自身才艺参与社会救助，既丰富了民众的文化生活，也改变了民众对艺人群体的传统认识，进而对近代社会的文化风气和价值观念形成影响。如果将近代慈善公益事业比作一个花园，那么，慈善义演便是这个花园中的一朵奇葩。

二　形塑社会娱善文化

"寓善于乐"并非一种思想或愿望，慈善义演将近代娱乐和慈善文化融于一体，形成一种新的文化生态，也是一种新的文化样态，显现出各类艺人与普通民众的积极互动。这是慈善义演区别于其他慈善方式的显著特点。从各地越来越频繁的慈善义演事例或者说"时代风气"来看，"寓善于乐"是近代都市慈善文化以及娱善文化的显著标志。

近代娱乐业随着经济发展而兴盛，特别是上海、天津、广州、武汉、北京等城市，集聚着各类人群，形成促使娱乐市场发展的各种条件。首先，源于人们对"乐"的追求，城市极易形成娱乐市场，娱乐业发达的推动力也在于此，人们乐享商品经济营造出的娱乐环境。更多人群参与娱乐生活，刺激娱乐消费和感官快乐，也促进娱乐业的升级换代。比如娱乐场所的建造、翻新、升级，娱乐内容的变换，等等，其中尤以海派文化最具代表性。其次，基于人们对"善"的向往，慈善义演以别样新彩使娱乐业嵌入了"慈善"光环，也自然能够在娱乐业占据优势地位。因此，较多营业性质的娱乐业逐渐吸纳"慈善"之名，以便增加无形资本。最后，社会力量的不断成长，促使慈善公益事业寻找新的突破与出路。采用民众喜闻乐见的娱乐形式为慈善筹款，很容易进入国人的视野，最终纷繁多样的慈善义演活动形成一道亮丽的风景线，成为慈善公益事业发展和转型的重要标志。

此处以游艺会为视点，集中窥视慈善义演对于娱善文化的形塑。游艺会是都市中娱乐文化的重要载体。通过游艺会募款用于公益事业，在近代都市中较为常见。其中，学校举办游艺会多为筹集办学经费，用于添置设备、扩充校舍，维持学校正常运营。例如 1929 年，上海清心中学童子军发起募捐游艺大会，目的是添置教学及办公应用器具。① 1934 年 6 月 30 日，上海麦伦中学在八仙桥青年会举办游艺会，目的是为该校筹集建设体育馆的欠资。为了吸引更多民众的关注，这些游艺会便在演出内容和形式上进行创新，提高演出品质。如麦伦中学的一次游艺会，有著名文学家写作的剧本，导演和演员也都是当时演艺界名人，还有其他各类演艺会，节目形式已不局限于传统歌舞表演，还包括丝竹、国技、钢琴、新剧、电影、弦乐、口琴等。有关作品内容，很多演艺会能够跟随时代潮流，反映时代主题，让人们在欣赏文艺作品的同时，提升文化品位，凝聚民族精神，唤醒爱国意识。同时，游艺会还为普通民众提供了欣赏文艺作品的机会，使文艺由此走下了神坛，为普通民众提供精神食粮。如一位观众对麦伦游艺会的评价："上海的游艺会，本来是专供老爷、太太们开心的，不要说入场券的价目，是贵得与我们这些小店员半个月的生活费不相上下，即所表演的节目，也合不来我们的胃口，譬如什么'歌'啦，什么'舞'啦，无非是一种色肉的炫耀而已。但麦伦游艺会却完全不是这样，麦伦游艺会实在值得我们出一块钱去看看。"② 由此可见，慈善募捐游艺会的主题不但没有激起民众的逆反心理和对抗情绪，反而起到了募集善款的作用，还间接地促进了娱乐方式的革新，使文艺从"高雅"殿堂走向普通大众的文化生活。

社会文化的形成主要通过民众及其社会活动来完成。慈善义演能否在较大程度上影响社会文化，尚需要进一步探讨，但慈善文化涉及群体众多，包括社会名流、慈善组织、政府机构、票友票社、各类商会、演出艺人等，喜爱娱乐的人士涉及不同阶层，覆盖面极广。慈善义演所形成的广泛的观演群、所组合而成的社会网络通过灾荒救助等社会公益事业，推进了社会娱善文化的形成和繁荣。

慈善义演的组织者是娱善文化的塑造者。近代慈善义演多是由民

间自发举办，组织者包括各社会机构、群体及其代表人物等，他们为筹办和发动慈善义演发挥了非常重要的作用。特别是各地同乡会，为帮助家乡赈灾积极组织赈灾义演，募得的资金转交家乡政府，体现了较强的家乡情结和担当精神。在近代历史上，想方设法吸引观众的义演组织者为数不少，为争取捐款、救助灾民，他们集思广益、创新形式、广泛宣传，还创作新剧、创作文艺精品，同时促进游艺会、音乐会、电影等新型娱乐方式的传播和发展，丰富了娱乐文化。值得关注的是，社会名人对于慈善义演的组织具有较强的号召力，发挥了不可忽视的作用。较为典型的如上海名人杜月笙，他曾多次针对重大自然灾害组织高规格、持续性的义演活动，募得巨额款项，凸显了慈善义演的赈灾作用。作为救济机构的劝募组主任或常务委员，杜月笙对救灾组织的赈灾工作贡献重大。还有很多政界名人及其夫人，如宋庆龄、熊希龄夫人、李祖虞夫人、顾维钧夫人、张学良夫人等，联合组织赈灾游艺会，蒋经国夫人蒋方良还亲自参加义演充当演员。当时的社会名流、政界人物或家眷积极参加类似活动，无疑起到了积极的引领社会风尚的作用。

慈善义演的表演者是娱善文化的推动力。参加义演的演员不少是艺界名角，如京剧大师梅兰芳、周信芳及越剧大师关德兴等，他们经常参加义演，而且时常不取报酬。与此同时，大量戏迷票友参加义务戏演出，也同样不计酬劳。他们在社会灾难发生的危难时候，通过义演参与援助，承担社会责任。如当年的电影明星胡蝶、徐琴芬、徐来、朱秋痕等，都曾参加募捐游艺会表演。在名人效应影响下，他们的慈善行为被社会予以放大，因而成为全民称赞和模仿的对象。如此一来，既扩大了义演的影响力，也提升了慈善义演的社会功效。当时，还有许多义演组织方自筹自演，如各类学校举办的义演，多由学校师生表演节目，或联合社会人士参演。为求演出形式的新颖，组织者想到的表演方式多种多样，包括电影义映、时装表演、游艺会、音乐会等。这些演出反映时代特点，是娱善文化的表现，对社会娱善文化的形成起到了示范性作用。也有一些"慈善"演出，完全是组织者出于个人喜好所为，但这种情况容易为人诟病。但如果完全抛开私利，慈善参与者的积极性将会大打折扣。那么，在社会灾难来临、政府无力救助的情况下，众多的贫弱孤寡群体如何得到救助？因此，在不干扰他人的情况下，应将于己有益、于人有利的事务视为"行善"，并予以肯定。

由社会名流举办或参与的慈善义演能够获得较好的募捐收益，其原因显而易见。社会地位较高的组织者，具有较强的社会号召力，有助于募捐义演活动的成功，如民国上海滩名人杜月笙。杜月笙在上海的政治、金融、教育、娱乐界均具实力，有很大影响，由他出面举办游艺会较为简单便利。第一，租用活动场地容易，租金相对便宜。黄金荣在上海拥有荣记大舞台、荣记共舞台、大世界游艺场、黄金大戏院等娱乐场地，杜月笙与黄金荣有很密切的关系。杜月笙起家正是得到了黄金荣的提携，由杜月笙出面租用这些场地就容易得多，很多时候他们还是义演活动的共同组织者。第二，有安全的环境和安定的秩序。杜月笙拥有强大的社会势力，借助于青帮，他在上海滩耳目众多，由他举办募捐游艺会，活动场内秩序安定，不必担心谁敢捣乱。第三，实力形成号召力。凡举办游艺会，杜月笙自己就会捐出大笔款项，并号召亲朋好友出钱捐助。杜月笙、黄金荣、张啸林并称为上海三大亨，势力极大，由杜月笙举办的义演活动，上海各大名伶都会积极参加。梅兰芳是民国时期著名的京剧演员，由他参加的演出，人们都会争相购票观看，即"名人效应"。但是，梅兰芳在上海尚未立足之时，还要得到杜月笙的关照，必须与其搞好关系。因此，由社会势力强大、地位很高的杜月笙带头举办，由在演艺界拥有声望的梅兰芳参加演出，募捐义演门票销售会很快，筹款效果自然也会很好。

慈善义演的捐助者是社会娱善文化的支撑方。慈善义演离不开捐助者的支持，相较于一般性的商业演出，募捐性演出的票价一般要高于普通娱乐演出。因此，购买义演票券者往往是那些有稳定经济收入和较高社会地位的，且喜爱娱乐又愿意花钱消费的富裕群体。这个阶

层的人士生活相对悠闲，有一些文化知识和社会责任感。捐助者的兴
趣爱好和审美倾向，对义演内容和演出方式有着决定性影响。比如在
北京，民众娱乐消费习惯为观看京剧，因此当地举办的募捐义演较多
为京剧。在上海，民众受西方文化和租界文化影响最早，对西式娱乐
形式能够接受，音乐会和游艺会的发展较快，因此义演形式除了京
剧，还有较多音乐会、游艺会等。各地学校、剧社、社会团体或慈善
团体举办义演，会考虑本地居民的消费习惯和娱乐心理，根据需求考
虑筹款对象，决定演出形式和内容。可见，捐助者的审美和文化观，
对于如何举办义演具有制约和决定性作用。

　　政府机构是近代慈善义演规则的制定方。政府相关部门负责对慈
善义演活动实施管理职责，扮演着审查、规范和维护秩序的角色。慈
善义演不同于普通商业演出，其目的是否真为慈善，由政府部门进行
审查和规范，包括组织者上报申办义演活动的理由，票价制定，售卖
途径，票款分配，娱乐税的征缴，等等。较大型的慈善义演，均由当
地警察局负责维持演出现场秩序。在政府部门能够正常发挥作用的情
况下，他们既是慈善义演的管理者和规范者，又是慈善义演的示范者
与提倡者。政府制定的相关法律法规，对慈善义演具有规范作用。民
国时期的慈善义演，内容得到不断丰富，形式日益扩展，其中政府管
理部门对于义演活动的申办审核以及倡导作用，均非常明显。

　　慈善义演使不同社会阶层形成交集与互动，共同营造出社会娱善
文化氛围。有学者较早发现了募捐运动中的社会阶层交集与互动，并
指出，"精英阶层和工人阶级女性互动机会不多，主要是在民族主义
救亡的主旋律下进行的募捐运动、反缠足互动和职业学校等场合。整
个晚清时期，为了应付国库匮乏、赈救民族危机，中产阶级和底层女
性都参与了募捐运动"，甚至"北京城的名妓们出资赞助了一场慈善
义演"，① 这是 1907 年华南水灾时不同阶层民众为灾民募款出现的场

---

① 〔美〕程为坤：《劳作的女人：20 世纪初北京的城市空间和底层女性的日常生活》，
杨可译，生活・读书・新知三联书店，2015，第 38 页。

景。其中参与主体的生活状态、分属阶层大为不同，通过慈善义演活动，不同社会群体产生交集。这种交往或许并非情愿，但由此形成了社会网络则是一种必然。这种社会网络推动了娱善文化的形成，对整个社会文化也有一定程度的影响。

在娱乐市场的消费中，一部分有名无实的慈善义演活动引起了人们的关注，其中尤以南京国民政府时期较为明显。人们多是批评慈善义演举办者，指责他们或者是华而不实、背离慈善精神，或者是草率行事、对捐助者不负责任。有一篇时评文章，对 1935 年的一次赈灾游艺会进行品评，摘录如下：

今年中国水灾，委实不小，哀鸿遍野，待哺嗷嗷，举国动员，解囊相助，慈善家奔走呼号，汗流浃背，不知直接间接赈济了多少"灾民"。

我们这机关，局面虽小，"善人"却狠〔很〕多，除去一般老朽傻瓜，只去听令拿钱的角儿之外，其余的"善人"那个不抖擞精神，来办善事。

在三番两次的捐募之后，最近又举行赈灾游艺会，一般"善人"又忙得脚鸭〔丫〕子朝了天。

指定主办这游艺会的，是这几位：恨天高弓大觉、地里鬼常迟、赛悟空小孙。这三位人向有善人之目，这次奉令，焉能怠慢，在公事房里出出进进，恣意喊叫，皮鞋踏着地震天价响，虽然吵得别人有些办不下公事去，但是因为这是赈灾，也无可如何。

游艺会的项目规定好了，大概是这样：国剧，电影，国术，足球，篮球，什耍。内中除去电影之外，都是同人扮演，外雇配角，亦可见同人中的人材济济了。

会场定在南馨花园，入门券一角，国剧一元，电影五角，什耍三角，其余概不售票。

第一个问题是怎样销票，小孙主张随意购买，地里鬼常迟究竟是个小官僚，他明白这个，若是随意购买，一百年也销不动：

"随意购买那儿行？当然派票！这是为赈灾，况且是奉长官命令办的，谁能不买？"

"票都派了，外人谁还能买？况且座位恐怕不够。"

"谁管他？销不动，上边又说我们不会办公事了！"

结果还是派票，不管你月薪二十元也吧，二百元也吧，五百元也吧，一律每人派票三张，计洋一元八角，愿多购者听。凡在会场充演员的都给"演员入门证"，可以随便入场。

开会那天，参加的人着实不少，却都是哭丧着脸进去，嘟嘟噜噜的出来。

恨天高等三人，都带着老的、少的、男的、女的一大群人，胸前都佩带的"演员入门证"，坐着汽车，风驰电掣而来，到门昂然而入。说也奇怪，这一群演员，谁也没见他们演，只见他们在那里看别人演。

会期已过，主办人宣布了收支账目，略记如下：

一、旧管　收庶务科预支筹办费二百元

二、新收　收国剧票款七百元，电影票款三百五十元，什耍票款二百一十元，门票七十元

两共收洋一千五百（元）三十元

三、支出　支国剧场面二百五十元，雇配角三百二十元，票友车饭六十元，赁衣箱五十元，及租电影机影片八十元，什耍、配角及车、饭一百元，足球、篮球共支洋一百二十元，什役赏号及饭费四十元，电费五十元，茶水二十元，汽水、点心三十元，印刷传单、戏票七十元，广告一百二十元，纸笔账簿二十元，汽车一百〇元八，办理人饭食、点心三十元，印花二十一元，邮票二元，香烟吕宋十元，共实支洋一千五百零一元。实存洋二十九元整。

　　　办理人并经声明，均系纯粹义务。①

　　此文有述有评，用犀利的语言将一场"慈善"义演活动的实际效果公之于众。从各项消费到"实存洋二十九元整"的最终统计数字，把这场兴师动众的"慈善"义演内情全都抖搂了出来。这场兴师动众的"慈善"义演活动，主办者应该是占尽了风头，可是活动支出高达1501元，为最终余款29元的50多倍。实际募款不到30元，这是在为赈灾筹款吗?! 此文让主办者毫无面子可言。

　　这场"慈善"义演可谓毫无收获，是纯粹的慈善"表演"。复杂的社会现实与不同阶层人士的社会心理，在缺乏制度约束与严格监督的社会环境下，很难保证义演能够取得主办者、表演者、管理者和广大民众都满意的筹款效果。

　　另有一些针对慈善义演举办形式的批评性文论。如1935年，"国内各省灾情奇重"，上海市"各界为筹赈起见，特举行赈灾游艺大会三星期"。针对此次义演，举办者"议定花选办法，选举票随门票分赠，每票一权，当选者以票数多寡为序，按花国要人地位高下计算，共十九要人当选，计：一、大总统；二、副总统；三、国务总理；四、参议院院长；五、副院长；六、众议院院长；七、副院长；八、貌部总长；九、次长；十、才部总长；十一、次长；十二、品部总长；十三、次长；十四、性部总长；十五、次长；十六、艺部总长；十七、次长；十八、术部总长；十九、次长"。对此，时人认为，"如是善举，可谓一举三得，爱国筹赈水灾难民一也，获娱乐上之享受二也，君所爱好之花，可得荣誉上之美名三也"。举办者认为，此举"诚为国为民之善举也"。② 一位笔名为"观鱼"的人发表专题文章对此事进行抨击，文章指出：

<hr />

　　① 智珠：《赈灾游艺会》，《论语》第73期，1935年，第75页。
　　② 《赈灾游艺会：花国总选举》，《影舞新闻》第1卷第7期，1935年，第7页。

"中国是一个谜"，这句话我们自己也得承认。的确，我们是再奇怪不过，在外国，不要说遇到我们这样广大而又严重的水灾，就是一个城市遭灾，几架飞机蒙难，也要闹得风雨满城，捐款咧，赈灾咧，救济咧，奔走呼号咧，全国之人，如丧考妣！至于我们这个贵国，就不同了。水灾不管几何省，遭难人民不管几千万，而跳舞的，玩游戏场的，以及大吃大喝、狂嫖阔赌的公子哥儿、阔官大老，还是依然挥金似土，骄奢淫逸，不知亡国之祸，遑论水灾之惨。要他们出钱来赈灾，那能愿意？筹赈的没有办法，于是想起一个娱乐救国的勾当。什么跳舞救国，看戏救国，应有尽有。现在在京戏之外，又发起举行各种水灾游艺会，并且有人发起花界选举。据报载，用意是要"引起北里诸姊妹之注意，得以多销游券，造福灾民"。其被选职衔如下：花国大总统，副总统，国务总理，参议院议长、副议长，众议院议长、副议长，貌部总次长，才部总次长，品部总次长，性部总次长，艺部总次长，术部总次长……当选者，除由该会颁发奖状大章外，并有国货工厂分赠名贵日用品；该会并委请《市民日报》发行花选特刊。呜呼，灾民！呜呼，中华民族！①

言语之中，可看出作者对于这种"娱乐助赈"的游艺会并不赞同，还明确提出了批评。然而，既然游艺会是娱乐，必然会有人乐在其中，甚至会高调炫耀，因此人们对它褒贬不一也不足为怪了。还有人撰文表示轻蔑，认为"游艺在一般人目光中向来是不甚重视的，至多亦不过把它当作可以作为人类旦夕劳动之余的消遣品而已"。② 更有人提出，在战争灾害面前"不得不用'娱乐不忘救灾'的名词，以资号召，这原是'哭里带笑'的一件大幸的勾当"，"不得已而用这种名目来号召"，但"一般观众的心目中，亦只有娱乐而不知灾民"，所谓

---

① 观鱼：《水灾游艺会之举行》，《民鸣周刊》第 2 卷第 11 期，1935 年，第 7 页。
② 《游艺与社会教育》，《申报》1936 年 6 月 20 日，本埠增刊第 9 版。

的"娱乐助赈","原是一种'医得眼前疮，割却心头肉'的不幸举动，亦是利用我国同胞心理的弱点，以成此举"。① 民间的各种评论，自有其道理。但无论如何，慈善义演的核心在于行善，如果背离了核心，一定会遭到民众的批评。即便如此，仍有不少人对于救贫济弱的慈善义演保有温情，也抱有希望。

无论如何，慈善义演在近代风行甚至是盛行，对于慈善风尚的形成有积极的推动作用。周秋光认为，民国时期是中国近代慈善事业最为完善和成熟的发展时期，也是最好的时期。可以认为，这与慈善事业的制度设计有着至关重要的关系。慈善义演通过娱乐的方式吸引人们关注慈善事务，有助于普通市民通过喜欢的活动参与慈善公益事业，有利于推动慈善事业的发展。各地频繁的慈善义演活动，引发很多报纸追踪报道。有关慈善话题，特别是慈善义演这类新事物，往往作为新闻消息，被置于首版或其他重要版面。作为慈善活动正面代表的义演活动，在报纸新闻里不断出现，此类文字影响着市民阶层，如阵阵春风，培育着人们的慈善意识，对于慈善风尚的营造有非常重要的价值。特别是在商人群体中，慈善义演活动还取得了双赢的效果，并使民众从中受益。正因如此，慈善义演又有着花样翻新的动力。通过大量史实可以发现，每当遇到灾荒需要社会救济的时候，慈善义演便成为募捐手段，对营造全社会一起攻坚克难的氛围有重要促进作用。总而言之，慈善义演作为娱善文化的代表，以其寓善于乐的特点，形成一个较新的文化场域，丰富了中国近代慈善公益事业。

第二节　中国近代慈善义演的外延影响

一　国家力量与社会力量的互动

中国近代慈善公益事业的发展与整个时代背景密切相关，社会力

---

① 浪：《标准美人加冠》，《申报》1935 年 8 月 26 日，本埠增刊第 2 版。

量是推动近代公益事业日新月异的重要因素。社会力量在中国近代社会并不是一个整体的、单一的结构，而是逐渐发育和成长起来的复杂组合。从国家与社会理论来看，社会力量与国家力量（即执政政府）是对应存在且相互抗衡的力量。实际上，两者之间存在一定对抗性，当然，也存在相互合作的可能性与合理性。近代社会力量的复杂面貌，决定了中国近代慈善事业在不同历史阶段具有不同的内在特点。近代慈善义演活动也具有这样的特质。准确地说，慈善义演在演变过程中存在国家与社会力量的互动作用。这种互动作用，在一定程度上可视为慈善义演的外延性影响。

晚清时期，慈善义演处于萌芽和初兴阶段，清政府作为国家力量，尚处于较为强势的阶段。以赈灾为例，清政府的荒政是其重要的施政手段，遇到灾情也有较多救助措施。因此，已经开始萌生的近代社会力量，此时还不能脱离清政府的管控而独立存在。近代义赈之所以能够取得巨大成绩，一是外来力量的促发，二是地方政府对江南义赈人士的大力支持。义赈，弥补了国家荒政与实际需要的不足。在民间义赈初期，参加者的身份多为绅士或绅商，还有一部分是政府官员。该时期，国家力量与社会力量在慈善事业中较多呈现合作的态势。慈善义演在发源和初兴过程中，清政府并没有给予强烈的管制和打压，甚至慈善义演还没有进入政府的视域，社会力量成为促动慈善义演产生和发展的重要因素。慈善义演于 1877 年在上海产生，之后也未能出现线性发展的趋势，直到 1906—1907 年，才在京津地区出现蓬勃发展之势。这些情况说明，社会力量在此期间"渐趋成长"，而国家力量则"逐渐式微"。

在北京政府时期，名义上的共和制度促进了各种社会力量的兴起，国家力量——中央政府频繁更迭而渐趋微弱，堪称"弱政府"。与之相对应的是社会力量逐渐凸显，特别是在慈善公益领域，日渐增多的不仅是社会精英个体，商人、艺人以及各种社会团体都在积极参与慈善公益，足以显示此期社会力量的成长与态势。如 1913 年，为了救助战争难民，面对"战祸猝成，血水横流，仁人悯恻"的局面，天津妇女红十字会"以慈善为宗旨，不忍坐视，邀集同志"，于9月20日"假座李公祠助演游戏事件，并请军乐队以助雅兴"。① 慈善义演活动中充斥着各种社会力量，他们因为自身正名和增加荣誉而不断发声。同时，娱乐业在该时期缺失国家的强制管控，多样的中西娱乐形式充斥文化市场，呈现出风生水起之势，推动都市娱乐发生嬗变。慈善义演在这一时期逐渐发展，并与社会力量相互融合。以梨园艺人的代际更换为例，晚清时期的第一代梨园艺人如谭鑫培、田际云等京剧名家，到了北京政府时期，逐渐被处于上升势头的梅兰芳、周信芳等所替代。梅兰芳、尚小云、周信芳、程砚秋等逐步成为名角，他们一开始登台亮相，便十分注意慈善义演的社会意义。他们通过大量的义演活动为贫弱民众和难民捐款，积累高度的社会名望，甚至实现了从舞台边缘到舞台中心的转变。至于其他社会力量，如商人、学生等也积极参与慈善义演，既活跃了生活，也促进了募捐义演的发展。

南京国民政府时期，国家力量处于强势地位，国家专门成立社会局，分管民间活动。社会局与其他政府部门合作，对日渐活跃的慈善义演活动进行管控，同时还出台相关规则和法令，对类似的民间活动进行相对有效的约束。公安局、财政局等多管齐下，凸显国家力量的存在与政府管制的收紧。社会力量举办慈善义演活动，要遵守国家规定，按照行政部门的意志进行，还要考虑慈善义演活动的实际效果。媒体舆论也加大对慈善义演事象的关注与监督，经常刊载相关评论文章表达对慈善义演的社会监督和理性思考。如，1933 年 4 月 11 日《大公报》刊载《防假借慈善团体名义演唱义务戏，平市府已定限制办法》，该文评论：

平市府以各慈善团体名义演唱义务戏者，所收票价，任意开

---

① 《慈善会特告》，《大公报》（天津）1913 年 9 月 13 日，第 6 版。

销，故昨特指令公安、社会两局，嗣后凡有请求举办义务戏者，应由主办人将开支呈报，以开支一百元为限，借杜流弊。原令谓：查本市公益慈善团体筹款限制办法，及本市私立学校教育处所演剧，暨游艺会筹款限制办法，业经本府核准，转饬施行在案。乃近来本市时有假借教育或慈善名义，举办义务戏剧者，往往以所收票价，任意开销，余款无几，甚有不敷开支者。此种举动，对于教育慈善既鲜实际裨益，而强售戏票，要求免捐，公私交受其弊，殊乖演唱义务戏剧之本意。嗣后如有请求举办义务戏剧者，应由该局等转饬主办人将用途开支一并呈核，其开支费用，应以一百元为限，凡开支超越此数者，不得援用义务戏剧名义，以副名实，而杜流弊。至所收票价及开支，实数并应于三日内登报公布，用昭信守。除分令外，合行令仰该局并行切实遵照办理云云。①

从上述评论中很容易发现，慈善义演已被纳入政府的监管范围之内，并且政府开始对慈善义演的流弊，即"强售戏票""任意开销"进行规制。而且，政府的具体实施办法直接下达，如一刀切般地严格规定举办慈善义演的重要环节。政府的相关做法有其道理。随着环境的变化和时间的延续，慈善义演活动成本日益增加，"余款无几"的情况不断出现，确实没有达到慈善募捐的目的，与人们的期望相差很远。某些慈善义演活动有名无实，在一定程度上反映了慈善义演缺少有效的制度规约，各种不同利益诉求者充斥其中，极大地影响了慈善义演的声名。

全面抗战时期，在生死存亡的战争境遇之下，面临民族危亡、国土沦丧的危机，国统区的慈善义演逐渐与抗战公演合流，国家力量在"抗战救国"的口号之下，集中全民力量投入抗战事业，避免中国人

① 《防假借慈善团体名义演唱义务戏，平市府已定限制办法》，《大公报》（天津）1933 年 4 月 11 日，第 4 张第 13 版。

民沦为亡国奴。这样，国统区的慈善义演逐渐从以慈善为核心演化为以民族大义为核心，形成了一种全新的价值体系。在日本及伪政权控制的沦陷区，一部分慈善义演活动被日伪势力浸染和裹挟，各类"济贫救弱"的义演有其名无其实，逐渐失去了慈善的美名，成为日伪势力进行社会控制、推行柔性统治的工具，迷惑沦陷区的广大民众。以当政者的力量为主导，控制慈善义演的方向。与此同时，社会力量也在战争境遇下，受到太多不同势力的冲击，力量逐渐式微，还有不少社会力量投向政治活动，慈善义演的时代特点较为丰富，慈善内涵有所减少。

解放战争时期，各个行业均有战后发展的需求，不同社会阶层都面临经济力量不足和资金需求的困难，慈善义演又迎来了新的曙光，在各地风行起来。看上去似乎是重新走上了民间筹资自救的轨道，在解决战争创伤、实施社会救济、营造和平氛围的过程中，慈善义演被不同社会力量高度关注，积极利用。其间，不少梨园艺人、明星、歌星等投身其中，反映出新的时代风貌。随着解放战争的继续，受战事的影响，各地义演活动此起彼伏，但是显示出异常混乱的情状。从大量史料可见，上海的慈善义演乱象非常严重，不少慈善义演有其名无其实，强销票款、开支过多、所余无几的情况大量存在。在这种情况下，慈善义演伴随着战争的持续渐趋没落。

通过以上梳理可以发现，慈善义演将国家与社会联系在一起。在不同历史时期，社会发展的侧重点不同，但慈善事业关乎民生，能够发挥安抚社会弱势群体、救助普通民众、抚平战争创伤和缓解社会矛盾的作用，是政府实施管理职能的有益补充。

二　社群认同与民族认同的培育

多数募捐义演具有显而易见的慈善内涵，也因此对多数社会群体产生了积极作用——形成价值认同，并由此形成较为特殊的外延影响。在日常情况下，慈善义演成为从事民间救助的有效募捐手段，推动社会力量的凝聚，形成社群认同。在全面抗战时期，义演又凸显民族大义，有利于中华大家庭的民族认同。

（一）社群认同

慈善义演有助于不同群体的相互认同。义演活动以慈善为号召，形成较为广泛的社会网络，对促进民间交流十分有益，既可增进不同群体的交往，也能改善社会各阶层的关系。不同社群出于社会救助的需要参与慈善活动，在义演活动中担当角色，在此期间，其原有地位与差别已无关轻重。特别是一向被人鄙视的伶界和妓界，与平时表现之差别更为显著。1912 年 1 月，天津妓界"同庆部名妓杨金子、赵湘云，发愿为天津红十字会募捐"，曾向"各妓馆劝募，有捐三十元者，有捐十元、五元者，有捐一元、二元者，颇为踊跃"。对此，有时人评论说："妓界如此，亦可闻风兴起矣。"① 当时，妓界还向社会发布捐启，呼吁广大民众对红十字会的募捐活动予以关注。原文照录如下：

> 敬启者：现在各战地受伤兵士急待救济者甚多，闻之殊堪怜悯，故天津诸大慈善家在津创设红十字会，以便分往各战地设法救济。惟闻需款极多，碍难筹措。我辈操业虽贱，岂无人心，亦应略节脂粉之资，以为涓流之助，如蒙慨允，则造福无穷矣。单到请书芳名如左。俟将捐款送交天津红十字会，再分给收条，并将芳名登报。劝募人杨金子、赵湘云仝启。②

妓界在传统社会中属底层，她们明知自己的社会地位很低，却勇于在此时大胆为人道主义事业呼吁，通过募捐的方式献身社会公共事业。这种助善方式，也能得到民众的赞许。

妓界如此，伶界亦然。伶人是传统社会对演艺人员的称谓，社会

---

① 《再纪妓界善举》，《大公报》（天津）1912 年 1 月 13 日，第 6 版。
② 《再纪妓界善举》，《大公报》（天津）1912 年 1 月 13 日，第 6 版。

地位同样低下。"优伶本系贱役"，这是辛亥革命之前官府对从艺者的基本认识。民国之后，这种认识在不断改变，艺界人士组织慈善义演活动，艺人名角参加社会公益活动的事例有很多。如 1912 年 3 月《大公报》文章记载，天津"天仙园主赵广顺君，素以热心公益著名，因川省自去年铁路事起，糜烂甚久，灾区最广。现中国红十字总会派员前往赈济，行抵津埠，各报馆出而提倡代邀本埠各园名角数十人，在下天仙演唱义务戏，而赵君对于此举亦异常出力，闻已定期于旧历二月初一日起至初五日止，全埠名角荟萃一园演唱"。① 晚清以后，天津一直是梨园艺人的会集之地，自义演出现以来，因灾荒赈济，"全埠名角"会聚一堂演出义务戏的情况不断出现。在媒体的传播之下，义务戏得到社会民众的支持，特别是在早期，参与义务戏演出对于改变伶界或者伶人社会地位具有显著意义。当时，还有伶界和妓界联合举办慈善义演的情况。例如，1913 年 6 月，天津南市丹桂茶园定于"旧历二十三、二十四、二十五三日，特请北京宝全堂及天津中华、同庆、宾乐、北海、华宾、四海升平各部，并天津花界，义务演唱各样艺曲"。② 无疑，此类活动有助于增进双方社群的彼此认同。另外，在伶界内部经常出现互助之举，如搭桌戏，即该群体内部相互帮扶的募捐义演。"伶界贫民，为数甚夥。北平梨园公会，例于旧历年终，演义务戏一晚，以救济贫苦同业。"③ 特别典型的事例，表现为一些班社的合作。在民国初期的北京，京剧科班名气较大的是富连成社与斌庆社。作为同行，两家在平常经营中相互竞争，极少合作。但是，历年窝窝头会举办的筹款义演，两家都积极参与且时有合作。如 1927 年 1 月 18 日、19 日上演义务戏，开场戏目为《富贵长春》和《天官赐福》，为富连成社的拿手戏目；18 日的《宝莲灯》，演员李万春和

---

① 《戏界热心》，《大公报》（天津）1912 年 3 月 18 日，第 5—6 版。
② 《演艺助费》，《大公报》（天津）1913 年 6 月 26 日，第 6 版。
③ 《伶界救济同业》，《大公报》（天津）1931 年 2 月 14 日，第 2 张第 7 版。

蓝月春均为斌庆社的主要搭戏成员。[①] 1931 年 2 月，"在津之梨园公
会某职员，据云本年此项义务戏"，"在北平第一台举行。预定戏目，
有梅兰芳、王凤卿之《回荆州》，程艳秋之《骂殿》，荀慧生之《得
意缘》等剧。售价分四元、二元两种"，"北平伶界贫民约一千五百余
人"，而梨园公会已存善款三笔，其中便有"梅兰芳在沪演赈灾戏之
余款"。[②] 可见义务戏打破了戏班之间的隔阂，促进了艺人之间的互
助，既能增进同行的友情，也有助于自身群体的认同。

　　社群认同往往发生在日常救助活动中，针对自然灾害的赈济，最
能体现此种价值认同的意义。例如，1912 年 9 月，"津武水灾，同胞
流离，哀鸿遍野，露宿风栖"。在天津的曹士俊、陈大历、张玉顺、
卢子风、魏连升、赵仲三、杨庆明、刘作霖、龚云波、苗子卿、黄玉
堂、刘子芬、赵聚卿、刘亿斋、杨子元等人与梨园艺人周蕙舫、么品
舟、顾梦臣、宁星浦、汪笑侬、小香元、薛凤池、小达子、元元红、
小香水、八岁红、金玉凤、梁俊圃、王春海、崔凤鸣、韩长宝、立彦
芝、王小奎、张凤仙、小荣福、小洪福、小福仙、赵美玉、高玉芬、
小金月梅、小金香翠、小子和、晚香玉、小金桂莲、小子云等商议，
准备举行慈善义演募款赈灾。此次活动还在《大公报》上发布广告，
指出："转瞬秋凉入序，无衣无食，饥寒交迫，尤足伤心。我辈分属
同胞，安忍坐视，是以同人等发起，拟在东天仙□址演唱义务戏三
日。除正式开销外，所得戏资以一半归红十字会，一半归巡警道充作
赈款。"[③] 很显然，在这种情况下，通过义演募捐形成互动，齐心协
力、和衷共济，有利于艺人群体的公共利益，也使群体认同感更加强
烈。可见，慈善义演作为社会活动，是一些社会团体筹募资金的首
选。由此，也体现了社群对于慈善义演的认同。例如，"救济妇孺会
天津分会，秉承上海总会意旨，专以救济妇孺为职责"，"由各机关送

---

① 唐伯弢：《富连成社三十年史》，中华书局，2014，第 56 页。
② 《伶界救济同业》，《大公报》（天津）1931 年 2 月 14 日，第 2 张第 7 版。
③ 《津武水灾义务戏广告》，《大公报》（天津）1912 年 9 月 6 日，第 6 版。

来被拐无依妇孺，经该会给资遣送者，每年平均数十起，惟以经费拮据，进行困难"，1932 年 9 月，"因各处送来妇孺，亟应遣送者，有增无减。送开董事会议，除举办义务戏外别无补助良策"。因此拟在"北马路华北戏院演唱义务戏两昼夜，以资筹款"，并期待"社会慈善人士，必能乐予赞助"。① 这样的史实还有很多，此不赘述。

慈善义演能够增进各类社群力量的集合。从上述事例来看，无论是红十字会借助艺人演出筹集资金，还是通过举办慈善活动和报纸舆论形成社会影响，进而增进不同群体力量的集合，形成新的舆论力量；无论是报纸文章的传播，还是街谈巷议的民间舆论，或是不同渠道对于慈善问题的探讨，均有助于形成一种社会热点，这些对于中国近代慈善理念的民间传播和慈善事业的进步具有直接影响。慈善的本质属性是利他，义演活动的互助所形成的群体力量以及影响会使普通民众越来越多地感受到集体的温暖和他人的呵护，有利于增进集体荣誉感，增进同类以及不同社群的认同。慈善义演的此种社会文化效应在某种程度上成为其外延性影响的重要组成部分。

（二）民族认同

近代意义上的民族观念，通过自上而下的政治宣传日渐成熟并深入人心。自清末梁启超首先提出"中华民族"一词以来，近代意义上的民族意识逐渐成为社会精英人士图强自存的重要选择。民族意识与慈善义演的结合，应如何认识？目前，针对这一问题的学术探讨才初步开始，还需不断理清关系、充分探讨，并给予客观评价。有研究指出："爱国主义作为民族主义的一种表现形式，是以维护国家权益为宗旨的，它的内容随着时代的需求而不断变化，并依靠各种话语进行填充。"② 当国家遭遇外敌入侵，民族矛盾成为首要矛盾之时，有关民

---

① 《救济妇孺会拟遣送被拐妇孺，今明日唱义务戏》，《大公报》（天津）1932 年 9 月 3 日，第 3 张第 11 版。

② 王儒年：《二三十年代的〈申报〉广告与爱国主义的世俗化》，《史林》2007 年第 10 期。

族主义、爱国主义等意识形态问题也会进入民间走向世俗，可见游艺爱国与慈善义演具有异曲同工之效，均成为民族认同与爱国主义的实践形式。根据外敌侵略之境遇、战争动员的紧迫与需要，时人对此的相关呼应与肯定，也应给予客观认识和评价。此类问题，在抗日战争时期表现最为明显。

如 1933 年 5 月，"公艺国剧社社长张子良等，鉴于前方抗日战事复趋剧烈，连日伤兵运到甚多，为接济后方医院起见，定于十六晚假座春和戏院，演唱义务戏一夜，所得票资，扫数拨充后方医院。演员多系平津男女名票。戏目为赵瑞远之《忠孝全》，秋瑛、娟娟、若珊三女士之《二进宫》，张子栋、张忠娴之《三娘教子》，段国定、高富远之《女起解》，张子良、蒋子玉、夏铁夫之《玉堂春》，云云、立青、退厂、伴厂四女士之全本《困龙床》"。① 可见日本入侵东北引起了各地民众义愤，一些社会团体因此通过传统戏曲演出激发抗战热情，筹募资金。这样的活动除支援战事外，还可树立人们的民族意识。另外，还有一些戏院和剧场等社会机构积极发起组织一些更加直观的电影义演。这些成为当时宣传民族意识、呼吁救济战争难民的典型事例。

例如，1933 年 6 月，由于日本侵占东三省的影响，东北大批难民南下。报纸对此期灾情及慈善义演的组织活动有相关记录：

> 战区难民，纷纷逃津避难。故津郊一带，遍地哀鸿，餐风宿露，嗷嗷待哺，情状至为可悯。光明大戏院有鉴于此，特定本星期日早时十时，开演特别早场，以全部收入，拨交大公报代收，用资救济。闻所演片已选定第一国家公司出版之《血战余生》。此片光明尚未映过，叙述欧战英德两军交锋史，血战之激烈，虽《西线无战事》亦不是过。此片与《航空敢死队》《海战狂波》

---

① 《春和演义务戏》，《大公报》（天津）1933 年 5 月 13 日，第 4 张第 13 版。

可称鼎足而三之巨片。观众费些微之代价，既可得增广见闻，间接复有利于难民，一举两得。[①]

又如，1933 年，在天津法租界巴黎路，青年会聚集会员 20 余人，组织起"励青社"。该会明确以服务社会为目的，"曾先后举办各种演讲会及服务抗日负伤将士等工作，成绩昭著"，其开展的具体活动有"举行募款游艺大会"等。[②]

慈善义演将现代民族观念通过艺术的形式向社会民众进行传播，影响的是社会不同群体，也在无形中起到了社会教化作用。九一八事变之后，全国各地抗日救亡热情高涨，梅兰芳、马连良、荀慧生等梨园界名人就曾多次组织慈善义演，为抗日活动筹款。1932 年 3 月，号称"四大名旦"之一的尚小云，于当月 6 日晚在天津北洋戏院演义务戏，"以收得票款，悉数捐助十九路军，前后台一切开销，均尽义务"。[③] 据报道，尚小云此次的演出剧目，是其最新编排之名剧《白罗衫》。11 日，梅兰芳等"在北平开明戏院演《刺虎》《西施》等剧，三日共入票价三千九百八十三元一角正，支出班底开销，三日共支九百七十八元一角正，净余洋三千零零五元正"。之后，这些资金"于三月十六日由中国银行汇往上海银行公会，指定拨充伤兵医药费"。[④]随着日本侵略的加剧，更多人参与声援抗日的义演活动，或救济战地难民，或慰劳前方将士，大家各尽所能，为抗日救亡贡献自己的力量。1933 年 1 月，天津光明、明星两戏院，"鉴于榆关失陷，难民群集平津，际此气候严寒，饥馁堪虑，特联合于本月二十二日（星期

① 《光明星期早场　救济难民　收入全数交由本报代收》，《大公报》（天津）1933 年 6 月 2 日，第 4 张第 13 版。
② 《励青社举行募款游艺会》，《大公报》（天津）1934 年 4 月 19 日，第 4 张第 13 版。
③ 《游艺消息》，《大公报》（天津）1932 年 3 月 3 日，第 2 张第 7 版。
④ 《梅兰芳义务戏得洋三千余，汇沪充伤兵医药费》，《大公报》（天津）1932 年 3 月 23 日，第 1 张第 4 版。

日），开映救济战地被难同胞特别早场，所有收入，扫数捐助"；① 平安电影界同人也义务演映电影，"售票所得完全拨交报馆，救济战地被难同胞，票价一律收取大洋三角"；② 随后，天宫、光陆等各大影院都上演了救济难民特场。同年 3 月，北平艺术学院音乐系学生为慰劳前方将士，"特定于十九日在该院大礼堂、二十日在协和医校大礼堂，举行音乐会，表演音乐，即将所得票款，悉数拨充慰劳前方将士之用"。③ 又如，1945 年，旅津广东音乐会团体曾举办义演，筹款用以慰劳在抗战中做出巨大贡献的中国军队。④ 此种慰劳军人性质的义演活动，及时对爱国将士予以鼓励和褒扬，也同样温暖人心，能增进民族认同。京津两市在宣传和支持抗战方面受到压制。虽然在日伪占领期间，艺界内部曾出现分化，一部分艺人被日人收买，为其卖命；但还有一部分不为所屈，对敌进行无声的反抗，如梅兰芳等名家，抗战时期决然停演息影，表现出民族气节。像这样的坚持与坚守，就是很好的抗日宣传。无论是传统梨园艺人，还是新型演艺人士，在国家危亡之时，都各尽所能，或演义务戏，或开慈善音乐会，抑或义映电影，为支援抗战积极筹款。民族大义体现于义演活动之中。

九一八事变后，上海工商界出现一些消费噱头，特别是一些打着"抗日"招牌的广告非常泛滥，很容易引起人们的反感。其中"娱乐救国""跳舞救国""看影戏救国"等口号，以及"坐汽车救国""美容救国""吸烟救国"等现象，必然让人产生怀疑。当时就有评论文章发出感慨："忙着去跳舞的人居然会有那么多，真使我吃了一惊。这并非说国难来了，就必须人人哭丧着脸……但对于那些'救国不忘

---

① 《光明明星两院救济战地同胞》，《大公报》（天津）1933 年 1 月 16 日，第 3 张第 11 版。

② 《平安同人举办义务电影》，《大公报》（天津）1933 年 1 月 20 日，第 3 张第 11 版。

③ 《平艺院音乐系演奏慰劳将士》，《大公报》（天津）1933 年 3 月 17 日，第 4 张第 13 版。

④ 《旅津广东音乐会呈为演剧筹款慰劳国军准予豁免捐税》（1945 年），天津市档案馆馆藏档案，档案号：J0002 - 3 - 000732。

娱乐，娱乐不忘救国'的人……却是仍然沉睡在狂欢纵欲中……不能不使人发生人类间的不平之感。"① 然而，对于游艺救国，仍有积极评价，认为游艺"是救国的大道正路"："'游艺救国'最聪明莫过于我国民，说救国，什么都可以是救国……教育救国、坐汽车救国……无一不可救国，何况游艺，应该是救国的大道正路……上海市商会假新世界开救济难民游艺会，实在是很可感谢的举动，第一点表明了上海民众对于救国事业之热心，甚至游艺也不忘救国。"② 可见，自九一八事变之后，中国民众的抗日表现反映在许多方面，民族认同也伴随着多形式的义举呈现出来。

　　1937 年全面抗战爆发之后，在非沦陷区内，声援抗战的义演活动也有很多，还有一些是通过献机募捐来体现。"献机运动"是抗战后方为抗日前线筹募资金的大型筹款活动。1939 年 3 月，中国空军某部建议将义卖金捐款购买"义卖号"飞机，自此开始了"献机运动"。该建议发起的当月，在临时国都重庆，各界献金总计 170 余万元。1940 年 12 月 21 日，《中央日报》发表《献机救国》社论，之后，重庆各小学率先举行游艺募捐，学生节省糖果零用钱、举行义卖等，并发起筹献"中国儿童号"飞机活动。③ 随后，重庆各界掀起献机热潮：由新闻界发起，筹献"记者号"飞机；由戏剧界发起，筹献"剧人号"飞机；由军界发起，筹献"新军人号"飞机，伤兵从抚恤金中筹献"荣誉号"飞机……

　　抗战时期，京津地区虽然时刻笼罩在白色恐怖之下，但仍有一些人士与艺人联合，以特有的方式表达爱国之情。1945 年 5 月，天津市禁烟局于 6 月 1—6 日在南市庆云戏院公演《万世流芳》话剧，其申请呈文中称：

---

① 达伍（廖沫沙）：《自由谈·说商品之类》，《申报》1933 年 4 月 5 日，第 5 张第 17 版。
② 章克标：《杂谈三》，《论语》第 9 期，1933 年，第 304 页。
③ 郑光路：《被遗忘的抗战史——四川大抗战》，四川人民出版社，2013，第 317 页。

六月三日为先贤林文忠公禁烟纪念日，本局业经商妥大众剧社在南市庆云戏院，自六月一日起至六日止，表演舞台话剧《万世流芳》，票价除六月三日当日完全免费外，其余六天亦均由本局印送优待券，俾使观众踊跃入场，借以启发六三纪念之深切观感，而于毒害铲除有自觉决心。惟该院前后台支用浩繁，虽本局量为津给，仍恐不敷分配，为此，拟请贵局豁免该院由六月一日至六日表演《万世流芳》话剧之娱乐捐项，以便宣传而利禁政。①

众所周知，林则徐充满爱国思想，而此时的话剧《万世流芳》义演，以"禁烟纪念日"为名来举办，让人感受到其中浓浓的爱国之情。

抗日战争期间，中华民族遭遇空前危机，慈善义演为抗战动员与宣传发挥了凝聚民族力量、塑造民族精神的作用。义演正是以娱乐表演为媒介，用爱国情结唤醒普通民众的救亡意识。募捐义演将人们的爱国意识转变为支持国家民族的实际行动，因此，慈善义演为全民抗战提供了物资援助，还培育和塑造了民众的爱国意识，增加了民族凝聚力和认同感。

从中国近代慈善史的角度来看，慈善义演有利于中国近代慈善公益事业的转型和发展。同时，慈善义演以"寓善于乐"的特点丰富了慈善文化，促进了近代都市娱善文化的形成，有助于都市慈善风尚的形成。慈善义演的内在效用在较大程度上得到了民众的认可。

近代慈善义演在不同的社会境遇中，发挥的功能作用和呈现样态也有所不同，这是时代影响的结果。慈善是义演的核心，在一般意义上，慈善义演与近代慈善事业的进程以及时代境遇有着密切的关联，伴随着近代慈善公益事业的发展，慈善义演还出现了较多的外延性影响。从这个意义上讲，近代社会变迁对于慈善义演无疑具有至关重要

---

① 《案准天津禁烟局公函内开》（1945 年），天津市档案馆馆藏档案，档案号：4012 06800 - J0001 - 3 - 007211 - 055。

的影响。社会变迁具体包括社会结构、社会系统、社会关系以及生活方式、行为规范和价值观等多方面的改变。反过来，慈善义演对近代社会结构、社会系统、社会关系以及生活方式、行为规范和价值观等方面也均有影响。一方面，慈善义演作用于近代社会的不同层面；另一方面，近代社会环境造就、改变、提升了慈善义演，并使其在不同历史时期、区域及社会境遇下发生演变。慈善义演，不变的是慈善的内核，改变的是与时俱进的技艺形式、扩展了的艺术门类及其他附属的文化内涵。自然灾害与战乱对于慈善义演的影响有所不同。近代慈善义演与社会变迁也有密切关联。

结　语

　　在多种历史因素的综合作用下，中国近代慈善义演于晚清时期在上海出现。随着历史的发展，慈善义演与近代各种社会灾难相交织，逐渐向四处扩展，民国前后开始在国内各地蜂起，与社会变迁相适应，不断发生演变。义演成为中国近代慈善事业的重要组成部分。民国时期特别是在抗日战争之前，募捐义演作为一项有益于社会民众的慈善活动日趋成熟，成为此起彼伏的都市文化事象，汇聚娱乐与慈善双重力量，产生了积极、正面的社会影响。在民国时期，慈善义演又不断发生演变，其繁荣的背后也呈现出一些另类的景象。抗日战争全面爆发后，国土被分割为不同控制区，在不同政治势力作用下，慈善义演有着不同的社会呈现，凸显出权力对于民间慈善力量和社会活动的促动、制约和影响。解放战争时期，慈善义演的样态更显繁杂，围绕组织者的利益与需要，显示出"表演"多于"慈善"的样态，因此，这种情况下义演一再被社会诟病。可见，慈善义演在不同历史阶段有着较为明显的时代特征，凸显出时代对于慈善义演的影响。

　　中国近代慈善义演是慈善事业的筹款手段，也是近代出现的一种全新的慈善方式。其优势在于通过满足人们的娱乐需求，以较为快捷的方式募款，具有速效缓解燃眉之急的作用。近代慈善义演一度呈现极高频率，由社会力量自发组织，也是社会力量不断成长的重要体现。在某种程度上，慈善义演是反映近代社会变迁的一个窗口，折射出政府力量与社会力量的相互作用和内在特性。同时，值得研究者注意的是，在近代社会变迁过程中，慈善义演的演变与娱乐业的发展变迁相交织，慈善义演成为市民文化生活的重要组成部分，也扩大了慈善事业的参与面。以娱乐场所为基地，特别是由场商直接组织举办慈善义演活动，既呈现出娱乐业发展的样态，也是慈善文化普及的不可忽视的重要途径。在潜移默化之中，慈善义演承担了一定的教化功能。慈善义演，激发民众献身社会公益事业，传播现代慈善理念和思想，增进民众的慈善意识，推动了慈善事业的发展。政府力量和社会力量在近代慈善义演变动中的具体作用力在某种程度上便是慈善文化在时代变迁中逐渐延展的体现。

中国近代慈善义演不仅是关乎民生的慈善事业，还是具有艺术传播影响的娱乐活动。义演通过各类艺术表演吸引观众前来支持，以筹得较多资金，那么，主办者对于艺术的表演形式和内容，自然也要给予重点关照。通过梳理慈善义演较为典型的几个类型，很容易发现，早期义务戏是中国传统艺术的代表，慈善音乐会是西方音乐艺术的产物，慈善游艺会凸显近代社会中西文化艺术的融合，音乐会与义赛等，对于具有不同娱乐需求的社会群体，同样具有不可忽视的意义。从一定意义上讲，慈善义演的表演形式由晚清时期的戏曲为主，逐渐演变为民国时期的多种艺术形式相互交会。既有的各类艺术形式在娱乐场的呈现，是时代与民众娱乐需求相结合的结果。艺术形式对慈善义演形成影响，并促进其不断扩大影响面。从艺术文化的角度来看，慈善义演将演艺和社会公益结合起来，以便捷、轻松的方式传递其中的善意，丰富艺术的意义，体现了社会力量的责任感和才艺能力，对引导城市走向现代化、形成慈善风尚、推进社会文明进步具有重大意义。

社会力量主导下的近代慈善义演，顺应时代变迁，在政治变革、社会进步、文化转型的过程中形成较为显著的社会文化，对社会变迁的作用也较为明显。近代慈善义演关注现实的需求、紧握时代的脉搏，在风云变幻的历史场景中凸显自身特点，显示了在近代社会变迁中社会力量所具有的驱动力。在演艺界，梨园艺人最具代表性。慈善义演的嬗变，在一定程度上折射出某些社会群体从较低社会阶层逐渐上移的趋势。慈善义演对于梨园艺人良好形象的塑造，作用十分明显。近代慈善义演多以赈灾义演、公益演出和爱国动员为指向，从其发展脉络来看，呈现一种从初级"社会救助"向高级"民族大义"提升的趋势。因此，其社会影响力日趋明显。

以史为鉴，可以知兴替。探讨近代中国慈善义演问题，对于启发当下我国慈善演艺事业具有重要的现实意义。随着社会的发展进步，慈善事业的救助对象和救助方式与近代有着很大区别，慈善组织更为强大，国家对慈善的管理更为规范，民众的慈善意识进一步觉醒，慈善能力有了很大的提升。随着娱乐业形态的多元与传媒技术的提升，慈善事业呈现出更为丰富多元的局面。同样，民众对娱乐的需求也更为多元与强烈。这一切为新时期慈善义演的发展提供了肥沃的土壤，有历史发展的基础，当今的中国慈善义演理应取得更为辉煌的成就。然而事实上，慈善义演在当代发挥的作用还远远不够，与慈善事业较为发达的西方国家相比，"慈善"在中国仍被认为是富有商人的应尽职责，慈善意识尚未深度融入普通民众的日常生活。特别是"明星诈捐"乱象的存在，对社会造成了不良影响，降低了慈善参与的公信力，也在一定程度上削弱了民众的慈善热情。本书通过对中国近代慈善义演的研究，分析慈善义演能够繁荣发展的深层原因，深度考察、探寻慈善与娱乐相互作用的机理，以促进当代慈善事业的健康发展，引发学界对慈善义演更深层次的研究。

读史可以明智，新时代需要做到或加强对慈善文化的培育。其一，应启动文化宣传机制，利用媒体向全社会进行行善宣传，"在慈善文化不普及的现阶段，是一种拾遗补缺"。① 其二，在慈善文化中注

① 廖桂金：《慈善报道提升媒体价值》，《中国报业》2014 年第 1 期。

重名人效应和名牌效应。其三，注重繁荣群众性的慈善文化，普及基层大众慈善文化。其四，注重慈善文化建设与专业文化团体的结合。政府力量和慈善组织的努力，体现出近几年慈善事业的发展态势，而对于慈善文化的定位与认知，目前尚处于淡漠的状态。因此特别需要从构建社会主义和谐社会的视野出发，注重慈善文化的培育，增强人们对慈善文化的道德认知，发挥慈善文化在缓和社会矛盾和建设和谐社会方面的重要作用。有学者指出："国内外的经验告诉我们，发展慈善事业须有良好的'人文关怀'的社会环境，而这种环境的形成，需有文化的承载和激励。"① 确实如此，慈善和慈善文化是和谐社会的内在道德基础。发展慈善文化，既能激发社会发展的活力、保持社会的稳定，还能充分体现对人的价值的珍视。在当代，应当注意吸收传统慈善文化为当代慈善事业所用，在建设慈善文化的同时，注重良好社会生态的培育。总之，应当大力推动慈善文化建设，为慈善发展创造良好的社会环境。

---

① 　陈勇：《慈善文化与和谐社会建设的伦理思考》，《伦理学研究》2006 年第 3 期。

参考文献

一　未刊档案

北京市档案馆：北京市财政局档案、北京市警察局档案、北京市各同业公会档案、北京市社会局档案、北京市教育局档案。

南京市档案馆：南京市特别市政府（1928—1937）档案、南京市特别市财政局档案、南京市特别市社会局档案。

上海市档案馆：民国上海市政府财政局档案、民国上海商会档案、民国上海各同业公会档案、上海市社会局档案。

天津市档案馆：天津市财政局档案、天津市警察局档案、天津市商会档案、天津市各同业公会档案、天津市社会局档案。

中国第二历史档案馆：南京临时政府财政部档案、南京国民政府社会部档案、南京国民政府赈济委员会档案。

二　资料汇编

池子华、傅亮编《〈大公报〉上的红十字》，合肥工业大学出版社，2012。

池子华、严晓凤、郝如一：《〈申报〉上的红十字》，安徽人民出版社，2011。

傅谨：《京剧历史文献汇编·清代卷》，凤凰出版社，2011。

湖南善后协会编纂《湘灾纪略》，中华书局，2007。

江庆柏：《江苏近现代社会救济与慈善文献丛刊》（全48册），凤凰出版社，2015。

李文海等：《近代中国灾荒纪年续编（1919—1949）》，湖南教育出版社，1993。

李文海、夏明方主编《中国荒政全书》，北京古籍出版社，2002。

马强、池子华：《红十字在上海资料长编（1904—1949）》，东方出版中心，2015。

秦孝仪主编《革命文献》第96辑，台北，中央文物供应社，1983。

上海市社会局编印《公益慈善法规汇编》，1932。

熊月之主编《稀见上海史志资料丛书（1—10）》，上海书店出版社，2012。

张次溪：《清代燕都梨园史料》，中国戏剧出版社，1988。

周明泰：《五十年来北平戏剧史料》，台北，广文书局，1977。

周贻白：《中国戏剧史长编》，人民文学出版社，1960。

三　时人文集、书信及日记

程砚秋：《程砚秋文集》，中国戏曲出版社，1959。

傅谨主编《梅兰芳全集》，中国戏剧出版社，2016。

李圭：《环游地球新录》，湖南人民出版社，1980。

刘锡鸿、张德彝：《英轺私记》，岳麓书社，1986。

上海图书馆历史文献研究所编《盛宣怀档案名人手札选》，复旦大学出版社，1999。

谢家福：《谢家福日记》，文物出版社，2013。

薛福成：《出使英法意比四国日记》，岳麓书社，1985。

张德彝：《欧美环游记》，湖南人民出版社，1981。

志刚：《初使泰西记》，湖南人民出版社，1981。

中国戏剧家协会编《梅兰芳文集》，中国戏剧出版社，1962。

四　报刊

《半月剧刊》《北洋画报》《晨报》《晨钟》《大公报》《点石斋画报》《东方杂志》《妇女杂志》《航空》《家庭研究》《教育杂志》《京报》《京话日报》《京师学务公报》《景海星》《竞业旬报》《救灾会刊》《救灾周刊》《剧学月刊》《立言画刊》《良友》《民国日报》《民生月刊》《南京高等师范日刊》《南开周刊》《培正青年》《青年进步》《青浦县公报》《清华周刊》《三六九画报》《申报》《时报图画周刊》《实报》《顺天时报》《舜湖公报》《苏州青年》《吴江》《戏报》《香山慈幼院校友通讯》《湘灾导报》《新华日报》《新黎里》《新闻报》《新中华报》《学生丛刊》《益世报》《影戏年鉴》《影与戏》《豫言》《战时儿童保育会年刊》《政法月刊》《中国红十字会月刊》《中国红十字会杂志》《中国华洋义赈救灾总会丛刊》《中国商业月报》《中央日报》

五　研究著作（含外文译著）

〔日〕岸田国士：《戏剧概论》，陈瑜译，中华书局，1933。

北京市艺术研究所、上海艺术研究所编著《中国京剧史》，中国戏剧出版社，1990。

蔡勤禹：《国家、社会与弱势群体——民国时期的社会救济（1927—1949）》，天津人民出版社，2003。

蔡勤禹：《民间组织与灾荒救治——民国华洋义赈会研究》，商务印书馆，2005。

忏盦编《赈灾辑要》，广益书局，1936。

常建华主编《中国社会历史评论》第6卷，天津古籍出版社，2006。

陈宝良：《中国的社与会》，浙江人民出版社，1996。

陈国庆、于洋主编《慈善与慈善文化研究》，厦门大学出版社，2016。

陈洁、陈天白编著《重拾历史的碎片：中国艺术界抗战备忘录（1931—1945）》，江苏凤凰美术出版社，2015。

陈文杰编《救亡戏剧》，战时读物编译社，1938。

陈续先编《社会救济行政》，正中书局，1943。

程砚秋：《身上的事·程砚秋自述》，中国广播电视出版社，2009。

邓云特：《中国救荒史》，上海书店出版社，1984。

独立出版社编印《抗战与戏剧》，1938。

〔日〕夫马进：《中国善会善堂史研究》，伍跃、杨文信、张学锋译，商务印书馆，2005。

国立戏剧学校主编《战时戏剧讲座》，正中书局，1940。

洪深：《抗战十年来中国的戏剧运动与教育》，中华书局，1948。

侯希三：《北京老戏园子》，中国城市出版社，1996。

黄永昌：《传统慈善组织与社会发展：以明清湖北为中心》，光明日报出版社，2012。

蒋宋美龄等：《难民儿童的救济与教养》，独立出版社，1938。

靳环宇：《晚清义赈组织研究》，湖南人民出版社，2008。

康沛竹：《灾荒与晚清政治》，北京大学出版社，2002。

柯象峰编《社会救济》，正中书局，1944。

李长莉、左玉河主编《近代中国的城市与乡村》，社会科学文献出版社，2006。

李畅：《清代以来的北京剧场》，北京燕山出版社，1997。

李伶伶：《荀慧生全传》，中国青年出版社，2010。

李世强：《马连良艺事年谱（1901—1951）》，中国戏剧出版社，2012。

李向军：《清代荒政研究》，中国农业出版社，1995。

刘北茂述，育辉执笔《刘天华音乐生涯：胞弟的回忆》，人民音乐出版社，2004。

梅兰芳、马连良：《中国戏剧大师的命运》，作家出版社，2006。

梅兰芳：《梅兰芳回忆录》，东方出版社，2013。

孟昭华：《中国灾荒史记》，中国社会出版社，1999。

〔美〕娜塔莉·泽蒙·戴维斯：《档案中的虚构：16 世纪法国的赦罪故事及故事的讲述者》，杨逸鸿译，北京大学出版社，2015。

乔志强：《中国近代社会史》，台北，南天书局出版社，1998。

石国亮：《慈善组织公信力研究》，人民日报出版社，2015。

孙善根：《民国时期宁波慈善事业研究》，人民出版社，2007。

孙燕京：《晚清社会风尚研究》，中国人民大学出版社，2002。

汤勤福主编《历史文献整理研究与史学方法论》，黄山书社，2008。

唐伯弢编《富连成三十年史》，同心出版社，2000。

唐振绪辑《拯灾百事》，佛学书局，1931。

王娟：《近代北京慈善事业研究》，人民出版社，2010。

王龙章：《战时难民救济问题》，独立出版社，1940。

王永运：《南北谈艺录》，中国戏剧出版社，2004。

魏丕信：《18 世纪中国的官僚制度与荒政》，徐建青译，江苏人民出版社，2003。

文姚丽：《民国时期救灾思想研究》，人民出版社，2014。

向常水：《民国北京政府时期湖南慈善救济事业研究》，人民出版社，2015。

谢思进、孙利华：《梅兰芳艺术年谱》，文化艺术出版社，2009。

徐幸捷、蔡世成主编《上海京剧志》，上海文化出版社，1999。

杨权利主编《社会行为与善的境界》，西北大学出版社，2014。

杨荫深：《中国游艺研究》，世界书局，1946。

幺书仪：《程长庚·谭鑫培·梅兰芳：清代至民初京师戏曲的辉煌》，北京大学出版社，2009。

艺术剧社编《戏剧论文集》，神州国光社，1930。

袁牧之：《抗战中的戏剧》，民族革命出版社，1939。

曾桂林：《民国时期慈善法制研究》，人民出版社，2013。

张秉辉：《抗战与救济事业》，商务印书馆，1937。

张高臣：《光绪朝灾荒与社会研究》，中国社会科学出版社，2014。

赵蕙蓉：《燕都梨园》，北京出版社，2000。

赵清阁：《抗战戏剧概论》，中山文化教育馆，1939。

中国戏曲志编辑委员会编《中国戏曲志·天津卷》，文化艺术出版社，1990。

中国戏曲志编辑委员会、《中国戏曲志·北京卷》编辑委员会编《中国戏曲志·北京卷》，中国 ISBN 中心出版社，1999。

中国戏曲志编辑委员会、《中国戏曲志·上海卷》编辑委员会编《中国戏曲志·上海卷》，中国 ISBN 中心出版社，1996。

周寒梅：《抗战与游艺》，商务印书馆，1937。

周楞伽：《旱灾》，中华书局，1935。

周庆山：《文献传播学》，书目文献出版社，1997。

周秋光、曾桂林：《中国慈善简史》，人民出版社，2006。

周秋光主编《湖南慈善史》，湖南人民出版社，2010。

周秋光主编《中国近代慈善事业研究》，天津古籍出版社，2013。

朱浒：《民胞物与：中国近代义赈（1876—1912）》，人民出版社，2012。

六　研究论文

蔡勤禹、姜远凯：《民国时期慈善组织公信力建设初探》，《历史教学》2012 年第 9 期。

蔡勤禹：《清末民初慈善思想的嬗变》，《江苏大学学报》2011 年第 5 期。

陈赓：《民国北京戏剧市场研究（1912—1937）》，博士学位论文，武汉大学，2011。

封杰：《六十六年前的一场义务戏》，《中国京剧》2006 年第 4 期。

谷依曼：《民国时期北京梨园行会组织研究》，硕士学位论文，中国戏曲学院，2014。

何国栋：《"京剧号"飞机诞生记》，《戏剧报》1986 年第 4 期。

黄爱华：《20世纪初期报刊传媒与新剧的传播——以〈申报〉学生演剧、文明新戏演出消息和广告为例》，《南京大学学报》（哲学·人文科学·社会科学版）2016年第2期。

黄卫东：《马连良来东北义演的前前后后》，《党史纵横》2011年第4期。

〔日〕吉田登志子：《"中华木铎新剧"的来日公演——日中戏剧交流史上的一断面》，李毅译，《中国戏剧》1992年第3期。

靳环宇：《谢家福与晚清义赈制度的创立》，《西部学刊》2013年第3期。

荆杰：《近代奉天同善堂救济事业述略（1881—1931）》，《历史教学》2011年第12期。

李凤华：《民国时期河南灾荒的义赈救济探析》，《中州学刊》2013年第1期。

李少兵、王明月：《"教育救济"：1917—1937年北京新型妇幼慈善事业的个案分析》，《首都师范大学学报》2010年第2期。

梁家贵：《动荡时期的民间组织与社会救济——以民国时期的世界红卍字会为例》，《贵阳学院学报》2012年第5期。

刘荣臻：《社会救助事业中的国家与社会关系探析——以南京国民政府时期（1927—1937）为例》，《山西大学学报》2013年第2期。

刘兴利：《伶人义赈非"舶来品"——与朱浒先生商榷兼答孙玫教授》，《民族艺术》2015年第5期。

刘永加：《张学良曾为日本赈灾义演》，《文史博览》2014年第7期。

刘曾复：《忆堂会戏和义务戏中的余叔岩》，《戏曲艺术》1989年第4期。

龙国存：《国民政府时期浙江政府的灾荒救济——以1929年浙江灾荒救济为个案的考察》，《浙江学刊》2012年第4期。

马广志：《民国时期的慈善义演》，《传奇·传记》2014年第5期。

任云兰：《近代天津的瘟疫流行与慈善机构的医疗救济》，《社会工作》2012 年第 11 期。

　　阮清华：《试论近代上海民间慈善事业的网络化发展》,《华东师范大学学报》2014 年第 1 期。

　　孙玫：《清末民初梨园行赈灾义演及其它》,《艺术百家》2010 年第 1 期。

　　孙善根、史存敏：《近代慈善医院的创办及其运作——以 20 世纪初浙江宁波一地为例》,《民国档案》2013 年第 2 期。

　　唐海宏：《宣统元年甘肃旱荒的文学书写及赈灾义演考述》,《青岛民族大学学报》2017 年第 1 期。

　　陶水木：《浙江壬戌水灾述论》,《杭州师范大学学报》2010 年第 5 期。

　　王娟、李曼琳：《西方社会学知识的传播与中国近代慈善事业的发展》,《河南师范大学学报》2011 年第 1 期。

　　王军、侯杰：《略论天津中华基督教青年会与近代社会慈善救济事业——以〈大公报〉1917 年大水灾报道为中心》,《广东社会科学》2013 年第 1 期。

　　王林：《官义合作，委托救灾——1917 年京直水灾救济方式探析》,《山东师范大学学报》2013 年第 3 期。

　　王鑫宏：《"丁戊奇荒"对河南的影响及各方赈灾》,《农业考古》2010 年第 3 期。

　　王永远：《天津可贵的京剧义举》,《中国京剧》2010 年第 2 期。

　　王永运：《海上旧闻：一次盛大的义务戏》,《上海戏剧》1995 年第 1 期。

　　王永运：《周信芳为上海"梨园坊"义演纪实》,《中国戏剧》1995 年第 5 期。

　　王誉之：《忆三十年前的一次"义演"》,《戏曲艺术》1981 年第 3 期。

　　谢欣：《从〈顺天时报〉看义务戏的发展》,《辽宁教育行政学院学报》2015 年第 5 期。

　　谢忠强：《"官赈"、"商赈"与"教赈"：近代救灾主体的力量合流——以"丁戊奇荒"山西救灾为例》，《华南农业大学学报》2010年第 2 期。

　　徐远洲：《粤剧救亡义演第一人——关德兴》，《南国红豆》1998年第 4 期。

　　杨颖：《20 世纪初年上海义务戏的发展（1905—1937）》，硕士学位论文，台湾中山大学，2015。

　　杨原：《近代北京梨园行的义务戏》，《北京社会科学》2011 年第6 期。

　　杨正军：《近 30 年来中国善会善堂组织研究述评》，《开放时代》2010 年第 2 期。

　　〔日〕伊藤绰彦：《关于 1919 年和 1924 年梅兰芳的日本公演》，冉小娇译，《戏剧》2013 年第 3 期。

　　曾桂林：《辛亥武昌首义与两湖地区红十字运动的兴起》，《中州学刊》2013 年第 3 期。

　　张古愚：《英雄聚义盛况空前》，《人民戏剧》1981 年第 9 期。

　　赵宝爱：《近现代华北慈善事业历史贡献探讨》，《社会科学家》2010 年第 6 期。

　　赵良宇：《中国近代城市灾害社会救助及其特点》，《河南师范大学学报》2011 年第 1 期。

　　周东华：《民国浙江基督教机构的慈幼公益教育初探》，《民国档案》2009 年第 3 期。

　　周秋光、王猛：《近代中国慈善组织：转型背景下的运作机制及其内外关系与作用》，《求索》2014 年第 1 期。

　　〔日〕佐佐木干：《回溯 86 年前的赈灾义演——"京剧之花——梅兰芳"展观后》，《中国京剧》2010 年第 1 期。

图书在版编目（CIP）数据

中国近代慈善义演研究 / 郭常英，岳鹏星著. -- 北
京：社会科学文献出版社，2021.7
ISBN 978 - 7 - 5201 - 8466 - 3

Ⅰ.①中…　Ⅱ.①郭…②岳…　Ⅲ.①慈善事业 – 研
究 – 中国 – 近代　Ⅳ.①D693.66

中国版本图书馆 CIP 数据核字（2021）第 100681 号

中国近代慈善义演研究

著　　者／郭常英　岳鹏星

出 版 人／王利民
责任编辑／邵璐璐　陈肖寒
文稿编辑／汪延平

出　　版／社会科学文献出版社·历史学分社（010）59367256
　　　　　地址：北京市北三环中路甲 29 号院华龙大厦　邮编：100029
　　　　　网址：www. ssap. com. cn
发　　行／市场营销中心（010）59367081　59367083
印　　装／三河市龙林印务有限公司

规　　格／开　本：787mm × 1092mm　1/16
　　　　　印　张：22.25　字　数：306 千字
版　　次／2021 年 7 月第 1 版　2021 年 7 月第 1 次印刷
书　　号／ISBN 978 - 7 - 5201 - 8466 - 3
定　　价／128.00 元